UN ÉLECTEUR

A

SES CONCITOYENS

CAVAILLON

IMPRIMERIE - LIBRAIRIE L. GRIVOT - PROYET

success. L. Mistral.

1876

Apt, 5 Janvier 1876.

Le journal *l'Événement* publiait dans son numéro du 17 décembre 1875 les deux lettres ci-après :

Apt, 11 décembre 1875.

Monsieur Naquet, député à l'Assemblée Nationale.

Après l'amnistie, nous voulons : la liberté de la presse, la liberté de réunion, la liberté municipale, l'instruction laïque, obligatoire et gratuite ; la séparation des Églises et de l'État, les tribunaux éligibles, l'expulsion des jésuites, la suppression des armées permanentes et leur remplacement par la nation armée.

Nous croyons fermement que l'introduction de ces réformes dans notre législation amènera la solution pacifique du problème qui préoccupe tous les esprits réellement soucieux du progrès humain : la question sociale.

Acceptez-vous ce mandat ? Si oui, nous vous offrons d'être notre candidat aux prochaines élections législatives.

Salut fraternel.

Suivent huit signatures.

M. Naquet a répondu :

Versailles, 13 décembre 1875.

Citoyens,

Le mandat que vous me proposez, je l'accepte, sauf une réserve et quelques additions que je demande à y faire.

Comme vous, je crois que le droit de se réunir, de répandre ses idées par la parole ou par la plume, est un droit primordial auquel il ne peut être porté atteinte sans usurpation, un de ces droits que les Espagnols appellent si justement *illégislables* ; je veux *la liberté illimitée de la presse et la liberté illimitée de réunion* garanties par la Constitution elle-même.

Comme vous, je veux *l'autonomie de la commune*, la *liberté municipale*, seule base d'une véritable République démocratique.

Comme vous, je veux *l'instruction gratuite, obligatoire et laïque*, sans laquelle l'égalité civile proclamée par nos codes est et demeurera toujours un mirage décevant.

Comme vous, je veux que ce qui est du domaine de la conscience individuelle, soit soustrait à l'influence du gouvernement : je veux la *séparation de l'Église et de l'État.*

Comme vous, je veux que *la magistrature* soit indépendante du gouvernement, et pour cela je la veux *élective.*

Comme vous, je veux la substitution de la nation armée aux armées permanentes, qui sont plutôt un prétexte pour ceux qui voudraient nous déclarer la guerre qu'une garantie de paix.

J'ajoute que je trouve votre programme incomplet et que, ne me croyant le droit de proposer et de voter aucune réforme importante qui n'aurait pas été au préalable acceptée par mes électeurs, je vous dois de proposer à mon tour à votre acceptation les questions oubliées par vous, et que je veux poser à la future Chambre si j'en fais partie.

Je veux :

L'abolition de la peine de mort, vestige odieux et inutile de la barbarie primitive ;

Le droit absolu d'association, sans lequel le droit de réunion perd la plus grande partie de son influence bienfaisante et féconde ;

Une *modification radicale de notre système d'impôts*, afin que les charges publiques soient au moins supportées par chaque contribuable proportionnellement à sa fortune, au lieu de frapper le pauvre autant et même plus que le riche, comme c'est le cas avec les impôts de consommation ;

Le rétablissement du divorce, que la révolution avait introduit dans nos lois, qui existe chez toutes les nations qui ne sont point courbées sous le joug du catholicisme, qui n'a été rayé de notre code que par la réaction cléricale et monarchique de 1816 et qui, loin de porter atteinte à l'institution de la famille, rend au contraire cette institution d'autant plus respectée qu'elle est plus libre, permet aux victimes d'une première erreur de la réparer et de goûter encore les joies du foyer domestique, au lieu d'être vouées par la séparation de corps à un célibat égoïste et corrupteur ou à des unions illégales ;

Le droit pour les femmes de gérer leurs biens, d'ester en justice, d'être au point de vue civil — sinon au point de vue politique, pour lequel elles ne seront pas encore mûres — les égales de l'homme, leurs compagnes libres, au lieu d'être leurs esclaves ; de s'élever par la liberté à une dignité plus grande et de devenir ainsi capables de faire des hommes libres, des citoyens.

Au point de vue purement politique, je veux que, dès que la loi le permettra, la Constitution soit révisée dans le sens suivant :

1° Suppression du Sénat ; ou, subsidiairement, si nous ne parvenons pas à le supprimer, élection du Sénat par le suffrage universel direct ;

2° Abolition de la présidence, remplacée par une magistrature dépendante de l'Assemblée, comme le proposait M. Grévy en 1848 ; ou, subsidiairement — si l'on n'obtient pas la suppression du Sénat, auquel cas la présidence demeurerait une institution nécessaire, — diminution de la durée du mandat présidentiel, réduite à un maximum de 3 ou 4 ans ;

3° Réduction de la durée du mandat sénatorial, si le Sénat est conservé, à un maximum de 4 ans, et du mandat législatif à un maximum de 3 ans.

4° Permanence de l'Assemblée ou des Assemblées,

5° Enfin, rentrée du gouvernement à Paris.

Je crois que vous accepterez tous les points du programme que je viens d'énumérer, comme j'accepte ceux posés par vous.

Quant à la réserve que j'ai faite, elle est relative à l'expulsion des jésuites.

En principe, j'aime mieux combattre le cléricalisme par la liberté que par l'oppression ; je préfère opposer aux ordres religieux et aux congrégations de puissantes associations libérales plutôt que de proscrire les ordres religieux et les congrégations.

Toutefois, de même qu'une nation protège par des tarifs de douane une industrie naissante, jusqu'à ce que cette industrie ait acquis la force nécessaire pour résister à la concurrence de l'étranger, de même j'accepterais l'expulsion des jésuites, mais seulement comme une mesure transitoire devant cesser le jour où la libre.pensée, solidement assise sur l'instruction publique, sur le droit de réunion et sur le droit d'association, pourra défier sans crainte ses éternels ennemis.

Reste l'amnistie !

Ceci n'est pas une réforme. C'est une œuvre d'apaisement et de justice, que je ne cesserai de réclamer jusqu'au jour où nos malheureux compatriotes nous seront rendus.

A ces conditions, j'accepte avec joie, citoyens, la mission de vous représenter à la prochaine assemblée législative pour y défendre les principes que vous croyez, que je crois comme vous, seuls capables d'amener la solution pacifique du problème social.

Salut fraternel. A. NAQUET.

Ces deux lettres furent signalées et dénaturées par dépêche au *Journal du Midi*.

Un bruit énorme se fit autour de ces citations tronquées, et sans songer à attendre le journal *l'Evénement*, un concert de critiques acerbes et d'injures violentes, s'éleva contre le groupe qui avait pris l'initiative d'une telle démarche.

Sans nous arrêter aux injures ni aux accusations insensées qui nous furent adressées, nous relèverons les insinuations qui nous paraissent de nature à laisser dans l'esprit des républicains une impression fâcheuse.

Vous avez agi prématurément ! nous disait-on. Vous voulez imposer un candidat à quinze mille électeurs !

Vous divisez le parti républicain !

Vous effrayez les populations en exagérant les principes !

Autant de mots, autant d'erreurs.

Rien ne pourrait démontrer plus catégoriquement que nous avons agi dans le vrai moment que ce flot d'absurdités qu'a soulevé la publication de l'offre qui a été faite à M. Naquet.

Sa candidature eut été sinon submergée du moins très-compromise, si nous avions attendu plus tard. D'ailleurs, il y avait pour agir ainsi un précédent : des républicains de Pertuis nous avaient devancés dès que le vote en faveur du scrutin d'arrondissement avait été connu.

Soyons de bonne foi : Peut-on dire, parce que nous offrons une candidature, que nous voulons imposer l'homme ?

Nous marquons simplement nos préférences. Au lieu de faire tout ce bruit, offrez la candidature à l'homme politique dont les idées vous conviennent, qui représente le plus fidèlement vos aspirations. A-t-on pu dire que ceux qui proposèrent Ledru-Rollin à la dernière délégation, le lui eussent imposé? De même avec M. Naquet. Il est bien entendu qu'il sera proposé à la délégation de l'arrondissement d'Apt lorsqu'elle se réunira, mais les préférences s'inclineront devant l'homme qu'elle aura choisi.

Il n'y a dans le fait reproché aux huit, ni fraude, ni manœuvre, ni tentative de division ; si nous le voulions bien, nous renverrions plus justement toutes ces accusations à leur source.

Ne serait-il pas vrai de dire que les mêmes hommes qui demandèrent à Ledru-Rollin de retirer sa candidature, sont ceux qui veulent aujourd'hui éliminer M. Naquet?

Admettons un instant, quoique les probabilités et les chiffres soient pour eux, que les républicains échouent aux élections sénatoriales, pourquoi le département ne pourrait-il pas nommer les quatre députés qui lui restent, pourquoi combattre M. Naquet dans le seul arrondissement où il peut être élu?

On ne peut nier que la nuance radicale représente au moins les deux tiers du parti républicain dans Vaucluse. Là où des élections entre républicains ont pu se produire, ce fait a été prouvé.

Pourquoi vouloir éliminer le seul candidat radical qui soit dans la députation ?

Si d'énergiques protestations ne s'étaient produites contre les agissements d'une certaine partie des conseillers généraux et d'arrondissements, agissements qui ont commencé à se manifester lors de l'élection du canton de Cadenet pour remplacer le patriarche de la Démocratie Vauclusienne, le bien regretté Corgier, ces messieurs eussent désigné les candidats à l'élection législative, comme ils ont désigné les candidats au sénat.

Puisque le *Républicain de Vaucluse*, organe de la coalition, injurie M. Naquet avec autant d'âcreté, on peut en déduire que ce dernier eut été rejeté par une pareille délégation.

On sent germer, sous ces empiètements sur les droits primordiaux des électeurs, la méfiance envers le suffrage des républicains.

Pour répondre à ceux qui nous accusaient de vouloir imposer un candidat et de diviser le parti, *l'Evénement* du 23 décembre publiait la protestation suivante :

Monsieur le Rédacteur en chef de l'*Événement*,

Nous vous prions de donner place dans votre journal à la protestation suivante :

Nous avons lu, il y a quelques jours, dans le *Républicain de Vaucluse*, une note annonçant que les conseillers généraux et d'arrondissement allaient se constituer en comité électoral départemental, et se substituer ainsi à cette délégation vauclusienne qui a si sagement conduit les élections du 8 février et du 2 juillet 1871 et celle du 1er mars 1874.

Nous ferons remarquer aux initiateurs de ce nouveau mode de délégation qu'ils empiètent sur les droits de leurs électeurs, qui ne leur ont donné, en les élisant, qu'un seul mandat : celui de s'occuper des affaires départementales.

En vertu de leurs droits de citoyens, les membres de ces corps élus peuvent sans doute se réunir pour traiter telle question qu'il leur convient. Mais l'intention que leur prête le *Républicain de Vaucluse*, et que votre journal a du reste combattue, prouve chez eux une tendance fâcheuse.

Il nous semble qu'on oublie trop, dans certain milieu, les principes qui sont la base de toute société démocratique, et auxquels le parti républicain, s'il ne veut pas déchoir, doit demeurer inébranlablement attaché.

Nous protestons énergiquement contre l'immixtion dans nos propres affaires de ceux qui ne sont que nos mandataires et qui outrepasseraient ainsi les limites de leur mandat.

D'ailleurs, l'arrondissement d'Apt est prêt. Une réunion a eu lieu où ont été représentés des membres influents des cinq cantons dont cet arrondissement se compose. Et cette réunion a arrêté les bases de la délégation qui se réunira dès que la loi le permettra, c'est-à-dire dès l'ouverture de la période électorale.

Soyez assuré, dans tous les cas, qu'aucune surprise ne pourra nous imposer d'autre candidat que celui qui sera sorti après mûr examen du libre choix d'une délégation sérieuse régulièrement élue par les républicains de l'arrondissement.

Veuillez agréer, monsieur le rédacteur, l'expression de notre haute considération.

E. Méritan, d'Apt.

Robert Ls, conseiller municipal de Pertuis.

Apt, 16 décembre 1875.

Nous dirons en outre que ceux dont les critiques ont été les plus violentes, ceux qui ont accusé avec le plus de persistance les amis de M. Naquet de vouloir imposer sa candidature, savaient parfaitement qu'une délégation régulière s'organisait, et que ceux qu'ils accusaient y adhéraient complétement.

Reste à savoir maintenant quels sont ceux qui effraient les populations.

Y a-t-il dans le programme adressé à

M. Naquet et dans l'amplification que celui-ci a cru devoir y faire, un principe qu'un républicain ose ouvertement combattre, et peut-on faire aux auteurs un crime de leur franchise?

On a préféré, s'appuyant sur le texte dénaturé du *Journal du Midi*, jeter les hauts cris contre un homme qui exprime et développe avec talent les immortels principes de 89 qu'on a soi-même si souvent invoqués.

Puis, quand par une manœuvre habile on a jeté un peu de froideur parmi les populations agricoles, on vient dire, prenant des airs vainqueurs :

Vous avez effrayé les populations !

Ni vous, ni nous, ni M. Naquet, n'effrayons les populations, elles nous connaissent, elles savent que nous ne voulons que ce qui est raisonnable, et cela ne les effraie pas.

L'empire les effrayait en agitant aux grandes occasions le spectre rouge et les complots fabriqués par sa police.

Actuellement, le cléricalisme, ligué aux partisans des monarchies tombées, peut seul l'effrayer en dénaturant nos principes, et cela d'autant plus facilement, que nous n'avons plus pour répondre à leurs attaques un seul journal dévoué à la démocratie.

De la lettre du 13 décembre, un seul point, celui qui traite du divorce, a été l'objectif de la petite campagne anti-démocratique dont nous laissons la responsabilité à ses auteurs.

On a crié à l'immoralité ! attentat à la pudeur !

Examinons. Entre le divorce et la séparation de corps, quelle différence y a-t-il ?

Laquelle des deux situations est plus conforme aux bonnes mœurs ?

Quel est celui qui pratique le mieux la morale et qui respecte le plus religieusement la Famille, de celui qui, séparé de corps, vit en concubinage et donne à ses enfants l'exemple du libertinage, ou de celui qui, divorcé, comme cela se pratique en Angleterre, en Allemagne, en Suisse, etc., etc., se remarie légalement.

La loi, ailleurs comme ici, remet les enfants au plus digne.

La question du divorce est depuis longtemps à l'ordre du jour, et sans les résistances des cléricaux la loi serait faite.

Aussi, accablent-t-ils de ses malédictions ceux qui, au nom de la morale, demandent le divorce.

En résumé, ce qui se produit aujourd'hui

n'est que le résultat d'une longue et persévérante propagande.

Nous nous rappelons d'avoir entendu depuis le 4 septembre certains républicains prêcher le modérantisme à outrance, faire entendre aux populations que si le gouvernement du 24 mai avait établi la loi des maires, fait fermer les chambrées et supprimé les journaux républicains, c'est parce que Paris avait nommé Barodet, que Lyon avait nommé Ranc ; Vaucluse, Ledru-Rollin, etc., etc.

Ces mêmes républicains pratiquent aujourd'hui la République ouverte, admettent dans leur camp des orléanistes comme M. le Ministre Wallon, des bonapartistes comme M. About, tout en repoussant des républicains comme M. Naquet.

C'est bien, et nous comprenons que pour cette besogne ils soient aidés du *Figaro*, du *Gaulois* et de tous les journaux réactionnaires.

Un Électeur.

[illegible] l'impulsion [illegible]

[illegible]

[illegible] nous trop [illegible] républicains [illegible]

[illegible] politiciens [illegible] sectaires [illegible]

[illegible] populations [illegible] gouvern[illegible]

[illegible] ce [illegible]

[illegible] des chefs [illegible] les [illegible]

[illegible]

[illegible] second [illegible]

[illegible] Rom[illegible] [illegible]

[illegible] à sé[illegible] [illegible] pathologique [illegible]

[illegible] de [illegible] solution [illegible] de [illegible]

[illegible]

[illegible] républicains [illegible] donnés

[illegible]

[illegible] progrès [illegible]

[illegible]

[illegible] [illegible]

[illegible]

L'Événement du 18 août 1875

Nos lecteurs trouveront plus loin une lettre que M. Alfred Naquet, député de Vaucluse, vient d'adresser à ses commettants, et dont il a demandé l'insertion à l'*Evénement*. Cette lettre est un acte de véritable courage, qui honore son auteur et il serait à désirer que tous ceux qui, comme lui, pensent qu'ils ont fait fausse route et se sont trompés, voulussent bien le reconnaître avec la même bonne foi. Le nombre en serait probablement plus grand qu'on ne le croit.

Malgré ses répugnances, M. Naquet a voté le 25 février les lois constitutionnelles parce qu'il croyait alors, sur la parole des négociateurs, que la politique suivie par le gouvernement serait, au moins dans une certaine mesure, conforme au programme des trois gauches, majorité dans la majorité. Mais en voyant où menait le système des concessions à outrance suivi par ses collègues de gauche, il n'a pas tardé à se détacher de cette politique et à se rapprocher du groupe des « intransigents ». C'est pourquoi M. Alfred Naquet a voté contre les lois organiques.

La lettre que M. Naquet vient d'écrire à ses électeurs est la première manifestation extraparlementaire qui se soit produite depuis le commencement des vacances. Nous espérons qu'elle ne restera pas isolée. Tous nos amis de l'Extrême gauche et de la Gauche tiendront à honneur de suivre l'exemple donné par M. Naquet et de faire leur examen de conscience devant leurs électeurs en leur présentant l'exposé de leurs votes, des raisons qui les ont déterminés et de leurs appréhensions ou de leurs espérances pour l'avenir. Puissent-ils le faire avec la même sincérité que lui!

Voici la lettre de M. Alfred Naquet, député, aux électeurs de Vaucluse, lettre annoncée dans notre *Bulletin politique* :

LETTRE A MES COMMETTANTS

Depuis la fin de la dernière session parlementaire, le pays républicain attend que ses élus profitent au moins des désastreuses vacances, qu'il n'a pas été en leur pouvoir d'empêcher, pour lui rendre compte de leur conduite pendant l'année qui vient de s'écouler. C'est une espérance bien légitime, et il importe que les députés républicains se hâtent de la satisfaire. Cela importe d'autant plus que le devoir, toujours impérieux, qui s'impose au mandataire d'exposer sa politique à ses mandants, devient plus impérieux encore après des votes comme ceux que les gauches ont été appelées à émettre en janvier, février et juillet 1875.

Pour ma part, en répondant à cette attente du pays, je ne ferai que demeurer fidèle à mes antécédents. Chaque année, depuis 1871, j'ai exposé, dans une lettre publique, les raisons qui avaient dicté ma conduite, et je serais mal venu à m'en abstenir à cette heure où le trouble est dans toutes les consciences, et où chacun est tenu de dire ce qu'il a fait et pourquoi il l'a fait.

Aux mois de janvier et de février 1875, une Constitution nouvelle a été votée par l'Assemblée nationale. Elle était le produit d'une transaction intervenue entre les membres de la Gauche et un certain nombre de députés qui, jusque-là, avaient toujours voté avec les Droites.

Qui dit transaction dit un contrat dans lequel chacune des parties contractantes donne quelque chose.

Les Gauches ont donné beaucoup.

Je suis loin de leur en faire un reproche, les ayant suivies à cette époque dans les concessions qu'elles ont faites. Mais par cela même que j'ai voté la Constitution, je suis à l'aise pour la juger, sans qu'on puisse m'accuser de l'attaquer par esprit d'opposition systématique, comme la malveillance pourrait le faire si je ne m'y étais pas associé.

Les Gauches, dis-je, ont donné beaucoup, et, vu mes opinions *radicalement* démocratiques, je suis un de ceux à qui ces concessions ont le plus coûté.

Convaincu que le Pouvoir exécutif, dans une République, doit être confié à un chef responsable, élu par l'Assemblée et perpétuellement révocable par elle, j'ai consenti à instituer une présidence de sept ans;

Partisan d'une Assemblée unique, j'ai voté l'institution d'un Sénat;

Partisan résolu du suffrage universel, de ce que nos adversaires appellent *la souveraineté du nombre*, j'ai voté une combinaison qui fait élire le Sénat par un corps électoral restreint;

Partisan de la subordination du pouvoir exécutif au pouvoir législatif, j'ai donné au Président de la République, appuyé sur le Sénat issu du suffrage restreint, le droit de dissoudre la Chambre élue par le suffrage universel.

Voilà ce que j'ai fait; voilà ce qu'ont fait les Gauches, moins quelques-uns de nos amis qui ont refusé leur adhésion à cette œuvre, et qui ont alors reçu le nom d'*intransigents*.

Pourquoi ai-je fait, pourquoi avons-nous fait de telles concessions?

Parce que l'Assemblée menaçait de s'éterniser sans vouloir ni constituer ni se dissoudre et qu'une Assemblée, dans de pareilles conditions, prête le flanc à toutes les tentatives des chercheurs d'aventure;

Parce que surtout, comme contre-partie de nos concessions, nos adversaires nous faisaient des promesses qui nous permettaient de compter sur une application pour le moins libérale des lois constitutionnelles que nous votions.

A la veille du 25 février, nous avions entendu, rue de la Sourdière, les chefs les plus autorisés des trois groupes de gauche. Ils venaient nous transmettre les engagements de nos nouveaux alliés, et que nous disaient-ils?

Que ces engagements étaient précis;

Que le ministère *dépasserait toutes nos espérances*; qu'il combattrait résolûment les bonapartistes, qu'il transformerait l'administration;

Que la loi du 20 janvier 1874, qui a enlevé aux conseils municipaux le droit de choisir leurs maires serait rapportée;

Que l'état de siége serait levé, que nous aurions la liberté de la presse;

Que le scrutin de liste serait maintenu;

Que, les candidatures officielles étant abandonnées, les élections ne seraient plus entachées de fraude ni de violence;

Qu'en un mot, il s'agissait moins de faire une Constitution que de *s'emparer du pouvoir*, et que le vote de la Constitution mettrait le pouvoir dans nos mains.

Je n'étais pas du nombre des négociateurs. Je ne pouvais baser mon jugement que sur les faits que nos chefs nous garantissaient sous leur responsabilité personnelle et qui m'ont paru de nature à motiver le vote qu'on nous demandait. Ce vote, je l'ai loyalement émis.

Qu'est-il advenu depuis?

En présence d'alliés qui, quoique en nombre très supérieur, avaient donné les premiers, donné sans recevoir — que des promesses, — comment le Centre droit constitutionnel a-t-il tenu ses engagements?

Le jour même où il s'est constitué, ce nouveau ministère, qui devait dépasser toutes nos espérances, a réduit à néant tout ce que nous étions en droit d'espérer.

Il a déclaré qu'il maintiendrait l'administration du gouvernement de combat.

Non-seulement il n'a pas levé l'état de siége là où il existe; mais M. le vice-président du Conseil regrette qu'il n'existe pas partout.

La loi du 20 janvier 1874 n'est ni rapportée ni tombée en désuétude: tous les maires de M. de Broglie sont maintenus.

Les candidatures officielles sont plus florissantes qu'aux plus mauvais jours de l'empire, et ce qui vient de se passer, pour la troisième fois, dans les cantons de Gordes et de Cavaillon (Vaucluse), est de nature à faire regretter les soupières impériales.

Enfin, nul ne peut dire ce qu'il adviendra du scrutin de liste; mais ce qu'on peut affirmer, c'est que, si nous le sauvons, ce ne sera pas avec l'appui de nos alliés du 25 février, mais avec l'appoint de la Droite, le groupe Lavergne — à deux ou trois exceptions près, dont l'honorable M. de Lavergne fait partie — ayant décidé qu'il voterait le scrutin d'arrondissement, et paraissant plus enclin à tenir cet engagement-là que ceux auxquels il se substitue.

Le groupe Lavergne objectera-t-il qu'il n'y a pas de sa faute; qu'il s'est heurté à l'inflexible volonté de M. le Président de la République de ne pas incliner plus à gauche qu'il ne l'a fait en plaçant M. Buffet à la tête de son ministère?

Cet argument, que j'ai souvent entendu produire, est loin de me paraître concluant. Si le groupe Lavergne se fût montré ferme, nul doute à mes yeux que les Gauches, compactes et résolues, n'eussent obtenu un ministère de gauche. Mais à supposer même qu'il eût la moindre valeur, il ne saurait dégager nos alliés en ce qui concerne celles de leurs promesses qui étaient d'ordre purement législatif.

De cet ordre sont : la levée de l'état de siége, l'abrogation de la loi des maires, le maintien du scrutin de liste. Sur tous ces points nos alliés, libres d'agir par eux-mêmes, n'avaient nul besoin du ministère ou du Président de la République pour payer leur dette, et, s'ils ne la payaient pas, c'est à eux que les Gauches avaient le droit d'en demander compte. C'est eux, eux seuls, qu'il fallait mettre en demeure de s'exécuter.

Cette mise en demeure était nécessaire. En ne la faisant pas, en effet, les négociateurs de la Gauche s'exposaient à laisser croire qu'ils avaient mal négocié; qu'ils avaient répondu à la légère pour des alliés qui ne leur avaient pas donné des garanties suffisantes; que, pour entraîner nos voies, ils avaient outré l'importance des engagements pris et que, à cette heure, plutôt que de confesser au pays cette faute capitale, ils préféraient y persévérer.

Je ne le crois pas; mais, quoi qu'il en soit, la politique adoptée par la majorité des Gauches me paraît malheureuse.

Ou l'accusation de légèreté qu'on adresse à ses chefs est fondée—et s'il en était ainsi, il serait criminel de persévérer dans une ligne de conduite funeste pour sauver la situation personnelle de quelques chefs du parti.

Ou — ce qui me paraît être plus vrai — nos chefs ont négocié comme ils le devaient; et, dans ce cas, munis des garanties sans lesquelles ils n'ont pas dû engager notre vote, ils devaient monter à la tribune, foudroyer les alliés infidèles qui nous ont abandonnés, reprendre une vigoureuse politique d'opposition.

Ils le devaient parce qu'on leur présentait une détestable loi sur les pouvoirs publics, une loi qui aggravait une Constitution déjà fort mauvaise et que, la transaction n'aboutissant qu'à de nouvelles concessions de Gauche, il était temps de s'arrêter.

Ils le devaient parce que, le pays ayant été déçu dans ses espérances les plus chères, il importait de faire la lumière sur les événements accomplis, de mettre au jour toutes les responsabilités et de montrer clairement qui, des négociateurs de droite ou des négociateurs de gauche, était coupable de cet effondrement. Cette lumière, la nation y avait droit, et, j'en suis convaincu, elle n'aurait pas été à l'avantage des Droites.

Mais, non! nos amis ont préféré concéder encore, concéder sans cesse, concéder toujours.

Hier, ils accordaient tout ce qu'on leur demandait pour *s'emparer du pouvoir et rendre au pays sa liberté.*

Aujourd'hui, quoique n'ayant rien obtenu, ils accordent plus encore dans l'espérance d'avoir prochainement la dissolution; et cette dissolution, ils ne sont pas plus certains de l'obtenir qu'ils n'étaient *certains* en février d'obtenir les réformes libérales qu'on faisait miroiter à leurs yeux.

J'ai pensé qu'ils allaient trop loin, et, quittant le gros de l'armée, je suis venu rejoindre ces intransigeants qui comptaient parmi eux mes amis les plus chers, ceux dont j'avais eu tant de peine à me séparer un moment.

Je regrette que les Gauches n'aient pas cru devoir suivre la même ligne politique.

Je sais qu'il est difficile, pénible à des chefs de parti d'avouer qu'ils se sont trompés; mais il y a à cela un grand honneur lorsqu'on n'a été mu que par l'intérêt de sa cause, et je ne doute pas que les chefs des Gauches ne fissent courageusement cet aveu, s'ils croyaient que là est le salut.

Ils ne le croient pas encore. Ils acceptent tout, ils votent tout, dans l'espoir que la parole sera bientôt rendue à la France; et, en tout votant, ils assument la responsabilité de tout ce qui se fait.

Puissent une dissolution très prochaine

et de bonnes élections générales donner raison contre nous à cette politique d'*abandon !*

Moi, qui suis moins rassuré, moins optimiste qu'on ne l'est à gauche; moi qui ne vois guère comment le [illegible] qu'[illegible] mauvaises lois accumulées, j'ai voté contre les lois organiques, quoique ayant voté la Constitution, et je crois de mon devoir de crier gare !

ALFRED NAQUET.

L'Événement du 26 août 1875

On trouvera plus loin le texte d'un discours que M. Naquet, député de Vaucluse, a prononcé dimanche soir, à Arles, dans une réunion privée. Dans ce discours M. Naquet a complété et expliqué, en excellents termes, la lettre publiée récemment par lui dans l'*Evénement*. La politique du groupe des « intransigeants » ne peut ni compromettre les résultats acquis par le vote du 25 février, ni diviser le parti républicain; elle a seulement pour but d'empêcher les Gauches de suivre plus longtemps la voie des concessions dans laquelle elles sont entrées, et qui peut devenir funeste à la République. Cette politique ne saurait donc être taxée d'imprudente. On pourra s'en convaincre en lisant le discours de M. Naquet.

LE DISCOURS DE M. NAQUET

M. Alfred Naquet, député de Vaucluse, a prononcé dimanche soir à Arles, dans une réunion privée, à laquelle assistait un grand nombre de ses amis politiques, le discours suivant, qui a été plusieurs fois interrompu par les plus chaleureux applaudissements :

Citoyens,

Je vous remercie de l'accueil si sympathique, si enthousiaste que je reçois de vous. Je vous en remercie parce que l'approbation du peuple est la seule récompense que peuvent désirer et accepter des républicains qui croient avoir jusque là rempli leur devoir, et qui sont décidés à le remplir jusqu'au bout; parce qu'aussi on a besoin quelquefois de cette bonne et loyale cordialité pour se consoler des amertumes et des dégoûts que des tracasseries mesquines et des attaques plus ou moins dissimulées réservent d'ordinaire aux hommes indépendants. On se sent en effet plus fort quand on se sait soutenu par vous, par cette population laborieuse et productive qui sait reconnaître ceux qui l'aiment, et les paye au centuple, en les aimant à son tour, de ce qu'ils peuvent faire pour elle, c'est-à-dire pour la République, d'où sortira tôt ou tard, sans secousse, la rénovation de notre société.

Je vous remercie surtout parce que, plus qu'à ma personne votre accueil s'adresse à mes idées, et que, avec votre appui, nous obligerons bien nos collègues des gauches à nous suivre dans la voie de la politique vigoureuse que nous sommes déterminés à adopter. M. Gambetta disait un jour à Bordeaux « qu'il y a quelque chose de plus enviable que d'être au gouvernement, c'est de faire faire ce que l'on désire par ceux qui y sont. » N'est-ce pas aujourd'hui pour nous l'occasion de faire l'application de ce principe.

Nous ne voulons, mes amis et moi, quoiqu'on en dise, ni diviser le parti, ni agiter des questions personnelles. Nous voulons seulement qu'on s'arrête dans une voie que nous considérons comme funeste; nous sommes décidés, pour notre part, à ne pas la suivre plus longtemps; mais, ce que nous désirons, ce que nous cherchons surtout, c'est que, entraînées par l'appui que notre politique trouvera en vous, les Gauches puissent, avec unité, faire ce que nous serions désolés d'être obligés de faire seuls.

Vous avez lu, il y a peu de jours, une lettre que j'ai publiée dans l'*Evénement*. Cette lettre à mes commettants où j'expose la situation de notre parti, telle que je la comprends, a produit quelque impression en France. Je n'ai rien à en retrancher, rien à y ajouter; mais puisque j'ai le bonheur d'être parmi vous aujourd'hui, je veux en profiter pour bien éclaircir ma pensée que la presse cherche à obscurcir depuis plusieurs jours.

La presse réactionnaire d'abord a feint, à la lecture de ma lettre, une joie qu'elle est loin d'éprouver en voyant le réveil de notre parti : « Le parti républicain est divisé, dit-elle sur tous les tons; l'œuvre du 25 février n'était qu'une œuvre éphémère. La voilà morte. »

Il importe de ne pas laisser, une minute de plus, à nos adversaires, cette fausse joie.

La Constitution du 25 février, je l'ai déjà dit, est loin de me satisfaire, et je ne l'aurais certainement pas votée, si j'avais su qu'elle aurait pour principal résultat de refaire une virginité à la majorité expirante du 24 mai. Je ne l'aurais pas votée parce que, à tout prendre, nous pouvions nous passer de la reconnaissance légale de la République par une Assemblée à laquelle nous avions dénié jusque-là le pouvoir constituant.

La République est de droit éternel. Elle existait en fait depuis le 4 Septembre, et si une Assemblée monarchiste l'a reconnue, c'est qu'il était impossible de constituer la monarchie. Cette impossibilité existait avant comme après le 25 février, et le vote de la Constitution n'y ajoute guère qu'une preuve de plus de la nécessité avec laquelle la République s'impose.

Ce n'est point une raison cependant pour que je ne reconnaisse aucune importance au vote de la République par l'Assemblée de Versailles. En montrant qu'ils étaient impuissants à faire la monarchie, que l'union du pays n'était plus possible qu'avec la forme républicaine, les monarchistes nous ont fourni un argument qui produira certainement de l'effet sur les hommes indécis, malheureusement encore si nombreux en France.

Vous le voyez, je n'exagère rien, ni en bien ni en mal. La Constitution, à mes yeux, est mauvaise ; mais elle renferme une bonne disposition : la reconnaissance de la République. Si vous voulez me permettre une comparaison peut-être un peu triviale, je vous dirai que cette reconnaissance, au prix de toutes les conditions que vous savez, me paraît être une marchandise achetée au-dessus de sa valeur.

Mais de ce qu'on a payé trop cher une marchandise, il ne s'en suit point qu'on ne doive pas y tenir, au contraire ! Ainsi en est-il de la *République légale*. Mes amis et moi nous préférerions n'avoir encore que la République de fait et de droit, à la condition de n'avoir pas un Sénat élu par un suffrage restreint, et une présidence septennale armée du droit de dissolution et d'ajournement. Mais puisque nous avons ces trois dispositions, qui sont devenues la loi du pays et que nous devons respecter jusqu'à ce que nous puissions réformer la constitution, il est bien naturel que nous tenions opiniâtrement à la seule bonne des trois : celle qui affirme la République. Sur ce point, les monarchistes de toute nuance n'ont aucune illusion à se faire. La République est la loi, et, comme aucun de ceux qui ont voté la Constitution du 25 février ne veut ni ne peut revenir sur la disposition légale qui consacre son existence, elle le demeurera. Voilà pour la presse réactionnaire.

Quant à la presse républicaine, elle s'est divisée en plusieurs camps à propos de ma lettre.

Les uns se sont tus et ont affecté un dédain que, soyez-en sûrs, ils n'avaient pas, qu'ils n'ont jamais pu ressentir en réalité. De ceux-là je ne parlerai pas. Aussi bien leur silence est trop significatif et dit assez ce qu'il y a de fondé dans ma critique de la politique des Gauches. Si mon argumentation avait été sans valeur, ils se seraient hâtés d'en parler ; mais comme ils ne pouvaient pas me réfuter, et qu'il leur répugnait en même temps de m'approuver, ils ont préféré se taire. C'est leur affaire. Seulement entre eux, d'un côté, mes amis et moi, de l'autre, le pays sera juge.

D'autres ont discuté avec une extrême bienveillance et m'ont presque donné complètement raison ; le *Courrier de France* et le *Siècle* par exemple.

D'autres enfin m'ont assez vivement attaqué.

J'ai lu avec soin toutes les attaques et je n'y ai vu que deux idées ; la première est celle-ci : « *M. Naquet et ses amis divisent le parti* » ; la deuxième est cette autre : « *Qu'auriez-vous donc obtenu si vous n'aviez pas suivi la politique des concessions ?* » Sur le premier point, je vous ai déjà dit tout à l'heure combien peu l'objection est fondée: je veux y revenir encore et vous dire là-dessus ma pensée tout entière.

La division est une mauvaise chose et je ne la désire pas. J'espère que le groupe auquel j'appartiens, fortement appuyé par les masses républicaines, pourra entraîner les Gauches et modifier une politique qu'il considère comme funeste sans avoir divisé le parti.

Mais si cette espérance ne se réalisait pas, si les Gauches persévéraient dans la ligne politique que nous voudrions leur voir abandonner, c'est à elles que la division serait imputable. La division d'un parti ne peut être imputée en [illegible] qu'à ceux qui suivent une voie mauvaise, et nullement à ceux qui montrent le vrai chemin.

Quant à la seconde objection elle n'est pas d'une réfutation plus difficile que la première.

« Qu'aurions-nous, dites-vous, si nous n'avions pas voté la Constitution, si nous n'avions pas adopté une politique de compromis? »

Je vous réponds d'abord que nous n'aurions pas la perspective d'un Sénat issu du suffrage restreint et supérieur à l'Assemblée populaire : nous n'aurions pas le droit de dissolution et d'ajournement accordé à un président septennal, nous n'aurions pas en un mot, ces lois monarchiques qui vont embarrasser la marche de l'idée républicaine, et qui ne sont compensées par rien de ce qu'on nous avait fait espérer.

Mais je vais plus loin et j'ajoute que, si même on n'avait pas agi avec un abandon injustifiable, on aurait pu tirer de la politique transactionnelle beaucoup plus qu'on n'en a obtenu.

Lorsqu'on a vu que nous avions affaire à des alliés sans solidité, qui ne remplissaient aucun de leurs engagements, et qui prêtaient leur appui à la politique de M. Buffet, il fallait les mettre en demeure de s'exécuter avant le vote des lois organiques. Il fallait leur dire : « Nous ne voterons la loi des pouvoirs publics et la loi sur les élections sénatoriales, que si vous nous donnez au préalable l'abrogation de la loi des maires, la levée de l'état de siége et le scrutin de liste. » Comme la Constitution est leur œuvre et que nous pouvions rendre son fonctionnement impossible, ils auraient cédé. Tout au moins la chose valait-elle la peine d'être tentée.

On ne l'a pas fait. A cette heure les concessions sont des faits accomplis ; nous n'avons plus à y revenir; mais l'heure est venue de réparer le mal par une opposition nette et tranchée.

Si nous continuons à promettre à la France un ministère libéral et des lois libérales, la France, qui a confiance en nous, croira qu'elle peut trouver ailleurs qu'en elle-même les conditions de son salut, et elle ne se préparera pas efficacement à la grande lutte électorale qui approche.

Et comme il est certain, quoi qu'on en puisse dire, que les élections seront faites, comme sous l'empire, par une administration décidée à employer pour nous vaincre tous les moyens que la centralisation met dans ses mains, il est certain aussi que, si la France compte sur autre chose que sur elle-même, elle sera vaincue. Nous ne pouvons être sauvés que par un de ces grands courants d'opinion auxquels rien ne résiste. Ce courant, il faut le provoquer.

Mais si nous voulons le provoquer, si nous voulons que le pays se sauve lui-même, il faut lui dire la vérité, il faut lui parler un langage viril, il faut cesser de l'endormir par des espérances et des promesses qui n'ont pas de réalisation possible. Il faut arrêter les progrès de cet affaissement, de cette atonie fruit d'une politique que le succès seul aurait pu justifier et qui n'a pas eu le succès. Il faut ranimer les masses. Il faut montrer à la France ce qu'elle peut, ce qu'elle doit vouloir, et ne pas continuer plus longtemps à jeter le désarroi dans les rangs républicains, en donnant un démenti à tous les principes sur lesquels la démocratie française a vécu, désarroi d'autant plus terrible que ce serait la vraie division redoutable, la division dans l'idée; il faut, en un mot, parler, agir, écrire avec énergie, arrêter tous les découragements produits ou prêts à se produire; il faut crier : haut les cœurs!

Ce cri, mes amis et moi nous en avons reconnu l'importance et nous l'avons jeté les premiers. Si nous sommes suivis, si vous nous comprenez et si vous réussissez à entraîner les Gauches, nous aurons absolument sauvé le pays. Si les Gauches ne nous suivent pas, nous marcherons seuls. Notre tâche alors sera bien plus pénible et plus difficile; mais elle n'en sera que plus honorable, et il nous restera la satisfaction de savoir que la France républicaine est avec nous.

Dans tous les cas, nous aurons rempli notre devoir et obéi à ce grand principe :

Fais ton devoir, advienne que pourra.

Et vous le savez, citoyens, ce qui advient quand on fait son devoir, c'est le bien. Ce qui adviendra ici, c'est une grande agitation électorale, une bonne volonté de vaincre, contre laquelle toutes les pressions et toutes les fraudes échoueront, et d'où la République sortira victorieuse. Vive la République!

A. NAQUET.

L'évènement du 28 août 1875

L'allocution prononcée par M. Naquet devant les électeurs d'Arles a fait enfin sortir de leur mutisme les journaux qui ne voulaient voir dans la manifestation d'opinion dont il s'est fait l'écho qu'un sentiment isolé. Le *Temps* et d'autres journaux rompent le silence olympien qu'ils avaient gardé jusqu'à présent et daignent commenter en termes amers le discours du député de Vaucluse.

C'est déjà quelque chose. Les grands pontifes commencent à comprendre que les « intransigeants » ne sont pas absolument sans écho dans le pays. Il nous faudrait plusieurs colonnes pour citer tout ce que la colère leur inspire. Mais cette colère sera, nous l'espérons, de courte durée. Ne sont-ils pas forcés de convenir eux-mêmes que la Constitution du 25 février est loin d'être parfaite, et que l'on a été un peu trop loin sur le terrain des concessions ?

Ils reviendront forcément sur leurs appréciations, et l'expérience doit leur montrer chaque jour sur quelle pente dangereuse ils se sont laissé entraîner. Frappe, mais écoute, pourrait dire M. Naquet à tous ceux qui de bonne foi sont tombés dans le panneau des transactions [illegible] trance et ne furent plus que par la Constitution Wallon.

Nous ne parlerons pas des journaux orléanistes et bonapartistes. Leur thème invariable, c'est que le parti républicain est divisé. C'est là de la fantaisie pure. Le Centre gauche lui-même se gardera bien de souscrire à ces élucubrations sans portée. Le *Journal des Débats*, qui n'est pas un foudre de libéralisme, déclarait hier que l'alliance des Gauches persisterait jusqu'à la réunion des Assemblées futures. « Oui, disait-il, nous ne sommes pas plus d'accord avec les radicaux sur les détails d'organisation politique et sociale que ne l'était M. Thiers lorsqu'il accusait à la tribune son éloignement pour les théories ultra-démocratiques ; mais nous sommes d'accord avec toutes les Gauches et avec la majorité du Centre droit sur la forme de gouvernement qui convient à la France, la forme républicaine. »

Il n'y a donc pas de scission pour le moment ; et s'il y en a plus tard, ce ne sera pas un danger pour la République. Il faut que les réactionnaires en fassent leur deuil.

L'irritation que les modérés feignent de ressentir du discours de M. Naquet ne les empêche pas d'ailleurs de convenir que l'œuvre du 25 février n'est pas complète. Ce en quoi ils diffèrent des « intransigeants », c'est qu'ils pensent que « l'arbre planté si laborieusement sur un terrain ingrat » pourra donner des fruits. Les « intransigeants » croient au contraire que le terrain est trop ingrat et qu'il faut transplanter l'arbre. Mais ils sont d'accord sur la nécessité de lui conserver sa vitalité.

12

L'événement du 30 août 18[illegible]

On trouvera plus loin la réponse que M. Alfred Naquet vient de faire aux critiques de quelques journaux. Nous appelons particulièrement l'attention de nos lecteurs sur les explications données par l'honorable député de Vaucluse relativement à la clause de révision insérée dans la Constitution du 25 février. Certains journaux affectaient de croire que le parti auquel appartient M. Naquet était disposé à n'en tenir aucun compte. C'est au contraire une des dispositions auxquelles les « intransigeants » donnent leur plus entière approbation. Comme il le dit fort justement, c'est grâce à ce droit que nous pouvons conserver l'espoir de réformer une Constitution inacceptable sans cela. C'est le moyen légal de réparer sans révolution le mal qui a été toléré par les partisans des concessions à outrance.

UNE RÉPONSE DE M. NAQUET

M. Naquet adresse à notre rédacteur en chef, M. Edmond Magnier, la lettre suivante en réponse aux critiques de quelques journaux relatives à sa lettre aux électeurs qui l'ont nommé et à son discours d'Arles, insérés dans l'*Événement* :

Monsieur le rédacteur en chef
de l'*Événement*,

La *lettre à mes commettants* et le *discours d'Arles*, auxquels vous avez bien voulu prêter la publicité de vos colonnes, ont, l'un comme l'autre, pendant vingt-quatre heures, défrayé la polémique des principaux journaux de Paris et des départements. Parmi les variations nombreuses qui ont été exécutées sur ce thème, deux me paraissent valoir la peine d'être relevées. Ce sont les articles de la *Gazette de France* et de la *République française*.

La *Gazette de France* me reproche d'avoir oublié dans mon énumération des principes [illegible] que renferme la Constitution du 25 février la clause de [illegible] sur laquelle, plus que sur toute autre, la transaction a porté. Elle prétend que j'avance une affirmation erronée en disant qu'aucun de ceux qui lui ont donné une consécration légale à la République ne peut [illegible] revenir sur cette consécration légale. On peut y revenir, dit-elle, puisque la Constitution peut être révisée.

Que la *Gazette* se rassure ! Si j'ai passé sous silence la clause de révision, c'est que c'est une des rares bonnes dispositions que je trouve dans les lois constitutionnelles du 25 février ; une disposition conforme aux principes, qui ne fait défaut dans aucune Constitution républicaine, pas plus dans celle de l'an III que dans celle de 1848, pas plus dans celle des Etats-Unis que dans celle de la Suisse. Je déplore sans doute qu'on ait conféré ce droit de révision à une Assemblée dont 300 membres n'émanent pas directement du suffrage universel. Mais je préfère l'avoir tel qu'il est plutôt que de ne pas l'avoir du tout. C'est grâce à lui, en effet, que nous pouvons conserver l'espoir de réformer une Constitution inacceptable sans cela.

Si j'ai dit qu'aucun de ceux qui ont voté la République ne veut ni ne peut revenir sur ce vote, j'ai visé seulement l'Assemblée actuelle, qui a épuisé son mandat constituant et nullement les Assemblées futures. Quant à ces dernières, je ne crains pas de les voir dans l'avenir tourner cette arme — le droit de révision — contre la République elle-même. Ce droit, en effet, ne pourra pas s'exercer sans la Chambre des députés, qui — vu le nombre de ses membres — y aura même une action prépondérante, et quoi qu'on fasse, la Chambre des députés sera désormais républicaine. La clause de révision ne m'inquiète donc pas ; loin de là. J'y vois un moyen légal de réparer, sans révolution nouvelle, le mal qui a été fait, et il est bien naturel que je ne l'aie pas mentionnée au nombre des dispositions que je considérais comme funestes.

La République française me fait moins d'honneur que la *Gazette de France*. Elle me consacre d'assez mauvaise grâce quelques lignes de la seconde page et, tandis que la *Gazette* a eu l'honnêteté de publier *in extenso* les documents qu'elle attaquait, pour mettre ses lecteurs à même de porter un jugement éclairé sur la question, la *République française* s'est bien gardée de publier la *lettre à mes commettants* et le *discours d'Arles*. Ses lecteurs auraient pu trouver mes arguments supérieurs à ceux de mes contradicteurs, et c'est ce qu'il fallait empêcher à tout prix.

Dans sa courte et, en apparence, dédaigneuse réplique, l'organe de M. Gambetta me reproche de résumer aujourd'hui ma politique en ce mot : *haut les cœurs !* comme je la résumais autrefois dans cette phrase : « Il faut secouer les énergies affaissées.

Je comprends que ce cri : *haut les cœurs !* n'aille pas à ceux qui, depuis tantôt quatre ans, cherchent à chasser de la politique l'idée de dévouement et de sacrifice, en répétant sans cesse que le cycle héroïque de la démocratie est fermé. Quant à la seconde phrase qu'il rappelle, la reproduire est de sa part une maladresse. Elle a [illegible] écrite à [illegible] de l'élection de Ledru-Rollin, et l'élection de Ledru-Rollin [illegible] lorsqu'on y [illegible] des souvenirs que mes contradicteurs n'ont aucun intérêt à [illegible]. J'ai écrit l'histoire de cette élection au lendemain même du 1er mars 18[illegible], pour n'en rien oublier. Je n'ai aucune intention de la retirer de mes tiroirs ; mais le jour où la *République française* voudra provoquer le débat sur cette élection célèbre, je suis prêt, à la seule condition qu'elle publiera mes réponses comme ses attaques.

La *République française* termine son entrefilet par ces mots : « S'il n'y avait que de pareils incidents pour nous inquiéter dans la politique, nous serions fort tranquilles. Malheureusement il y en a d'autres, dont M. Naquet ne paraît pas se douter ; nous le regrettons pour lui. »

J'avoue, en effet, que sur le terrain de la politique intérieure, je ne vois pas ce qu'il peut y avoir de plus grave qu'un Sénat élu par le suffrage restreint, qu'un président rééligible, armé du droit de dissolution et d'ajournement. M. Gambetta et ses amis seraient bien bons si, prenant en pitié mon ignorance extrême, ils voulaient consentir à faire mon éducation sur ce point. Ils pourraient même profiter de l'occasion pour nous dire de quelle nature étaient les garanties dont les négociateurs des Gauches avaient certainement les mains pleines lorsque, à la rue de la Sourdière, ils nous faisaient, au nom du groupe Lavergne, les fameuses promesses que l'on sait. Ce serait une leçon d'histoire des plus instructives, et je ne doute pas que la *République française*, qui compte de si profonds politiques parmi ses rédacteurs, ne consente à nous la donner. Pour ma part, je l'attends avec confiance.

A. NAQUET.

Une dépêche nous apprend que, hier soir, M. Naquet a reçu, dans une réunion privée à Cavaillon, un certain nombre de ses électeurs, qui ont fait à l'honorable député de Vaucluse un accueil des plus sympathiques.

Ce soir, M. Naquet tiendra une réunion privée à Pertuis.

Gazette de France du 30 août 1875

après avoir reproduit la lettre précédente, la Gazette de France dit :

M. Naquet accepte la clause de révision et il s'en réjouit ; c'est une excellente disposition qui permettra de *réformer* la Constitution ; nous sommes

15

d'accord avec M. Naquet, et trouvons comme lui que la constitution serait inacceptable sans cela ; le seul point sur lequel nous différons, c'est que là où il dit réforme, nous disons suppression ; à cela près, notre opinion sur la Constitution ne diffère guère de la sienne.

Ce qui nous étonne davantage dans la réponse de M. Naquet, c'est qu'un esprit aussi pratique que le sien ne trouve pas motif à s'inquiéter dans la clause de révision.

Où il voit un moyen légal de réparer le mal en modifiant la Constitution, nous voyons un moyen légal de supprimer ce mal dans sa racine, en supprimant la Constitution elle-même.

M. Naquet compte sur le républicanisme des prochaines Assemblées : ce n'est pas une raison, c'est une présomption. Chaque parti conserve ses espérances, et il se pourrait bien que, M. Naquet, qui s'est laissé si cruellement tromper le 25 février dernier par ses meilleurs amis de la rue de la Sourdière, ne se trompe tout aussi douloureusement sur l'avenir que les élections réservent à la république.

Quoi qu'il en soit, nous retenons pour le moment de ce débat un seul point : c'est que les républicains admettent le droit de révision *totale*, et reconnaissent que les prochaines Assemblées *pourront* si elles le *veulent* réformer ou supprimer la Constitution.

Nous n'en demandons pas davantage, et nous craignons bien que M. Naquet ne soit obligé, plus tôt qu'il ne le pense, de rouvrir *le cycle héroïque*. Nous attendons ce que la *République française* répondra à ce sujet à M. Naquet, et nous verrons si la crainte des *tiroirs* du député du Vaucluse aura le don de la faire parler.

CHARLES DUPUY.

L'événement du 9 7bre 1875

M. Alfred Naquet a fait une tournée dans les principales communes de l'arrondissement d'Apt (Vaucluse). Partout, mais notamment dans cette dernière ville, il a reçu l'accueil le plus sympathique et le plus empressé.

Et pour prouver que ses ardeurs républicaines ne sont point incompatibles avec la sagesse et la discipline, la démocratie de Vaucluse a décidément arrêté son choix pour l'élection

---

On sait que dimanche dernier, la réunion privée à laquelle M. Alfred Naquet avait convoqué ses amis de Marseille, pour développer devant eux le programme de la politique « intransigeante », a été interdite par arrêté de M. le général Espivent de la Villeboisnet. Nous publions plus loin le texte complet du discours que l'honorable député de Vaucluse a été empêché de prononcer, par ordre du général commandant l'état de siége dans les Bouches-du-Rhône. Nous ne voyons pas trop quels dangers ce discours, d'ailleurs très sage et très modéré dans la forme, eût pu faire courir à l'ordre public, et nous sommes convaincu qu'il n'eût pu donner lieu au moindre trouble, à la moindre agitation. La mesure préventive prise par M. le général Espivent n'aura eu d'autre résultat que d'empêcher les Marseillais de prendre connaissance du discours de M. Naquet avant les Parisiens, et d'en retarder la publication d'un jour. L'effort est loin d'être proportionné au résultat.

UN DISCOURS-PROGRAMME

Nous avons annoncé que le général Espivent avait interdit la réunion privée dans laquelle M. Alfred Naquet, député de Vaucluse, devait s'entretenir avec un certain nombre de nos amis politiques à Marseille. [illegible] d'examiner les causes de cette interdiction vraiment déplorable, nous croyons devoir aujourd'hui reproduire *in extenso* le discours que M. Alfred Naquet se proposait de prononcer devant les électeurs des Bouches-du-Rhône. C'est un modèle de discussion loyale, modérée et courtoise. On ne peut traiter avec plus de sincérité et de tact les grandes questions qui nous divisent. Le programme rappelé par notre honorable ami est depuis longtemps celui du parti républicain radical tout entier.

Voici le discours du député de Vaucluse :

14

Citoyens,

Ayant voté la Constitution du 25 février et ayant refusé de m'associer par mon vote aux lois organiques; m'étant mis ainsi en contradiction avec la plus grande partie de mes collègues et, en apparence, avec moi-même, j'ai dû m'expliquer, comme j'avais d'ailleurs continué de le faire tous les ans depuis 1871; — d'où ma lettre à mes commettants.

Mal compris par la presse antirépublicaine, et même par une fraction de la presse républicaine, j'ai dû répondre; — d'où mon discours d'Arles.

Voyant, malgré ce discours, ma pensée encore travestie par quelques-uns et insidieusement attaquée par d'autres, j'ai été obligé de me défendre; — d'où ma dernière lettre à l'*Evénement*.

Aujourd'hui l'incident est clos. Je ne veux, en effet, ni occuper plus longtemps la France de mes actes, ni perpétuer des récriminations inutiles. Inutiles, car la politique ne se fait pas avec des regrets.

Je ne parlerai donc plus du 25 février; j'ai dit à cet égard ce que j'avais à dire. Je me bornerai à développer et à défendre la ligne de conduite politique que j'ai cru devoir adopter.

On m'oppose que, fondée en principes, cette politique a l'inconvénient de diviser le parti républicain et que, à ce titre, elle est inopportune.

Je me suis déjà expliqué sur ce point. Je le ferai plus complétement encore aujourd'hui.

La division est loin d'être dans tous les cas une chose nuisible. Bien souvent elle est utile, profitable, nécessaire. Il suffit, pour qu'il en soit ainsi, qu'elle ne franchisse pas certaines limites.

Funeste, lorsqu'elle se produit en face de l'ennemi, devant un terrain à conquérir, elle est féconde lorsque, le terrain une fois conquis, elle sert à nuancer les partis. Elle est alors une condition indispensable du progrès. Car le progrès ne s'arrête pas. Lorsqu'on n'avance pas, on recule.

La division, nous la trouvons dans tous les pays libres : en Suisse comme en Angleterre, en Belgique comme aux Etats-Unis. Dans ces pays, quand un but est atteint par la coalition de tous ceux qui le poursuivaient, soit comme point d'arrivée soit comme point de départ, l'armée victorieuse se divise. Le progrès conquis n'en reste pas moins conquis. Il est fixé. La division survenue entre les conquérants ne le remet point en question, car s'il pouvait être remis en question par ceux qui y résistaient naguère, ceux qui se sont ligués pour

18

la conquérir se lèveraient encore pour la défendre.

Seulement, d'accord sur tout ce qui est obtenu, les combattants cessent de l'être sur ce qui reste à obtenir; le parti se nuance, un nouveau programme se formule, l'Extrême gauche d'hier devient la Gauche de demain et le Centre gauche d'après-demain, de manière que l'humanité marche, marche, sans s'arrêter jamais.

Ce phénomène devient même extrêmement manifeste dans les périodes révolutionnaires, où le mouvement est précipité. Ainsi la Gauche de notre grande Constituante de 1789 est devenue la Droite de la Législative, et à son tour la Gauche de la Législative est devenue la Droite de la Convention.

C'est là une loi fondamentale de la progression des idées; c'est la condition essentielle de tout progrès. Cette loi ne se supprime que chez les peuples arrêtés dans leur développement, comme la Chine.

Faisons à notre situation l'application de ces principes.

Un but était à atteindre, point d'arrivée pour les modérés, point de départ pour nous : la suppression de l'hérédité monarchique, la République.

Ce but est atteint à cette heure. Je l'ai déjà dit : je préférerais qu'il ne le fût pas encore au lieu de l'être à des conditions aussi dures que celles que les républicains ont subies. Mais enfin il l'est, et sur ce point il n'y a plus de recul possible.

La République est bien définitive. Elle est définitive parce que nous serions tous là pour la défendre si on l'attaquait; elle est définitive parce que, si l'Assemblée l'a votée, c'est après avoir constaté son impuissance à constituer la monarchie. C'est dans cette impuissance de l'Assemblée et du pays lui-même à faire la monarchie, plus que dans tous les articles de constitution, que se trouve notre garantie suprême, garantie à laquelle les lois du 25 février n'ont rien ajouté. Elle ne pourrait périr que devant un coup de force, devant un crime de lèse-nation, et ce coup de force, ce crime, nous ne le craignons pas. Nous sommes de ceux qui, en toute circonstance, sont décidés à faire leur devoir.

Mais cette République, pour les uns, c'est le but : avoir supprimé l'hérédité royale leur suffit; pour nous, c'est le moyen : nous voulons la rendre véritablement démocratique; nous voulons, appuyés sur elle, arriver aux réformes politiques et économiques qui sont la conséquence de notre évolution sociale.

Voilà pourquoi, sans danger pour ce qui est acquis, nous nous nuançons aujourd'hui en vue de l'avenir.

Un journal que personne n'accusera d'être radical, le *Courrier de France*, reconnaissait en ces termes ce que nous disons là dans son numéro du 26 août :

« *Mais nous nous empressons d'ajouter que nous ne voyons, quant à nous, aucun inconvénient sérieux à cette scission que MM. Louis Blanc, Madier-Montjau, Naquet et leurs amis semblent vouloir opérer dans le parti républicain.*

» *Du moment où la République est le gouvernement légal du pays, il n'y a aucun inconvénient à ce que les républicains se divisent en conservateurs et en radicaux. Nous restons très résolûment parmi les premiers ; mais il nous paraît très bon qu'il y ait en face du Centre constitutionnel, du Centre gauche et de la Gauche, un parti radical.* »

Voilà la réponse au reproche de division.

Mais, ajoute-t-on, vous choisissez mal le moment, la campagne intransigeante est inopportune.

Elle est absolument opportune, au contraire.

Les masses républicaines qui ont lutté depuis quatre-vingts ans, qui ont subi l'exil, la déportation, la mort pour la République, ont bien travaillé pour autre chose que ce que nous avons.

Quand elles entendent et voient des hommes qui sont censés à la tête du groupe républicain le plus avancé dire ce qu'ils disent, écrire ce qu'ils écrivent depuis quatre ans, elles se demandent si ce que nous avons serait réellement la République ou s'en rapprocherait. — Elles se trouvent alors cruellement déçues ; elles se disent que tel n'était pas le but de tant de dévouements ni de tant de sacrifices. Il en résultera, si l'on n'y porte remède, que désormais elles deviendront indifférentes à la chose publique.

Ce découragement, entretenu d'ailleurs par les moyens que l'administration met en œuvre, gagne chaque jour du terrain. Quand viendront les élections générales, si rien n'est changé, nous nous trouverons placés entre les préfets de M. Buffet et le parti républicain affaissé, et la victoire restera infailliblement à nos adversaires.

Sans doute la République survivrait à ce naufrage. — Elle a son point d'appui sur un état des partis en France que rien ne peut modifier. — Mais l'avénement au pouvoir du parti républicain serait indéfiniment retardé.

Or, à cette heure, cet avénement est ce qui doit nous préoccuper surtout.

20

Il faut donc viser avant tout l'avénement au pouvoir du parti républicain. Or, si l'on veut que cet avénement ait lieu, il faut, je l'ai déjà dit, créer un courant d'opinion capable de résister à la pression officielle.

Mais, disent les journaux modérés, ce courant d'opinion, nous y travaillons ; il ne se passe pas de jour que nous n'attaquions le ministère.

Cela ne suffit pas.

Il faut encore avoir un programme net, précis, un programme d'avant-garde ; il faut prouver aux masses que, en luttant, elles luttent pour quelque chose de sérieux, et non pour un simple changement de personnes. Il faut leur enlever cette idée fausse : « Le but que nous poursuivions ne valait pas les efforts que nous faisions pour l'atteindre. » Après l'étape parcourue, il faut bien montrer les innombrables étapes à parcourir.

Alors on relèvera l'enthousiasme, alors on vaincra.

« Mais, s'écrie-t-on, si l'on se divise aux élections, si la division électorale est la conséquence de la division actuelle, nous courons à la défaite. »

Entendons-nous.

Il est bien clair que toute lutte politique aboutit à une lutte électorale, sans quoi elle manquerait de sanction. Mais, lutte électorale dans le sein même du parti républicain ne veut pas dire division devant l'ennemi.

Précisons et, afin que la démonstration soit plus claire, choisissons un exemple dans ce département même.

Au moment des élections, vous avez la sage habitude d'organiser un comité central qui décide du choix des candidats, et auxquels tous les bons citoyens se soumettent parce qu'il est l'émanation de l'opinion publique.

Or, d'ici aux élections générales, une de ces deux hypothèses se réalisera forcément ; ou bien la politique que je défends aura fait assez de progrès pour être en majorité au comité central, ou elle n'aura pas encore poussé d'assez profondes racines pour cela.

Si elle n'a pas la majorité au comité central, mes amis se soumettront sans murmurer aux décisions de ce comité, se bornant à continuer de propager leurs idées, dans l'espoir d'obtenir des résultats plus conformes à leurs vues dans une élection future.

Si, au contraire, notre politique l'emporte au comité central, ce sera aux modérés de se soumettre ; mais, pas plus dans le second cas que dans le premier, il n'y aura de division.

Veut-on dire que les modérés refuseront de se soumettre aux décisions du comité central? Une élection récente prouve qu'en effet cela est possible; mais cette élection prouve en même temps que quand des révoltes semblables contre votre choix souverain se produisent vous savez les écraser.

D'ailleurs, qu'y a-t-il de si effrayant dans cette division électorale que pourraient faire les modérés, alors que, grâce à la loi Savary, nul ne peut être élu au premier tour de scrutin s'il n'obtient la moitié plus un des suffrages exprimés? Sous l'empire d'une disposition légale semblable, il n'y a pas d'inconvénient à ce que les diverses nuances républicaines s'affirment au premier tour de scrutin. La multiplicité des candidatures a même pour effet de réduire au minimum les abstentions, et c'est un des bons moyens de combattre la candidature officielle.

Au second tour, tous se rallient à celui qui a eu le plus de voix au premier, parce qu'on se trouve alors en présence de l'ennemi qui remet en question les résultats acquis et que, ces résultats, tous ceux qui ont été unis pour les obtenir demeurent unis pour les conserver.

On se rallie avec d'autant plus de facilité qu'on s'est affirmé, qu'on s'est compté au premier tour et que, minorité aujourd'hui, on espère devenir majorité demain. Enfin, le premier tour de scrutin ayant jeté le désarroi dans les rangs ennemis, la victoire est d'autant plus certaine.

Depuis longtemps l'usage des *spectres* est à la mode en politique. Nos adversaires agitent le *spectre rouge*; chez nous les fractions du parti qui ont la direction du mouvement opposent le *spectre de la division* à ceux qui veulent aller plus loin qu'eux.

Oui, citoyens, la division dont on vous effraye n'est qu'un spectre et il y a eu un temps où ceux-là mêmes qui l'agitent aujourd'hui avaient à s'en défendre contre les chefs de l'opposition de cette époque, qui l'agitaient alors contre eux.

Craignez la division! disait-on aux Parisiens lorsqu'ils opposaient M. Gambetta à M. Carnot, et lorsque, dans une même circonscription, se produisaient jusqu'à quatre candidatures républicaines: celles de MM. Gent, Hérold, Lavertujon et Emmanuel Arago.

Craignez la division! vous disait-on à vous-mêmes lorsque, en 1869, vous opposiez les candidatures Esquiros et Gambetta aux candidatures du *Sémaphore*.

Vous avez dédaigné les menaces de division, et vous avez vaincu.

Qu'on ne vienne donc plus nous opposer des arguments sans valeur, dont on a contribué soi-même à prouver l'inanité.

Mais au moins, nous disent nos adversaires, battus sur ce terrain, aurait-on pu attendre la période électorale pour se nuancer, pour produire ces dissidences. Alors c'eût été le moment.

Eh bien, citoyens! les attaques dont nous sommes l'objet, cette menace de division dont on vous fait peur et à laquelle nous sommes obligés de répondre pour montrer au peuple à quel point elle est vaine, tout cela montre que les 20 jours de la période électorale auraient été insuffisants pour atteindre le but que nous voulons atteindre. Renversant le raisonnement qu'on fait à cette heure, on nous eût dit alors : « Il est trop tard, il fallait produire vos dissidences plus tôt; » et l'on aurait eu raison, car on ne crée pas un courant d'opinion en 20 jours. Si donc nous avions attendu la période électorale, nous n'aurions pas eu le temps de produire le courant d'opinion nécessaire au triomphe de l'idée républicaine; et là où l'affaissement populaire n'aurait pas assuré la victoire aux candidats officiels, ce sont les hommes des Gauches actuelles qui auraient été élus avec l'étiquette radicale.

Or j'estime qu'il faut une véritable *Extrême gauche* à la Chambre future. Cette Extrême gauche, pour qu'elle y soit il faut l'élire, et pour l'élire il faut, sans perdre une seconde, en préparer l'élection.

Voilà pour l'opportunité.

Ajoutons aussi que la présence à la Chambre d'une opposition radicale qui entraîne le pays est nécessaire encore à un autre point de vue.

Le Sénat, s'il est mauvais, ce qui est malheureusement probable, s'il ne devait pas céder à la nation pourrait faire renaître des situations révolutionnaires. Dans ces sortes de situations, les oppositions énergiques sont indispensables à la résistance. Ce n'est point avec des modérés qu'on résiste, car les modérés, personne ne les suit.

On revient à la charge : soit, nous dit-on; seulement ayez une idée. Ne parlez pas sans cesse du 25 février. Parlez de l'avenir : dites ce que vous espérez, ce que vous voulez.

Ce que nous voulons, il serait trop long et trop difficile de l'exposer complètement dans un discours; cela nécessiterait des volumes; mais nous pouvons au moins esquisser quelques traits de notre programme.

Nous voulons demander, au moment voulu, la révision de la Constitution, afin que la République soit gouvernée par une Assemblée unique, élue pour un temps très-court, et révoquant à son gré le chef du pouvoir exécutif.

Nous voulons, comme nos pères de 1793, l'appel direct au peuple pour la sanction des lois constitutionnelles.

Nous voulons une large décentralisation.

Nous voulons : non point seulement la levée de l'état de siége qui remettrait en vigueur les lois de 1868 sur la presse et les réunions; nous voulons plus que cela : la liberté absolue de la presse et la liberté absolue de réunion.

Nous voulons le droit d'association le plus étendu.

Nous voulons la séparation de l'église et de l'Etat.

Nous voulons l'instruction gratuite, obligatoire et laïque.

Nous voulons le service militaire obligatoire, non plus nominal, mais effectif.

Nous voulons, dans l'ordre économique, le rachat de la Banque, des mines et des chemins de fer, ou tout au moins qu'on ne renouvelle pas les priviléges une fois expirés; parce que, là où le monopole s'impose, il doit bénéficier à tous au lieu d'être pour quelques-uns un moyen de prélever une prébende sur tous; parce que, en ce qui concerne la Banque, cela permettra d'abaisser le taux de l'escompte; parce que, en ce qui concerne les chemins de fer, cela permettra d'abaisser les tarifs et de faciliter les communications.

Nous voulons qu'au moins en attendant, on abolisse les tarifs spéciaux et qu'on empêche ainsi les compagnies d'être les dispensatrices de la fortune publique.

Nous voulons changer l'assiette de l'impôt : établir l'impôt progressif sur le capital ou le revenu.

Nous voulons que le divorce, établi dans nos lois par la Révolution de 1792 et aboli par la réaction cléricale en 1816, y soit rétabli.

Nous voulons que la femme devienne, sinon au point de vue politique, du moins au point de vue civil, l'égale de l'homme ; qu'elle puisse gérer ses biens, qu'elle puisse ester en justice, qu'elle reçoive, elle qui élève nos enfants, une éducation égale à celle que nous recevons nous-mêmes.

Et ce programme, nous voulons surtout qu'on ne le mette pas en poche; nous voulons qu'on le montre, parce que c'est seulement avec un drapeau déployé de progrès et d'avenir que nous pourrons entraîner le pays.

Voilà, citoyens, quel est le but de la politique dite intransigente. C'est à vous qu'il appartient de la juger. Si vous la trouvez mauvaise, vous la condamnerez. Mais si vous la trouvez bonne, c'est encore à vous qu'il appartient de la répandre, et, en élisant aux prochaines élections, dans votre cité radicale, des députés prêts à la soutenir, de fournir à la future Chambre le noyau qui lui est nécessaire pour que le but que nous nous proposons soit atteint.

Et maintenant, puisque tous ici, radicaux ou modérés, soit comme but, soit comme moyen, nous voulons avec une même énergie la conservation de la République, répétons une dernière fois que nos divisions, ou mieux nos nuances, ne remettent rien en question de ce qui est acquis, que nous sommes décidés à défendre la République contre les entreprises des monarchistes, et que, si elle venait à être menacée, tous, la main dans la main, nous serions prêts aux résolutions viriles!

ALFRED NAQUET.

L'événement du 14 7bre 1875

BULLETIN POLITIQUE

On trouvera plus loin une lettre de M. Madier-Montjau à M. Alfred Naquet, dans laquelle le député de la Drôme donne à la campagne entreprise par le député de Vaucluse son entière approbation. Avec beaucoup de raison, M. Madier-Montjau estime que les démocrates ne doivent pas tout sacrifier à la conciliation en vue de concessions qui ne viennent jamais. Il pense au contraire que la lutte est toujours nécessaire, et que les républicains doivent redoubler de vigilance et d'énergie. « Soutenir cette thèse, dit M. Madier-Montjau, ce n'est pas diviser, affaiblir, décourager le parti républicain, c'est rendre à son action l'invincible force des principes. »

Il est certain, comme le dit très justement l'honorable député de la Drôme, qu'il y aurait danger à se faire trop petits et trop modestes, de peur « d'offusquer des gens qui font toujours systématiquement semblant d'être effrayés », mais il est un autre danger qu'il convient également aux républicains d'éviter, c'est de se cantonner dans un parti pris d'intransigeance perpétuelle.

Ce danger, quoi qu'on affecte de dire, n'est pas à redouter, et ce serait une erreur de croire que le parti des démocrates intransigeants est incapable de conciliation. Il ne repousse pas les alliances sincères, mais il refuse de prêter la main à une prétendue fusion d'intérêts dans laquelle les républicains jouent le rôle de dupes.

Ainsi que le faisait observer récemment M. Louis Blanc dans sa lettre au *Daily News*, les républicains n'ont jamais dit : tout ou rien, — et encore moins : tout aujourd'hui même ou rien. Ils sont accessibles aux transactions, pourvu toutefois qu'elles ne constituent pas un danger réel pour le principe qu'ils défendent. Sur ce point, du reste, la lettre de M. Louis Blanc est formelle, et c'est à tort que certains journaux ont cru devoir l'interpréter dans un autre sens. S'il croit que le parti républicain a commis une faute en transigeant sur la question principale et qu'il eût mieux valu consulter le suffrage universel et laisser à une nouvelle Chambre le soin de faire la Constitution, il n'en admet pas moins que des concessions peuvent être faites sur des points secondaires.

Malheureusement, ce n'est pas sur des points secondaires que les Gauches ont transigé au 25 février; elles ont tout abandonné, et elles ont laissé faire une République qui n'a de républicain que le nom.

La vraie question serait de savoir ce que la démocratie y a gagné ou pourra y gagner. La réponse est déjà faite, avant même que les lois constitutionnelles aient reçu un commencement d'exécution. Comme don de joyeux avénement, la République du 25 février a gratifié la France d'une loi qui met les cléricaux en possession du privilége qui leur tenait le plus à cœur, celui de faire concurrence à l'Université et de répandre librement leur enseignement. Quand un arbre porte déjà de tels bourgeons, on a beau le décorer d'une merveilleuse étiquette et dire qu'il pourra peut-être donner de bons fruits, on ne peut empêcher les gens de bon sens de juger qu'il est mauvais.

LETTRE DE M. MADIER-MONTJAU

M. Madier-Montjau, député de la Drôme, a adressé la lettre suivante à M. Alfred Naquet, député de Vaucluse :

Lausonne, près Monfrein (Gard),
4 septembre 1875.

Mon cher ami,

Comme je vous l'écrivais il y a trois jours, je suis trop souffrant pour aller vous rejoindre à Marseille. Je souhaitais si fort pouvoir faire ce voyage, que jusqu'au dernier moment je me suis demandé si je ne partirais pas,

Mais qu'importe au succès de la tâche à laquelle vous avez voué vos vacances que je vous vienne immédiatement en aide ou que, pour le moment, vous agissiez seul ? N'êtes-vous pas dix fois plus logicien, dix fois plus éloquent, dix fois plus convaincu qu'il ne faut l'être pour démontrer à ceux de nos amis de Marseille qui pourraient douter encore qu'une politique qui s'affirme victorieuse avant de l'être et se trompe ainsi elle-même, qui abandonne tout ce dont elle dispose sans rien recevoir en échange, est une politique funeste qu'on doit absolument cesser de pratiquer, sous peine d'achever de tout compromettre ?

C'est se leurrer volontairement, après tout ce qui s'est passé depuis le commencement de cette année, que de trouver au sacrifice partiel du suffrage universel, au maintien de la dernière loi municipale et de l'état de siége, à la récente atteinte portée aux pouvoirs des conseils généraux, à la conservation de tout le personnel administratif du gouvernement de combat, à la promulgation de la loi sur l'enseignement supérieur, à la prolongation indéfinie de l'existence de l'Assemblée, une compensation dans l'établissement et la reconnaissance légale d'une *République* qui ne réalise aucune des espérances que la démocratie avait toujours résumées et comprises dans ce mot, et qui, entre les aspirations du suffrage universel et leur réalisation, même lointaine, par la *révision*, a placé les pouvoirs énormes attribués au président et au Sénat par la constitution de février.

Quelques efforts qu'ait faits l'exécrable *empire* pour l'endormir, le corrompre et l'abrutir, notre peuple français, d'un si grand cœur, d'un esprit si sagace et si net, d'un jugement si droit, n'est pas de nature à se payer plus longtemps de mots et à prendre, selon l'heureuse expression dont on s'est déjà servi, *l'ombre pour la proie*!

Que les monarchistes pour qui Louis-Philippe et son *Juste-Milieu* étaient autrefois la *meilleure des Républiques*, forcés aujourd'hui de renoncer à leur ancien idéal, ne voient pas de République plus belle que la plus monarchique qu'on puisse imaginer, nul n'en sera surpris. Qu'ils n'aient pas assez de colères contre les esprits chagrins qui ne partagent pas leur admiration et leur joie, personne, ayant l'intelligence complète de la situation actuelle, ne s'en étonnera davantage.

Mais que nous, démocrates, nous fussions assez fascinés par des apparences décevantes, assez inattentifs aux réalités pour continuer de nous associer à cette allégresse et de tout sacrifier à la *conciliation*, en vue de concessions qui ne viennent jamais, voilà ce qui serait inconcevable pour tous les gens de sens et de cœur, et ce qui nous rendrait bientôt, si nous n'y prenions garde, la risée du monde!

Cessons donc d'applaudir à nos propres revers et efforçons-nous de les réparer. Il n'est que temps! Pour ce faire, chassons les illusions énervantes et, comme vous l'avez très noblement dit, mon cher ami, élevons nos cœurs et ceignons nos reins; car on est un parti de combat, ayant besoin de vigilance, d'énergie, de dévouement, de fermeté inflexible envers les alliés, d'attitude ferme et courageuse devant l'ennemi, tant qu'on n'est pas au pouvoir;et le vrai moyen de devenir gouvernement c'est de soutenir vigoureusement la lutte tant qu'elle est nécessaire, c'est de ne pas se dire vainqueur avant de l'être, c'est de ne pas se livrer pieds et poings liés à des alliés *sans solidité*. — Ce n'est pas moi, vous le savez, qui les ai le premier qualifiés ainsi.

Soutenir cette thèse, ce n'est pas diviser, affaiblir, décourager le parti républicain, comme on se plaît, de plus d'un côté, à le dire.

C'est accomplir le devoir, en s'efforçant de ramener tous ceux qu'unit la communauté du but au seul chemin par lequel on le puisse atteindre.

C'est rendre à notre action l'invincible force des principes, que notre parti ne peut en vain dédaigner ou seulement oublier sans cesser d'être.

C'est empêcher nos collègues et notre cher pays de se livrer aux monarchistes et aux cléricaux, en s'abusant plus longtemps sur notre situation véritable; en consentant de nouveaux abandons; en se taisant et en se faisant trop petits et trop modestes, pour ne pas offusquer des gens qui font toujours systématiquement semblant d'être effrayés; en s'endormant enfin paresseusement dans une mortelle sécurité.

Allez donc, cher ami, sans crainte, comme vous êtes sans reproche!

Ces Provençaux, d'instinct et de tempérament si démocratiques, au milieu desquels s'est écoulée une partie de ma jeunesse; ces populations si actives et si intelligentes vous comprendront à demi-mot et vous applaudiront, comme mérite d'être applaudi tout citoyen qui s'efforce d'éclairer le peuple et d'assurer à son pays des destinées grandes et heureuses.

Mes salutations fraternelles aux Marseillais!

Je vous serre la main,

A. MADIER-MONTJAU aîné,
député de la Drôme.

L'événement du 16 7bre 1875

On lira plus loin une lettre que le docteur Turigny vient d'adresser à la *République*, de Nevers, en réponse à certains passages de ce journal relatifs à l'attitude prise par les députés qui, après avoir voté le 25 février avec la majorité, ont cru devoir repousser les lois constitutionnelles complémentaires. Les explications fournies par M. Turigny sont péremptoires, et concordent parfaitement avec celles déjà fournies par M. Naquet.

M. Turigny rappelle que lorsqu'il s'agit de décider les députés de l'Extrême gauche à voter la Constitution du 25 février, on fit valoir auprès des récalcitrants des raisons qui étaient de nature à lever tous leurs scrupules. Le vote de cette Constitution devait avoir pour conséquences la levée de l'état de siége, la nomination des maires par les conseils municipaux, la conservation du scrutin de liste, la dissolution à courte échéance. L'engagement était présenté comme formel; c'était, affirmaient les négociateurs, un contrat signé, paraphé, et auquel rien ne manquait que l'exécution.

Le contrat ne fut pas exécuté, il ne l'est pas encore et l'on ne sait quand il le sera. C'est en présence de l'inexécution de ce contrat qu'un certain nombre de députés, parmi lesquels figure M. Turigny, ont refusé de s'engager plus avant dans une voie qui leur paraissait dangereuse. Leur intransigeance signifie défiance, et elle se trouve suffisamment justifiée par les faits.

Les intransigeants ont-ils donc eu si grand tort de vouloir, comme le dit M. Turigny, prémunir l'opinion publique contre toute illusion, réveiller son attention et sa vigilance? Nous ne le croyons pas; et il est bon qu'au milieu de l'ivresse générale d'un triomphe si chèrement acheté il se soit trouvé quelques hommes prudents pour faire comprendre à la démocratie française tous les dangers de la situation.

C'est en vain que certains de nos confrères républicains essaient de la lui présenter comme excellente et de lui démontrer, la *Fraternité* de Carcassonne en main, que M. Naquet a tracé un programme intempestif. C'est en vain que, dans l'ardeur de leur prudence et de leur patiente circonspection ils représentent l'honorable député de Vaucluse comme excitant leur « inquiète curiosité ». Le public, qui est au-dessus des questions de personnes, ne peut s'empêcher de trouver que les intransigeants sont dans leur rôle de démocrates en lui signalant le danger que peut faire courir à la République ce système de transactions à outrance qui paraît être aujourd'hui la dominante de la politique des gauches.

Nous ne voyons pas bien d'ailleurs en quoi, à part certaines personnalités qui nous semblent témoigner de la part de son auteur plus de mauvaise humeur que de circonspection politique, les *desiderata* énumérés par la *Fraternité* de Carcassonne diffèrent de ceux énoncés par MM. Naquet, Madier-Montjau, Louis Blanc et Turigny. « La loi des maires, dit la *Fraternité*, l'état de siége, la liberté de la presse, la politique du gouvernement présentent un plus grand caractère d'urgence ; ces questions suffisent à notre labeur quotidien. »

Si M. Naquet a tracé un programme de revendications sur lesquelles nous n'avons pas plus à nous expliquer en ce moment que la *Fraternité* de Carcassonne elle-même, il a insisté en même temps sur les questions relatives à l'état de siége, à la liberté de la presse, etc., et c'est précisément ce qui le classe parmi les intransigeants.

Quant aux journaux, qui, après avoir comme la *République française* et le *Temps* observé systématiquement l'abstention à l'égard de MM. Louis Blanc, Madier-Montjau et Naquet, empruntent aujourd'hui au journal de M. Marcou une appréciation empreinte d'une certaine aigreur, on pourrait leur faire observer que ce n'est pas un procédé de discussion très loyal de passer ainsi sous silence les arguments qu'ils combattent par la plume d'autrui. En dépit du dédain qu'ils affectent, ces arguments n'étaient pas sans valeur. C'est ainsi du moins que le public impartial en a jugé. Peut-être même étaient-ils un peu embarrassants pour des écrivains aussi prudents et aussi réservés que ceux du *Temps* et de la *République française*.

Etienne Junca.

UN NOUVEL INTRANSIGEANT

La *République de Nevers* a reçu de M. le docteur Turigny la lettre suivante :

Chantenay, 5 septembre 1875.

Monsieur le rédacteur,

Je lis ce passage significatif dans votre bulletin politique du 1er septembre, où vous dites : « Mais, de grâce, qu'on nous explique comment certains députés, — parmi lesquels M. Naquet, — vous auriez pu me citer aussi, — après avoir voté la Constitution, ont repoussé les lois complémentaires qui en étaient la conséquence directe. Est-ce que la première concession n'était pas la plus grave, celle qui blessait le plus les principes? Cette concession une fois faite, celles qui ont suivi n'étaient-elles pas faciles? Est-ce que les lois complémentaires préparées par M. Dufaure et revisées par une commission composée en grande majorité de républicains, ne renferment pas une foule de dispositions excellentes et telles que le parti républicain n'osait en espérer l'adoption? Et dès lors, comment concevoir que les scrupules des *intransigeants* de deuxième catégorie aient dormi au 25 février, et qu'ils se soient éveillés subitement à propos de la mise en application de la Constitution? Encore une fois nous ne comprenons pas. »

Je vais tâcher de vous donner l'explication nécessaire de mes votes et de vous les faire comprendre. Mais avant, laissez-moi citer encore quelques lignes de votre bulletin politique. « L'histoire, dites-vous, envisagée de haut, se compose d'une série de transactions, et toute œuvre qui n'a pas été une transaction n'a pas vécu. Et c'est précisément parce que la Constitution a eu le caractère d'une transaction entre l'esprit de conservation et l'esprit de mouvement que nous la croyons appelée à vivre ».

En fait de transactions, je partage votre avis : on ne fait jamais table rase dans la pratique politique et sociale, le progrès découle des progrès antérieurs. Mais vous ne semblez pas bien au courant de la transaction qui fit accepter la Constitution du 25 février d'une part, ni, d'autre part, des raisons qui ont fait reculer certains de ceux qui l'avaient votée, quand il s'est agi d'aller plus loin et de s'engager à fond.

La transaction nous fut ainsi présentée : votez la Constitution, si imparfaite qu'elle vous paraisse ; ce vote aura pour conséquence : 1° la levée de l'état de siége plus ou moins complète ; 2° une autre façon de nomination des maires ; 3° la conservation du scrutin de liste ; 4° la dissolution prochaine. Ce programme, fut-il ajouté, n'est point parole en l'air, il est écrit, et, si vous connaissiez les noms des futurs membres du cabinet qui doit se former, ces noms vous étonneraient...

A côté de cela, comme vous le dites, « pouvait-on oublier les périls dont nous étions menacés ? Est-ce que le parti bonapartiste ne se préparait pas, à la faveur de l'équivoque, à livrer l'assaut au pouvoir ? »

Ainsi la transaction acceptée par les intransigeants de la deuxième heure, par ceux dont « les scrupules se sont éveillés subitement », dites-vous, était celle-ci : voter la Constitution pour éviter le danger bonapartiste et obtenir la réalisation du programme en quatre points sus-indiqués, plus un ministère étonnant de libéralisme.

Eh bien ! voici pourquoi les amis de la transaction constitutionnelle du 25 février ont ensuite reculé : c'est parce qu'ils n'ont vu se réaliser ni le ministère libéral, ni la levée de l'état de siége, ni la modification de la loi des maires, ni rien de ce qui avait paru bien convenu, bien entendu. C'était écrit.

Ceux qui n'ont pas voulu aller plus loin ont ainsi manifesté leur regret de s'être engagés d'abord ; ils ont voulu prévenir l'opinion, la prémunir contre toute illusion, réveiller son attention et sa vigilance.

Il ne faut pas que le pays ignore que nos scrupules « endormis », suivant votre expression, au 25 février, se sont « éveillés », non pas *subitement*, mais au fur et à mesure que nous avons vu s'évanouir et disparaître les chances de réalisation du programme qui avait entraîné et motivé le premier vote de la Constitution.

Notre intransigeance ne va pas au delà d'une défiance justifiée tant que le pouvoir d'appliquer la Constitution votée sera aux mains de ceux qui se rient de cette Constitution et de ceux qui l'ont appuyée de leurs suffrages.

Les chartes et les constitutions ne valent que suivant l'application qui en est faite. Les Ducros, les Tracy, les Doncieux, les Sazerac vous semblent des pères peu tendres à l'endroit de notre jeune République ; et vous nous criez : patience ! et nous, nous disons : défiance !

Défiance à l'endroit des hommes qui doivent appliquer un texte constitutionnel sujet à interprétation, car nous savons que « la défiance est la gardienne des droits du peuple ; elle est au sentiment profond de la liberté ce que la jalousie est à l'amour. »

Et jamais défiance ne fut mieux motivée que celle des hommes que vous appelez « les intransigeants de deuxième catégorie », dont j'ai l'honneur de faire partie jusqu'à nouvel ordre, dussions-nous ne jamais être douze à l'Assemblée. Le nombre me touche peu.

Agréez, je vous prie, monsieur, mes civilités empressées.

Dr TURIGNY,
Député de la Nièvre.

L'événement du 19 7bre 1875

En dépit du silence calculé de certains organes républicains, qui affectent de ne tenir aucun compte des manifestations du groupe des intransigeants, la politique, défendue par ceux-ci, recueille chaque jour des adhésions nouvelles. On commence à comprendre dans le parti démocratique la nécessité de constituer, à la gauche des groupes républicains à qui la politique de concessions paraît le nec plus ultra de l'habileté un groupe d'avant-garde qui serve à la fois d'éclaireur et d'excitateur aux autres.

Nos lecteurs en trouveront la preuve dans le procès-verbal, que nous publions plus loin, d'une réunion privée qui a eu lieu à Marseille vendredi dernier. Ils verront que dans les Bouches-du-Rhône on est loin de considérer le programme progressiste de M. Naquet comme inacceptable. Un député qui a voté non-seulement la Constitution du 25 février, mais encore les lois complémentaires, M. Emile Bouchet, a même déclaré qu'il le trouvait incomplet. Selon lui, il y manque l'abolition de la peine de mort, la formation des parlements coloniaux, la codification de nos lois éparses, et d'autres choses non moins utiles, non moins démocratiques.

Les réformes à opérer sont nombreuses, tout le monde le sent, tout le monde en convient; et nous doutons fort que les organes républicains qui ont blâmé en bloc le programme de l'honorable député de Vaucluse, osent risquer à son endroit des critiques de détail.

Ce programme de réformes nécessaires est en effet celui de la démocratie tout entière, et les conservateurs de bonne foi se trouvent même d'accord sur beaucoup de détails avec les républicains les plus ardents. Il n'est donc pas surprenant que M. Bouchet, qui est un démocrate sincère, ait déclaré qu'il a toutes ses sympathies. Il est seulement un point sur lequel M. Bouchet diffère d'opinion avec M. Naquet, c'est la question d'opportunité. Il paraît estimer que son collègue est parti un peu trop vite en campagne, mais les raisons qu'il donne ne nous semblent nullement convaincantes. Il était nécessaire, selon nous, d'empêcher l'opinion démocratique de s'endormir dans une sécurité trompeuse et d'insister, au lendemain même du vote des lois constitutionnelles complémentaires, sur les défaillances de ses représentants.

Il ne fallait pas laisser la politique de concession à outrance, ou plutôt la politique d'abandon, s'ériger, pour ainsi dire, en principe. La publication du programme développé par M. Naquet répondait à un besoin des masses démocratiques, qui s'inquiétaient à bon droit du silence sous lequel on avait passé toutes les réformes nécessaires au progrès et au maintien de cette République que l'on venait de fonder.

En tout cas, nous devons constater que M. Emile Bouchet accepte non-seulement ce programme, mais qu'il est parfaitement d'accord avec le député de Vaucluse sur la nécessité de constituer au sein de l'Assemblée un groupe actif, radicalement démocratique, un groupe *propulseur*. M. Bouchet, on le remarquera, s'est complétement dégagé, dans ses déclarations, de la tutelle de certaines personnalités qui prétendent à la direction du parti républicain.

Nous ne doutons pas que dans ce parti même son exemple ne soit suivi, et qu'à la rentrée des vacances de l'Assemblée la petite phalange des intransigeants ne compte un certain nombre de recrues. L'élément républicain des grandes villes, foyers de progrès incessant et non interrompu, ne saurait être mieux représenté que par ce groupe indépendant, libre de toute attache, de toute entrave et de toute ambition autre que celle de la propagation de l'idée démocratique.

Un mot pour finir sur ce sujet. On remarquera que le compte rendu de la réunion privée du 10 septembre, dans laquelle M. Naquet et M. Emile Bouchet ont tour à tour exprimé leurs idées, a été rédigé par MM. Léopold Peyron et Pollio, le premier pour la *République française*, le second pour l'*Evénement*. La *République française*, qui jusqu'à présent a soigneusement passé sous silence les manifestations de MM. Alfred Naquet, Louis Blanc et Madier-Montjau, usera-t-elle du même procédé envers M. Emile Bouchet?

Etienne Junca.

Le correspondant de l'*Evénement* à Marseille nous adresse le compte rendu suivant d'une réunion privée qui a eu lieu dans cette ville, le vendredi 10 septembre, et à laquelle notre *Bulletin politique* fait allusion plus haut.

PROCÈS-VERBAL

De la réunion du vendredi 10 septembre à Marseille

L'état de siége dissolvant par système toute réunion privée un peu nombreuse, quelque citoyens ont eu l'excellente idée de convoquer dans un local choisi : 1° les députés républicains des Bouches-du-Rhône présents à Marseille et M. Alfred Naquet, député de Vaucluse; 2° les membres républicains du Conseil général et du Conseil d'arrondissement; 3° les membres du dernier Conseil municipal dissous; 4° plusieurs journalistes connus par leur dévouement à la cause démocratique.

Cette réunion était d'autant plus nécessaire qu'elle permettait aux élus du département, ainsi que le désiraient bon nombre de leurs électeurs, de s'expliquer catégoriquement au sujet de la politique dite *intransigeante* en présence de M. Alfred Naquet. Parmi les personnes présentes se trouvaient : M. Emile Bouchet, député ; MM. Paul Borde, Bouquet, Fauré, du Conseil général; Coquand, Martin, Sellier, Brochier, etc.

M. Rouvier ne s'était pas rendu à l'invitation qu'il avait reçue, cette invitation lui ayant été, assure-t-il, remise trop tard.

Vers neuf heures, la séance est ouverte. MM. Léopold Peyron et Pollio en rédigent le procès-verbal, le premier pour la *République française*, le second pour l'*Evénement*.

M. Alfred Naquet. — Je suis heureux de cette petite réunion, non pas dans l'espoir de convaincre qui que ce soit, chacun ayant apporté ici son opinion toute faite, mais parce que je puis enfin répondre aux récentes questions qui m'ont été posées. Je constate à regret l'absence de M. Rouvier; mais son collègue et ami, M. Bouchet, assistant à la séance, j'entrerai tout de même dans la voie d'explications que je veux parcourir. Au reste, MM. Rouvier et Bouchet ayant les mêmes manières de voir, je crois que parler à l'un c'est s'adresser à tous les deux.

M. Naquet développe les principes et le programme du groupe intransigeant dont il fait partie; il analyse les lettres, discours et réponses parus dans l'*Evénement*. Il déclare de nouveau que la division n'est pas à redouter, les décisions du comité central devant, dans tous les cas, être respectées. Il ajoute que si, comme cela a eu lieu récemment, les modérés se révoltaient contre les décisions de ce comité, ils seraient brisés comme verre.

Il insiste avec force sur les nécessités de constituer, dans la Chambre future, une Extrême gauche, progressiste quand même, en dehors du groupe Gambetta. Les partis doivent se nuancer sous peine d'anémie politique; c'est la loi fatale et salutaire des civilisations. Un péril sérieux au point de vue des luttes parlementaires et de l'action d'un parti sur le pays, c'est de reconnaître à la même personnalité deux rôles distincts et incompatibles : celui de chef d'une opposition gouvernementale et celui de chef d'une opposition vraiment radicale.

Arrivant aux élections sénatoriales, M. Naquet prend à partie le discours que M. Gambetta a prononcé à Belleville. Il le considère comme funeste pour le parti républicain. Le Sénat sera détestable, quoi qu'en dise M. Gambetta, qui, au fond, n'est pas si optimiste qu'il le paraît. « Aide-toi, le suffrage universel t'aidera, » dit M. Gambetta. C'est une vérité incontestable quand il s'agit des élections législatives; mais cette vérité devient un sophisme périlleux lorsqu'on l'applique à l'élection du Sénat, élection dans laquelle le suffrage est restreint, manipulé par l'administration, et où le vote intelligent des villes est noyé dans le vote moins éclairé des villages et des bourgs.

Trompée en février et en juillet, la Gauche doit renoncer à sa *politique d'abandon*. M. Naquet a voté la Constitution dans des circonstances très graves; il le regrette vivement; mais les affirmations des négociateurs de gauche, auxquelles il a dû ajouter foi, ne lui permirent point alors d'agir autrement.

Il trouve que les concessions ont profité à nos adversaires sans aucune compensation pour la République. C'est une faute qu'il ne faut pas renouveler. Nous avons aujourd'hui la monarchie moins le monarque, ou plutôt avec un monarque élu, non héréditaire, il est vrai, mais rééligible.

M. Gambetta et ses amis sont dans l'ornière constitutionnelle, qu'ils y restent; puisqu'ils le jugent utile, qu'ils représentent l'élément républicain conservateur! Mais il faut constituer en dehors d'eux un groupe d'avant-garde, de combat démocratique, qui soit l'expression réelle des villes telles que Lyon, Paris, Marseille, Bordeaux, etc. Il est donc indispensable, aux prochaines élections, de ne pas plébisciter dans les grands centres de population sur la tête de M. Gambetta, et d'abandonner son nom aux départements moins avancés. Plébisciter sur sa tête à Lyon, Paris, Marseille, ce serait lui reconnaître encore la direction de l'opinion radicale la plus avancée, ce serait approuver sa politique de concessions et de passivité. Le Midi n'est pas de cet avis. Voilà pourquoi nous devons confesser hautement notre foi intransigeante et progressive. En avant!

Après son discours, que nous réduisons à des proportions microscopiques, M. Naquet cède la parole à M. Bouchet.

M. Emile Bouchet. — Ainsi que mon excellent ami, M. Alfred Naquet, je regrette que notre collègue Rouvier soit absent, et cela pour plusieurs raisons. D'abord, parce qu'il aurait opposé ses arguments personnels à la politique des intransigeants. Ensuite parce que lui et moi pourrons n'avoir pas la même manière de voir touchant la situation actuelle, contrairement à la pensée de M. Alfred Naquet. J'ai toujours voté avec l'Extrême gauche, avec nos amis Esquiros et Lockroy, qui, avec moi, ont voté les lois organiques. L'*Officiel* est là pour l'attester.

En réponse au discours-programme publié par l'*Evénement* et résumant les théories intransigeantes, je dirai qu'il a mon approbation en principe. Mais il est à la fois incomplet et trop vaste. Les faits parlementaires y sont passés en revue avec une précision, une loyauté indiscutables ; du 25 février à l'heure des vacances, rien n'a été oublié par l'orateur que vous venez d'entendre. Nous avons voté ensemble la Constitution ; il s'en repent amèrement ; moi, je m'en félicite. Les fameuses garanties dont on nous parlait tant n'ont eu aucun résultat, et pourtant j'ai voté les lois organiques. Pourquoi ? Parce qu'après avoir fait proclamer la République par une Assemblée monarchique, il fallait aller plus loin, il fallait conserver une action sérieuse, une force législative assez grande pour organiser cette République, mauvaise, il est vrai, mais susceptible d'amélioration.

M. Naquet a voté, lui, contre ces lois organiques; il a agi selon sa conscience, et je respecte ses scrupules, ses défiances légitimes. Que serait-il arrivé si les quatre-vingt-deux députés de l'Union républicaine avaient suivi l'exemple des onze intransigeants d'alors ? La majorité (factice) que nous possédons se serait disloquée, les réactionnaires de la Chambre auraient profité de l'impuissance respective des Centres et des Gauches pour détruire l'œuvre du 25 février. M. Naquet vous a répété que la politique ne consiste point dans les regrets et les récriminations; il a raison. Par conséquent, laissons de côté ce qui est un fait accompli, bel et bien accompli, et abordons la question d'opportunité, sur laquelle nous sommes encore en désaccord. Je suis persuadé que le moment n'est pas venu de sortir son drapeau de sa poche; il ne faut pas effrayer la foule des néo-républicains, ralliés grâce à notre attitude pacifique. De plus, les conservateurs de Versailles peuvent exploiter habilement cette levée de boucliers, intimider les républicains peu convaincus du groupe Lavergne, empêcher la suppression de l'état de siége dans quarante-trois départements qui gémissent sous le sabre, empêcher le maintien du scrutin de liste, etc.

Mais là où je suis en communauté d'idées avec M. Alfred Naquet, c'est dans la nécessité de constituer, à l'Assemblée future, un groupe actif, radicalement démocratique, *propulseur*, qui sera la représentation véritable des grands centres; un groupe dégagé de toute tutelle, permettant à M. Gambetta de suivre avec pleine liberté d'allure sa politique gouvernementale sans engager aucune responsabilité. Attendons la période électorale; aujourd'hui, c'est trop tôt, je le déclare derechef.

Je crois aussi, avec M. Naquet, que le Sénat peut être mauvais, que la lutte réelle aura lieu après la dissolution, lors du renouvellement de l'Assemblée, non pas à propos des sénateurs à élire, au choix desquels nous devons cependant prendre la part la plus active.

Le programme progressiste donné par l'*Evénement* a toutes mes sympathies. Bien mieux, je le trouve incomplet, car M. Naquet, dans la hâte de l'improvisation, a omis d'y ajouter l'abolition de la peine de mort, la formation de parlements coloniaux, la codification de nos lois éparses, et d'autres choses non moins utiles, non moins démocratiques. Vous le voyez, nous nous entendons parfaitement, l'opportunité de la campagne intransigeante étant écartée. Donc, préparons-nous, marchons la main dans la main, et répondez à ceux qui vous parleraient de divisions entre nous par le récit de ce qui s'est passé ici ce soir.

M. Alfred Naquet est très heureux de voi[r] M. Bouchet d'accord avec lui sur la questio[n] fondamentale : celle du groupe propulseur [à] créer. Il conserve son opinion sur les lois qu'i[l] a refusé de voter. Quant à l'opportunité de l[a] campagne il répète à cet égard ce qu'il a di[t] dans son dernier discours publié dans l'*Evéne[-] ment*. Il ajoute que les arguments de M. Bou[-] chet contre cette opportunité sont toujour[s] les mêmes que l'on emploie depuis quatre an[s] pour éloigner toute revendication de la Gau[-] che, la peur d'effrayer, l'espoir d'obtenir quel[-] que chose de l'Assemblée actuelle. Cette poli[-] tique lui paraît jugée. Il n'espère plus rien d[e] l'Assemblée; il croit tout au moins que l'opi[-] nion de nos adversaires, sur le scrutin de list[e] par exemple, est faite comme la nôtre et n[e] dépend en rien de notre conduite à nous. I[l] croit que, au moment de la période électoral[e] le temps nous ferait défaut pour atteindre l[e] but que nous poursuivons et que, ce but étan[t] de la plus haute importance pour la Républi[-] que, il ne faut pas, en vue de terreurs chimé[-] riques, nous exposer à le manquer.

M. Bouchet maintient également son opi[-] nion sur l'inopportunité actuelle de la campa[-] gne intransigeante; mais il affirme une fois de plus que cette campagne aurait été dans tous les cas nécessaire au moment des élec[-] tions, et il répète qu'il considère la création d'un groupe propulseur indépendant comme indispensable.

Après une courte discussion, à laquelle pren[-] nent part plusieurs membres de la réunion, les membres de la réunion se séparent vers mi[-] nuit, généralement satisfaits des explications qui ont été fournies.

Le correspondant particulier de l'*Evéneme[nt]* à Toulon nous adresse la dépêche suivante :

Toulon, 15 septembre.

« Hier une grande réunion, à laquelle assi[s-] taient MM. Naquet, Daumas, Lacascade, a é[té] tenue ici.

» M. Lacascade a approuvé la transaction q[ui] a eu lieu au 25 février, et M. Naquet a habil[e-] ment et justement soutenu les principes d[u] groupe intransigeant.

» Le discours de l'honorable député de Va[u-] cluse a été vivement acclamé. »

L'événement - 21 7bre 187[5]

Nous publions plus loin une lettr[e de] M. Emile Bouchet, dans laquelle l'ho[no-] rable député des Bouches-du-Rh[ône] nous fournit, au sujet des déclarati[ons] qu'il a faites à la réunion privée d[e la] rue Bouterie, à Marseille, certaines [ex-] plications destinées à compléter sa [pen-] sée.

M. Bouchet ne condamne pas plus qu'il ne l'a fait il y a dix jours le programme de M. Naquet, mais il persiste à lui reprocher son inopportunité. C'est là une affaire d'appréciation, et nous ne voulons pas, sur ce point, soulever de grosses objections. Nous ferons observer toutefois que les motifs allégués par M. Bouchet nous paraissent insuffisants.

« Un programme républicain, dit-il, est inutile à produire par cette raison bien simple qu'il ne peut jamais être complet et qu'il doit forcément soulever, par les points, qu'il vise des discussions ou des polémiques dont l'heure n'a pas sonné. » A ce compte-là, un parti pourrait attendre indéfiniment; toute réforme, quelle qu'elle soit, rencontre toujours de l'opposition. Un programme n'est pas forcément intempestif parce qu'il est incomplet.

Nous comprendrions que M. Bouchet eût trouvé M. Alfred Naquet trop exigeant, et qu'il lui eût conseillé de borner ses revendications à un certain *minimum*. Mais c'est lui au contraire qui a signalé les lacunes de son programme. Il reconnaît donc que l'on pourrait s'étendre sur le chapitre des réclamations plus que ne l'a fait le député de Vaucluse. Alors, pourquoi ajourner de propos délibéré des réformes jugées nécessaires? Si elles sont nécessaires, elles sont urgentes; car il n'est jamais trop tôt pour commencer à bien faire. Et qui en réclamera l'exécution, si ceux qui en ont les premiers signalé la nécessité en demandent eux-mêmes l'ajournement? Qui fera sonner l'heure des polémiques? Faudra-t-il attendre que les partisans des abus aient les premiers attaché le grelot?

Ce que M. Bouchet invoque, sans trop vouloir le dire, nous le voyons bien, c'est la raison tactique. L'habileté est certes utile en politique comme en toutes choses; mais il ne faut pas en abuser, et à vouloir faire le roué avec certaines gens on risque fort d'être dupé soi-même. C'est ce qui pourrait bien arriver en dernier ressort aux républicains qui essaient de jouer au plus fin avec les parlementaires du centre droit. Jusqu'à présent, ce petit jeu n'a pas beaucoup réussi à nos amis; et qui pourrait nous garantir qu'il leur réussira mieux au mois de novembre?

Il est un autre point sur lequel M. Bouchet tient à s'expliquer, et nous avons tout lieu de croire que c'est là pour lui le plus important de sa lettre. Nous avions dit qu'en adhérant à la création d'un groupe propulseur placé à l'extrémité des Gauches, M. Bouchet s'était « complétement dégagé de la tutelle de certaines personnalités qui prétendent à la direction du parti républicain ». L'honorable député des Bouches-du-Rhône proteste contre cette interprétation de ses sentiments. Il ne veut pas qu'il soit dit qu'il s'est dégagé de toute tutelle. « Se dégager ainsi, nous écrit-il, serait *rompre* avec des amis. »

Et pourquoi « rompre », s'il vous plaît? Ces amis se croient-ils donc tellement infaillibles qu'ils ne puissent accepter sur certaines questions des divergences de vues? Sont-ils intolérants au point de ne permettre aucune contradiction?

« Rompre de cette façon, ajoute-t-il, serait chercher la division qui tue, au lieu de l'entente et de l'union qui fondent et qui font vivre les gouvernements démocratiques. » Nous sommes, comme M. Bouchet, partisan de l'entente et de l'union, et nous ne croyons pas qu'un seul membre du groupe des intransigeants ait jamais songé à se désolidariser du parti républicain tout entier; mais, à notre avis, la première condition d'existence pour un groupe *propulseur*, c'est de marcher en avant et non d'être traîné à la remorque. Si, dans quelques circonstances, il prétend n'accepter le mot d'ordre de certaines personnalités que sous bénéfice d'examen et de discussion, sera-t-il donc pour cela déclaré *ennemi?*

Nous ne voulons pas, pour notre part, admettre une semblable hypothèse. Le *perinde ac cadaver* n'est pas une formule à l'usage de la démocratie. Le groupe *propulseur* des intransigeants ne pourra d'ailleurs être un utile auxiliaire aux autres groupes républicains de la future Assemblée qu'à la condition de conserver une entière indépendance; sans quoi il perdrait sa qualité de *propulseur*, n'en déplaise à M. Emile Bouchet.

M. Emile Bouchet, député des Bouches-du-Rhône, nous adresse la lettre suivante. Nous la publions avec d'autant plus de satisfaction que l'honorable représentant marseillais y confirme absolument trois points, que l'*Evénement* a établis :

1° Une adhésion complète aux principes de la démocratie, tels qu'ils devront être revendiqués dans les prochaines élections générales ;

2° La nécessité de constituer, dans la Chambre des députés, un groupe radical qui sera la « résultante du progrès républicain » ;

3° L'exactitude du procès-verbal de la réunion privée tenue à Marseille, lequel procès-verbal a été, comme nous l'avons dit, lu et revu par M. Bouchet lui-même avant de nous être envoyé.

Ces trois points étant acquis, nous laissons bien volontiers la parole à M. Bouchet.

Camille Etiévant.

Marseille, le 16 septembre 1875.

Monsieur le rédacteur,

Dans son numéro portant la date du 17, l'*Evénement* me fait l'honneur de s'occuper de moi, soit dans son bulletin, soit dans le compte rendu d'une réunion devant laquelle j'ai pu m'expliquer contradictoirement avec mon collègue M. Naquet.

Déjà j'ai eu à rectifier une erreur de la presse locale.

Le *Petit Marseillais* me présentait à ses lecteurs comme étroitement uni à la politique du représentant de Vaucluse. J'ai protesté par une lettre que vous avez pu lire.

C'est à vous aujourd'hui, monsieur le rédacteur, que je suis obligé d'adresser mes rectifications aussi sommaires que possible.

Elles porteront sur deux points principaux, bien que mon désir fût de m'expliquer sur de nombreux passages du procès-verbal que vous avez publié. Sans viser assurément à dénaturer ma pensée, cette relation l'atténue ou la met en saillie bien des fois en deçà ou au delà de la réalité. Cela tient à la forme concise dans laquelle ont dû être enfermées mes longues explications.

Quant à ce groupe *propulseur*, qui certainement se formera dans la prochaine Chambre, non-seulement comme utilité politique, mais encore comme résultante du progrès républicain, le bulletin de l'*Evénement* me fait aller au-delà de ma pensée. Par mes paroles, « *je me serais complètement dégagé de la tutelle de certaines personnalités qui prétendent à la direction du parti républicain* ».

Ainsi présenté, mon sentiment sur ce qu
produira dans le prochain Parlement fait d
groupe *propulseur l'ennemi déclaré* de ceux d
il devra, *au contraire, être l'util auxiliaire.*
Se dégager ainsi serait *rompre* avec des a
Rompre de cette façon serait chercher la d
sion qui tue, au lieu de l'entente et de l'u
qui fondent et font vivre les gouverneme
démocratiques. Telle n'est pas mon intent
C'est sur la question du programme de
collègue de Vaucluse que j'ai encore à m'ex
quer.
J'ai dit qu'il n'était ni opportun, ni habile
utile d'essayer aujourd'hui l'esquisse d'un
gramme.
Bien entendu, je ne prétends point rapp
ici les motifs que j'ai donnés contre une c
pagne prématurée, ne répondant à aucun
soin et soulevant mille difficultés.
Ce que je tiens à vous redire comme je
dit à la réunion, le voici :
Un programme républicain est inutile à
duire par cette raison bien simple qu'il ne
jamais être complet et qu'il doit forcém
soulever, par les points qu'il vise, des dis
sions ou des polémiques dont l'heure n'a
sonné.
J'ai justifié mon reproche de lacunes en
gnalant les points que relate le procès-ver
Au surplus, ai-je ajouté, mes critiques
portent point sur le fond même du progran
républicain proprement dit, sur les conqu
nécessaires que doit faire le gouvernement

mocratique. Mais, comme chacune aura son tour, il est puéril et dangereux de chercher à les spécifier quant à présent. Que le progrès en rende l'accès possible, je m'en montrerai toujours le défenseur dévoué ; je veux être de ceux qui, les premiers, attaqueront les préjugés élevés contre chacun des points de la saine doctrine républicaine, mais je ne veux point paraître réciter au vent et sans but accusé mon credo démocratique.

Vous sentez donc bien que, critiquant la campagne de mon collègue Naquet, je n'ai pu soutenir la production intempestive du programme publié dans vos colonnes.

Agréez, monsieur le rédacteur, l'assurance de mes meilleurs sentiments.

Emile Bouchet,
représentant du peuple.

P.-S. — En vous soumettant ces réflexions, que je vous serais reconnaissant de publier, je dois reconnaître qu'elles portent plutôt sur les conclusions que tire votre bulletin du procès-verbal de la réunion que sur le procès-verbal lui-même. Je l'avais lu avant qu'il vous fût envoyé, et mon rapide examen du manuscrit ne m'avait pas montré les points dans lesquels ma pensée, trop resserrée, pouvait donner lieu aux interprétations que je crois utile de rectifier.

E. B.

événement du 26 7bre 1875

Nous avons à enregistrer aujourd'hui une nouvelle et franche adhésion à la politique des intransigeants. M. Daumas, député du Var, a pu constater par lui-même, pendant sa tournée dans le département qu'il représente, la sympathie que les électeurs républicains éprouvent pour cette politique. Aussi donne-t-il à la courageuse campagne entreprise par M. Naquet une approbation complète et formelle. « Ce que vous faites est donc bien, » écrit-il au député de Vaucluse, « temporiser ; transiger encore, c'est tout livrer. »

Les événements se chargent malheureusement de donner chaque jour trop raison au petit groupe des intransigeants pour qu'il ne recrute pas encore de nouveaux adhérents.

ADHÉSION DE M. DAUMAS

M. Daumas, député du Var, vient de donner sa complète adhésion à la politique intransigeante par la lettre suivante adressée à M. Naquet, député de Vaucluse :

Toulon, 20 septembre 1875.

Mon cher collègue et ami,

Je suis demeuré silencieux jusqu'à ce jour, profondément ému des encouragements que, pendant ma tournée dans le Var, je reçois de nos commettants, presque tous approbateurs de notre conduite. Mais rester plus longtemps sans vous féliciter de votre active campagne, quand vous êtes si vivement combattu, pourrait faire supposer de ma part une prudence qui, vous le savez, n'est pas dans mon caractère.

J'ai reçu mille félicitations dans le département de la part des républicains les plus anciens et les plus dévoués ; et vous avez pu apprécier vous-même, à Toulon, combien on nous approuve de n'avoir pas consenti plus longtemps à poursuivre des illusions décevantes, à subir des compromis mortels à nos principes, à notre tempérament, des compromis capables d'éteindre à tout jamais l'ardeur et les espérances de nos amis, et cela en vue de quoi? en vue de je ne sais quel succès précaire dans un parlement si mobile qu'il serait impossible de le définir.

Chaque jour, à chaque vote, nous avons perdu du terrain. Pourquoi donc la réaction insatiable n'oserait-elle pas davantage encore, puisque nous cédons toujours? En entrant à l'Assemblée nous étions radicaux de par notre foi inébranlable et de par le mandat que nous avions reçu. En sortant, nous serons comparables à ces drapeaux qui ont été décolorés par une saison de pluie.

Nous ne méconnaissons ni les nécessités du temps, ni celles du milieu. Ces nécessités, nous sommes même trop portés à nous en préoccuper, ne vivant que dans cette Assemblée qui ne veut pas mourir et qui ne peut pas ce qu'elle voudrait. Mais tout a des limites ; mais le pays nous juge à l'œuvre !

Cette œuvre, quelle est-elle?

Partout fleurit l'administration chère aux bonapartistes ; partout les défenseurs du gouvernement établi, les républicains sont systématiquement traités en adversaires ; partout on nous accable de tracasseries. Et, pendant ce temps, les cléricaux surexcités étalent leurs appétits, et d'anciens serviteurs de l'empire, aujourd'hui ministres de la République, osent faire l'éloge du parti impérialiste et lui sacrifier le parti républicain.

Temporiser, transiger encore, c'est tout livrer. Que nous reste-t-il? un mot et rien de plus, absolument rien !

Le pays est las de tout ce que l'on fait pour éluder sa ferme volonté de vivre en république. Avant de croire aux conversions intéressées, il demande des gages de loyauté. Il en a assez de l'état de siége mettant la presse en interdit et des maires de combat ; il ne veut plus avoir ce spectacle peu édifiant de fonctionnaires hésitant à prononcer le nom du gouvernement qui les paye, du gouvernement légal du pays, de la République.

Ce que vous faites est donc bien.

N'espérant rien de ce Parlement que son acte de décès, vous parlez au peuple, notre maître à tous. Bientôt — espérons-le du moins — auront lieu les élections générales : les élections des sénateurs d'abord — pour lesquelles le suffrage universel ne sera pas consulté, hélas ! — puis les élections des députés.

Disons au peuple nos angoisses comme nos espérances. Exprimons-lui à cœur ouvert tous nos sentiments. Il prononcera ensuite en connaissance de cause. Que sa volonté soit notre loi !

Bien cordialement à vous.

DAUMAS,
député du Var.

L'évènement du 9 octobre 1875

Nous avons parlé hier d'une réunion importante qui a eu lieu mardi au Luc (var), et dans laquelle on s'est trouvé d'accord pour proclamer la nécessité de suivre une politique énergiquement républicaine. Nos lecteurs trouveront plus loin le discours prononcé par Mr Alfred Naquet, qui a obtenu un vif succès. Autant qu'il nous est permis d'en juger par les renseignements qui nous sont transmis à la hâte, l'impression produite par cette réunion dans le Département du Var paraît devoir être considérable. La politique du Groupe intransigeant a reçu dans cette réunion une adhésion complète. Mr Dréo lui-même, tous regrettez son vote du 25 février, a déclaré se rallier pour l'avenir à cette politique.

Le Discours de M. Naqu
au Luc

Mardi, ainsi que nous l'av annoncé, a eu lieu au Luc une réun privée présidée par Mr Madier-Montjau. Monsieur Alfred Naquet a pris le premier la paro La réunion a entendu ensuit MM. Cotte, Daumas, Dréo Madier-Montjau qui a pondu par un long discours celui de Mr Dréo.

Mr Rouvier ne s'est pas re à l'invitation qui lui ava été adressée.

Voici le discours de Mr Alfred Naq

Citoyens

Vous nous avez invités, mon am Madier de Montjau et moi, venir au Luc exposer, comme l'ai déjà fait à Arles, à Marsei à Toulon, comme il l'a fait Romans, les idées qui dictent ce moment la conduite po

tique des intransigeants.
En nous appelant parmi vous,
votre but n'a pas été de vous éclairer sur la valeur de notre politique. Votre opinion est faite
depuis longtemps sur ce point.
Vous avez voulu nous donner l'appui
sans lequel les Représentants du peuple sont sans force, sans influence, l'appui des populations, l'appui des électeurs.

De plus, en choisissant le Luc, centre rural, pour lieu de la réunion, vous avez pensé qu'il était bon d'associer les campagnes aux villes en montrant qu'elles aussi comprennent les fautes qu'on a faites et regrettent les concessions fatales arrachées au parti républicain. A ceux qui affirment que les vrais radicaux sont en minorité infime, dans le pays aussi bien que dans l'Assemblée, vous n'avez pas craint de répondre par une affirmation de la politique radicale telle que nous la comprenons. Cela était bon et c'est pourquoi je suis venu, sûr de votre concours, reprendre, après quelques jours de repos, ma campagne de propagande, sans m'arrêter une seule minute aux attaques et aux calomnies dont mes amis et moi nous sommes l'objet.

Je dois ajouter que les calomnies et les attaques ne m'ont point surpris. Je m'y attendais. Je savais qu'on dénaturerait ma pensée, qu'on incriminerait mes intentions, qu'on m'accuserait successivement et avec la même acrimonie tantôt de ne pas dire assez, tantôt de dire trop. Cela ne m'a pas arrêté et j'ai marché devant moi sans me préoccuper des obstacles, certain que j'accomplissais un devoir.

Les populations ont suivi le mouvement avec enthousiasme; mais les modérés ont essayé de l'enrayer par tous les moyens; ils se sont partagé les rôles : les uns ont combattu par un dédain affecté, les autres par des insinuations perfides. Je ne m'en suis pas ému, et, vous aidant, je continue à remplir ici ma tâche, tandis que d'autres la remplissent ailleurs avec plus d'éclat.

Comment donc serais-je ému — à moins que ce ne soit de reconnaissance envers le peuple, d'enthousiasme pour le suffrage universel que nos ennemis peignent sous des couleurs si sombres, et qui montre cependant tant d'énergie unie à tant d'intelligence politique? — On ne s'émeut pas de ce qui est prévu, et les moyens employés pour nous combattre étaient connus d'avance.

En parlant de l'homme de génie, Victor Hugo a écrit deux vers qui s'appliquent aussi bien à l'homme indépendant et honnête qui obéit à sa conscience sans défaillance comme sans ostentation.

Il allait vers le Nord
Il avait tort; il va vers le Sud, il a tort.

C'est bien là ce qui m'est arrivé.

J'ai commencé par expliquer ma conduite à mes commettants, par leur dire comment j'avais été amené à me séparer de ceux de mes amis qui, après une transaction néfaste, voulaient persister à transiger et faire des concessions nouvelles alors que, paraphrasant ce qu'avait dit autrefois M. Thiers à l'empire, nous pouvions leur répondre :

« Il ne vous reste plus une seule concession à faire. »

A quoi bon cette lettre? ont dit les modérés; est-ce donc avec des récriminations et en divisant le parti qu'on sauvera la République? Puisque nous avons transigé, transigeons encore, transigeons sans cesse, transigeons toujours, et nous recueillerons plus tard le fruit de notre sagesse.

J'ai vu qu'il fallait m'expliquer plus clairement; je l'ai fait. J'ai montré que la division — si division il y avait — ne pourrait pas être imputée à ceux qui restent dans les traditions démocratiques, qui continuent de marcher dans le droit chemin, mais à ceux qui quittent la voie et s'efforcent de nous entraîner dans un chemin de traverse; que d'ailleurs il n'y a pas de vraie division du faisceau républicain, mais le simple *nuancement* du parti, qui est utile, fécond, nécessaire et qu'on retrouve dans tous les pays libres.

J'ai dit bien haut que je n'entendais pas faire de la politique avec des regrets, mais que l'histoire était destinée à éclairer les hommes et que les derniers événements prouvaient d'une manière irréfragable que nous ne trouverions pas notre salut dans les finasseries parlementaires, dans les intrigues de couloir; que nous le trouverions seulement dans le bon sens du pays, et que désormais il fallait parler au peuple un langage viril, secouer la torpeur qui menaçait d'envahir la France, réveiller l'enthousiasme; qu'il fallait crier : Haut les cœurs!

Il faut voir la gaîté des journaux modérés en présence de ces explications loyales. Crier : Haut les cœurs! parler un langage viril! pouvait-on rien imaginer de plus divertissant! Est-ce donc avec des mots, est-ce donc avec des sentiments vagues qu'on fait de la bonne politique? Mais relevez-les donc les cœurs par quelque chose de précis; mais dites-nous donc ce que vous voulez; mais formulez, de grâce, un programme; nous cherchons une idée chez vous, nous ne la trouvons pas.

Je n'avais pas cru qu'il fût nécessaire de publier un programme. Formulé en 1793, agrandi en 1848, le programme républicain existe, il est connu; il me paraissait inutile de le formuler à nouveau. Tout le monde comprendrait qu'en demandant qu'on marchât résolûment vers une République républicaine, les intransigeants demandaient qu'on revînt à toutes les grandes revendications politiques et sociales de la Révolution française. Cela suffisait

Mais non ! les modérés feignaient de ne pas comprendre. Peut-être, même étaient-ils de bonne foi et ne comprenaient-ils pas en effet : à force de mettre un drapeau dans sa poche, à force de le cacher soigneusement à tous les yeux, on finit par oublier qu'on possède un drapeau. Les modérés avaient probablement oublié qu'il existât un programme républicain, ce qui serait de peu d'importance ; mais malheureusement en l'oubliant, ils s'exposaient à le faire oublier au peuple et à arrêter en lui tout élan et tout enthousiasme dans un moment où c'est dans l'élan et dans l'enthousiasme du peuple que réside notre seul,
notre suprême espoir.

Eh bien ! Puisqu'on ne se souvient plus du
programme républicain, je l'ai rappelé
aux mémoires les plus récalcitrantes ; puisqu'on feignait d'ignorer qu'il existât un
drapeau démocratique en dehors de la
Constitution du 25 février, je l'ai déployé et je l'ai étalé à tous les yeux.
On m'a demandé mes idées, mon programme, mon but ; j'ai répondu.
C'est alors que les cris sont devenus aigus.
Ce n'est pas neuf, ont dit les uns — Comme
si j'avais jamais eu la prétention d'être
l'inventeur des principes démocratiques. — C'est incomplet, s'est même
hasardé à dire mon ami Bouchet. Mais,
pour la plupart le programme était la
mort de la République. — Hier je n'a-
vais pas d'idées, aujourd'hui j'en av[…]
trop ; hier je ne faisais que du senti[…]
que des phrases vides, aujourd'hui [je pro-]
posais des doctrines capables d'épouv[anter]
les populations. Et les craintes éta[ient]
si bien jouées, et le concert était [si]
habilement conduit que, penda[nt]
un instant, certains de nos am[is]
des meilleurs — en ont été impressi[onnés].

Ainsi répéter aujourd'h[ui ce]
que l'on disait en 1793, en [1830,]
en 1848, en 1869 ; dire ce qui [fut]
le principal élément de la Gr[ande]
lutte qui dure depuis 80 ans ;
mettre en lumière les principes [qui]
ont permis d'abord à la ~~Répu~~ révolu[tion]
Française de vaincre le monde [et qui]
ont permis ensuite au pa[rti]
républicain énervé, mutil[é par]
les réactions triomphantes, [de se]
relever toujours après chacu[ne de]
ses défaites, qui ont perm[is]
enfin à la République d'é[…]
Ce serait, paraît-il, tuer la Répu[blique]

Messieurs : Croyez-vous cela possible ? Des esprits éclairés peuvent-ils concevoir et conserver de pareilles craintes ? Je ne le crois pas, et — pour vous ouvrir le fond de mon cœur — j'ai la conviction que, chez la plupart de ceux qui les manifestent, ces craintes sont simulées.

Ce qui me confirme dans cette conviction, c'est que toujours, à toutes les époques, les mêmes arguments ont été opposés aux hommes qui faisaient le travail que je fais en ce moment, et qui, pourtant, après les avoir trouvés sans valeur quand on les leur opposait, les ont repris pour leur propre compte.

Nous en avons un exemple qui n'est pas loin de nous.

En 1869, l'opposition des Picard et des Jules Favre avait fait son temps. Elle avait produit tout ce qu'elle avait pu produire. Le moment était venu — sinon de la remplacer entièrement — du moins de lui adjoindre une opposition plus jeune, plus ardente, plus appropriée à la situation nouvelle que l'on traversait : <u>une opposition irréconciliable</u>.

Alors, comme aujourd'hui, le programme du parti républicain semblait oublié, le drapeau républicain était enfoui ; il fallait exhumer le drapeau et proclamer le programme.

Mr Gambetta fut, comme l'est à cette heure le groupe des intransigeants, le défenseur de cette nouvelle politique, le porte-drapeau de cette jeune opposition.

On l'attaqua comme on nous attaque. On crut voir des personnalités là où il ne s'agissait que de principes. On regrettait que M. Gambetta opposât sa candidature à celle de Mr Carnot dans la première Circonscription de la Seine. Pouvait-on reprocher à M. Carnot un mot, un vote, la plus légère défaillance ? Et alors pourquoi ne pas lui rendre un mandat dont il était toujours digne ? Est-ce ainsi qu'un parti moral comme le parti démocratique, et surtout un parti vainqueur, devait honorer le dévouement et reconnaître les bons et loyaux services... »

On ne voyait pas — et beaucoup parce qu'ils ne voulaient pas voir — que la candidature de M. Gambetta à Belleville n'était point affaire de compétition personnelle. Elle avait un but plus élevé. Il s'agissait, en élisant M. Gambetta, à Paris comme à Marseille, moins d'envoyer un talent de plus à la Chambre que de plébisciter sur son nom, que de l'imposer pour chef sinon à toute la Gauche, du moins à la portion la plus avancée de la Gauche ; il s'agissait, en élisant deux fois un irréconciliable, de dire ouvertement à l'Empire qu'on ne songeait pas à l'améliorer, qu'on poursuivait un seul but : son renversement.

M. Gambetta le comprit ; il passa outre à toutes les attaques, comme le font les intransigeants à cette heure, et il vainquit alors comme aujourd'hui les intransigeants vaincront. Ajoutons qu'il vainquit avec un programme aussi net que celui qui, à entendre les modérés, menace en ce moment de tuer la République. Les électeurs de la première Circonscription proposèrent en effet à l'acceptation de leur Candidat le Cahier suivant que je vous lis intégralement, quoiqu'il renferme certaines revendications qui, par suite du renversement de l'Empire, n'ont plus de raison d'être aujourd'hui.

« Citoyens,

« Au nom du Suffrage, base de toute organisation politique et sociale, donnons mandat à notre député d'affirmer les principes de la démocratie et

Je revendiquerai énergiquement :

« l'application la plus radicale du suffrage universel tant pour l'élection des maires
et des conseillers municipaux, sans distinction de localité, que pour l'élection des députés ;
« la répartition des circonscription effectuée sur le nombre des électeurs inscrits.

« La liberté individuelle désormais placée sous l'égide des lois, et non soumise
au bon plaisir et à l'arbitraire administratifs.

« L'abrogation de la loi de Sûreté Générale : l'abrogation de l'article 75 de la
Constitution de l'an VIII et la responsabilité directe de tous les fonctionnaires ; les
délits politiques de tout ordre déférés au jury ; la liberté de la presse dans sa
plénitude, débarrassée du timbre et du cautionnement ; suppression des
brevets d'imprimerie et de librairie ; liberté de réunion sans entrave et
sans piège, avec la faculté de discuter toutes questions religieuse, philosophique, politique et sociale ; l'abrogation de l'article 9 du code pénal ;
liberté d'association pleine et entière ; suppression du budget des cultes
et séparation de l'Eglise et de l'Etat ; l'instruction primaire laïque,
gratuite et obligatoire, avec concours entre les intelligences d'élite pour
l'admission aux cours supérieurs, également gratuits.

« La suppression des octrois, des gros traitements et des cumuls et la modification
de notre système d'impôts.

« La nomination de tous les fonctionnaires publics par l'élection.

« La suppression des armées permanentes, cause de ruine pour les finances
et les affaires de la Nation, source de haine entre les peuples, et de défiance
à l'intérieur.

« L'abolition des privilèges et monopoles que nous définissons par ces mots : primes à l'oisiveté.

« Les réformes économiques qui touchent au problème social et dont la solution, quoique subordonnée à la transformation politique, doit être constamment étudiée et recherchée au nom du principe de justice et d'égalité sociale. Ce principe, généralisé et appliqué, peut seul en effet faire disparaître l'antagonisme social et réaliser complètement notre formule :

« Liberté, Egalité, Fraternité.

et à ce cahier, M. Gambetta fit une réponse qui commençait par ces mots :

« Ce mandat, je l'accepte. »

Or dans ce mandat accepté, vous trouvez tout ou presque tout ce que renferme le programme que j'ai publié récemment dans l'Evénement. S'il y a quelques légères différences, c'est qu'un programme est toujours nécessairement incomplet, et que les oublis ne portent pas toujours sur le même point. En voulez-vous une preuve ? le cahier des électeurs ne parle pas de la courte durée du mandat ; mais un citoyen comble plus tard cette lacune. « Etes-vous partisan du mandat annuel ? demande-t-il à M. Gambetta dans une réunion. » et celui-ci répond : « que la Constitution ne lui permet pas de s'expliquer sur ce point, mais qu'on ne saurait se méprendre sur son opinion. »

Notre programme n'est donc pas neuf. C'est le même que M. Gambetta avait pris pour drapeau en 1869, et M. Gambetta fut alors combattu comme nous le sommes. On lui opposa les mêmes raisons d'inopportunité.

Etait-ce bien le moment de soulever la question sociale, de prononcer des mots effrayants, comme celui de prime à l'oisiveté appliqué aux d'édifices des monopoleurs, de faire ainsi le jeu de l'Empire qui n'avait donné aux citoyens le droit de se réunir que pour terroriser la bourgeoisie par ce qui se dirait dans les réunions ! Ne craignait-on pas d'épouvanter les populations, alors que, pour vaincre, nous avions besoin de réunir en un faisceau toutes les forces du parti républicain ?

M. Gambetta comprit que, pour vaincre, il fallait surtout remuer le peuple, et il eut raison : les élections de 1869 sont les premières de la période impériale où l'opposition ait réussi à s'affirmer d'une manière sérieuse.

Il eut raison, car les Gauches furent entraînées par son exemple, car le Centre gauche lui-même fut obligé de faire un pas, car le courant de l'opinion publique alla en s'accentuant chaque jour davantage, car en un mot la conséquence de l'opposition irréconciliable commencée par l'immortel auteur des *Châtiments* en 1852, poursuivie en 1868 dans le journalisme par Rochefort et par Delescluze, portée par M. Gambetta en 1869 dans l'arène électorale, a eu pour conséquence le renversement de l'empire.

Oui, l'opposition irréconciliable a eu pour conséquence le renversement de l'empire. Dès 1870 tout le monde sentait l'empire perdu, et l'empereur se sentait si bien perdu lui-même, malgré le plébiscite, que, pour se sauver, il s'est lancé dans la plus criminelle des entreprises, dans une entreprise qui a entraîné le démembrement de notre patrie et où nous avons failli périr complètement.

Eh bien ! ce qui était vrai en 1869 l'est encore.

Aujourd'hui, comme alors, pour résister aux candidatures officielles — restaurées par les orléanistes qui nous gouvernent sous l'étiquette républicaine — il faut — je ne saurais trop le répéter, aider au développement du grand courant d'opinion qui n'attend qu'un signal pour se manifester.

Aujourd'hui comme alors, il faut préparer des élections radicales dans les centres radicaux, infuser à l'opposition de Gauche un sang plus vigoureux, créer dans la chambre prochaine un groupe d'avant-garde soustrait à toutes les influences qui ont agi sur les députés actuels.

A l'heure où nous sommes, l'orléanisme nous tient. Il ne songe pas, pour le moment, à rétablir la monarchie, — il en a reconnu l'impossibilité — mais il songe à gouverner sous la République, à s'éterniser au pouvoir. Au fond, l'orléanisme n'est point un principe comme la légitimité. C'est un ensemble d'intérêts, et peu lui importe de gouverner avec la forme monarchique ou avec la forme républicaine pourvu qu'il gouverne. La lutte est donc aujourd'hui très nettement circonscrite. Le bonapartisme est à terre. La République, en tant que forme de gouvernement, n'est plus menacée ; il ne s'agit plus que de savoir si elle sera gouvernée par les royalistes ou si elle sera gouvernée par les républicains.

Il n'est pas douteux pour moi que si la direction de l'opposition avancée est encore abandonnée, dans la future Chambre, aux hommes qui l'ont eue dans l'Assemblée actuelle, c'est l'orléanisme qui continuera de gouverner.

L'orléanisme continuera de gouverner parce que le système des concessions à outrance prévaudra alors comme il prévaut aujourd'hui, parce que, après avoir tout concédé, dans l'espoir d'avoir un ministère centre gauche, d'avoir des maires élus, d'avoir la presse libre, d'avoir des élections loyales, d'avoir une prompte dissolution — toutes espérances qui se sont réalisées comme on sait — on concèdera tout afin de ne pas être dissous par le Sénat et le Président de la République.

Et les réformes ne venant pas, les républicains étant toujours exclus de partout, les populations se lassant, le triomphe de l'orléanisme sera certain.

Peut-être, il est vrai, les orléanistes triomphants achèteront-ils les concessions des républicains par un ou deux ministères de plus qu'ils accorderont à la partie la moins avancée du Centre gauche. Ce sera un moyen de décourager plus encore l'opinion en lui laissant voir, dans la mauvaise administration dont nous continuerons de jouir, celle d'un gouvernement républicain dirigé par des républicains. Les membres les moins avancés du Centre gauche ne se différencient guère de ceux du Centre droit qu'en ce qu'ils ont reconnu plus tôt l'impossibilité de rétablir la monarchie. Au fond, le système de gouvernement est le même. En voulez-vous une preuve ? regardez le principal représentant actuel du Centre gauche au ministère, M. Dufaure ; il fait ce que n'avait pas osé faire M. Tailhand lui-même, sous les ministères de MM. de Broglie et de Fourtou, il fait poursuivre la Permanence et le Comité central de Marseille. Voilà cependant un homme dont — suivant nos transacteurs — l'entrée au ministère était pour nous un triomphe.

Voilà, citoyens, ce qui nous est réservé après la dissolution ; voilà les douceurs du régime dont nous sommes appelés à jouir, s'il n'y a pas dans la prochaine Assemblée un groupe radical qui, reprenant l'opposition vigoureuse des derniers temps de l'empire, se place résolûment en face de ceux qui ont surpris la République à leur profit.

Si, au contraire, l'Assemblée prochaine renferme un groupe énergique de trente ou quarante membres, ce groupe, s'opposant résolûment à de nouvelles et mortelles concessions, engagera la lutte ; la majorité républicaine de la Chambre — sous peine de perdre tout pressige, toute autorité sur les populations, — sera forcée de suivre, et, entre la Chambre républicaine et le Sénat rétrograde, le conflit éclatera.

Alors la situation sera renversée. Ce ne sera plus le Sénat qui effrayera la Chambre et qui la poussera de faiblesse en faiblesse, ce ne sera plus le suffrage universel subissant la loi du suffrage restreint, ce sera la Chambre qui parlera de haut au Sénat, ce sera le suffrage restreint s'effaçant devant le suffrage universel!

Mais si, au lieu de reculer devant le suffrage universel, de céder, le Sénat allait accepter la lutte; s'il allait tenter de dissoudre la Chambre des députés? Après?

Serait-il possible de faire — une fois cette dissolution prononcée — des élections plus officielles que celles qui vont avoir lieu? Le courant d'opinion serait-il moins fort pour y résister? Ne serait-il pas plus puissant au contraire, plus irrésistible encore?

Si donc nous sommes convaincus que les prochaines élections des députés donneront malgré tout une chambre républicaine, à plus forte raison devons-nous être certains que cette chambre serait réélue si le Sénat venait à la dissoudre, que dis-je réélue? qu'elle reviendrait plus radicale!

Et alors, citoyens, le Sénat résisterait-il de nouveau? chercherait-il encore à opposer son veto à la volonté fermement manifestée par la nation entière? se déciderait-il une seconde fois à dissoudre le parlement? mettrait-il la nation en interdit?

Eh bien, citoyens, cette seconde perspective ne m'effraye pas, parceque la lutte de quelques-uns contre la nation ne peut finir que par la victoire de la nation : ceux qui dissolvent deux fois la Chambre élue par le peuple. La Révolution de juillet 1830 nous enseigne ce qu'il advint d'eux.

Ainsi, il y a deux politiques possibles pour les républicains.

L'une : la politique de la peur, la politique des transactions, la politique des concessions éternelles. Elle conduit à l'orléanisme;

L'autre : la politique du courage, la politique de la lutte, la politique des revendications vigoureuses. Elle conduit à une résistance possible de la Chambre au Sénat, à la victoire de la Chambre, à la République.

Je suis pour la seconde.

Et maintenant, citoyens, puisque récemment votre honorable député, M. Dréo, m'y a convié en affirmant que la Constitution du 25 février avait été votée sous l'influence d'un chaleureux discours de moi, et non sous l'influence de promesses qui ne pouvaient déterminer personne, parce qu'elles n'avaient aucune sanction; puisque la *République française*, dans son compte rendu du discours de M. Dréo, dit en faisant allusion à ma campagne actuelle : « Les nouvelles idées de M. Naquet. » insinuant ainsi que je n'ai pas toujours pensé comme je pense aujourd'hui, qu'il me soit permis de finir à mon grand regret par quelques mots de politique rétrospective et personnelle.

Et d'abord je dirai à M. Dréo que sa mémoire le sert mal s'il ne se rappelle pas ces engagements solennellement pris, au nom du groupe Wallon, par les négociateurs des Gauches. Ces engagements que j'ai rapportés dans ma lettre à mes commettants, comme l'a fait M. le Dr Turigny dans la sienne, comme le faisait l'autre jour Daumas à Toulon, il est probable que tous les députés présents à la réunion du 23 février s'en souviennent. Ce sont ces engagements qui, colportés depuis plus de trois jours dans les couloirs de l'Assemblée, avaient, en même temps que les menaces de coup d'Etat dont on les accompagnait, entraîné avant même la séance de la rue de la Sourdière, l'adhésion du plus grand nombre de nos collègues.

Quant au discours que je prononçai le 23 février, à la rue de la Sourdière, je ne demande pas mieux que de m'en expliquer devant vous.

Voici quel fut, en substance, ce discours :

J'avais été frappé par les menaces de coup d'Etat plus peut-être que par les promesses, et je dis ceci :

« Si, la Constitution n'étant pas votée, un coup d'Etat avait lieu, la défense de la République se confondrait aux yeux du peuple avec la défense d'une Assemblée déconsidérée qui, refusant et de constituer et de se dissoudre, serait par cela même usurpatrice. Dans ces conditions, la situation serait celle du 2 Décembre et la République serait perdue. »

« Si, au contraire, ajoutais-je, la Constitution étant votée, les dangers de coup d'Etat disparaissaient, tout pourrait être sauvé. »

« Le ministère serait-il ce qu'on espérait? Les promesses seraient-elles réalisées? Tant mieux. »

« Mais, à supposer même qu'elles ne le fussent pas, à supposer même que le Sénat dût être mauvais et dissoudre à plusieurs reprises la Chambre des députés, je préférerais cette situation-là, qui serait celle de 1830 et qui se dénouerait par une révolution, à une situation analogue à celle de 1851, qui ne pourrait se dénouer que par un coup d'Etat. » Que voyez-vous dans ce discours?

1° Que j'avais eu le tort de croire à une éventualité de coup d'Etat dont on nous avait effrayés, comme on nous avait bercés d'illusions chimériques;

2° Que, cette hypothèse admise, je voulais transiger juste assez pour éviter un nouveau 2 Décembre; mais que, le danger évité, je voulais cesser la politique de concession et reprendre la politique de lutte.

Cela est évident puisque, alors comme aujourd'hui, j'envisageais l'éventualité d'une série de dissolutions successives de la Chambre des députés par le Sénat, c'est-à-dire d'un conflit entre le Sénat et la Chambre des députés, que peut-on donc conclure de ce discours contre la politique que je défends actuellement?

Que j'ai eu tort de croire aux promesses et aux menaces habilement exploitées pour nous entraîner?

Je n'ai pas attendu que M. Dréo m'y conviât pour confesser cette faute, je l'ai fait dans ma lettre à mes commettants.

Que ma politique actuelle est en contradiction avec ce que j'ai dit alors?

Mais ~~et~~ je viens de vous faire voir que, si même les dangers qui ont entraîné mon vote avaient existé — auquel cas je ne regretterais pas ce vote — aujourd'hui ma politique serait encore ce qu'elle est — moins les regrets — comme cela peut-être déduit de mon discours du 23 février lui-même.

Quant à l'accusation formulée par la *République française*, je ne sais même pas si je dois y répondre. Les rédacteurs de la *République française* savent, comme tout le monde, que leur politique n'a jamais été la mienne, ils l'ont prouvé récemment encore en me reprochant une phrase écrite par moi à propos d'une élection célèbre où certainement nous ne marchions pas de concert, et. ils m'accusent aujourd'hui d'avoir changé d'idées, il est à présumer que c'est uniquement pour les besoins de leur cause.

Il est vrai qu'au 25 février j'ai voté la Constitution. Mais quand bien même les dangers dont on nous avait menacé, auraient été réels, quand bien même à cette heure je ne regretterais pas de l'avoir votée, je n'en conserverais pas moins le droit de juger sévèrement la politique qui a suivi ce vote et surtout le nombre incalculable de fautes qui l'ont précédé, fautes qui remontent même au delà du 4 septembre, et dont la situation qui s'est dénouée par la Constitution du 25 février n'était que la conséquence. (voir le Discours de Bordeaux p. 47)

De ce que, amené par de mauvais pilotes à n'avoir plus qu'à choisir entre le mal et le pire, j'aurais choisi le mal, il ne s'en suivrait, ni que j'eusse donné un bill d'indemnité à leur politique antérieure, ni que je fusse inféodé à leur politique future.

Il s'en suivrait encore moins qu'ils eussent le droit de venir me dire, à moi, qui n'ai jamais marché avec eux ni avant ni après le 25 février, à moi qui les ai toujours blâmés et condamnés, à moi qui n'ai jamais varié dans mes doctrines, qu'ils eussent le droit de venir me dire, eux, dont on ne pourrait écrire la biographie qu'en faisant l'histoire de *leurs variations*, que « mes idées sont nouvelles. »

Du reste ces questions rétrospectives et personnelles sont sans intérêt. Ce qui importe — et j'espère l'avoir fait — c'est de vous démontrer la nécessité pour les futurs députés — à moins que le Sénat ne soit républicain, ce qu'il est déraisonnable d'espérer — de suivre une politique vigoureuse, une politique de lutte, et la nécessité pour vous, par conséquent, d'élire des représentants déterminés à entrer dans cette voie qui est la voie du salut.

L'événement du 12 octobre 1878 renferme le discours prononcé au Luc par Mr Madier-Montjau après le précédent. il n'est pas à la Collection des discours intransigeants autres que les miens. il faut se rapporter à l'événement.

L'événement du 13 octobre 1878

VAUCLUSE

Décidément, la matière est délicate, et tous les ménagements que mettent à la traiter les partisans de la politique intransigeante ne suffisent pas pour empêcher l'éveil des susceptibilités les plus vives.

« C'est ainsi que notre récent article, dans lequel nous avons essayé, de la meilleure foi du monde, d'indiquer l'état de l'opinion républicaine dans le sud-est de la France, nous a valu, de la part de divers journaux, des réponses et des attaques empreintes d'un emportement qui ne prouve pas la bonté de la cause de nos contradicteurs.

De ces réponses, nous ne voulons retenir que celle de l'honorable M. Alphonse Gent, qui s'est cru directement interpellé par nous et qui nous paraît un peu méconnaître les droits de libre examen que tout électeur possède vis-à-vis des mandataires du pays. Répondant à un journal dont nous contestions certaines appréciations de fait, nous avons exprimé le regret que, pour achever la démonstration, on n'est pas pu donner quelques détails circonstanciés sur la tournée de M. Gent dans Vaucluse, et sur les impressions que l'honorable député avait pu y recueillir. »

C'est M. Gent qui a répondu pour le journal.

L'honorable député de Vaucluse, dont nous ne mettons certainement pas la parole en doute veut bien nous fournir ces détails et il constate que dans sa tournée il n'a nulle part « entendu blâme, désapprobation ni plainte sur la conduite politique qu'il a tenue, avec toute la députation de Vaucluse jusqu'à la veille du dernier jour. » *Toute*, excepté M. Naquet cependant, à moins que par « la veille du dernier jour », M. Gent n'entende désigner la période qui a précédé le vote des lois organiques sur lesquelles M. Naquet s'est absolument, on le sait, séparé de ses collègues.

Que M. Gent nous permette de lui rappeler ce que sa longue expérience de la vie publique lui a certainement appris : ce n'est pas l'intéressé qui est le mieux placé, le plus compétent pour saisir, pour comprendre, pour traduire les manifestations d'opinion dont il est l'objet. Nous avons parlé de la sympathie dont M. Gent et ses collègues de Vaucluse jouissent dans leur département ; il est donc très naturel que le blâme, la désapprobation, les plaintes, si les républicains ont eu à les produire, au sujet de certaine politique, comme c'est notre avis, se soient manifestés sous une forme telle que les illusions de l'honorable M. Gent se comprennent aisément. C'est ici qu'intervient notre appréciation désintéressée, appréciation basée sur nos propres impressions et sur des renseignements précis, et qui n'a rien de désobligeant pour M. Gent, avec lequel nos relations personnelles, ainsi qu'il veut bien le rappeler lui-même, sont des plus cordiales.

Le député de Vaucluse est, en outre, dans l'erreur lorsque, reproduisant une phrase de notre article — où nous disons que la démocratie vauclusienne se séparerait, au besoin, de ses députés transigeants à outrance, — il oppose cette phrase, en y trouvant une contradiction, à ce fait que nous aurions, en compagnie de M. Naquet, en visitant nos électeurs, « recommandé partout, *sans y être autorisés par aucun d'eux*, la candidature sénatoriale de MM. Pin et Gent... »

De contradiction, il n'y en a pas. En effet, le terrain de l'élection sénatoriale et le terrain de l'élection législative sont bien distincts. Par conséquent, autres points de vue, autres éléments d'appréciation, autres causes déterminantes dans les choix. Sans compter les conditions locales de succès, desquelles, tout intransigeants que nous soyons, nous savons tenir compte dans l'intérêt bien entendu de notre parti.

Ajoutons, pour plus de clarté, que l'attitude parlementaire prise par ces deux honorables députés pourrait être de nature à dissuader les républicains de Vaucluse de choisir leurs deux noms pour caractériser la couleur, la nuance de la future députation; alors que cependant leurs anciens services, leur notoriété, leur mérite personnel les indiqueraient, d'après nous, au choix très rationnel des électeurs sénatoriaux.

Ce que nous disons pour nous s'applique également à M. Naquet, qui, tout en défendant la candidature au Sénat de ses deux collègues, n'en a pas moins affirmé la politique intransigeante dans les nombreuses réunions auxquelles il a assisté dans Vaucluse, sans que personne ait songé à voir une contradiction entre ses paroles et ses actes.

C'est par l'ensemble des considérations qui précèdent que, dans l'*Evénement* du 8, nous disions :

> Pour que M. de Gasparin devînt candidat..., il faudrait absolument écarter soit M. Pin, soit M. Gent. Or... qui oserait, dans Vaucluse, en écartant l'un de ces deux noms, commettre un pareil acte d'injustice?

D'accord en cela avec la note du *Patriote* et du *Républicain de Vaucluse*, note dont l'*Evénement* n'a reproduit que le passage relatif à la candidature de M. de Gasparin, que nous combattions, et dont nous sommes heureux de compléter la reproduction :

> ... Celle (la liste) dans laquelle se trouvent à la fois les noms de nos honorables députés et amis MM. Gent et Pin, constitue en même temps qu'une très nette affirmation des principes républicains, un nouvel acte de reconnaissance envers deux vétérans de la démocratie vauclusienne.

Enfin le député de Vaucluse commet une nouvelle erreur quand il paraît croire que nous avons besoin d'une autorisation quelconque pour recommander une ou plusieurs candidatures sénatoriales. Simple journaliste ou même simple électeur, nous aurions déjà ce droit; nous l'avons, en outre, comme membre du corps électoral sénatorial, comme mandataire politique d'un canton de ce département. Et nous aurions un argument de plus à opposer, sur ce point, à notre honorable contradicteur si, quoi qu'il en dise, il ne nous répugnait d'entrer dans des questions de personnes. Nous y renonçons, ne voulant pas faire dégénérer en polémique cet échange d'opinions divergentes. Ce que nous regretterions, ce serait d'avoir perdu notre temps en recommandant comme nous l'avons fait la candidature sénatoriale de M. Gent et d'en avoir fait un candidat malgré lui, ce que laisserait supposer le membre de phrase que nous avons souligné plus haut. S'il en était ainsi, il n'aurait qu'à s'expliquer à cet égard, et les électeurs songeraient alors à le remplacer par un autre, — ce que, pour notre part, nous regretterions infiniment.

J. SAINT-MARTIN,
Membre du Conseil général de Vaucluse.

L'évènement du 29 octobre 18[illegible]

On trouvera plus loin une lettre de M. Naquet, dans laquelle l'honorable député de Vaucluse signale l'exclusion dont il a été l'objet à Aix de la part des organisateurs de la réunion privée convoquée pour entendre M. Lockroy. Cette attitude des chefs de la fraction transigeante des républicains aixois ne peut guère être expliquée que par un zèle intempestif et des craintes peu dignes de véritables démocrates.

Partout où nos amis ont organisé des réunions privées, partout où ils ont pris la parole, ils ont fait appel à leurs contradicteurs et provoqué la discussion. Les organisateurs de la réunion d'Aix craignaient-ils un débat trop passionné. Ils ont dû voir cependant qu'une controverse bien vive n'était pas à redouter, puisque M. Lockroy a développé les mêmes idées et soutenu le même programme que M. Naquet. Leur intolérance est donc injustifiable et sans excuse.

OU EST L'INTOLÉRANCE ?

Nous recevons de M. Alfred Naquet, député de Vaucluse, la lettre suivante :

Aix, 21 *octobre* 1875.

A monsieur le rédacteur en chef de l'*Evénement*,

Décidément, l'exemple de la *République française* est fidèlement suivi par les républicains transactionnels des départements. C'est un mot d'ordre, on le sait, de faire le plus de silence possible autour des manifestations des intran-

...geants, de couvrir la voix de ces derniers, d'empêcher leurs protestations d'arriver au public.

A l'occasion de l'arrivée de M. Lockroy à Aix, les républicains ont décidé de convoquer un grand nombre d'électeurs dans une réunion privée, à l'effet d'entendre leur député. Il y a quelque temps, MM. Rouvier, Bouchet et Tolain étaient également venus dans cette ville, et M. Tolain y avait chaleureusement défendu les principes de la politique transactionnelle. Les radicaux espéraient, puisque la bonne fortune m'avait amené ici, que l'on profiterait de l'occasion qui s'offrait pour me donner la parole, et pour me permettre de répondre aux discours de MM. Tolain et Rouvier.

Mais, parmi les organisateurs de la réunion, se trouvaient plusieurs partisans de la politique transactionnelle, malheureusement trop influents à Aix, et ceux-ci, malgré les protestations de tous ceux qui désiraient m'entendre, ont imposé leur volonté et ont décidé *qu'on ne m'inviterait pas.*

Il est vrai qu'ils m'ont *gracieusement* proposé d'organiser dans deux jours une seconde réunion à mon intention, si je consentais à ne pas accompagner M. Lockroy, ou à l'accompagner en m'engageant à garder le silence.

Mais, voyant par quels moyens on nous combat depuis les vacances, j'ai appris à me défier. Si j'avais consenti à ne pas aller à la réunion ou à y garder le silence, soyez sûr que les journaux qui affectent d'ordinaire un si profond dédain pour les discours de mes amis et les miens auraient déclaré que j'avais peur de la discussion.

Soyez sûr aussi que la réunion promise pour deux jours plus tard aurait été convoquée avec *tant de soins* qu'il n'y aurait eu personne, et qu'on n'aurait pas manqué de faire ressortir la différence entre le nombre des citoyens présents à l'une et à l'autre, pour en tirer une condamnation indirecte de la politique intransigeante par les républicains aixois.

J'ai déclaré aux organisateurs de la réunion, que je ne consentirais pas de moi-même à ne pas m'y rendre et à n'y pas prendre la parole et que, s'ils voulaient me réduire au silence, leur seul moyen était de me refuser une lettre d'invitation, auquel cas je porterais le fait à la connaissance du public, par une lettre insérée dans votre courageux journal.

C'est alors que, placés dans l'alternative ou de m'entendre ou de m'exclure, ils ont pris ce dernier parti.

Vous vous demanderez pourquoi. La réponse est facile.

On craignait qu'en entendant développer les arguments si pressants que nous avons à opposer aux attaques de nos adversaires, la population républicaine d'Aix si vaillante, si convaincue, si dévouée, ne se prononçât énergiquement en notre faveur, comme le fait s'est produit partout où il nous a été donné de nous expliquer.

On craignait autre chose encore.

On savait que M. Lockroy, après avoir voté la Constitution du 25 février, s'est séparé du reste des Gauches, comme je l'ai fait moi-même sur les lois organiques; qu'il s'est abstenu sur la loi des pouvoirs publics; qu'il a voté l'amendement Marcou relatif à la subordination du pouvoir exécutif au pouvoir législatif; qu'il est partisan pour l'avenir d'une politique énergique.

On savait que, si M. Lockroy croit encore à cette heure que le vote des lois constitutionnelles a été une dure et cruelle nécessité, il pense avec nous tous que cette nécessité a été amenée par une accumulation incalculable de fautes antérieures dont on est en droit de demander un compte sévère à ceux qui les ont commises.

On savait cela, et l'on craignait que ma présence n'accentuât trop la similitude de vues qui existe entre M. Lockroy et moi, similitude de vues que je n'aurais pas manqué de mettre en relief.

C'est pourquoi l'on m'a écarté de la réunion. Et je me hâte d'ajouter que M. Lockroy est absolument étranger à cet acte d'exclusivisme, et que s'il a consenti, dans ces conditions, à aller à la réunion lui-même, c'est uniquement à cause des 1,000 électeurs républicains qui étaient invités et qui, innocents de cet excès de... *modération* commis par les chefs de la fraction transigeante des républicains aixois, ne pouvaient pas en être rendus responsables et être privés du plaisir d'entendre leur sympathique député.

Il n'est peut-être pas mauvais de rapprocher de cette conduite des transactionnels celle des intransigeants, qui partout, à Marseille comme dans le Var, dans le Var comme dans la Drôme, dans la Drôme comme dans le Rhône, dans le Rhône comme dans la Gironde, ont invité leurs adversaires à leurs réunions ou se proposent de les y inviter.

Il n'est pas mauvais non plus de rappeler que lorsque, dans une des six réunions que j'ai faites ou essayé de faire à Marseille, *dans une seule*, vu le manque de temps, on a négligé de convoquer MM. Rouvier et Bouchet, les mêmes hommes qui viennent de me fermer les portes de la réunion d'Aix, ou du moins leurs amis de Marseille, ont crié que je redoutais la controverse. La controverse, on sait aujourd'hui qui la redoute!

Du reste, l'intransigeance gagne plus qu'elle ne perd à être combattue par de pareils procédés. L'intolérance de nos adversaires nous a gagné hier soir plus de partisans que je n'aurais pu le faire par ma parole. Je n'aurais agi que sur les citoyens présents; de pareils actes frappent la population républicaine tout entière.

Agréez, monsieur le rédacteur, l'expression de mes cordiales sympathies.

A. NAQUET.

M. Alfred Naquet quittera Aix le 28 de ce mois pour se rendre à Bordeaux, où une grande réunion privée sera tenue le 31.

L'événement du 6 9bre 1881

Les Réunions Républicaines de Bordeaux

Deux réunions, toutes deux fort importantes, ont été tenues Dimanche dernier à Bordeaux. L'une qui a eu lieu au Petit Fresquet sous la présidence de Mr Laterrade, se composait de plus de 3000 personnes; l'autre, à peu près égale en nombre, et qui a eu lieu au Cirque Lamartine, était présidée par M. le Docteur Guépin.

A cette dernière réunion assistaient les six députés républicains de la Gironde : MM. Sansas, Simiot, Fourcaud, Caduc, Dupouy et Roudier. La parole a été donnée à MM. Simiot, Roudier, Caduc, Fourcaud, Dupouy, qui ont prononcé des discours fréquemment applaudis, mais dont la reproduction n'offrirait pour nos lecteurs qu'un médiocre intérêt. La réunion s'est séparée au cri de : Vive la République!

La seconde réunion, organisée dans la vaste salle du Petit Fresquet, a eu un caractère plus animé et plus considérable.

Au début de la séance, Mr Laterrade a donné lecture de deux télégrammes de MM. Mié de Montjau et Daumas, dans lesquels les deux honorables députés excusent leur absence.

Après les deux discours fort applaudis, prononcés par Mr Bayle, ancien Conseiller d'arrondissement de Bordeaux, et Mr Jules Delpit, membre du Conseil d'arrondissement de Libourne, Mr Léo Constant a lu une éloquente lettre de Mr Louis Blanc, dont nous trouvons le texte dans la presse Bordelaise, dans laquelle l'éminent écrivain, s'excusant de son côté de n'avoir pu se rendre à Bordeaux, se livre

à de hautes réflexions sur la déplorable tendance de l'application du langage à l'obscurcissement des idées, qui caractérise à ses yeux la situation actuelle. M. Louis Blanc s'élève contre cette perversion de la parole humaine. « Les hommes qui font du mensonge métier et marchandise, dit-il, et qui mettent la calomnie au service du mal, s'intitulent le parti des honnêtes gens. » De même, il dénonce les habiletés des conservateurs. « Vous parlez sans cesse, leur dit-il en terminant, de la nécessité de défendre l'ordre, et vous ignorez qu'on n'a pas à le défendre quand on le fonde. » La lecture de cette lettre étant terminée, M. Laterrade adresse à M. Alfred Naquet une allocution à laquelle l'honorable député de Vaucluse fait la réponse suivante :

Citoyens,

Je ne puis me retrouver sans une émotion profonde au milieu de cette patriotique cité, où j'ai vécu pendant plusieurs mois à l'époque de nos désastres et dont je n'ai cessé d'admirer l'ardent amour pour la France, le dévouement à la République.

Mais, laissez-moi vous le dire, ces émotions sont douloureuses parce qu'elles ramènent à l'esprit le souvenir de malheurs sans précédents; douloureuses aussi parce qu'elles rappellent les fautes d'un gouvernement, dont je n'incrimine pas les intentions, qui certainement était animé du désir réel de sauver la France et la République, mais qui n'a su ni défendre efficacement l'une, ni sauver l'autre, et qui peut-être n'a échoué dans la tâche qu'il avait le plus à cœur, le salut de la patrie, que parce qu'il a trop négligé l'autre, la défense de la République. (Applaudissements.)

Ces fautes du gouvernement du Quatre-Septembre, je n'en aurais pas parlé si récemment, à Aix, mon vaillant collègue Édouard Lockroy n'avait, dans un éloquent discours, porté la question de la politique transactionnelle ou intransigeante sur un nouveau terrain de discussion où je veux le suivre.

M. Lockroy a démontré que, le 25 février, la situation n'était plus entière; qu'il y avait eu des transactions antérieures, notamment au 18 mars 1871 et au 8 février de la même année, et il a fait remonter la responsabilité de la transaction finale moins à ceux qui en ont été les inspirateurs directs qu'à ceux qui nous ont engagés après le 8 février 1871, et surtout au moment de la Commune, dans une voie qui n'était pas celle des principes.

Eh bien, il ne nous déplait pas de nous engager sur ce terrain avec M. Lockroy, et nous sommes certain de nous rencontrer avec lui quand nous dirons que la situation n'était pas plus entière au 8 février et au 18 mars 1871 qu'au 25 février 1875. La Commune, l'Assemblée de Bordeaux, ce sont aussi des résultats. Si l'on veut dégager toutes les responsabilités, il faut remonter jusqu'en août 1870, c'est-à-dire jusqu'au moment où l'empire croulait et où le parti républicain pouvait librement choisir sa politique. (Bravos.) Commencer plus tard dans cette revue rétrospective, ce serait s'exposer à rendre les uns responsables des fautes des autres; ce ne serait pas juste.

Au lendemain de la défaite de Reichshoffen, le 9 août 1870, Paris frémissant pouvait vomir l'empire comme il le vomit vingt-six jours plus tard, et s'il avait proclamé la Républi[...] ce jour-là, il aurait sauvé la patrie. ([...]plaudissements prolongés.)

Les intérêts d'une dynastie odieuse ne venant plus se mettre en balance avec les intérêts de la nation, l'armée du maréchal de Mac Mahon, au lieu d'être dirigée sur Sedan où elle fut anéantie, eût été rappelée sous les murs de la capitale dont elle aurait rendu l'investissement impossible. Le désastreux armistice que l'épuisement des subsistances a imposé à l'héroïque population de notre glorieux et immortel Paris n'étant plus un dénouement inévitable, les efforts de la province devaient nécessairement aboutir. Une campagne de printemps succédait à une campagne d'hiver, une campagne d'été à une campagne de printemps; et l'Allemagne, qui s'affaiblissait à mesure qu'elle s'éloignait de sa base d'opération, était obligée de subir en fin de compte un traité de paix honorable pour nous. Elle y était d'autant plus sûrement obligée que, dans l'hypothèse où nous nous plaçons, Paris aurait immobilisé une grande partie de ses forces. Qui sait même si, dans ce cas, l'impossibilité absolue du succès n'aurait pas empêché de se produire un des crimes les plus odieux qu'ait enregistrés l'histoire, et si la trahison du misérable qui livra Metz n'aurait pas été elle-même évitée? (Bravos prolongés.)

Qu'aurait-il donc fallu pour que le 9 août la Révolution s'accomplit? Peu de chose : que les députés républicains vinssent se mettre à la tête des quatre ou cinq mille hommes qui les ont attendus pendant quatre heures sur la place du Palais-Bourbon. L'un d'eux m'avait dit à moi-même : « Allez vous placer dans les groupes, j'ai besoin d'hommes sûrs; tout à l'heure, je proposerai la déchéance et, si elle n'est pas prononcée, je vous enverrai des ordres. » La déchéance ne fut pas proposée, et, quand nous attendions des ordres, il vint un peloton de gardes de Paris qui, voyant l'attitude passible de la population, laquelle attendait l'initiative de ses députés, et l'attitude des députés qui ne prenaient aucune détermination, se décidèrent à charger.

Cette charge ne suffisant pas, elle fut aidée par l'action d'un régiment d'infanterie de marine. Mais un des officiers de ce régiment disait à un de mes amis, le lendemain : « Nous avons bien été forcés d'obéir aux ordres reçus. Mais si le peuple nous avait opposé la moindre résistance; si surtout un député, un seul, avait été à sa tête, nous aurions laissé ce mouvement s'accomplir. »

Il est donc bien évident que c'est par la faute des députés républicains que le mouvement du 9 août avorta. Et, puisque ce mouvement pouvait sauver la France, il est évident aussi que c'est à leur apathie, à leur respect exagéré des formes parlementaires que nous devons de n'avoir point évité les désastres que l'empire avait attirés sur nous et que, avec de l'audace, la gauche du Corps Législatif aurait pu conjurer.

Au lendemain du 9 août, Paris se découragea; le feu du premier jour s'éteignit; on attendit et l'on commenta les dépêches mensongères que le gouvernement impérial faisait afficher sur les murs, et la mollesse de l'opposition républicaine à la Chambre fut pour beaucoup dans cet affaissement de la population.

Les choses en étaient là lorsque, le 11 août, une poignée d'hommes voulut essayer de soulever Paris. Ces hommes attaquèrent un poste de pompiers pour les désarmer. Un pompier fut tué dans la lutte. Eux furent vaincus et quelques-uns furent écroués à la prison militaire de la rue du Cherche-Midi. Loin de moi l'idée de justifier une semblable tentative. Elle était insensée, elle ne pouvait pas aboutir, et dès l'instant où, sans aucune chance de succès, elle entraînait la mort d'un homme, d'un défenseur du pays, d'insensée elle devenait criminelle.

Ce crime cependant présentait des circonstances atténuantes. Ses auteurs pouvaient dire qu'ils y avaient été poussés par le désespoir « d'un patriotisme égaré » et, s'il était naturel que le gouvernement impérial les poursuivît, ce n'était certainement pas à nous qu'il appartenait d'appeler sur leur tête le glaive des lois.

Or, dans une des séances qui suivirent cette tentative d'insurrection, le 18 août 1870, M. Gambetta remerciait le ministre de la guerre de ne pas avoir fait retomber sur le parti républicain la responsabilité du crime commis, et d'avoir donné aux criminels la qualification qu'ils méritaient, celle d'espions prussiens.

C'était exposer Eudes et ses complices à être fusillés sans qu'une voix dans le pays s'élevât pour les défendre, sans qu'un mot de pitié fût prononcé. M. de Palikao, à son tour, remercia M. Gambetta de ses paroles patriotiques et déclara qu'un jugement ne se ferait pas attendre, mais qu'il était nécessaire d'entourer les coupables de toutes les garanties légales, que la justice était tenue à de certaines lenteurs qu'il fallait respecter. (Sensation.)

Pourquoi ce discours de M. Gambetta? Evidemment M. Gambetta se proposait de rallier les classes dirigeantes à la République qui allait naître. C'était la politique du 25 février qu'on inaugurait dès avant le 4 septembre. — (Quelques cris dans la salle. — Vive Gambetta!)

Tous les assistants se lèvent aussitôt pour réprimer le tumulte. Après quelques paroles du président, le silence se rétablit.

M. Naquet. — Messieurs, il est inutile que je vous dise que je n'obéis à aucun sentiment d'animosité personnelle. Mais M. Gambetta a, depuis cinq ans, personnifié une politique que nous avons le droit de juger.

N'a-t-il pas lui-même, dans son journal, jugé autrefois très sévèrement MM. Jules Favre et Jules Simon, sans qu'on l'ait accusé de faire des personnalités?

Nous avons le même droit vis-à-vis de sa politique à lui.

Je disais que M. Gambetta s'était évidemment proposé de rallier les classes dirigeantes à la politique qui allait naître; que c'était la politique du 25 février qu'on inaugurait avant le 4 septembre.

La preuve, en effet, que les députés de la gauche n'avaient jamais pris Eudes et ses complices pour des espions prussiens, et que le discours de M. Gambetta était une simple habileté parlementaire, c'est que l'un des premiers actes du gouvernement de la Défense nationale fut de les faire mettre en liberté. Or, les hommes qui formaient ce gouvernement aimaient la France d'un amour trop ardent et trop passionné pour qu'on puisse un seul instant supposer qu'ils auraient jamais consenti à amnistier des espions prussiens, quelque menaçantes qu'eussent été à cet égard les réclamations d'un peuple trompé.

La politique de concessions qui devait ab... tir au 25 février avait donc été inaugur... avant le 4 septembre. (Dénégations.)

Le 4 septembre arriva..., on la continua.

Il devait en être ... ainsi.

Les mêmes hommes, en effet, qui, avant le 4 septembre, avaient déjà imprimé à la politique républicaine cette direction néfaste et ce caractère de modérantisme et de faiblesse, devaient nécessairement, une fois la révolution accomplie, continuer la même politique au pouvoir, et plus tard, dans une opposition nouvelle, au mépris de nos traditions nationales.

Je reprends :

Au lendemain de la révolution, qu'y avait-il à faire? Convoquer immédiatement une Assemblée souveraine et la convoquer dans une grande ville où elle aurait trouvé un constant et solide appui.

Vingt départements étaient envahis? Paris était bloqué? Qu'importait! La France eût été toujours mieux représentée par les députés de soixante-neuf départements que par quelques hommes qui n'avaient guère d'autre mandat que celui qu'ils puisaient dans leur amour de la patrie. (C'est vrai!)

De deux choses l'une : Ou bien la France voulait la guerre, — nous croyons qu'à ce moment-là elle la voulait, — et alors l'Assemblée l'aurait continuée avec une bien autre autorité qu'un gouvernement sans point d'appui; ou bien la France ne voulait pas la guerre, et nul dans ce cas n'avait le droit de la lui imposer. Dans ces conditions, d'ailleurs, elle ne pouvait se terminer victorieusement, car un pays ne peut pas bien se battre lorsqu'il se bat malgré lui. (Murmures.)

En admettant l'hypothèse où l'Assemblée aurait voulu la paix, elle n'aurait en somme que fait cinq mois plus tôt ce que nous avons fait cinq mois plus tard. Seulement elle l'aurait fait à des conditions moins désavantageuses, et toute la responsabilité de nos désastres aurait exclusivement pesé sur l'empire, sans que ceux qui en sont les vrais auteurs eussent eu le moindre prétexte pour la rejeter en partie, aux yeux des populations peu clairvoyantes, sur les hommes qui ont liquidé, sinon de la façon la meilleure, du moins de la façon qui leur a paru telle, l'épouvantable catastrophe impériale. Ajoutons que l'Assemblée alors aurait été républicaine, — il n'y a aucun doute sur ce point — et que tous les malheurs arrivés depuis le 8 février 1871, y compris la Commune, auraient été évités.

A défaut d'Assemblée, si l'on voulait assumer sur soi la lourde responsabilité de la guerre et dire avec Danton : « Périsse ma mémoire et que la France soit sauvée! » il fallait avoir l'audace de Danton.

Il fallait se rappeler qu'en ..., ce n'étaient pas les Girondins, mais ... les Montagnards qui avaient sauvé la France. (Applaudissements prolongés. — Bravo! bravo!) Il fallait savoir que, pour conduire énergiquement la guerre, il est nécessaire d'avoir à l'intérieur une politique énergique. Il fallait mettre à la tête de nos armées comme à la tête de nos administrations des républicains éprouvés et non des modérés de la veille ou des ralliés du lendemain. Les généraux manquaient? Il fallait les prendre parmi les colonels, et, si les colonels manquaient, parmi les commandants et les capitaines.

Il fallait en un mot faire sentir qu'on luttait à la fois pour la France et la République, désormais inséparables, et être implacable pour toutes les trahisons et même pour toutes les défaillances, quelque haut placés qu'en fussent les auteurs. (Très bien!)

Au lieu de cela, qu'a-t-on fait?

On a systématiquement écarté les républicains les plus avancés. A quelques exceptions près on a livré les préfectures à des hommes honorables, sans doute, et bien intentionnés certainement, mais tellement modérés qu'ils ont abandonné M. Gambetta sans hésitation, comme l'ont fait MM. Christophle, Delorme, Gilferd et tant d'autres, le jour où il a voulu prendre quelques mesures énergiques. Si quelques républicains plus avancés ont été envoyés, probablement par erreur, dans certaines préfectures, comme Esquiros à Marseille ou Duportal à Toulouse, ils ont été, par la suite, brisés ou constamment désavoués.

A l'administration centrale de la guerre, c'était bien autre chose encore!

Comme délégué direct du ministre, un ancien candidat officiel de l'empire dont, après le 4 septembre, les habitants de je ne sais plus quel département n'avaient pas voulu pour préfet; comme chefs de division : M. Thoumas, pour l'artillerie; M. Véronique, pour le génie et pour l'infanterie; M. de Loverdo, qui se flattait de créer une armée antirépublicaine et qui prenait, sinon pour sous-directeur du personnel en titre, du moins pour sous-directeur effectif, mon honorable collègue M. de Bastard, qui siège aujourd'hui à l'extrême droite de l'Assemblée nationale.

Et l'on avait installé, ce singulier gouvernement dans une ville morte, Tours, jusqu'au jour où l'armée prussienne le refoula sur Bordeaux.

Et l'on refusait tout moyen d'action à Garibaldi, le seul de nos généraux qui sût ne pas perdre de batailles. (Bravos prolongés.)

Et je me rappelle que, pour renverser M. de Loverdo et le remplacer par un fonctionnaire un peu moins opposé aux idées qui nous sont chères, il fallut une manifestation imposante du peuple de Bordeaux, manifestation qui ne s'effacera jamais de mes souvenirs, ni des vôtres.

Ce qui devait arriver, arriva. La réaction non contenue souffla le découragement et la peur dans nos villes et dans nos campagnes; la propagande en faveur de la paix gagna du terrain, et le jour où, grâce à l'impéritie de ses chefs, Paris dut subir la capitulation déguisée sous le nom d'armistice, il fallut bien se résoudre à ce qu'on avait différé jusque-là, à la convocation d'une Assemblée nationale, mais d'une Assemblée nationale élue dans les conditions les plus néfastes pour la République.

Ici, de lourdes fautes furent encore commises. Les mesures révolutionnaires ont leur temps : employées à propos, elles sont fécondes; employées mal à propos elles sont stériles ou nuisibles. (Très bien.)

Or, la délégation de Tours et de Bordeaux s'était pendant quatre mois énergiquement refusée à toute mesure révolutionnaire, alors que ces mesures auraient eu pour résultat de relever le courage du peuple et de réduire à l'impuissance les efforts antipatriotiques de la réaction.

C'est au moment où le mal était fait, où la Prusse était victorieuse, où l'esprit de la réaction dominait dans le pays, c'est-à-dire au moment où les mesures de vigueur ne pouvaient plus qu'aggraver notre situation, qu'on entra dans la voie où l'on avait refusé de s'engager jusque-là, et qu'on se décida à dissoudre les conseils généraux en même temps qu'on frappait les anciens membres des commissions mixtes. Prises au lendemain du 4 septembre, ces mesures de justice auraient excité un grand enthousiasme en France; quatre mois plus tard, elles devenaient une arme, un moyen de propagande pour les ennemis de la République, et ne nous étaient plus d'aucun secours.

Jusque-là, cependant, il s'agissait de décrets tellement conformes à l'équité et au sens commun que, tout en regrettant qu'on eût tant tardé à les rendre, la France les accepta avec faveur.

Mais que dire des deux mesures *in extremis* : du décret d'exclusion électorale rendu contre les bonapartistes et de la proclamation de guerre à outrance lancée par M. Gambetta?

Le décret d'exclusion électorale contre les bonapartistes, on savait fort bien qu'il ne serait pas appliqué, — l'illusion sur ce point était impossible — et il donnait à ces hommes dont la France venait de se débarrasser avec dégoût un air de persécutés qui ne leur sied guère. C'était au moins puéril!

Quant à la proclamation de guerre à outrance, ce fut un désastre.

M. Gambetta savait qu'il lui serait impossible de continuer la guerre seul, en se mettant en révolte contre le gouvernement de Paris. Il ne l'essaya point. Il croyait qu'une assemblée républicaine et guerrière, si elle était élue, pourrait encore continuer la défense du pays avec succès, parce que son élection même démontrerait un grand enthousiasme guerrier dans la nation.

Mais il ne doutait malheureusement pas — il l'a dit lui-même dans la soirée du 29 janvier 1871 — que l'Assemblée ne fût élue par un courant irrésistible de paix à tout prix. Il reconnaissait que l'intégrité du territoire ne pouvait plus être sauvée.

Dès lors la conduite d'un gouvernement pratique était toute tracée. Le peuple de Paris, en investissant de sa confiance les hommes de la Défense nationale, leur avait confié deux intérêts à sauvegarder : l'intégrité de la patrie, l'avenir de la République. Ils n'avaient pas pu ou pas su défendre efficacement la France; le démembrement était chose faite; au moins fallait-il assurer le maintien de la République, seule capable de relever la France et de réparer nos revers. (Bravos.)

Pour cela, M. Gambetta n'avait qu'à se retirer devant ses collègues de Paris, comme il l'a fait quelques jours plus tard. Il aurait montré sa retraite sur l'impossibilité, pour l'homme qui avait voulu et dirigé la guerre, de présider aux opérations de la paix devenue indispensable. Sa situation personnelle serait demeurée entière et nous aurions eu une Assemblée républicaine au lieu de celle dont les premiers actes ont été de méconnaître Garibaldi et de décapitaliser Paris.

Au lieu de cel[illegible], M. Gambetta se déclara partisan de [illegible] guerre à outrance, de la guerre jusqu'au dernier homme et jusqu'au dernier écu ; il donna aux candidatures républicaines la signification de candidatures *outrancières*, comme on disait alors, et les populations qui voulaient la paix élurent les premiers venus qui se présentèrent sous couleur pacifique, c'est-à-dire des monarchistes. J'aurais compris la proclamation désastreuse lancée par M. Gambetta, si M. Gambetta avait été un homme absolu, intransigeant dans la véritable acception du mot, un de ces hommes qui disent : « Périssent les colonies plutôt qu'un principe. »

Il aurait pu dire alors : « Les principes veulent que la guerre soit continuée ; je leur rends hommage sans m'inquiéter du résultat que pourra produire ma proclamation. » Sa conduite eût été logique, correcte comme celle de Victor Hugo et de Louis Blanc, qui eux d'ailleurs obéissaient au mandat qu'ils avaient reçu de Paris. Mais M. Gambetta est, comme il ne l'a que trop prouvé depuis, un homme de tactique, un homme politique, dans le vieux sens du mot, un utilitaire. Et dès lors son attitude au moment de l'armistice ne s'explique plus.

Sans doute, il était séduisant pour un homme d'incarner en lui l'idée de la défense du sol français, de si bien lier son sort au sort de la France, que sa propre chute ne fît qu'un avec la chute de la patrie, de créer autour de son nom une légende républicaine analogue à la légende impériale qui fut le résultat des événements de 1814 et de 1815. Mais nous estimons M. Gambetta trop sincèrement patriote et républicain pour admettre une seule minute qu'il ait obéi à des sentiments personnels dans ces graves circonstances, et il nous est impossible de nous rendre compte des motifs qui le décidèrent à suivre une ligne de conduite aussi peu politique.

Si au moins les fautes s'étaient arrêtées là. Mais non !

L'Assemblée se réunit dans vos murs le 12 février 1871. Vous vous la rappelez encore, avec ses passions cléricales et monarchiques dont la Chambre qui siége aujourd'hui à Versailles ne donne plus qu'une idée très affaiblie.

L'Assemblée de Bordeaux, dont la phalange républicaine n'avait point été renforcée par 150 élections complémentaires et par la formation du centre gauche, ne contenait pas plus de 150 républicains.

C'était une raison pour conserver intacte cette phalange et pour ne point l'affaiblir par des démissions intempestives. C'est ce que malheureusement M. Gambetta ne comprit pas lorqu'il entraîna toute la députation d'Alsace-Lorraine à se démettre de son mandat. Ce jour-là, il priva l'Assemblée de près de 30 républicains qui ne pouvaient plus être réélus et avec lesquels jamais le 24 mai n'aurait été possible, puisque ce jour-là notre minorité ne fut que de 14 voix.

Et qu'on ne nous dise pas que, nommés par des départements qui ne faisaient plus partie de la France, les députés alsaciens-lorrains ne pouvaient plus siéger à l'Assemblée !

Les députés, ainsi que le reconnaissait la Constitution de 1848, ne représentent pas le seul département qui les a élus ; ils représentent la France entière et, à ce titre, nos collègues d'Alsace-Lorraine pouvaient demeurer parmi nous.

Ils le pouvaient si bien que plusieurs d'entre eux sont restés, et sont restés en plus grand nombre même que ne l'autorisait le chiffre de la population dans la partie demeurée française de la Lorraine, à ce point que, lorsque le regretté M. Viox est mort, le gouvernement a décidé, par ce motif, qu'il ne serait pas procédé à son remplacement.

Ils le pouvaient, et leur présence parmi nous, où ils seraient restés pour défendre les intérêts de cette France dont ils venaient d'être cruellement séparés, mais à laquelle ils demeuraient unis par le cœur, aurait eu quelque chose d'attendrissant et de consolant à la fois. Quant aux réclamations que cela aurait pu motiver de la part de l'Allemagne, il n'est pas probable qu'elles se fussent produites, et, en tout état de cause, il convenait de les attendre au lieu d'aller au-devant d'elles.

La démission des députés alsaciens-lorrains, à quelque point de vue qu'on la considère, fut donc une faute et une faute capitale.

Cette démission donnée, la Gauche, qui se trouvait ainsi décimée, se rendit avec toute l'Assemblée à Versailles.

C'est alors que la terrible insurrection du 18 mars éclata.

Je n'étais plus à l'Assemblée, je ne sais donc pas ce qui était possible à ce moment. Si les chefs des Gauches avaient tenté d'arracher le pouvoir aux hommes sans consistance qui le détenaient à Paris, y auraient-ils réussi ? Je l'ignore. J'ignore aussi si M. Gambetta, en venant mettre dans la balance le poids de sa grande autorité, au lieu de rester hors du mouvement à Saint-Sébastien, n'aurait pas pu, plus encore que les députés républicains de Paris, amener une transaction favorable au parti républicain. (Murmures.)

J'estime, avec Lockroy, Floquet et Clémenceau, qui donnèrent leur démission à cette époque, qu'il était bon de le tenter.

Paris une fois vaincu, les gardes nationales une fois désarmées, il est certain que — sauf une de ces émotions universelles comme en aurait produit une la restauration de Henri V, — nous ne pouvions plus lutter que sur le terrain parlementaire et sur le terrain électoral.

C'est pourquoi nous avons appuyé M. Thiers jusqu'au 24 mai, quoique M. Thiers voulût, lui aussi, nous imposer des lois constitutionnelles que les Gauches auraient pu être appelées à voter, si l'interpellation du 24 mai avait eu un autre résultat.

Je dis : « que les Gauches auraient pu être appelées à voter, » et non : « qu'elles auraient votées » parce que je me souviens de la protestation que l'Union républicaine porta à la tribune, par l'organe de M. Peyrat, contre le dépôt de ces projets de loi. Et, cependant, ces lois contre lesquelles on protestait étaient bien moins antidémocratiques que celles qu'on a votées le 25 février.

Sans doute, c'était encore une transaction, mais une transaction véritable, acceptable, dans laquelle nous recevions quelque chose en échange de ce que nous donnions.

M. Thiers ne comprenait pas la République comme nous, mais il s'était rallié à la forme républicaine, et, si son projet de constitution s'éloignait de notre idéal, on peut dire qu'il s'en rapprochait par un point, et par un point fondamental: les deux Chambres qu'il instituait émanaient l'une et l'autre du suffrage universel direct.

Le droit de révision appartenant par cela même à la nation seule, aucune part de la souveraineté nationale ne se trouvait aliénée.

Après le 24 mai, nous nous sommes trouvés entièrement à la merci de la réaction et nous avons dû tout attendre de ses divisions intestines.

En avons-nous tiré de ces divisions intestines de la majorité monarchique tout le parti que nous en pouvions tirer? Le jour où, amenés à cette impasse du 25 février, par la longue série de fautes que je viens d'énumérer, nous avons voté la Constitution, n'avons-nous pas abandonné tout contre rien? En d'autres termes, le 25 février, fallait-il voter la Constitution?

Oui! s'il y avait un danger imminent, si, comme on le disait, le bonapartisme détesté était à nos portes; s'il n'y avait que ce moyen pour l'éviter.

Non! si les dangers qu'on nous signalait étaient aussi chimériques que les promesses dont on les appuyait. Le 25 février j'ai cru aux dangers et j'ai voté; je n'y crois plus et je regrette mon vote.

Mais, disons-le tout de suite, ce fait historique que j'ai déjà apprécié, sur lequel j'ai dit tout ce que j'avais à dire, n'a plus pour nous qu'une importance secondaire; que nous ayons eu tort ou raison de voter la Constitution du 25 février, cette Constitution n'en est pas moins devenue un fait dont nous devons essayer aujourd'hui, dont nous aurions dû essayer dès le lendemain du vote de tirer le moins mauvais parti possible.

Or, pour en tirer le moins mauvais parti possible au lendemain du vote, après la constitution du ministère du 10 mars, lorsque le danger qu'on avait visé était évité et que les promesses faites n'étaient pas tenues, il était nécessaire de reprendre une attitude offensive.

Il était nécessaire de s'arrêter dans la voie des concessions et d'exiger que la transaction fût effective, qu'on nous donnât quelque chose en échange de ce que nous avions donné.

Au contraire, on a voté les lois organiques et on les a votées au pied levé. On les a votées sans vouloir permettre aux républicains de les discuter ou de les amender.

On avait une telle hâte à les voir votées que les bureaux des gauches publièrent cette note fameuse dans laquelle on faisait comme une injonction aux républicains de ne déposer aucun nouvel amendement à quoi que ce fût, de retirer ceux qui étaient déjà déposés, et, par voie de conséquence, de laisser passer le budget sans même l'examiner, de peur de retarder le vote des lois organiques — dont il est vrai, on nous assurait que la dissolution au mois d'août en serait le résultat

A ce moment, un orateur voulait-il monter à la tribune pour y défendre un intérêt important, le tumulte éclatait de toutes parts. « Assez! assez! » criaient presque tous les députés de la Gauche qui, obéissaient au mot d'ordre; assez! assez! nous perdrions cinq minutes! »

C'est cette politique que M. Madier de Montjau qualifia spirituellement de *politique au quart d'heure*.

Les dernières concessions furent faites, et la dissolution ne vint pas plus que n'étaient venues les réalisations des promesses libérales du 25 février.

A cette heure, et à moins de consentir au rétablissement de la monarchie, il ne nous reste malheureusement plus de concessions à faire : Nous n'avons plus rien à offrir, nous avons tout donné. (Applaudissements.)

Comprendrat-on enfin la nécessité de rentrer dans notre voie traditionnelle, de reprendre une politique de vigueur, de rendre de la cohésion au parti républicain en France, de faire naître un courant d'opinion assez puissant pour nous redonner dans le pays la force que tant de malheurs accumulés nous ont fait perdre ?

Je ne sais si toutes les Gauches la comprendront, cette nécessité urgente; je le désire sans oser l'espérer. Mais ce que je puis vous dire, c'est qu'un grand nombre de députés républicains sont décidés à cette heure à lutter à Versailles comme luttent dans chaque ville de vaillants et courageux citoyens contre l'atonie qui tend à nous envahir.

Ce que je puis vous dire, c'est que, malgré tout, nous nous rapprochons des élections générales, et que si, contre mon attente, notre groupe demeurait petit dans la Chambre actuelle, il deviendrait grand dans celle qui lui succèdera.

Je ne veux pas me répéter, je ne veux pas m'arrêter à vous prouver combien il est urgent que les électeurs radicaux, en élisant leurs futurs députés, leur imposent comme condition de former un groupe d'avant-garde soustrait à l'influence des chefs qui dirigent aujourd'hui les gauches.

J'ai développé ces idées dans mes discours d'Arles, de Marseille et du Luc, sur lesquels je ne veux pas revenir.

Je ne veux pas revenir davantage sur les accusations de division et d'inopportunité qu'on oppose à notre campagne intransigeante : je crois les avoir déjà victorieusement réfutées, et je les laisse volontiers comme flèche de consolation à ceux qui, heureusement, n'ont rien de plus sérieux à nous opposer.

Je termine donc en vous disant : Nous veillons au centre; veillez à la périphérie; et, le grand jour de la lutte électorale venu, que chacun soit à son poste, que chacun comprenne que la République ne peut être sauvée que par une chambre résolue, et que partout où il y a des électeurs radicaux on élise des représentants radicaux.

Ce devoir, tous les citoyens clairvoyants le comprennent à cette heure ; et c'est pourquoi, citoyens républicains de la Gironde, nous comptons sur vous comme vous pouvez compter sur nous, décidés que nous sommes les uns et les autres à faire notre devoir. (*Triple salve d'applaudissements.*)

La parole fut alors donnée à M. Steeg, dont le *Petit Girondin* résume ainsi le discours :

M. Steeg demande la parole pour protester contre quelques-unes des idées qui viennent d'être émises. Les républicains sont des hommes libres, qui doivent souffrir la contradiction. Il prend la responsabilité personnelle de ce qu'il va dire, laissant chacun libre d'y faire son choix. L'orateur croit avec M. Naquet que la dissolution, qui si longtemps s'enfuyait quand on croyait la saisir, n'est plus lointaine, et que l'époque des élections générales approche. C'est à ce point de vue qu'il convient maintenant de se placer. Or c'est justement en vue de cette prochaine et décisive campagne que M. Steeg déclare imprudente autant qu'injuste l'agression qu'il vient d'entendre contre les députés républicains.

Sans doute, dit-il, nous ne devons pas avoir de fétiches et d'idoles, et nous ne croyons à l'infaillibilité de personne : des fautes politiques ont pu être commises. Mais nous n'oublions pas les services que nos députés nous ont rendus. Nous les avons volontairement choisis pour nos chefs de file ; nous avons été fiers et heureux de combattre nos combats électoraux sous leur impulsion et avec leurs conseils. Nous ne pouvons pas oublier que M. Gambetta en particulier a tenu fièrement le drapeau national, et je suis affligé d'avoir entendu ce long réquisitoire contre sa personne que nous honorons.

Nous avons besoin de toutes nos forces et il ne faut pas nous affaiblir par la politique stérile et dangereuse des récriminations. On vient de critiquer la Constitution. Soit, elle n'est pas la perfection, et je n'en suis pas fâché, parce qu'au moins nous ne sommes pas exposés à n'avoir plus rien à faire : nous avons du temps devant nous pour la perfectionner. Mais telle qu'elle est, elle nous a déjà rendu des services et elle nous en rendra de plus grands encore. Elle a été votée dans un moment où elle était nécessaire, où le péril bonapartiste, qu'on traite en vain de chimère, grandissait tous les jours à l'ombre du provisoire. Les campagnes ont besoin de la sécurité du lendemain ; elles ne sont pas capables de supporter de longues discussions politiques. Le vote de la Constitution a produit une détente et a écarté le fantôme hideux du bonapartisme.

C'est surtout le Sénat qui a été l'objet des critiques de l'honorable préopinant. Eh bien ! soit, nous n'y voyons pas l'idéal. Mais les deux Républiques de la Suisse et des Etats-Unis ont aussi un Sénat, qui n'est pas plus proportionnel à la population, et elles n'en sont pas mortes ni malades, et je souhaite à notre République de devenir bientôt capable de poursuivre contre le cléricalisme une aussi vigoureuse campagne que la République suisse, malgré son mode de nomination du Sénat.

D'après ce que j'ai cru comprendre, M. Naquet ambitionne pour son parti le rôle *propulseur* et abandonne à d'autres, à ceux qu'il nomme les modérés, à M. Gambetta et à ses amis, la tâche gouvernementale. Je suis d'avis que la vraie épreuve des théories politiques, c'est justement la pratique gouvernementale, et si j'avais les idées pour lesquelles je redouterais l'application au grand jour, je les regarderais comme mauvaises et les repousserais. Pour ma part, j'ambitionne le pouvoir pour mes idées.

La Constitution nous permettra d'y arriver. C'est le premier pas qui doit nous mener au but. Félicitons-nous, nous radicaux, d'avoir eu pour auxiliaires bien inattendus, le Centre gauche et même une partie du Centre droit. Ils nous ont ouvert la route, ils ont établi avec nous et pour nous la République ; à nous de faire le reste. La Constitution n'est qu'un cadre, plaçons y notre programme, mais ne séparons pas l'un de l'autre.

Nous ne voulons plus de révolutions ; nous poursuivons le progrès pacifique, graduel, par la lutte des idées et la propagation de la lumière. La Constitution nous servira d'instrument. C'est parce que je ne crains pas de me dire franchement et résolûment radical que je suis loyalement constitutionnel.

Croyez bien qu'aux prochaines élections il n'y aura que deux partis en présence : la réaction coalisée sous toutes ses formes, avec tous ses masques, bonapartiste, légitimiste, orléaniste, cléricale, qui prendra pour mot d'ordre la révision, bien qu'elle soit exclusivement dans la main du président ; d'autre part le parti républicain, défenseur de la Révolution française, et qui s'abritera derrière la Constitution du pays. Dans nos campagnes, ce sera pour nous le moyen sûr de triompher.

Quant à l'union des républicains en face de l'ennemi commun, personne ici ne la met en doute et il serait superflu de la recommander dans une réunion démocratique comme celle-ci : nous irons tous ensemble en phalanges serrées à la lutte électorale.

M. Alfred Naquet a réfuté les paroles que nous venons de rapporter.

1° Pourquoi, dit-il, la campagne que nous avons entreprise est-elle imprudente ? Si comme on l'a dit les républicains sont des hommes libres, ils sauront bien choisir entre nos doctrines et celles de nos contradicteurs. Est-ce que tout bas chacun ne reconnaît pas qu'il importe de faire revivre l'idéal républicain depuis longtemps oublié ?

2° Les modérés ont rendu des services, soit ; mais depuis six mois ils ont accumulé fautes sur fautes. Faut-il les cacher ? est-ce patriotique d'excuser les fautes qui compromettent la situation et l'avenir de la République ? (Applaudissements.)

3° Le préopinant vient de louer le Sénat constitutionnel et de le comparer aux Sénats suisse et américain. — Il n'y a pas la moindre comparaison à établir. En Suisse et en Amérique le Sénat est surtout un congrès d'ambassadeurs et non une Assemblée législative. Le Sénat est la réunion d'envoyés d'États fédérés. (Marques nombreuses d'assentiment.)

4° Quant à l'idée émise par M. Steeg qu'il ne doit y avoir qu'un seul parti républicain, le parti constitutionnel, elle est remarquablement curieuse. Le parti constitutionnel sera le refuge de tous les ambitieux ; il l'est déjà de M. de Broglie, de M. de Fourtou, et faudrait-il donc que les républicains fassent de ces alliances compromettantes la condition de leur succès ? Si M. Rouher lui même se présentait comme constitutionnel, faudrait-il l'accepter ? Être constitutionnel, ce n'est point assez, il faut être républicain ; et ce n'est pas aux démocrates à se déguiser sous ces oripeaux du mensonge. Il faut que l'on sache bien que le parti constitutionnel ne sera pas plus le parti républicain que le parti de l'appel au peuple n'est le parti démocratique.

5° Il n'a attaqué les intentions de personne, mais les intentions ne suffisent pas ; il a dit, en effet, à l'Assemblée que la pire des Républiques valait mieux que la meilleure des monarchies, mais cependant il aimerait mieux la monarchie anglaise, que telle République despotique qui a fonctionné à Venise. Les élections se feront sur le dilemme : République conservatrice ou République radicale ; et dans la première, prendront place tous les monarchistes déguisés ; on trompera les campagnes avec cette formule menteuse.

L'union fade et fatale où se sont fondues toutes les nuances du parti républicain n'est pas autre chose, au fond, que l'absorption, l'anéantissement du parti républicain.

A ces mots, la salle éclate en applaudissements prolongés, et la séance est levée.

L'Événement du 15 9bre 1875

Lettres démocratiques

Paris 14 9bre 1875

En entrant à l'Événement en qualité de Collaborateur ordinaire, j'éprouve le besoin d'expliquer le titre que j'ai cru devoir donner à mes lettres. J'aurais pu les intituler : lettres parlementaires, lettres politiques, lettres républicaines, lettres intransigeantes, lettres démocratiques. Pourquoi, entre tous ces titres, ai-je choisi le dernier ?

Lettres parlementaires eût été trop restreint. Je n'entends pas me borner à traiter les questions qui s'agitent dans le parlement ; je tiens à avoir un champ plus vaste. Aussi bien ne manqué-je pas de respect au parlement en lui disant qu'il existe une infinité de questions d'un intérêt Capital pour la Démocratie qui n'ont même jamais été abordées dans son sein.

Lettres politiques était trop vague, ne précisant pas la direction que ces lettres doivent avoir.

Lettres républicaines aurait précisé davantage, mais pas encore assez.

Depuis le vote du 25 février, nous sommes tous républicains, depuis M. de Broglie jusqu'à Louis Blanc, en passant par MM. Dufaure, Thiers et Gambetta. Cela n'empêchait pas M. le garde des sceaux de dire, dans la séance de jeudi, qu'il n'entendait pas la République de la même manière que nous et que nous n'aurions jamais sa voix. Nous nous y attendions un peu, de même qu'il doit s'attendre à ne jamais avoir la nôtre ; mais cela prouve que le mot de République n'est plus assez explicite, qu'il ne suffit plus.

Dans tout parti en progrès il s'établit — je ne voudrais pas dire des divisions, puisque le mot effraye et puisque en fait nous ne sommes pas divisés, étant tous déterminés à défendre la République dès qu'on viendrait à l'attaquer — mais s'il n'était permis d'employer ce néologisme, des *nuancements*. Un parti qui ne se nuance pas est un parti destiné à disparaître, comme le parti légitimiste. Tout parti vivant se nuance, et, loin d'effrayer ses adeptes, cela doit les rassurer, puisque le nuancement est la condition inéluctable de la vie.

Il y a donc à cette heure des nuances dans le parti républicain. Il y a des hommes qui acceptent à contre-cœur la suppression de l'hérédité monarchique, comme M. le duc de Broglie, mais qui s'y résignent... pour le moment.

Il y en a d'autres, comme M. Dufaure, qui acceptent franchement la suppression de la dignité royale, mais qui se défient du suffrage universel, et qui cherchent à introduire la monarchie dans la République en opposant à la Chambre populaire d'autres pouvoirs pris en dehors du suffrage direct de la nation.

Il en est qui, plus confiants dans le suffrage universel, ont accepté cependant la Constitution du 25 février et s'en accommodent volontiers, même après que les promesses qui les avaient déterminés à la voter n'ont pas été tenues, même avec le ministère Buffet pour l'appliquer, même après que notre dernière citadelle, notre garantie suprême, le scrutin de liste, est tombée.

Evidemment ces républicains, de nuances diverses, ne sont ni les uns ni les autres avec nous. Nous serions avec eux le jour où, la République étant attaquée, il s'agirait de la défendre contre des projets de restauration impériale ou royale, ...avec ceux d'entre eux, du moins qui ne nous abandonneraient pas ce jour-là et qui ne sont pas entrés dans la République pour en mieux préparer la confiscation. Nous serons avec eux lorsque, aux élections générales, après nous être affirmés, là où nous serons en minorité, nous nous trouverons placés dans cette alternative : laisser triompher un monarchiste ou appuyer un républicain d'une nuance qui n'est pas la nôtre.

Mais nous ne voulons pas ce qu'ils veulent; ils ne veulent pas ce que nous voulons, et nous ne pouvons plus nous confondre sous une étiquette commune.

Voilà pourquoi je n'ai pas adopté le titre de *Lettres républicaines*. Restaient les deux titres : *Lettres intransigeantes* et *Lettres démocratiques*, qui, l'un comme l'autre, avaient l'avantage d'être nets et précis.

Quelle est la raison qui m'a déterminé en faveur du second?

La voici :

Le mot *intransigeant* est un mot de circonstance. Le mot *démocratique* répond, au contraire, à un corps de doctrine.

Intransigeant signifie : *qui se refuse à toute transaction*. Mais c'est une expression qui peut s'appliquer à tous les partis : on a parlé des intransigeants de l'Extrême droite avant de parler des intransigeants de l'Extrême gauche.

En outre, le mot intransigeant implique une idée absolue qui n'est applicable à aucun de nous.

Le 25 février, un certain groupe de républicains ont refusé de s'associer au vote de la Constitution; d'autres, qui s'y sont associés sous le coup de certaines menaces chimériques et avec l'illusion de voir se réaliser certaines promesses fallacieuses, ont regretté leur vote. Ils ont les uns et les autres rejeté avant ou après une transaction déterminée qui ne leur convenait pas, qui leur paraissait l'abandon de tous les principes; dans cette circonstance ils ont été intransigeants. S'en suit-il qu'ils auraient également rejeté toutes les transactions, même si elles leur avaient paru utiles? S'ensuit-il qu'ils veuillent, dans tous les cas, demander, ainsi qu'on le prétend sans y croire, tout ou rien? S'en suit-il en un mot que l'intransigeance soit pour eux une doctrine? Evidemment non!

Le titre d'intransigeants, on l'a appliqué à une fraction du parti républicain, dans un moment donné et en visant un fait particulier. Mais il ne saurait devenir une appellation politique de nature à distinguer un groupe d'hommes réunis par des convictions semblables, par une doctrine commune. Voilà pourquoi, après avoir accepté le titre d'intransigeants, dans un moment où notre parti, en voie de formation, avait besoin de s'affirmer avant de songer à se constituer définitivement, nous le répudions, à cette heure où nous sommes constitués, où un grand courant d'opinion nous répond dans le pays et où, les élections générales étant proches, il est bon de ne pas prendre de dénominations qui prêtent à l'amphibologie, à l'équivoque, et, conséquemment, aux attaques plus ou moins loyales.

Telles sont les raisons qui m'ont fait rejeter le titre de *Lettres intransigeantes*.

Il en est tout autrement du dernier titre, de celui que j'ai adopté. Le mot *démocratique* ne se borne pas à exprimer un fait transitoire, passager, il est l'expression d'une doctrine.

Il signifie que nous ne reconnaissons aucune autre souveraineté que la souveraineté de la nation, et que tout ce qu'on a appelé pouvoirs pondérateurs, pouvoirs modérateurs, etc., tout ce qui, en un mot, est de nature à entraver cette souveraineté, s'oppose, suivant nous, au progrès pacifi

56

L'Événement du 18 9bre 1875

LETTRES DÉMOCRATIQUES

Paris, 16 novembre 1875.

Les députés monarchistes et bon nombre de députés républicains se sont émus, il y a quelques jours, des 57 voix qui ont repoussé l'article 13 du projet de loi électorale, qui condamne le principe du mandat impératif. C'est naturel de la part de ceux qui, depuis quatre ans, se sont obstinés à siéger à Versailles, quoique le pays leur ait répété par 150 élections sur 180 qu'il demandait la dissolution.

C'est plus étonnant de la part des députés républicains qui se sont abstenus ou qui ont voté l'article 13, car nous ne voyons guère, malgré l'improvisation de M. Delorme, quelles objections ils peuvent élever contre le mandat impératif, à moins de dénaturer le sens que nous attachons à cette expression.

On parle souvent de la dignité du député, que le mandat impératif blesserait profondément.

Nous cherchons en quoi la dignité des représentants du peuple pourrait avoir à souffrir de ce qu'un mandat serait net et défini.

Tout mandat renferme une obligation contractée par le mandataire envers le mandant; tout mandat, par conséquent, est impératif, et ce qualificatif serait même inutile si la nature du mandat législatif n'avait été si souvent méconnue par ceux qui en ont été investis.

Au fond, les adversaires du mandat impératif sont les adversaires de tout mandat politique. A leurs yeux, les députés ne sont pas des représentants, mais des substituts du peuple; à leurs yeux, la souveraineté réside dans l'Assemblée ou dans les Assemblées nationales, et non dans la nation elle-même. Ils ne veulent pas que les électeurs leur tracent la ligne de conduite qu'ils ont à suivre; ils veulent qu'on les investisse de pleins pouvoirs.

C'est ce que ne peuvent accepter les démocrates.

Suivant nous, tout mandat est un contrat auquel les deux parties sont tenues de se soumettre, sauf à le résilier si l'une des deux parties contractantes cesse, à un moment donné d'en accepter toutes les clauses.

---

que et conduit fatalement les peuples ou à l'oppression ou à la révolution; et par oppression, nous entendons aussi bien l'oppression de tout un peuple par un homme, la monarchie, que l'oppression d'une fraction du peuple par l'autre, l'oligarchie. Ces deux systèmes ne se distinguent guère à nos yeux, ou, s'ils se distinguent, ils nous paraissent également mauvais et nous avons la même répulsion pour l'un que pour l'autre.

Le mot démocratique exprime encore que le peuple, se gouvernant lui-même, doit se gouverner dans l'intérêt de tous et non dans l'intérêt de quelques-uns; que le gouvernement doit faciliter les améliorations, les réformes économiques et sociales sans lesquelles le progrès serait un vain mot.

La démocratie, en effet, est au socialisme ce que l'outil est au produit fabriqué. C'est l'instrument pacifique de tout progrès social.

Le mot démocratique indique ce que nous voulons aussi bien pour aujourd'hui que pour demain. Il indique que nous repoussons le système des deux Chambres, et surtout de deux Chambres dont l'une est élue par un suffrage restreint; que notre esprit n'admet pas de présidence indépendante; que nous n'acceptons par conséquent la Constitution du 25 février que comme un fait légal, auquel nous devons obéissance, mais dont nous poursuivrons la révision par tous les moyens que cette Constitution elle-même a mis dans nos mains.

Nous ne sommes donc plus simplement des républicains, depuis que M. de Kerdrel lui-même l'est devenu; nous ne sommes pas davantage des intransigeants dans l'acception absolue de ce mot; nous sommes des *républicains démocrates*. C'est ainsi que je désignerai à l'avenir, comme l'a déjà très judicieusement fait l'*Événement*, le groupe qui vient, sinon de se séparer, du moins de se distinguer de l'Union républicaine, et c'est pour cela que j'intitule mes lettres *lettres démocratiques*.

A. Naquet.

Ce même n° de l'Événement renferme le compte rendu d'une réunion tenue à Paris, rue d'Arras, et dans laquelle ont parlé A. Naquet et Madier-Montjau.

C'est cette règle, absolument conforme aux lois de la morale la plus vulgaire, que nous voulons faire entrer, sous le nom de mandat impératif, dans le domaine de la politique.

Les électeurs ne sont pas à nos yeux, comme aux yeux des monarchistes plus ou moins ralliés à la République, un troupeau qui n'a ni le droit ni la capacité voulue pour s'occuper des questions politiques et sociales, et qui doit se borner à choisir des hommes auxquels il confie la mission de penser et d'agir pour lui.

Les électeurs sont plus que cela. C'est en eux, en eux seuls que réside la souveraineté; et, si les impossibilités de la pratique ne leur permettent pas de légiférer directement, au moins faut-il que leurs élus les représentent et mettent en œuvre leur volonté.

Il est donc indispensable que les citoyens s'occupent des grandes questions à l'ordre du jour et qu'ils n'élisent que les candidats dont les opinions sont conformes aux leurs.

C'est en cela que le mandat impératif consiste, et nous pouvons dire, après l'avoir ainsi défini, qu'en dehors de lui il n'existe plus de représentation réelle du pays, que le système dit représentatif devient une dictature à plusieurs têtes.

Cela est si vrai qu'on discute peu le mandat impératif en principe et qu'on cherche simplement à démontrer qu'il est impraticable, qu'il manque de sanction. On nous attribue à cet égard des idées que nous n'avons pas, et l'on se donne ainsi la gloire d'un facile triomphe.

C'est ainsi qu'on disserte volontiers sur la subordination que nous voudrions établir entre le député et les comités qui ont patronné sa candidature.

Or, jamais aucun démocrate sérieux n'a songé à établir cette subordination, d'abord parce que les comités, moins régulièrement élus que les députés, représentent le pays d'une manière moins certaine; ensuite parce que, fussent-ils élus d'une façon absolument régulière, comme ce serait le cas si nous avions le droit d'association, on ne saurait leur subordonner les élus du peuple sans rétablir indirectement par là le suffrage à deux degrés, que la démocratie repousse.

Le rôle des comités est tout autre. Un groupe de citoyens unis par la communauté des idées rédige un programme, l'offre à l'acceptation d'un candidat, puis, quand cette acceptation est acquise, présente le candidat au choix des électeurs, qui décident en dernier ressort. Les comités font l'office d'intermédiaires; ils remplissent une fonction analogue à celle que remplit un notaire entre un vendeur et un acheteur, ils rédigent l'acte.

Mais alors où est la sanction?

Si les questions sociales qui sont au fond de toutes nos luttes politiques étaient résolues, si tous les citoyens étaient indépendants et libres, la solution de ce problème serait dans la substitution du scrutin public au scrutin secret, dans la permanence du suffrage universel, dans la faculté pour les électeurs de révoquer à toute heure leur mandataire. Ce système n'est point actuellement applicable et risque fort de ne pas l'être de longtemps. Le nombre des citoyens indépendants et libres est trop peu considérable pour qu'on puisse établir la publicité du vote sans nuire à sa sincérité, sans violer la liberté de l'électeur.

Dès lors la révocabilité du député en dehors de certaines époques fixes, déterminées par la loi, devient impossible en pratique.

Il y a en effet, dans les mandats électifs, un caractère spécial qui ne se rencontre dans aucun autre contrat. Ce sont des contrats; mais ces contrats ont ceci de particulier que, grâce au secret du vote, une des parties contractantes est inconnue, et ne peut par suite être admise à réclamer.

Toutefois, si les électeurs ne peuvent pas appliquer en fait le droit théorique qu'ils ont de révoquer leur élu à toute heure, il est facile de se rapprocher de cet idéal en donnant une très courte durée au mandat. C'est dans la brièveté du mandat que se trouve la principale garantie du corps électoral. Une Assemblée législative ne devrait, en aucun cas, être élue pour plus de deux ans. C'était la durée que lui accordait la Constitution de 1791; c'est la durée que la Constitution américaine accorde à la Chambre des représentants aux Etats-Unis.

La sanction du mandat impératif est d'ailleurs le côté secondaire de la question, bien qu'au premier abord elle en paraisse le côté principal.

S'il est fréquent de voir des hommes ne pas se préoccuper outre mesure de l'opinion de leurs commettants, lorsqu'ils ont été élus sans prendre d'engagements définis, il est rare, heureusement, de voir des députés se déshonorer par la violation manifeste des engagements qu'ils ont contractés. On en trouve, sans doute, qui essaient de rétablir la monarchie après avoir déclaré, pour se faire élire, que « quiconque n'accepterait pas la République serait atteint d'aveuglement ou de folie »; mais ces exemples se comptent; ils sont l'exception, et l'on peut dire que, si les électeurs ont le soin de chercher des garanties dans l'honorabilité personnelle de leurs élus, le mandat impératif trouvera une seconde sanction dans la conscience de celui qui l'accepte.

Si le corps électoral dit à un homme : « Je vous élis député, sans exiger de vous aucune promesse ; faites de votre mieux, j'ai confiance en vous et cela me suffit, » ce qui est le propre du mandat non impératif, il est évident qu'un très honnête homme pourra faire des actes en opposition avec la volonté du pays. C'est ainsi que bien des députés de la Droite ont pu essayer, malgré la France, de rétablir la monarchie en 1873.

La plupart d'entre eux auraient certainement hésité s'ils s'étaient formellement engagés à défendre la République. Mais l'indication d'une ligne générale de conduite ne suffit même pas. Il ne suffit pas que l'électeur dise à l'élu : « Je veux que vous défendiez la République, » il faut qu'il lui dise comment il entend que la République soit défendue. Il faut qu'il se prononce sur toutes les grandes questions qui sont à l'ordre du jour au moment de l'élection. Il faut qu'il lui trace un programme dont il ne puisse pas s'écarter sans manquer à ses promesses, auquel cas les électeurs en feront justice en ne le réélisant pas.

En d'autres termes, et malgré la digression que fit M. Delorme à Versailles lorsqu'il vint défendre l'article 13 du projet des Trente, la pratique du mandat impératif se trouve tout entière dans les cahiers de 1789, et c'est peut-être parce que l'Assemblée constituante a eu le mandat impératif à sa base qu'elle a été si grande, qu'elle a fait de si admirables choses.

Il est bien vrai que toutes les questions sur lesquelles un député aura à se prononcer au cours d'une législature ne pourront pas être prévues au moment de l'élection ; que, par conséquent, le député conservera toujours une certaine indépendance.

Nous en convenons volontiers. Il est certain que le contrat électoral ne liera pas le représentant du peuple relativement à une loi d'intérêt local ; mais il le liera sur les questions qui intéressent le pays tout entier, et c'est ce qui importe.

Quant aux questions importantes qui surgiraient au cours d'une législature, nous admettons qu'il puisse s'en présenter ; mais d'une part le cas sera rare si le mandat législatif est de courte durée, et d'autre part l'impossibilité d'atteindre à la perfection n'empêche pas que l'on cherche à s'en rapprocher le plus possible.

Si ce cas se présente, le devoir du représentant sera de réunir ses électeurs en aussi grand nombre qu'il le pourra, de s'inspirer de leur sentiment et de donner sa démission s'il croit reconnaître que ce sentiment est en opposition avec le sien propre.

Enfin il importe que le scrutin secret soit abrogé dans les Assemblées législatives, et que, sur des questions importantes, les votes des députés ne puissent plus échapper à l'appréciation de leurs électeurs.

On le voit, à nos yeux, le mandat impératif consiste dans un programme rédigé par un comité, accepté par le candidat, signé par le corps électoral le jour du vote, et dont la bonne exécution est garantie à la fois par le choix d'un homme honorable, par la suppression de tout scrutin secret à la Chambre et par la brièveté du mandat.

A proprement parler, le mandat impératif pourrait être appelé *mandat précis*.

Certes, nous ne prétendons pas que le mandat impératif ainsi compris — et dans l'état actuel de notre société c'est la seule manière de le comprendre — réponde à tout. Mais nous croyons que le jour où, partout, les électeurs auront pris l'habitude de proposer des programmes définis à l'acceptation de leurs candidats, au lieu de se contenter de professions de foi vagues, où de plus ils seront impitoyables pour ceux qui se présenteront de nouveau à leurs suffrages après avoir manqué à leurs engagements, nous croyons que ce jour-là la démocratie aura fait un grand pas.

C'est pourquoi, quelque imparfait que soit encore le mandat impératif dans sa réalisation possible, quand nous le comparons à notre idéal, il nous a paru nécessaire de le défendre, comme la première pierre de l'édifice démocratique.

A. Naquet.

L'événement du 22 9bre 1875

LETTRES DÉMOCRATIQUES

Paris, 20 novembre 1875.

Au lendemain du 25 février, lorsque le ministère du 10 mars se constitua, nos amis de la Gauche, qui avaient conçu de si belles espérances, furent un peu désappointés ; mais après tout n'y avait-il pas dans le ministère un homme à nous, une des personnalités les plus éminentes du Centre gauche, M. Dufaure ?

Tant que M. Dufaure serait là, la liberté, la République ne courraient aucun danger ; et l'on feignait d'oublier la loi sur l'Internationale et la loi sur le jury, dont M. Dufaure avait été le promoteur.

M. Dufaure, aujourd'hui, semble vouloir faire revivre ces souvenirs trop oubliés, en les aggravant encore, à la grande confusion des partisans des concessions à outrance.

La loi sur le jury, qu'il a fait voter lui-même et qui donne à la réaction de si puissantes garanties, ne lui suffit même plus ; il lui faut la compétence des tribunaux correctionnels en matière de presse ; il lui faut l'état de siége dans quatre départements, et l'on pourrait presque dire dans les seuls départements où il importe surtout que l'état de siége soit levé.

Il est vrai que M. le garde des sceaux se défend de faire une loi définitive : il ne propose qu'une loi transitoire, une loi de circonstance. Aux Assemblées futures incombera la tâche de fixer définitivement la législation sur le sujet qui nous occupe.

Qu'il nous soit permis de lui répondre par une citation de l'admirable discours que Ledru-Rollin prononça à l'Assemblée constituante, le 8 août 1848, sur le cautionnement des journaux.

> Vous voulez une loi transitoire, quelque chose qui n'est pas définitif.
>
> Citoyens, croyez-vous que je doive répondre à cet argument? Il a été celui de toutes les mauvaises causes. Je ne sache pas une violation de principes qui n'ait eu pour excuse la transition, le passager. On l'a dit souvent avant moi : En France, il n'y a de définitif que le provisoire. Je le répète, ce n'est pas là un argument. Si votre principe n'est pas vrai ; s'il est contraire à ce qui est juste, ne fût-ce que pour un mois, que pour deux mois, vous ne pouvez vous en servir ; c'est quelque chose d'odieux au point de vue des principes.

A cette réponse véhémente on ne trouva rien de sérieux à répliquer en 1848, pas plus qu'on ne trouvera rien à répliquer aujourd'hui ; seulement, en 1848, on frappa la presse comme on la frappera demain, parce que les hommes de réaction considèrent la presse comme une ennemie.

Et, disons-le en passant, c'est là un admirable hommage que la réaction rend aux principes démocratiques : avoir peur de la liberté de la presse et de la liberté de la parole ; reconnaître que toute discussion libre tourne nécessairement au profit de la démocratie, n'est-ce pas avouer que la démocratie a pour elle la vérité, la vérité sereine à laquelle aucune discussion ne fait peur, parce que c'est par la discussion libre et par elle seule qu'elle entend établir son empire sur les intelligences?

Je sais bien que nos adversaires se dérobent à cette conséquence évidente de leurs actes ; mais elle les étreint.

Ce n'est pas, disent-ils, la libre discussion qu'ils repoussent, ce sont les violences, c'est l'appel aux passions, c'est la licence.

Non ! ce n'est pas la violence, car ils permettent à leurs propres journaux d'être violents ; ce n'est pas la licence et l'appel aux passions, car l'appel aux passions, ils le pratiquent sur la plus large échelle.

Ils sont trop intelligents d'ailleurs pour ne pas comprendre qu'au point de vue auquel ils feignent de se placer, la meilleure arme contre les écarts de la presse, c'est la liberté de la presse.

> Eh bien, disait encore Ledru Rollin, dans le discours que je citais plus haut, laissez-moi à mon tour vous exposer les principes des grands hommes d'Etat de l'Amérique, qui se connaissent en République. Savez-vous ce qu'ils veulent pour la presse? Faire le contraire de ce qu'on vous demande. Et j'adresse ceci à ceux d'entre vous qui, comme moi, trouvent que la presse est une trop grande puissance quand la République existe. Savez-vous ce qu'ils font? Ils multiplient les journaux ; et le secret de leurs hommes d'Etat, d'un président de la bouche duquel j'ai eu l'honneur de l'entendre, c'est de décentraliser la presse au lieu de la centraliser, de la fortifier ; c'est que la presse ne soit pas une puissance collective, une citadelle des créneaux de laquelle on puisse tirer mystérieusement, mais qu'elle soit au contraire une protestation indivuelle.

Et Ledru-Rollin ajoutait :

> Ce sont là les maximes d'un véritable homme d'Etat ; celui-là n'était pas un agitateur ; car, il faut le dire, il avait gouverné avec gloire son pays, et tous ceux qui, dans le pays, arrivent aux affaires, ont la même pensée. — Laissez publier, laissez multiplier les journaux pour qu'ils puissent se neutraliser les uns les autres, et qu'au milieu de cet océan de polémique indécis, tumultueux, mais flottant, il surnage quelque chose de stable, d'immuable : l'amour de l'ordre, l'amour de la liberté, l'amour de la patrie.

Il est en effet parfaitement certain qu'en refusant aux journaux l'autorisation de paraître, en limitant le nombre de ceux qui existent — car on n'ose jamais les supprimer tous, — on donne à ces derniers une puissance qu'ils n'auraient certainement pas si à côté d'eux il y en avaient d'autres qui vinssent leur disputer une part d'influence et partager avec eux le pouvoir qu'ils exercent par la diffusion de l'idée.

Le mot de Ledru-Rollin est juste. Avec l'état de siége un journal est une citadelle d'où l'on fusille tout ce qui ose résister, aussi bien les nuances du parti dont ce journal est l'expression actuelle que le gouvernement, qui trouve en face de lui un adversaire aussi redoutablement armé qu'il peut l'être lui-même.

Avec la liberté de la presse, au contraire, toutes les nuances d'une même opinion s'affirment ; les masses, lisant chaque jour des affirmations en sens contraires, finissent par ne plus croire le journal sur parole, comme un catholique croit son directeur de conscience; elles s'habituent à penser par elles-mêmes, à juger les arguments qui leur sont fournis; leur intelligence se forme et elles arrivent promptement à être à l'abri aussi bien de la domination que des excitations du journalisme.

On répète souvent que le régime qui réussit en Angleterre et en Amérique ne saurait réussir en France, parce que les races sont différentes, parce que les Anglo-Saxons sont moins passionnés et peuvent subir sans danger une plus grande dose de liberté que nous.

La vérité est que si les Anglo-Saxons paraissent moins passionnés et résistent mieux que nous aux excitations de la presse, c'est justement parce que la liberté de la presse est chez eux à peu près absolue, et que cette liberté a développé parmi eux les habitudes de discussion féconde, d'étude fructueuse qu'elle développera chez nous lorsque nous jouirons d'un gouvernement qui voudra nous la donner sans parler à chaque heure du péril social.

Mais nos adversaires savent cela mieux que nous, et s'ils ont contre la presse une haine si violente, ce n'est pas parce qu'ils craignent les entraînements auxquels elle peut donner lieu, c'est parce qu'ils craignent de voir se développer dans le peuple des habitudes de discussion approfondie. Ils repoussent la liberté de la presse au même titre qu'ils repoussent l'enseignement gratuit et obligatoire.

Entre le danger qu'ils croient devoir résulter pour eux de la diffusion calme des lumières, et d'où sortirait la solution pacifique des problèmes qu'ils redoutent de voir résolus, et le danger d'une presse centralisée qui, à un moment donné, peut user de son pouvoir pour provoquer des violences, ils choisissent le second parce qu'ils sentent fort bien que les violences on les réprime, tandis qu'on ne peut rien contre le progrès normal des idées. Eh bien, en cela encore la passion ou la peur les aveugle. Oui, il y a de grands problèmes à résoudre dans l'ordre économique et social. Si le peuple est éclairé, ces problèmes se résoudront sans secousse, sans violence, sans préjudice pour qui que ce soit; si le peuple n'est pas éclairé, ils se poseront néanmoins et enfanteront des cataclysmes au milieu desquels notre pays risque de périr.

Je le disais un jour à la tribune: chaque nation a un problème à résoudre; il faut qu'elle le résolve ou qu'elle meure. La Rome antique est morte pour n'avoir pas su résoudre le problème de l'esclavage, comme serait morte la République américaine si elle ne l'avait pas résolu.

Les nations de l'Europe occidentale ont aussi, à cette heure, un grand problème à résoudre, celui du prolétariat, et l'on peut prédire qu'elles le résoudront ou qu'elles périront. C'est là une loi inéluctable à laquelle tous les états de siége, toutes les lois sur la presse, tous les jurys triés, tous les décrets contre l'Internationale ne changeront rien.

Déjà, pour n'avoir pas osé entrer en 1848 dans la voie de la liberté, de la discussion et de la solution pacifique des problèmes sociaux, la France rejetée violemment dans les bras du despotisme clérical et monarchique, a failli succomber.

Elle a pu se relever encore; peut-être ne le pourrait-elle plus demain si les mêmes malheurs qu'elle a subis une fois venaient l'accabler de nouveau.

Il est donc grand temps d'entrer dans la voie de la liberté, qui est en même temps celle de l'ordre. Et c'est parce que la presse libre, la presse décentralisée est un des meilleurs instruments que je connaisse pour répandre les idées, pour éclairer les intelligences, pour fortifier les esprits, que je trouve détestable le projet de loi qui est soumis à l'Assemblée, et sur lequel, tant qu'il est encore à l'état de simple projet, j'ai le droit de dire ma pensée tout entière.

A. Naquet.

L'Événement du 26 9bre 1875

LETTRES DÉMOCRATIQUES

Paris, 24 novembre 1875.

La faculté catholique de droit de Lyon est ouverte, et son doyen, M. Brac de la Perrière, a prononcé à son ouverture un discours dont le *Français* reproduit les principaux passages.

M. Brac de la Perrière éprouve d'abord le besoin de répondre aux *rumeurs de l'opinion publique;* il défend la faculté catholique contre l'intention qu'on lui prête de vouloir « ruiner la législation française pour lui substituer un droit nouveau formulé par l'Eglise, et en même temps de servir un certain parti politique ».

Inutile de dire que M. Brac de la Perrière proteste énergiquement contre de telles accusations.

Comment d'ailleurs ne s'est-on pas aperçu que les facultés catholiques sont soumises à deux surveillances au lieu d'une ? N'enseigneront-elles pas sous le contrôle des autorités désignées par la loi et sous celui des évêques? Est-il permis dès lors de supposer qu'elles propageront des théories perturbatrices et qu'elles n'auront ni respect ni modération?

La surveillance des évêques, des autorités ecclésiastiques, pour empêcher les facultés catholiques de professer les doctrines du *Syllabus* et de battre en brèche notre droit civil ! la garantie, on l'avouera, est faible, et la société serait débonnaire si elle s'en contentait.

M. Brac de la Perrière signale d'ailleurs les changements graves et nombreux qui ont été apportés au Code civil : le divorce aboli, la mort civile supprimée, les institutions du majorat prohibées....., etc., etc. Il veut prouver par là que le Code civil n'est pas une arche sainte à laquelle il doive être absolument interdit de toucher.

Nous sommes sur ce point pleinement de son avis. Le Code civil est imparfait et demande, comme toutes les législations possibles, à être modifié, perfectionné. Toute la question est de savoir si les modifications ont lieu dans le sens du progrès ou dans le sens de la réaction.

Certainement, lorsque la mort civile a été abolie, nous avons tous applaudi : c'était là une modification progressive; mais, lorsque en 1816 le divorce fut supprimé, il y eut lieu de le regretter amèrement, parce que ce jour-là une liberté essentielle nous fut enlevée, parce que ce jour-là la réaction cléricale et monarchique fit une brèche à l'œuvre de la Révolution.

En d'autres termes, la législation révolutionnaire, déjà gravement atteinte par les législateurs qui rédigèrent le Code civil, peut recevoir de nouvelles atteintes ou recevoir au contraire son entier développement.

Nous approuvons toutes les réformes qui tendent vers ce dernier but ; nous repoussons toutes celles qui ont une tendance contraire, et c'est pourquoi nous avons vu avec défaveur que, sous prétexte de liberté de l'enseignement supérieur, on rétablit la mainmorte et on livra l'enseignement aux jésuites.

M. Brac de la Perrière proteste également contre les intentions qu'on prête aux universités catholiques de vouloir servir les intérêts politiques d'un parti.

C'est là, dit-il, une supposition véritablement insensée. . . . .

. . . Ne sont-elles pas fondées par une puissance qui s'abstient de toute politique de parti? Comment donc pourrait-elle permettre que les passions se missent à la place de la vérité calme et de l'impartiale justice?

Et cette puissance qui s'abstient de toute politique, c'est l'Eglise; l'Eglise, qui a gouverné à peu près exclusivement pendant si longtemps la France et l'Europe ; l'Eglise, qui proclame l'infaillibilité du pape et dont le chef infaillible lance l'anathème à la société moderne, condamne la souveraineté nationale, le droit des peuples à choisir leur gouvernement, la liberté de conscience et toutes les grandes conquêtes de la Révolution.

Les déclamations en faveur de la liberté de la part de ceux qui ont été de tout temps les ennemis et les contempteurs de toute liberté; de ceux qui ont osé avouer à la tribune de l'Assemblée de Versailles, par l'organe de M. Dupanloup, comme ils l'avaient fait quelques années auparavant au Sénat de l'empire par l'organe de M. le cardinal de Bonnechose, qu'ils veulent la liberté du bien et non la liberté du mal; de ceux qui rêvent de supprimer toute spontanéité, toute initiative individuelle en soumettant la femme à l'homme, l'homme à son directeur de conscience, le peuple au roi et le roi au pape; les déclamations en faveur de la liberté de la part de ceux qui professent de pareilles doctrines sont une telle anomalie, indiquent une telle contradiction entre la pensée et les paroles, qu'on se demande comment un orateur ou un professeur peut prononcer des discours tels que ceux que nous avons entendus et que nous entendrons encore au sujet de la loi sur la liberté de l'enseignement supérieur, et comment il est possible de rencontrer en France un auditoire capable d'écouter et au besoin d'applaudir ces discours !

Non, la loi que l'Assemblée a votée sur l'enseignement supérieur n'est point une loi de liberté; c'est une loi qui restitue au clergé une part des prérogatives que la Révolution française lui avait fait perdre.

Et la preuve que ce n'est pas autre chose : la preuve que cette loi n'est point une loi de liberté, c'est que nos législateurs se sont refusés à instituer la liberté complète des conférences, dont aurait pu user tout citoyen, et qui aurait profité à la propagation des idées.

D'ailleurs, pour que la loi sur la liberté de l'enseignement pût être une loi libérale; pour que tous les citoyens eussent la faculté d'en bénéficier ou d'en faire bénéficier leurs idées, il faudrait que nous jouissions, comme l'Angleterre et l'Amérique, des libertés fondamentales, sans lesquelles toutes les autres sont un leurre, et par lesquelles il faut commencer la construction de tout édifice libéral : la liberté de réunion et la liberté d'association.

Louis Blanc, faisant la critique des opinions que professent la plupart des économistes sur les effets de la concurrence dans notre société actuelle, comparait un jour la situation de deux concurrents inégalement favorisés de la fortune à deux coureurs dont l'un serait libre, dont l'autre traine-

62

rait aux pieds un boulet, et auxquels on dirait, sans tenir compte de cette différence capitale : « Partez, voilà le but, la victoire au premier qui l'atteindra! »

Cette comparaison est complètement applicable à la situation que la loi sur la liberté de l'enseignement supérieur fait chez nous aux divers partis.

Si nous avions le droit de nous réunir, de nous associer, de former des comités permanents en vue de propager et de défendre certaines idées politiques, certaines théories philosophiques ou religieuses, il est évident que, par rapport à la création des facultés libres, nous nous trouverions placés sur le pied de l'égalité avec les cléricaux.

Mais les réunions publiques nous sont interdites; nous ne pouvons nous associer sans tomber sous le coup d'une masse de lois pénales et sans être frappés. Où donc trouverions-nous les moyens de réunir les fonds nécessaires à la création et à l'organisation de facultés puissantes?

Les catholiques, au contraire, ont leurs réunions permanentes dans les églises, leurs associations autorisées, couvents et congrégations; ils ont tous les moyens d'action et de propagande, et s'il est possible à l'initiative individuelle d'organiser des universités complètes malgré les frais énormes que de telles installations nécessitent, c'est certainement eux qui le pourront.

Entre eux et nous la concurrence n'est donc pas loyale, et c'est pour cela qu'ils ont voté la loi.

S'ils avaient cru qu'il nous fût possible d'organiser des écoles où nous aurions professé sans entraves les doctrines de la libre pensée; si la loi avait pu nous profiter comme ils ont l'espérance qu'elle leur profitera, ils ne l'auraient certainement pas votée.

Est-ce à dire cependant que cette loi nous fasse concevoir des craintes aussi vives que beaucoup en ont conçu au début? Sans doute, au point de vue de l'effet qu'elle peut avoir sur l'abaissement du niveau des études, effet sur lequel je reviendrai, elle peut être funeste; mais au point de vue de l'envahissement de la pensée humaine par le catholicisme, j'avoue que je la redoute peu.

Le courant qui porte les peuples vers le progrès, vers la liberté, est assez fort pour déjouer toutes les tentatives des fauteurs de réaction.

L'Eglise a eu en main le monopole exclusif de l'enseignement; elle a eu en main l'appui du bras séculier pour frapper ceux qui ne voulaient pas admettre ses dogmes; et elle n'a pas pu empêcher le libre examen de saper ses doctrines et d'aboutir à la réforme d'abord et à la Révolution française ensuite.

Ce courant du progrès, qu'elle n'a pas pu arrêter lorsqu'il n'avait pas encore la vitesse acquise qu'il a aujourd'hui et qu'elle avait en main tous les moyens qu'elle n'a plus, comment l'arrêterait-elle à cette heure avec la première loi que lui a votée l'Assemblée nationale, et dont il n'est même pas certain qu'elle puisse tirer tout le parti qu'elle en espérait?

Mais il est toujours utile de rapprocher le but que l'on poursuit des discours que l'on prononce et de mettre le pays en garde contre la fascination qu'exercent certains mots, tels que le mot de liberté, dont nos adversaires se servent précisément pour combattre l'avénement de toutes les libertés.

A. Naquet.

L'Événement du 6 xbre 1875

LETTRES DÉMOCRATIQUES

Paris, le 4 décembre 1875.

La loi électorale est décidément votée, et nous pouvons l'apprécier dans son ensemble.

Les principales dispositions qui la distinguent de la loi de 1849 sont la substitution du scrutin d'arrondissement au scrutin départemental et le sacrifice partiel de la représentation de l'Algérie et des colonies.

Du scrutin d'arrondissement et du scrutin de liste tout a été dit à cette heure, et il n'y a plus lieu d'y revenir, à moins que ce ne soit pour affirmer une fois de plus que si, fidèles aux principes, nous avons voté à gauche le scrutin de liste, nous ne craignons pas en fait le vote uninominal.

En admettant que ce mode de votation nous fasse perdre quelques siéges dans les départements qui nous sont acquis, il nous en fera gagner un grand nombre dans les départements acquis à nos adversaires, et il y aura largement compensation. Ajoutons même que, funeste peut-être aux nuances modérées de l'opinion républicaine, au Centre gauche et aux hommes qui y confinent, l'élection par bulletin uninominal sera incontestablement favorable aux nuances accentuées de notre parti. Dans cette circonstance, comme toujours, les républicains démocrates ont dû mettre de côté l'intérêt propre de la fraction du parti qu'ils représentent pour ne viser qu'à l'intérêt général du pays; ils n'ont pas cherché ce qui leur serait le plus favorable à eux, mais ce qui était le plus juste, le plus conforme à l'idée démocratique, le plus propre à favoriser l'élection d'une Assemblée dont le niveau fût élevé et qui fût la représentation aussi exacte que possible de la nation.

Leur opinion n'ayant pas triomphé à Versailles, ils utiliseront les moyens d'action considérables que le vote par circonscription met entre leurs mains pour la faire triompher dans le pays.

La loi électorale n'est point une loi constitutionnelle; c'est une simple loi organique que les législateurs d'aujourd'hui ont faite, que les législateurs de demain peuvent défaire. Une Assemblée élue au scrutin de liste a aboli le scrutin de liste; une Assemblée élue au scrutin uninominal abolira, nous l'espérons, le scrutin uninominal.

Seulement, il ne faut pas que cette nouvelle Assemblée agisse pour ainsi dire en vertu d'un blanc-seing des électeurs, comme on vient de le faire à Versailles; il faut qu'elle agisse en vertu d'un mandat nettement défini; il faut que, dans quelques mois, quand la France sera appelée à choisir ses nouveaux représentants, la question soit posée devant le peuple assemblé dans ses comices.

La loi qui vient d'être votée déclare nuls et non avenus les mandats impératifs qui pourront être donnés aux futurs députés; elle délie ces derniers de tout devoir d'obéissance à ces mandats, au point de vue légal, mais elle ne saurait délier au point de vue de la conscience les hommes honnêtes qui, ayant librement contracté avec les électeurs, se croiront toujours obligés de demeurer fidèles aux clauses du contrat accepté par eux.

Les comités qui serviront d'intermédiaires entre les électeurs et les candidats, qui, ainsi que nous le disions récemment, rédigeront l'acte que le corps électoral aura à ratifier le jour du vote; les comités conservent donc le droit de formuler le programme des réformes qu'ils donnent à leur candidat la mission de défendre à la Chambre; ils conservent le droit, en un mot, d'offrir à l'acceptation de ceux qu'ils recommandent aux électeurs des mandats impératifs.

Eh bien! suivant nous, l'abrogation de la loi électorale qui vient d'être votée; la substitution du scrutin départemental au scrutin d'arrondissement, tout comme la restitution à l'Algérie et aux colonies d'une représentation intégrale sont des points fondamentaux qui devront figurer sur les mandats impératifs de tous les comités démocratiques, sur les *Cahiers du peuple* de 1876.

Un autre point qui devra enfin figurer sur ces *Cahiers*, c'est l'introduction, dans la loi qui régit les élections, de dispositions nouvelles, propres à assurer l'indépendance des électeurs et, en rendant les fraudes plus difficiles, la sincérité du vote.

C'est un fait digne de remarque que tout ce qui a été proposé dans ce sens à l'Assemblée actuelle, au cours de la mémorable discussion qui vient de se terminer, a été repoussé : aussi bien l'amendement de M. Corne, qui établissait le vote sous enveloppe, que l'amendement que quelques-uns de mes collègues et moi avons signé et que M. Lockroy a défendu à la tribune, amendement en vertu duquel les candidats auraient eu le droit de désigner dans chaque commune deux surveillants de l'élection.

Nous ne voulons pas incriminer les intentions; nous sommes persuadé que les difficultés pratiques, ou ce qui a paru être des difficultés pratiques à la majorité de nos collègues, ont seules empêché la Chambre de voter les deux amendements dont je parle. Il n'en est pas moins curieux de voir la majorité d'une Assemblée se prononcer contre des dispositions que tous les partis devraient adopter sans hésitation, parce qu'elles sont la sauvegarde de tous les partis, parce que toutes les opinions sont également intéressées à ce que le vote soit loyal et sincère, nul ne pouvant être assuré sous un régime parlementaire, que le ministère qui le protége aujourd'hui sera encore là pour le protéger demain ; nul ne pouvant savoir s'il n'aura pas besoin, à un moment donné, pour lui-même, des garanties qu'il refuse à ses adversaires aujourd'hui.

Enfin, s'il a été singulier de voir la Chambre rejeter des propositions qui n'avaient d'autre but que de garantir le secret du vote et de rendre impossibles les fraudes qui se pratiquent soit pendant le vote, soit au dépouillement, et cela par suite de quelques difficultés d'application dont on s'exagère beaucoup l'importance; il a été plus singulier encore de voir rejeter des amendements qui donnaient une sanction à l'article de la loi qui interdit l'immixtion des fonctionnaires dans l'élection.

Si l'on songe surtout qu'à propos de cette question M. le vice-président du conseil a pris la parole, pour qu'on n'étendit pas outre mesure le sens de l'article qui allait être voté, on ne peut s'empêcher de penser que ce qui se glisse derrière cette intervention du gouvernement et derrière le vote de la Chambre, c'est une pensée plus ou moins arrêtée de rétablir les candidatures officielles, comme si le cabinet pouvait oublier qu'avec les candidatures officielles pouvaient se reproduire toutes les pressions et toutes les fraudes que nous avions le droit de croire à jamais disparues avec un régime odieux.

Il faut donc que ce qui n'a pas été fait aujourd'hui soit fait demain, et que les dispositions protectrices de la liberté électorale et de la loyauté du vote et du dépouillement soient réclamées par les électeurs.

Mais ce qu'il faut surtout, après qu'on aura nettement défini le mandat du député à élire, c'est qu'on assure son triomphe; c'est qu'on tire de la loi actuelle tout le parti qu'on peut en tirer ; c'est que, luttant sur le terrain où nos adversaires nous ont conduits de force, nous soyons victorieux quelle que puisse être l'attitude des maires, des sous-préfets et des préfets de combat.

Il faut que partout les élections soient sévèrement surveillées et que, là où certains mauvais vouloirs rendraient la surveillance impossible, des protestations sérieuses soient dressées qui permettent à la Chambre d'annuler les élections entachées de fraudes et de violences.

Au surplus, les fonctionnaires de l'ordre moral y regarderont à deux fois avant de laisser se renouveler les scandales qui ont accompagné une foule d'élections du Midi, et notamment des départements de la Drôme, de Vaucluse et des Bouches-du-Rhône.

Une des conditions qui sont indispensables pour que les fonctionnaires pratiquent la candidature officielle « dans toute sa beauté, » comme aurait dit feu Beulé, c'est la stabilité du pouvoir.

Sous l'empire, il y avait un pouvoir permanent indépendant des fluctuations électorales. Ce pouvoir était en mesure de promettre l'impunité aux fonctionnaires qui le servaient et de leur inspirer confiance. Il en a été de même relativement aux élections partielles qui ont eu lieu depuis le 24 mai. Les délits électoraux se prescrivent par trois mois; l'élection d'un député ne pouvait changer la majorité de la Chambre, ni par conséquent entraîner la chute du ministère; les maires et les préfets pouvaient agir sans crainte.

Il n'en sera plus de même aux élections générales.

Non-seulement les préfets ne seront pas certains que le ministère actuel demeurera au pouvoir après les élections, et continuera de les couvrir; mais ils sont à peu près certains dès à présent du contraire.

Ils savent d'ailleurs quelle est leur responsabilité. Ils connaissent les pénalités sévères encourues par ceux qui cherchent à vicier frauduleusement l'expression du suffrage universel, et, ces pénalités, il est à présumer que bien peu parmi eux voudront les encourir.

Dans tous les cas, les électeurs doivent encore déclarer dans les mandats qu'ils rédigeront que le premier devoir des députés dans la nouvelle Chambre sera de réclamer énergiquement la punition exemplaire de quiconque porterait atteinte, lors des prochaines élections, à la liberté et à la sincérité électorales, nous ne voudrions pas dire comme l'entend M. le vice-président du conseil — car nous n'avons le droit de mettre en doute la sincérité de personne, alors que certains actes sembleraient nous y autoriser — mais comme les entendait l'empire.

Il est certain qu'une clause de ce genre sur *les cahiers* des électeurs républicains aura pour effet de maintenir dans le devoir les fonctionnaires qui seraient tentés de s'en écarter, et c'est pourquoi cette clause ne doit pas être négligée.

A. Naquet.

L'événement du 13 Xbre 1875

LETTRES DÉMOCRATIQUES

Paris, le 10 *décembre* 1875.

Nous parlions dans notre dernière lettre des projets de modifications à la loi électorale que les électeurs devraient, à notre sens, formuler dans des mandats précis proposés par eux à l'acceptation de leurs prochains candidats.

Ces points si importants sont loin d'être les seuls qui devront figurer sur les *cahiers* de 1876. Une foule de grandes questions, que nous examinerons une à une, sont à l'ordre du jour à cette heure, et sur chacune d'elles le peuple est tenu de dire quelle est son opinion, de proclamer sa volonté.

La première de ces questions qui se pose est celle de la révision du pacte constitutionnel.

Vainement viendrait-on prétendre que les Chambres ne devant être investies du droit de reviser la Constitution qu'à partir de 1880, cette question est hors de propos à l'heure actuelle, puisque les pouvoirs de la future Chambre des députés expireront en 1879. Le Président de la République a le droit de proposer aux Chambres la révision de la Constitution ; la période, dont les Chambres ne peuvent pas provoquer l'ouverture, peut être ouverte par l'initiative de M. le maréchal de Mac Mahon ou de l'homme qui lui succéderait si la mort l'enlevait avant 1880 ; cela suffit pour que l'éventualité de la révision soit prise en sérieuse considération par le pays et pour que, sur cette question si grave, les électeurs lient leurs députés par des engagements formels.

Si le Président de la République propose avant 1880, aux Chambres, de reviser les lois constitutionnelles, les républicains devront-ils voter pour ou contre la révision ?

La révision admise, sur quoi devra-t-elle porter ?

La première question peut être examinée au point de vue pratique et au point de vue des principes.

Certes, s'il arrivait que la majorité républicaine fût très faible dans la Chambre des députés et que la majorité monarchique fût assez forte dans le Sénat pour noyer la majorité républicaine de la Chambre et pour assurer, dans l'Assemblée nationale, la majorité à la monarchie ; si la révision devait aboutir à la suppression du peu qui nous reste de République, il est évident que les députés républicains devraient profiter de leur faible majorité dans la Chambre pour s'y opposer. Mais, sauf ce cas s[illegible], déterminé et unique, les candidat[illegible]blicains démocrates doivent, aux [illegible] élections, s'engager à profiter de [illegible] les occasions qui s'offriront à eux p[illegible] réformer les lois constitutionnelles qu'une longue série de fautes a eu pour effet de faire prévaloir.

On parle beaucoup en ce moment du *parti constitutionnel*, dénomination par laquelle on essaie de remplacer celle de *parti républicain*.

Eh bien ! les républicains démocrates ne sauraient trop répéter qu'ils n'appartiennent point au parti constitutionnel. Ils obéissent à la Constitution ; ils lui obéiront aussi longtemps qu'elle demeurera la loi du pays ; mais ils ne négligeront rien pour la réformer légalement et pour mettre dans le *sac* ce qui n'est actuellement que sur l'*étiquette* : la République.

Ceci ne signifie point que, aux élections générales, les républicains démocrates soient décidés à refuser systématiquement leurs suffrages à tout candidat républicain constitutionnel, même au risque d'amener le triomphe d'un candidat impérialiste ou royaliste.

Les républicains démocrates sont certainement aussi pratiques que les modérés. Ils veulent avant tout le triomphe de la République et ils n'oublient pas que toute la science politique se résume en un principe bien simple : Essayer d'obtenir ce qui paraît le meilleur et, à défaut de succès, se rabattre sur les solutions qui se rapprochent le plus de celle qu'on croyait préférable, ou qui s'en écartent le moins.

Il faut donc avant tout que, partout où le succès semble possible, les électeurs démocrates luttent dans les comités pour obtenir de ceux-ci des désignations de candidats appartenant à leur nuance.

Il faut, si les modérés refusent de se soumettre et opposent comités à comités, candidats à candidats, qu'ils n'hésitent pas à se compter sur les hommes qui auront plus particulièrement leurs sympathies, sur les hommes qui veulent la révision de la Constitution, et qui la veulent dans le sens des idées démocratiques.

Mais si, après un premier tour de scrutin, le candidat républicain démocrate obtenait moins de voix que son compétiteur républicain constitutionnel, et si les suffrages obtenus par le candidat conservateur étaient assez nombreux pour permettre à l'adversaire de passer à la majorité relative, au cas où la division des forces républicaines continuerait de s'opérer au second tour, alors le devoir des électeurs démocrates — et ce n'est pas eux qui y failliront jamais — serait de reporter leurs voix sur le républicain qui n'appartient pas à leur groupe, qui ne partage pas toutes leurs idées, mais qui en partage une, et une fondamentale : qui veut fermement la conservation du régime républicain.

Ce ralliement des voix au second tour de scrutin est facile et n'est pas dangereux. Ce qu'il faut, en effet, c'est moins de faire arriver à la prochaine Chambre une majorité de démocrates — ce que nous n'avons pas la naïveté d'espérer — que de créer à l'Extrême gauche un groupe solide, inébranlable sur le terrain des principes, groupe qui, par son opposition ferme et constante, empêche le reste des Gauches de persévérer dans la voie d'abandon qui a été déjà si funeste à la République, qui lui serait plus funeste encore dans l'avenir. Or, pour que ce groupe se constitue avec l'influence qu'il doit avoir, l'important n'est pas dans le nombre de ses membres, mais dans la netteté de leurs convictions.

Ce qui est nécessaire, ce n'est pas précisément d'éliminer tel ou tel, d'appeler tel ou tel autre ; c'est que chacun ait l'étiquette qui lui convient ; c'est que les modérés ne soient pas élus avec l'étiquette radicale ou les radicaux avec l'étiquette modérée, comme le fait s'est produit pour la Chambre actuelle, ce qui a amené la confusion des langues, l'impuissance des hommes de principes et l'acceptation par la majorité de notre parti de la ligne de conduite dont nous ressentons en ce moment les funestes effets.

Supposons que, dans une circonscription imaginaire, un candidat unique se présente accepté par toutes les nuances du parti républicain et que, de plus, modéré en fait, il se présente sous la couleur radicale ; supposons de plus que ce fait se produise dans les circonscriptions les plus avancées du pays ; il est clair que le candidat modéré dont je parle sera en apparence l'élu, le représentant du radicalisme, et que le radicalisme sera noyé dans la politique de modération.

Supposons au contraire que le même candidat passe au second tour de scrutin dans la même circonscription, grâce au concours des démocrates, mais après une première épreuve dans laquelle ces derniers, en minorité dans notre hypothèse, se seront comptés sur un candidat de leur choix ; l'élu devient le représentant apparent aussi bien que le représentant effectif des classes modérées ; il n'y a pas opposition entre ce qu'il est et ce qu'il paraît être ; il a l'étiquette vraie qui correspond à ses opinions, et comme, dans d'autres circonscriptions, les majorités sont inverses, que si les modérés sont élus ici, les radicaux sont élus là, cet échec partiel n'empêche en rien la constitution du groupe dont, à cette heure, la nécessité apparaît à tous les yeux.

Les électeurs démocrates ont donc partout pour intérêt et pour devoir de ne pas redouter le spectre de la division agité par ceux qui craignent la constitution d'un groupe d'avant-garde ; ils ont pour intérêt et pour devoir de faire tous leurs efforts dans les comités, et plus tard dans un premier tour de scrutin, si leurs compétiteurs refusent de s'incliner devant les décisions des comités, [illegible] des candidats démocrates, c'est-à-dire des candidats qui s'engagent, entre autres choses, sauf les réserves faites plus haut, à voter, dès que la loi le leur permettra, la révision de l'œuvre constitutionnelle du 25 février, et à voter la révision en vue de réformes démocratiques.

Ceci nous ramène à la seconde des deux questions que nous posions en tête de cette lettre : « La révision admise, sur quoi devra-t-elle porter ? »

C'est ce que nous examinerons prochainement.

A. Naquet.

voir à la page 0 le mandat d'Alfred Naquet pour les élections de 1876 - lequel, par sa date, devrait figurer ici. –

L'Événement du 19 Xbre 1875

LETTRES DÉMOCRATIQUES

Paris, le 17 décembre 1875.

Nous nous arrêterons pour aujourd'hui dans la revue des divers points du programme qui doit être soumis aux futurs candidats par les électeurs dans les *Cahiers de* 1876 ; et nous nous occuperons d'une question qui intéresse très vivement à cette heure les populations républicaines en général, et en particulier celle du département que j'ai l'honneur de représenter à l'Assemblée nationale.

Cette question est celle du mode d'élection des délégués qui, avant peu, auront à choisir les candidats à la députation.

Il se passe à ce sujet un fait analogue à celui qui s'est passé à l'Assemblée nationale, lors du vote du 25 *février*.

A l'Assemblée, le problème était ainsi posé :

La France étant républicaine, lui faire élire une Assemblée monarchiste.

Ce problème était d'une solution difficile ; on a cru le résoudre en instituant un Sénat et en le faisant élire un quart par l'Assemblée, et les trois autres quarts par un corps électoral restreint.

Ce qui vient de se passer à Versailles prouve que souvent ces petits calculs sont déjoués par la force même des choses, qu'il arrive plus d'une fois à ceux qui bâtissent des citadelles contre le pays de s'en voir expulsés, et de voir ces citadelles devenir des forteresses inexpugnables entre les mains de leurs adversaires.

Mais si l'on peut, lorsqu'on y est obligé, accepter la bataille et vaincre sur le terrain choisi par l'ennemi, on ne doit jamais combattre sur un pareil terrain sans y être forcé, alors qu'on a pour soi le droit et la justice.

Or, en ce moment, le problème qui se pose dans les départements du Midi, et notamment dans Vaucluse, à propos des délégations, est le suivant : Étant donnée une population républicaine radicale, lui faire élire des délégués modérés.

Le moyen trouvé est calqué sur celui dont l'Assemblée nationale a fait usage. Les modérés proposent de constituer les délégations comme il suit :

1° Les conseillers généraux républicains et, là où les républicains n'ont pas été élus, les derniers candidats au conseil général ;

2° Les conseillers d'arrondissement républicains et, là où les républicains ont échoué, les derniers candidats évincés au conseil d'arrondissement ;

3° Pour chaque commune, un ou plusieurs délégués, suivant le chiffre de la population, délégués élus par le conseil municipal s'il est républicain, et, s'il ne l'est pas, par les membres de la liste battue aux dernières élections municipales;

4° Exceptionnellement enfin, et là où le conseil municipal n'aurait pas de couleur politique, on se déciderait à faire appel au suffrage direct des électeurs républicains.

Les électeurs protestent à juste titre contre cette immixtion de leurs mandataires dans des affaires qui ne sont pas les leurs. Ils espèrent que ces derniers ne persisteront pas dans leur projet et qu'on pourra arriver à une entente, à une délégation commune; mais si les modérés persistaient dans leur système, les radicaux n'hésiteraient pas à élever, en face de leur délégation fermée, une délégation ouverte dont les membres seraient les représentants incontestés de l'opinion actuelle, et sur les choix de laquelle se porteraient certainement les suffrages de l'immense majorité des républicains.

Les radicaux feront tout ce qui est compatible avec le respect de la souveraineté du peuple pour arriver à une délégation commune et à une candidature républicaine unique dans chaque arrondissement; mais si on les y oblige, ils n'hésiteront pas à se compter par un premier tour de scrutin sur des candidats démocrates, et l'on verra de quel côté se trouve le nombre.

Le système de délégation proposé par les modérés a le double inconvénient de violer les principes et de donner une délégation dont l'esprit ne répondrait pas à l'esprit des populations.

Il viole les principes parce qu'en droit nul ne peut étendre de sa propre autorité le mandat qu'il a reçu et substituer ainsi la volonté du mandataire à celle du mandant.

Or, lorsqu'on a élu les conseillers généraux, les conseillers d'arrondissement et les conseillers municipaux en octobre 1871, en octobre et novembre 1874; lorsque, à ces mêmes époques, on a, dans les cantons où nous sommes en minorité, présenté aux électeurs des candidats républicains qui n'ont pas été élus, on a voulu leur confier le mandat de gérer les affaires du département, de l'arrondissement ou de la commune; mais on n'a pas entendu leur confier la mission de désigner les candidats aux prochaines élections législatives.

Cela est si vrai que sur un grand nombre de points, dans le but d'amener les radicaux à voter pour les modérés, on leur disait :

« Que vous importe la nuance d'un conseiller municipal, d'un conseiller d'arrondissement ou d'un conseiller général? Nous comprenons que vous insistiez quand viendront les élections législatives, pour être représentés par des hommes de votre opinion; mais ici il doit vous suffire d'élire des républicains sans rechercher à quelle fraction du parti ils appartiennent. »

Si aujourd'hui les hommes qui ont été élus dans ces conditions étaient chargés de désigner les futurs candidats à la députation, on pourrait dire que le droit des électeurs serait confisqué par eux, et c'est ce que les populations ne sont nullement décidées à admettre.

Nous disions que non-seulement le projet de délégation proposé par les modérés est contraire aux principes, mais qu'il donnerait en outre une délégation dont l'esprit serait contraire à l'esprit des électeurs.

Nous le prouvons.

En octobre et novembre 1873, mus par un sentiment de conciliation peut-être exagéré, et convaincus qu'en effet la nuance des conseillers municipaux, des conseillers d'arrondissement et des conseillers généraux importait assez peu, les radicaux ont voulu donner un gage à l'union du parti, et presque partout, là où ils constituent la grande majorité de l'opinion républicaine, ils ont consenti à voter pour des modérés.

Souvent d'ailleurs ces sacrifices ont été imposés par une saine appréciation des situations.

Les élections des conseillers généraux, d'arrondissement ou municipaux sont cantonales ou municipales. Or il arrive quelquefois que, dans une commune ou un canton, quoique les radicaux soient en force dans le sein du parti républicain, les modérés constituent un appoint nécessaire pour battre les monarchistes. Dans ces cas, qui sont fréquents, on fait aux modérés les sacrifices qu'ils exigent parce qu'à un mal plus grand on préfère un mal moindre.

C'est ce qui s'est produit à Avignon en octobre et novembre 1874.

En octobre, on a élu conseiller général M. Poncet, un modéré, et, en novembre, on a présenté comme candidats au conseil municipal une liste de 27 ultra modérés, qui d'ailleurs a échoué.

Or, en 1871, les nuances du parti républicain se sont comptées à Avignon dans deux élections au conseil général, et voici les résultats de ces élections :

Canton Nord

Candidat radical....	1850	voix
Candidat modéré ...	450	—

Canton Sud

Candidat radical.....	750	voix
Candidat modéré	300	—

Et c'est cette population qu'on voudrait faire représenter au congrès électoral par les délégués de la dernière liste municipale évincée, qui était ultra modérée.

Il est évident que ce système ne se soutient pas, et nous ne doutons pas que les honorables conseillers qui en ont pris l'initiative ne soient les premiers à en reconnaître le vice et à l'abandonner.

S'il en était autrement, s'ils persistaient malgré les bonnes raisons qu'on leur oppose, nous sommes convaincu que la majorité des conseils municipaux républicains refuseraient de répondre à leur appel.

Enfin, si un pareil comité parvenait à se constituer, les électeurs, revendiquant leur droit, en convoqueraient un autre, élu régulièrement par eux dans de grandes réunions privées ou publiques, et c'est derrière ce dernier comité certainement que la masse électorale se grouperait.

A. Naquet.

Le Progrès de Lyon du 20 xbre 1875

AUX ÉLECTEURS SÉNATORIAUX

Au moment où la question du choix des candidats au Sénat s'agite, nous ne saurions trop appeler l'attention des véritables amis de la France sur la lettre suivante de M. Naquet [illegible], croyons-nous, faire réfléchir plus d'un électeur sénatorial sur le nom qu'il aura à inscrire sur son bulletin.

Qu'on ne s'en tienne plus aux promesses, pas plus qu'aux professions de foi, qui, depuis 1848 à 1870, ont été si menteuses. Mais que l'on exige du passé du candidat des ACTES.

Rappelons-nous les noms des plébiscitaires d'hier, votant en faveur de l'empire, et ralliés aujourd'hui à la République seulement pour obtenir un siège à l'une des deux Chambres, non avec la pensée de défendre la République qu'ils n'ont jamais connue ni appréciée, mais dans le seul but de satisfaire leur dévorant appétit de places, de privilèges et de plaisirs.

[illegible]
Conseiller municipal.

Voici le texte de la lettre de M. Naquet :

Versailles, 14 décembre 1875.

Mon cher ami,

Vous me demandez ce que je pense de la situation. Je ne saurais que vous répéter ce que je dis depuis quatre mois : La République est sauvée en tant que forme de gouvernement, mais il s'agit de la rendre républicaine, et la est la difficulté.

Nous ne pouvons y arriver qu'en arrachant la direction des éléments radicaux dans la prochaine Assemblée aux hommes qui ont eu cette direction dans la Chambre actuelle, tout en [illegible] la direction d'une opposition [illegible] et gouvernementale. Nous ne pouvons y arriver qu'en créant un groupe véritablement [illegible] qui empêche les gauches de continuer, pendant la durée de la législature qui va s'ouvrir, la politique de compromission qui nous a été si funeste.

. . . .

Nous n'avons eu que deux triomphes (bien relatifs, il est vrai) à Versailles : l'élection de la dernière commission des Trente et l'élection des sénateurs. Ces deux triomphes, comment les avons-nous obtenus ? En repoussant les offres dérisoires du centre droit, en restant un groupe uni et compacte de 310, en attendant nos adversaires et en profitant de leurs divisions.

Cela ne prouve-t-il pas que si nous avions agi toujours de même, si nous ne nous étions pas abandonnés, livrés, nous aurions obtenu de bien autres résultats encore ?

Malheureusement nos chefs sont des hommes de transaction quand même, et ils ne se sont décidés aux deux luttes dans lesquelles ils devaient triompher, que quand ils y ont été réduits par l'obstination aveugle du centre droit. Dans ces deux circonstances, on a eu lutte d'aveuglement entre les chefs de droite et ceux de gauche, et heureusement ce sont les chefs de droite qui ont été les plus aveuglés, lorsqu'ils ont refusé de nous faire une part assez large.

Maintenant serait-il vrai que l'élection des 75 inamovibles que nous faisons en ce moment, en évitant toute occasion de conflit entre les Chambres, rende inutile la création d'un groupe propulseur ? Nullement.

Oui, il est possible que, grâce à cette élection, les élections sénatoriales des départements soient moins mauvaises qu'on ne le craignait et que le Sénat soit républicain ; cela garantit, j'en conviens, la forme républicaine.

Mais la forme républicaine était garantie sans cela, car la Constitution ne peut être révisée qu'avec l'assentiment des deux Chambres.

Or, dans tous les cas, la Chambre des députés aurait été républicaine, et, si on l'avait dissoute, elle serait revenue plus républicains sincères.

Mais ce qui importe, c'est de rendre, comme je le disais plus haut, la République républicaine. Or, pour rendre la République républicaine que de réformes à faire ?

Ces réformes, croyez-vous que ce soit l'état major du centre gauche, qui paraît devoir dominer au Sénat, qui les fasse ? Pour ma part, je ne le crois pas, à moins qu'il n'y soit énergiquement poussé par une Chambre des députés énergique, qu'un groupe d'avant-garde solide empêchera de dévier.

Sans cela, savez-vous ce qui arrivera ?

La Chambre proposera des réformes que le Sénat repoussera ; après quoi la Chambre dira : *Amen*.

Alors, voyant que la République, même avec deux Chambres républicaines — ou étiquetées telles — ne donne rien de ce qu'elle promettait, les populations s'en détacheront. Les uns tomberont dans l'indifférence ; les autres risqueront de se laisser séduire par les promesses trompeuses du socialisme césarien.

La République ne donnant rien de ce qu'elle promet, et voyant l'opinion publique lui échapper peu à peu, voilà le plus grand des dangers que nous puissions courir.

Ce danger, s'il se réalisait, serait plus grand que celui qui résulterait du rétablissement de la monarchie ; car une monarchie, on la renverse, tandis qu'on remonte difficilement un courant comme celui dont je parle.

Il faut donc que ce courant ne se produise pas.

Pour qu'il ne se produise pas, il faut que les futures Assemblées entrent résolument dans la voie des réformes.

Pour qu'elles y entrent, il faut que le Sénat, qui n'y sera guère disposé, y soit contraint par la fermeté de la Chambre des députés. Et pour que la Chambre des députés soit énergique, il faut qu'elle renferme une véritable Extrême Gauche, entièrement distincte de l'Extrême Gauche actuelle, appelée à devenir gauche modérée.

Cette Extrême Gauche il faut l'élire et c'est pourquoi, à cette heure, la question doit se résumer à une question électorale.

Dans les pays radicaux, il faut élire des radicaux. — J'entends de vrais radicaux et non des modérés arborant les couleurs radicales.

Tout est là.

Voilà, mon cher ami, ce que je pense de la situation. Je crois que c'est simple et clair.

Je vous serre la main fraternellement.

A. NAQUET.

ASSEMBLÉE NATIONALE

Séance du lundi 20 décembre 1875

PRÉSIDENCE DE M. LE DUC D'AUDIFFRET-PASQUIER

La séance est ouverte à une heure.

L'ordre du jour appelle le scrutin pour la nomination de 2 sénateurs.

Le scrutin, ouvert à une heure un quart, est fermé à trois heures trente-cinq minutes.

M. le président. — La parole est à M. Naquet, pour le dépôt d'une proposition.

M. Alfred Naquet. — Messieurs, j'ai l'honneur de déposer sur le bureau de l'Assemblée, en mon nom et au nom de mes collègues, MM. Bouchet, Esquiros, Madier-Montjau et Ordinaire, un projet de loi pour lequel je demande le bénéfice de la déclaration d'urgence.

Je vais vous lire le projet de loi.

« Article 1er. — Une amnistie pleine et entière (Ah! ah! à droite) est accordée aux auteurs de tous les crimes et délits politiques commis depuis le 4 septembre 1870.

Un membre à droite. — Y compris le 4 septembre !

M. Alfred Naquet. — Art. 2. — Les procès des condamnés pour des crimes de droit commun connexes avec des crimes politiques seront révisés dans les six mois qui suivront la promulgation de la présente loi. » (Rumeurs à droite.)

Messieurs, au mois de février 1875, lorsque vous avez voté la Constitution qui sous peu va entrer en fonction, vous avez eu pour but, avez-vous dit, d'ouvrir une période d'apaisement et de réconciliation.

Je viens vous proposer aujourd'hui de faire l'acte suprême de réconciliation et d'apaisement (Interruptions) en rappelant dans leurs familles qui souffrent, les malheureuses victimes qui sont à l'autre extrémité du diamètre terrestre, dans la situation que je vais vous faire connaître dans un instant. (Bruit.)

Cet acte d'apaisement s'impose d'autant plus à vous que par suite de la prorogation prochaine de l'Assemblée et de la disparition de la commission des grâces, les grâces seront nécessairement suspendues pendant trois mois, c'est-à-dire pendant la période qui va séparer votre prorogation de la réunion des nouvelles Chambres.

J'ajoute que cette demande d'amnistie, que j'apporte aujourd'hui à la tribune, et qui s'imposerait, alors même que les lois protectrices que vous avez votées seraient scrupuleusement exécutées, s'impose doublement car, à la distance considérable où nous sommes de la Nouvelle-Calédonie, avec le défaut [illegible] de surveillance, il se passe en Océanie des faits [illegible] mon devoir est de mettre en lumière (Interruptions), parce que si, contrairement à mon attente, vous ne votiez pas l'urgence de ma proposition [illegible] que cette grande question de l'amnistie se pose devant le peuple réuni prochainement dans ses comices ; et comme [illegible] vos lois [illegible] est impuissante à raconter les faits monstrueux qui se passent là-bas, il est important qu'une protestation indignée [illegible] à cette tribune, et cette protestation je l'apporte. (Réclamations à droite.)

Les faits que je vais citer, j'ai commencé à les connaître par des articles [illegible] curieux qui ont paru il y a six mois environ dans le *Daily News*. Ces articles n'ont pas été démentis par le gouvernement. [illegible]

M. Desjardins, sous-secrétaire d'État au ministère de l'intérieur. — Le gouvernement n'avait pas besoin de les démentir.

M. Alfred Naquet. — Par suite, [illegible] le désir de les contrôler, et j'ai pu me procurer plusieurs rapports importants qui en prouvent l'exactitude.

L'un a été adressé au ministère de la marine par un ancien chirurgien de la marine, M. Leprevost ; l'autre a été également adressé par un ancien chirurgien de la marine, M. Génot ; un troisième enfin est signé Jaubert ; je vous en distribuerai tout à l'heure des fac-similé, car c'est un rapport tout à fait officiel.

et vous verrez ce que vous devez penser des faits qui y sont signalés.

M. Desjardins, sous-secrétaire d'État à l'intérieur. — C'est une interpellation dont le gouvernement n'a pas même été prévenu, monsieur le président.

M. le président à l'orateur. — Veuillez vous borner à donner les motifs de l'urgence.

M. le sous-secrétaire d'État. — On porte des accusations graves contre le gouvernement, et le ministre compétent n'a pas été prévenu.

M. le président, s'adressant de nouveau à l'orateur. — C'est une interpellation que vous adressez au ministère sans l'en avoir prévenu. Veuillez vous renfermer dans le développement de la question d'urgence. (Exclamations en sens divers.)

Plusieurs voix à droite, à l'orateur. — Parlez ! parlez !

M. le président. — Vous devez vous borner à dire sommairement les motifs que vous invoquez en faveur de l'urgence. Si vous voulez porter la discussion sur des faits, c'est une interpellation, et vous devez prévenir le gouvernement de l'interpellation. (Marques d'assentiment sur divers bancs.)

M. Alfred Naquet. — Les faits que j'apporte à la tribune me paraissent militer en faveur de la demande d'amnistie... (Aux voix ! aux voix ! Parlez ! parlez !)

M. le président. — Continuez, en vous renfermant dans les limites que j'ai indiquées. Je jugerai si vous vous conformez au règlement.

À gauche. — Aux voix ! aux voix !

À droite. — Parlez ! parlez !

M. Alfred Naquet. — Messieurs, à la Nouvelle-Calédonie, les déportés sont classés en trois catégories : les déportés simples, les déportés dans une enceinte fortifiée et les condamnés pour crimes dits de droit commun, qui sont à l'île Nou... au bagne.

Des condamnés à la déportation simple, je ne veux rien dire.

Quant aux condamnés à la déportation dans une enceinte fortifiée... (Interruption.)

À gauche. — Aux voix ! aux voix !

À droite. — Parlez ! parlez !

M. Alfred Naquet. — Aux termes des lois que vous avez votées, les condamnés dans une enceinte fortifiée devaient être libres dans l'enceinte qui leur était réservée (Bruit croissant) ; en outre, ils ne pouvaient jamais être soumis à un travail forcé, et, s'ils étaient tenus de subvenir à leur entretien, c'était à la condition qu'ils trouveraient du travail libre et rémunéré.

Or, messieurs, que s'est-il passé ? Au début, en 1872, des chantiers ont été ouverts par le génie. Sur 600 déportés, ils en ont employé 450 qui travaillaient avec une telle ardeur qu'on était obligé de les arrêter par des mesures comme celle-ci : « Les condamnés qui arriveront par l'*Orne* ne pourront prendre part aux travaux du génie qu'à partir du 15 juillet. » Les 150 autres travaillaient dans des industries privées. Tout à coup les travaux ont été arrêtés, malgré la demande des déportés, des ouvriers... (Assez ! assez ! à gauche.)

Mais vous crierez vainement : Assez ! messieurs (l'orateur se tourne vers la gauche) ; je sais que j'ai le droit de développer ma proposition de loi, et je la développerai jusqu'au bout. (Au centre et à droite : parlez ! parlez !)

M. le président. — Vous n'avez pas à développer votre proposition de loi ; vous avez seulement à exposer les motifs de l'urgence.

À droite. — Parlez ! parlez !

M. Alfred Naquet. — Quant aux industries privées, — car je n'oublie pas, conformément à ce que vient de me dire notre honorable président, que je ne dois présenter que des développements sommaires, et je n'entrerai, autant que possible, que très peu dans les détails, — quant aux industries privées, on les a arrêtées, on les a enrayées par tous les moyens possibles.

Ainsi une usine destinée à fabriquer des briques s'était élevée et avait produit jusqu'à 80,000 briques dont les industriels de Nouméa s'étaient décidés à prendre livraison. Il y avait là la création d'une industrie importante pour la Nouvelle-Calédonie, mais l'administration empêcha le transport de ces briques autrement qu'à bras d'hommes jusqu'à la baie de N'By, attendu, disait l'administration, que les déportés pourraient s'évader si des navires s'approchaient de la côte. (Exclamations ironiques à droite.)

Voilà donc une industrie absolument sacrifiée.

Un autre trouve le moyen, avec les produits du pays, de fabriquer du savon qu'il livrait à 30 centimes, alors que le savon australien valait 83 centimes. Il n'a pu obtenir de l'administration, ni sous son nom, ni sous celui d'un autre, le droit de fabriquer et d'exporter ce savon. (Bruit.)

Je pourrais vous citer un grand nombre de faits de même nature, mais, comme je veux rester dans les limites imposées par votre règlement et ne pas abuser de la parole, je ne citerai pas les autres faits, à moins que vous ne le désiriez.

Après avoir ainsi enrayé, entravé, le travail libre et l'industrie privée, on a voulu soumettre les déportés à un travail forcé, on a retiré la ration de viande à ceux qui se refusent à ce travail forcé ; on ne leur donne que ce qu'on appelle le strict nécessaire pour vivre, ce que j'appelle, moi, le strict nécessaire pour mourir de faim (Bruit continu ; — à gauche : aux voix ! aux voix !)

M. Alfred Naquet. — Sur ces derniers faits, j'ai là la circulaire ministérielle et l'arrêté du gouverneur de la Nouvelle-Calédonie. Je ne vous la lis pas, parceque je veux abréger ; mais je puis vous dire que j'ai été au ministère et que je les ai soumis à M. le directeur des colonies, M. Benoist-d'Azy, qui n'en a nullement contesté l'authenticité. Il est donc bien établi... (Bruit.)

À droite. — On n'entend pas.

M. Alfred Naquet. — Qu'on fasse silence et on entendra.

À droite. — Ce sont vos amis qui interrompent.

M. Alfred Naquet. — Ainsi il est établi qu'on punit d'un retranchement de ration les malheureux qui ne veulent pas se soumettre à un travail forcé, contraire à ce que vous avez voulu, à ce que vous avez voté.

Voilà ce qui se passe dans le cas de la déportation dans une enceinte fortifiée, mais ce n'est rien en comparaison des horreurs qui se commettent à Nouméa. (Vives réclamations.)

M. de Mességuier. — Au milieu du bruit qui se fait, nous entendons à peine l'orateur ; mais ce que nous entendons est révoltant, et nous protestons contre un pareil langage.

M. le président. — Monsieur Naquet, veuillez vous servir d'expressions plus mesurées. Vous attaquez le gouvernement, et vous ne l'avez pas prévenu. De plus, vous vous servez d'expressions qui ne sont pas parlementaires.

Un membre de la Gauche. — Ce n'est pas là l'urgence !

M. le président. — Veuillez, monsieur Naquet, vous renfermer dans la question d'urgence : j'ai déjà eu l'honneur de vous faire trois fois cette observation.

M. Alfred Naquet. — Vous voyez, monsieur le président, que je me borne aux faits absolument nécessaires à mon argumentation et que je suis aussi bref que possible.

À l'île Nou, les surveillants ne se font pas faute de battre les condamnés et de leur refuser même l'assistance des médecins quand ils sont malades. J'ai lu dans le rapport de M. Leprévost des faits que je pourrais vous citer et qui vous édifieraient complètement à ce sujet ; mais je veux me borner à quelques faits principaux, parce que je ne veux pas abuser de la parole.

À la Nouvelle-Calédonie, la question et la torture ont été rétablies. (Allons donc ! — Protestations nombreuses. — À l'ordre ! à l'ordre !)

M. Mestreau. — C'est vous qui nous mettez à la torture. (On rit.)

Nouveaux cris. — A l'ordre !

M. Alfred Naquet. — En présence de l'hostilité qui se manifeste, je me borne à un seul document et je descends de la tribune.

M. le président. — Vous voudrez bien auparavant, monsieur Naquet, écouter l'observation de votre président. Pour l'honneur de ce pays, je ne laisserai pas dire à la tribune que la question et la torture ont été établies par l'ordre du gouvernement, et je vous rappelle formellement à l'ordre. (Très bien ! très bien !)

M. Alfred Naquet. — En présence de l'hostilité que je rencontre dans l'Assemblée et du rappel à l'ordre de M. le président, comme je vois qu'il me serait impossible de citer un à un tous les faits qui se produisent là-bas, faits que je m'abstiens de qualifier, je me bornerai à vous lire ce document dont je vous prie, messieurs les huissiers, de faire circuler ces fac-similé. (Exclamations bruyantes.)

L'orateur remet à un huissier plusieurs feuilles qui sont distribuées aux députés qui stationnent aux abords de la tribune.

M. le vicomte de Meaux, ministre de l'agriculture et du commerce. — Vous attaquez le gouvernement sans l'avoir prévenu.

M. Alfred Naquet. — Voici une page arrachée à un registre de la Nouvelle-Calédonie et voici ce qu'on lit sur cette page.

C'est un médecin qui parle. Je termine par là et ce ne sera pas long.

« Monsieur le directeur,

» J'ai l'honneur de porter à votre connaissance un fait d'une gravité exceptionnelle.

» Le condamné 6012 vient de succomber des suites d'une indigestion, dans les circonstances suivantes : Cet homme était au régime P pour refus de travailler au débordage des bois : il n'avait pas mangé depuis 50 heures. Je l'avais visité ce matin ; il m'avait paru faible quoique persistant dans son refus. Une heure après ma visite, et pendant que j'étais à déjeuner, ce condamné fit appeler le surveillant-chef et lui manifesta son désir d'obéir et d'aller au travail. Incontinent, il fut extrait de sa cellule et on lui remit dans les mains, *un pain chaud, fumant encore, sortant du four à la minute*, les trois rations qui lui étaient dues. Notez, monsieur le directeur, que le pain cuit aujourd'hui ne sera distribué que demain et qu'aujourd'hui même c'est du biscuit qui a été distribué et non du pain.

» Ce qui a suivi était facile à prévoir ; le malheureux s'est jeté évidemment sur cette nourriture plus meurtrière pour lui qu'un revolver.

» Je n'ai pas à apprécier la conduite du surveillant-chef et les instructions qu'il a pu recevoir au sujet des condamnés politiques (le n° 6012 était de cette catégorie). Seulement, comme je ne veux pas plus longtemps mettre mon nom au bas de constats de ce genre, je vous prie, monsieur le gouverneur, de me faire remplacer dans le service de l'île Nou, tout autre poste quel qu'il soit me conviendra mieux.

» JAUBERT,

» médecin auxiliaire de la marine.

» Ile Nou, 4 janvier. »

Et voici ce qui vient en réponse :

« Le directeur de la transportation, en transmettant la réclamation à M. le gouverneur et commandant en chef, expose respectueusement que le condamné dont s'agit avait dit précédemment qu'un jour ou l'autre il mettrait fin à ses jours, et qu'il y a lieu de supposer qu'il aura profité de l'occasion qui s'offrait. D'ailleurs, instruit et intelligent, il ne pouvait ignorer les conséquences de sa gloutonnerie. C'est un condamné dangereux de moins à surveiller.

» Si M. le gouverneur accueillait favorablement la requête ci-dessus, le directeur de la transportation désirerait que M. Szaliti, qui est actuellement au Diahot, reprenne le service de l'île Nou. Ancien et bon serviteur, cet officier de santé n'entravera pas le service par des scrupules déplacés.

» Profond respect. Nouméa le 5 janvier 1875.

» Le directeur de la transportation

(*Signature illisible.*)

En marge :

« Accordé. Faire l'ordre de permutation : ALLEYRON. »

Messieurs, je m'arrête dans les citations — j'en aurais beaucoup d'autres, — et je le déclare, les autres faits que j'aurais à citer, et dont j'ai la preuve dans le rapport de M. Leprévost, sont pour le moins aussi forts..., je ne veux pas me servir d'une autre expression pour rester dans des termes parlementaires.

M. de Rességuier. — A-t-on fusillé des otages en Nouvelle-Calédonie ?

M. Alfred Naquet. — Il s'agit une fois pour toutes d'établir les dates ; il s'agit de savoir, monsieur de Rességuier, si les otages ont été fusillés le premier jour de la rentrée des troupes dans Paris... — Protestations sur un grand nombre de bancs.)

M. A. Naquet. — Ils ont été fusillés après les fusillades sans jugement.

M. le président. — Veuillez vous renfermer dans la question !

M. de Rességuier. — Allons ! parlez ! parlez ! Vous défendez les assassins. Le pays vous entend et vous jugera.

M. Alfred Naquet. — Je ne défends pas les assassins.

M. le comte de Rességuier. — Vous défendez les assassins. Je vous répète que le pays vous entend et vous jugera.

M. Alfred Naquet. — Je condamne les assassins dans quelque camp qu'ils se trouvent ; mais enfin, entre ceux qui, exaspérés par quatre jours d'exécutions sommaires... (Vive et longue interruption...) ont agi dans un moment de désespoir... (Bruit général et confus...) et ceux qui ont fusillé sans jugement plus de dix mille citoyens, mon choix est fait.

M. Lestourgie apostrophe vivement l'orateur.

M. le président. — Veuillez faire silence, je n'entends même pas l'orateur.

M. Lestourgie. — Je proteste en mémoire des martyrs de la rue Haxo et de la Roquette. Souvenez-vous des prêtres assassinés. Je proteste au nom des martyrs. Je proteste avec toute l'indignation de mon âme.

M. Alfred Naquet. — J'ai dit, messieurs, et c'est par là que je finis, que j'espérais que vous voteriez l'urgence de ma proposition et, à la suite de l'urgence, la proposition elle-même. (Bruit.)

M. le président. — Veuillez abréger, monsieur Naquet.

M. Naquet. — Car l'Assemblée, qui a commencé par se montrer implacable... (Bruit croissant d'interruptions.)

M. Lestourgie. — Mais c'est abominable !

M. le président. — Monsieur Lestourgie, veuillez cesser d'interrompre, ou sinon je serai obligé de vous rappeler à l'ordre. Je n'entends même pas l'orateur.

M. Naquet. — Car l'Assemblée, qui a commencé par se montrer implacable, est plus intéressée que qui que ce soit à voter l'amnistie et à atténuer ainsi la lourde responsabilité qu'elle a assumée aux yeux de l'histoire.

M. Périn déclare, en son nom et au nom de quelques amis, qu'il votera l'urgence, tout en regrettant que la proposition ait été faite.

Cette proposition est vaine, car elle s'adresse à une Assemblée qui n'a jamais pu entendre avec calme une demande de ce genre.

L'orateur ajoute que ses amis se réservent de présenter une proposition d'amnistie à la prochaine As-

72

semblée. S'il en fait partie, il apportera, quant à lui, des documents sur des faits qui ne sont que trop véritables, car il est depuis deux ans en communication avec les déportés. (Bruit [illegible])

Il y a parmi les déportés des hommes pour lesquels il a une grande estime, (Bruit) car [illegible] droit à l'estime, ceux qui ont su combattre, les armes à la main pour défendre leurs opinions. (Exclamations. — Bruit).

M. le président dit que personne ne peut dire à la tribune qu'on a le droit à la révolte, le droit de défendre ses opinions les armes à la main. (Applaudissements à gauche.)

M. Périn répond qu'il n'a point dit qu'on eût un pareil droit. Il n'a pas approuvé l'insurrection de la Commune, car, s'il l'avait approuvée, il aurait combattu dans ses rangs.

M. de Pressensé combat la demande d'urgence. Il ne peut soutenir une proposition d'amnistie qui, dans les termes généraux où elle est présentée, est dangereuse et presque factieuse. Il a déposé, il y a longtemps déjà, une proposition d'amnistie restreinte à des limites raisonnables; elle a été prise en considération par l'Assemblée et elle a provoqué la mise en liberté d'un grand nombre de prévenus.

Dans la demande de M. Naquet, il n'y a qu'une manœuvre électorale. (Applaudissements à gauche.)

M. Naquet proteste contre l'imputation d'avoir obéi à des préoccupations électorales. (Bruit).

M. Lepère rappelle que sur la demande d'amnistie déposée il y a déjà deux ans et signée par [illegible] membres, figurait la signature de M. Naquet. Pourquoi, au lieu de soutenir aujourd'hui une proposition individuelle, M. Naquet n'a-t-il pas demandé la mise à l'ordre du jour de cette proposition commune? (Très bien! très bien! à gauche).

Puisqu'il a voulu se séparer de ses collègues, il ne s'étonnera pas qu'ils se séparent de lui à leur tour dans le vote sur l'urgence. (Applaudissements à gauche.)

La clôture est demandée, combattue par M. Madier de Montjau et mise aux voix.

Après deux épreuves déclarées douteuses, la discussion continue.

M. le président. — La parole est à M. Madier de Montjau contre la clôture.

M. Madier de Montjau. — Je ne serais pas monté à la tribune si je n'avais entendu les paroles qui sont tombées de la bouche de M. de Pressensé et que M. Lepère a cru devoir confirmer. (La clôture! la clôture!)

M. le président. — Je consulte l'Assemblée.

(Après deux épreuves déclarées douteuses, la discussion continue.)

M. Madier de Montjau. — Je proteste contre les soupçons qui ont été exprimés à cette tribune. Où en arriverons-nous s'il est permis de scruter le cœur de ses collègues?

Je ne sais s'il était oui ou non plus politique, plus opportun de déposer cette proposition de loi aujourd'hui plutôt qu'un autre jour, mais ce que je sais c'est que l'avenir n'est pas à nous. Il n'y a pas un seul d'entre nous qui soit certain de pouvoir reparaître dans cette enceinte. C'est donc un devoir pour ceux qui sont ici de faire tout ce qu'ils peuvent pour ce qu'ils croient être le bien.

Est-ce que la demande d'amnistie ne se justifie pas assez? Songez donc qu'il s'agit d'hommes dont la peine a duré cinq ans déjà et qui subissent cette peine loin de leurs familles et de leur pays.

Non, je l'atteste, nous n'avons pas fait ce que nous sommes incapables de faire, de la réclame électorale; et j'espère que l'Assemblée, malgré ce qu'on vient de dire, fera cet acte de clémence qui, à l'heure où nous sommes arrivés, sera un acte de justice. (Aux voix!)

M. Langlois comprend qu'il y ait lieu de prononcer des amnisties, dans certains cas, pour les crimes politiques. Mais la proposition de M. Naquet contient dans son article 2 une disposition beaucoup plus grave, qui tend à la révision des procès pour crimes de droit commun connexes avec des crimes politiques. L'orateur demande sur la proposition la question préalable.

La question préalable est mise aux voix et adoptée. (Applaudissements à gauche. — Bruit prolongé.)

M. Paul Bethmont demande qu'il soit procédé immédiatement à un nouveau tour de scrutin pour l'élection de deux sénateurs.

M. le président fait observer que l'Assemblée est toujours maîtresse de modifier son ordre du jour; mais un certain nombre de membres ont pu croire qu'il n'y aurait plus de scrutin aujourd'hui et quitter l'enceinte.

M. Paul Bethmont déclare retirer sa proposition et demande que demain, s'il n'y a pas de résultat au premier tour de scrutin, il soit procédé immédiatement à un second tour.

Cette nouvelle proposition, mise aux voix, est adoptée.

M. le président indique l'ordre du jour de demain.

Il est procédé au tirage au sort des scrutateurs pour la séance de demain.

La séance est levée à six heures trente-cinq minutes.

Le Rappel du 24 Xbre 1875

M. A. Naquet nous adresse la lettre suivante :

Monsieur le rédacteur,

Je lis dans le *Rappel*, en date du 22 décembre :

« Si nous avions à rédiger en forme de projet de loi le vœu de bonne politique et d'humanité que le *Rappel* a si souvent exprimé, que nous renouvelions nous-mêmes hier encore dans ses colonnes, nous ne croirions pas devoir apporter, à une œuvre à la fois de clémence et de justice, toutes les restrictions que comporterait le projet de M. Naquet. Sauf des cas assez rares et faciles à déterminer, les délits de droit commun jugés par les conseils de guerre avaient presque tous plus ou moins le caractère de délits politiques. La distinction faite par M. Naquet ne nous paraît donc pas admissible.

» Mais de quelque façon qu'on comprenne l'amnistie, qu'on la veuille partielle comme M. Naquet, ou complète comme le *Rappel*... »

Ces quelques lignes dénaturent ma pensée et je crois pouvoir compter assez sur votre loyauté pour être certain que vous insérerez cette rectification dans votre plus prochain numéro.

C'est parce que je veux l'amnistie aussi large que possible; c'est parce que j'y veux faire entrer les soi-disant délits de droit commun que je considère comme des délits politiques; c'est parce que je ne veux pas que M. Ranc, par exemple, en soit exclu, que j'ai rédigé mon projet comme je l'ai fait.

Si je m'étais borné à réclamer l'amnistie pour tous les crimes politiques et qu'elle eût été volée, soyez certain que le gouvernement aurait maintenu les condamnations des Ranc, des Brissac, des Lucipia, etc., etc., en se basant sur la lettre de ces condamnations... L'affaire Tibaldi, dont vous vous souvenez sans doute, en est une preuve.

D'un autre côté, je ne pouvais pas demander en bloc la mise en liberté de tous les condamnés pour crimes de droit commun connexes avec des crimes politiques, car — exceptionnellement, comme vous le dites — il peut y avoir parmi eux de vrais criminels ordinaires.

Je ne pouvais donc, pour tout embrasser, rédiger ma proposition autrement que je ne l'ai fait.

M. Langlois, d'ailleurs, ne s'y est pas trompé, et c'est pourquoi il a demandé la question préalable.

Veuillez agréer, monsieur, l'assurance de ma considération distinguée.

A. NAQUET

M. Naquet a usé de son droit de député en déposant sa proposition. Nous avons usé de notre droit de journaliste en l'appréciant. La lettre de M. Naquet ne nous persuade pas que nous ayons à modifier notre appréciation.

L'événement du 25 Xbre 1875

L'AMNISTIE

Le *Progrès de Lyon* publie la lettre suivante, que M. F. Ordinaire, député du Rhône, a adressée à M. Favier.

Mardi 21 *décembre*.

Mon cher concitoyen,

Je vous écris de l'Assemblée sans pouvoir encore vous dire si nous en finirons aujourd'hui avec le laborieux scrutin sénatorial. Nous sommes à bout de souffle et nous aspirons tous à rentrer dans nos domiciles respectifs.

Mais il est urgent que je vous entretienne aujourd'hui même du grave événement qui s'est produit dans la séance d'hier, afin que vous puissiez en tirer d'utiles enseignements. Une demande d'amnistie, signée par nos amis Madier de Montjau, Esquiros, Bouchet et moi, a été déposée sur la tribune par Naquet. Vous croyiez peut-être que devant une question d'humanité urgente, réclamée par l'opinion, tous les députés républicains devaient s'incliner et voter? Détrompez-vous; il n'en a rien été, et les clameurs les plus bruyantes n'ont pas cessé de couvrir la voix de l'orateur. J'ajouterai que des objurgations pleuvaient sur les auteurs de la proposition, et que ces injures se sont étalées tout au long ce matin dans les journaux dits des gauches modérées.

Nous avons été désavoués, et un ministre protestant a même prononcé contre nous, à la tribune, les mots de « manœuvres électorales ». Ainsi, réclamer au nom de la concorde, de l'apaisement des passions, le retour d'hommes dont les familles sont dans la misère à cause de l'absence de leurs chefs, c'est une réclame électorale. Voilà où nous en sommes. Il est vrai d'ajouter que beaucoup trouvaient le projet de loi mauvais, parce qu'ils ne l'avaient pas signé, et qu'ils l'eussent trouvé excellent comme « manœuvre électorale » s'ils y eussent été associés.

Mais la conduite de nos amis, lorsque la question préalable, c'est-à-dire le rejet méprisant, a été mise aux voix, me porterait à croire que Naquet avait quelques raisons de ne pas le leur avoir présenté. Car, en fin de compte, s'ils tiennent tant à l'amnistie, pourquoi ont-ils refusé même d'examiner la loi qui leur était soumise à ce sujet?

Je connais l'objection : une demande d'amnistie signée par l'extrême gauche avait été autrefois, il y a deux ans, présentée à l'Assemblée, il fallait en demander la mise à l'ordre du jour afin d'associer tous les signataires à la « manœuvre électorale ». C'est très joli; mais pourquoi ne l'ont-ils pas fait? Parce qu'ils ne voulaient pas discuter cette grave question dans cette Assemblée; parce qu'il était inopportun de la soulever à la veille d'un débat sur les circonscriptions électorales et la levée de l'état de siége. Pour moi, ces arguments ne tiennent pas debout. Quelle relation peut-il y avoir entre des circonscriptions et les déportés? Qu'y a-t-il de commun entre l'état de siége maintenu et une proposition de justice et de clémence? Il est évident que ceux qui se laissent ébranler par un semblable motif redoutent la levée de l'état de siége, le nombre trop grand de députés radicaux, et qu'ils sont enchantés de trouver un prétexte dont ils se serviront, sans ajouter que leurs votes eussent été les mêmes avant comme après la demande d'amnistie.

On ajoute que nous n'avions aucune espèce d'espérance de faire passer notre projet de loi. C'est vrai; nous n'en avons pas douté un seul instant et le grand acte doit être l'œuvre de la nouvelle Assemblée; mais il y avait un intérêt considérable à dire à la tribune, à dénoncer au pays, à faire insérer dans le *Journal officiel* les documents lus par M. Naquet. Ces faits sont maintenant connus de tous, ils seront discutés dans les journaux, et j'estime pour moi que cette révélation officielle a une immense portée.

Aussi, après une pareille discussion, qui intéressait non-seulement les républicains, mais tous ceux qui sentent un cœur battre dans leur poitrine, je me suis senti navré de voir à peine une quinzaine d'amis lever la main contre *le vote du mépris*, déclarant de cette façon qu'il y avait lieu à délibérer.

Je ne puis vous en donner les noms, car il n'y a pas lieu à scrutin sur la question préalable, et j'ai été étonné de trouver dans un journal ami que c'était précisément pour éviter de faire connaître les partisans et les non-partisans de l'amnistie que cette proposition avait été faite par M. Langlois. Je suis navré.

Votre dévoué,

F. ORDINAIRE.

Epreuves d'une lettre à L'Événement, qui n'a pas paru

LETTRES DÉMOCRATIQUES

M. Alfred Naquet, député de Vaucluse, nous adresse la lettre suivante, où il se défend contre les violentes attaques dont il a été successivement l'objet :

Paris, le 25 décembre 1875.

Au cours de la séance de l'Assemblée nationale du 20 décembre, après que j'eus déposé la demande d'amnistie qu'avaient signée avec moi mes collègues Bonchet, Esquiros, Madier de Montjau et Ordinaire, M. de Pressensé monta à la tribune et déclara que c'était là une manœuvre électorale.

Ce mot me rappelle une réponse spirituelle faite autrefois par Sainte-Beuve à un interlocuteur qui lui disait :

« Béranger pose. »

« Vous devriez bien poser comme Béranger répondit Sainte-Beuve. »

Vous auriez bien dû vous associer à la manœuvre électorale dirai-je à mon tour à M. de Pressensé et à ses amis.

Car enfin cette manœuvre électorale, si toutes les Gauches s'y étaient associées et si quelques membres de la Droite s'y étaient associés aussi, à cette heure l'ordre serait donné de faire revenir nos compatriotes qui sont à la Nouvelle-Calédonie.

Il faut du reste, s'expliquer sur cette expression de manœuvre électorale.

Si l'on donne ce nom à tout acte d'un député qui doit avoir pour effet de faciliter sa réélection, il faut appeler ainsi tous les actes véritablement bons, justes, utiles, conformes aux vœux du pays qu'un député peut faire.

Il est évident que toutes les fois qu'un mandataire du peuple fait un acte que le peuple désirait lui voir faire ; toutes les fois qu'il soulève une question que le pays tenait à voir soulever ; toutes les fois qu'il défend une cause que ses commettants voulaient voir défendre, il resserre les liens qui l'unissaient à ses électeurs, il les rend plus intimes, il fait plus complète la communion qui existait déjà entre lui et ceux qui l'ont élu, et par cela même il rend sa réélection plus probable.

La conséquence de cela, c'est que pour n'être pas accusé de *manœuvre électorale*, il faut mentir à ses promesses et prendre dans sa vie parlementaire le contre-pied de la volonté du pays.

Ah ! le pays m'a nommé pour défendre la République ! Je vais voter pour la monarchie.

Ah ! le pays m'a élu pour maintenir l'intégrité du suffrage universel ! Je vais enlever aux militaires le droit de vote.

Ah ! la France m'a envoyé à l'Assemblée nationale pour maintenir la nation armée ! Je vais voter le désarmement des gardes nationales.

Au moins personne ne pourra dire que j'ai obéi à des préoccupations électorales, et je conserverai toute ma dignité.

Voilà jusqu'où il faudrait aller si l'on voulait suivre le raisonnement de l'honorable pasteur.

Je sais bien qu'il n'irait pas aussi loin lui-même, qu'il ne serait pas logique jusqu'au bout et qu'il se bornerait à appeler manœuvres électorales les actes qui auraient pour but unique de flatter les passions du pays et qui ne répondraient pas à une opinion sincère, consciencieuse du député.

Mais alors, M. de Pressensé est obligé de rechercher les intentions, de scruter les consciences, et il sait aussi bien que nous que s'il nous est possible de juger, d'apprécier des actes, il ne nous est jamais possible de descendre dans la conscience des auteurs de ces actes et de déterminer leurs intentions.

Nous pouvons dire : ce député a réclamé l'amnistie et il a bien fait, parce que cela était conforme à la volonté de ses commettants.

Nous pouvons dire : tel député a voté le désarmement des gardes nationales, et son vote a été mauvais parce qu'il était contraire à la volonté de ses commettants.

Mais nous ne pouvons pas plus blâmer le premier, en prétendant qu'il obéissait à un mobile malhonnête, que nous ne pouvons excuser le second, en affirmant que ses intentions étaient pures, parce que les mobiles du premier comme les intentions du second nous échappent, et que nous ne pouvons juger qu'une seule chose, l'acte en soi qu'ils ont accompli. Avec le système qui consisterait à scruter les consciences et à incriminer les intentions, nul ne serait à l'abri de la critique.

M. de Pressensé a prétendu que je faisais de la réclame électorale. N'aurais-je pas pu lui dire à mon tour :

— Si vous avez parlé si fièrement, c'est que vous saviez n'avoir plus rien à perdre ; c'est que vous étiez certain que les électeurs parisiens ne vous réélirairent pas ; c'est par dépit contre la population qui ne veut plus de vous pour la représenter.

Je ne le ferai pas, parce que j'estime trop pour cela la loyauté et la sincérité de mes collègues ; mais je tiens à bien établir que j'aurais pu le faire, sinon avec plus de raison, du moins avec autant de raison qu'en avait M. de Pressensé pour dire ce qu'il a dit.

Je ne l'ai pas fait parceque j'ai l'habitude de respecter les autres pour avoir droit moi-même au respect de tous ; mais je veux rappeler aux modérés que, si nous le jugions dignes de nous, nous pourrions leur rendre la monnaie de leur pièce; je veux leur conseiller de se mettre d'accord avec leur doctrine, et, eux qui parlent si haut de modération, de se montrer plus modérés vis-à-vis de quiconque ne partage pas leur manière de voir.

Mais la proposition d'amnistie n'était pas opportune? Jamais elle ne le fut davantage.

Ainsi que j'ai eu l'honneur de le dire à la tribune, si l'Assemblée actuelle ne vote pas l'amnistie, ce sera aux Assemblées prochaines qu'il appartiendra de la voter, et pour qu'elles la votent sûrement, il faut que le pays leur en donne le mandat.

Il est donc urgent, au moment où le peuple français va se réunir dans ses comices, que cette grande question soit débattue, et puisque heureusement, la tribune a conservé des immunités que n'a plus la presse ; puisqu'on peut y dire ce qu'un journal ne pourrait pas imprimer sans péril, il était bon, il était indispensable, il était nécessaire que ce que j'ai fait fût fait.

Il y avait, dit-on, une ancienne demande d'amnistie dont j'aurais pu demander la mise à l'ordre du jour. On oublie que depuis lors, un des principaux signataires de cette première proposition, qui date de 1871, a déclaré publiquement que l'amnistie devait être reculée. Il était naturel que ceux qui ne partagent pas cette manière de voir, que ceux qui pensent que l'amnistie doit être réclamée non-seulement des Chambres futures, mais de cette Chambre-ci, qu'elle doit être réclamée à chaque heure jusqu'à ce qu'elle ait été obtenue ; il était naturel, dis je, que ceux-là vinssent apporter une proposition nouvelle à l'Assemblée.

Cela était d'autant plus naturel que la proposition de 1871 présentait des restrictions telles que, voulant l'amnistie la plus large possible, nous étions obligés de formuler une proposition nouvelle.

Quant aux accusations de manœuvre électorale, elles nous émeuvent peu, et, si nous n'étions retenu par le sentiment des égards que l'on se doit entre collègues et entre confrères, nous serions tenté de répondre à ceux qui les lancent que, pour supposer chez autrui des sentiments aussi vils et aussi bas, il faut en ressentir soi-même de semblables.

A. Naquet.

journal du midi du 12 mars 1876

LETTRE DE M. ALFRED NAQUET

M. Alfred Naquet, député de Vaucluse, adresse aux électeurs républicains de l'arrondissement d'Apt et de la première circonscription de Marseille la lettre suivante :

Versailles, Chambre des députés,
10 mars 1876.

Citoyens,

Le 20 février dernier, 4,300 électeurs républicains de l'arrondissement d'Apt m'accordaient leurs suffrages, me donnaient la majorité sur mon compétiteur, l'honorable M. Taxile Delord, et rendaient indiscutable ma candidature au second tour.

Le même jour, 1,930 électeurs radicaux de la première circonscription de Marseille votaient pour moi et affirmaient ainsi ma politique.

Le 5 mars, les républicains modérés de l'arrondissement d'Apt qui, au premier tour de scrutin, avaient voté pour M. Taxile Delord, obéissant à cette discipline sévère qui fait passer les questions de principes avant les questions d'hommes, et qui assurera le triomphe de nos idées, ont reporté leurs voix sur moi, et ont permis aux forces réunies du parti républicain de battre le candidat de la réaction.

Je tiens à remercier tous les électeurs qui m'ont honoré de leur suffrage, soit du premier tour — à Marseille comme dans l'arrondissement d'Apt — soit au second tour dans l'arrondissement d'Apt.

A ceux de Marseille je dirai que, rentré à la Chambre par le vote des électeurs vauclusiens, je n'en serai pas moins leur représentant. Aussi bien le but que je voulais atteindre en acceptant la candidature dans le premier collége de Marseille est atteint

Ce but, vous le savez, citoyens, n'était pas d'écarter M. Gambetta de la politique, mais de dédoubler les rôles et de faire de lui le chef d'une opposition gouvernementale, en donnant à d'autres la mission de fonder un groupe d'opposition extrême. Pour cela il n'était pas nécessaire que nous réussissions, il suffisait que nous nous affirmassions.

Nous nous sommes affirmés.

Aux électeurs d'Apt, qui ont voté pour moi le 20 février, je rappellerai qu'en donnant un député de plus à ce groupe propulseur si nécessaire à la Chambre en présence des résistances qui se préparent au Sénat, ils ont bien mérité de la République.

A ceux enfin qui se sont ralliés le 5 mars à ma candidature, je dirai qu'en se ralliant à moi en haine de la réaction, comme mes amis et moi nous nous serions ralliés à l'honorable M. Taxile Delord, s'il avait eu la majorité relative, ils ont fait un acte dont tous les amis de la République leur tiendront compte. Ils n'auront du reste pas à s'en repentir. Les dissidences qui existaient entre eux et moi étaient plus apparentes que réelles. Je saurai leur prouver par ma conduite que *politique de principes* ne signifie pas *politique d'aventure* et que, pour ne pas vouloir transiger sur les questions où les principes sont en jeu, je n'en reste pas moins un homme capable de comprendre les nécessités que les situations commandent et de s'y soumettre.

Merci donc à tous et

VIVE LA RÉPUBLIQUE !

Alfred Naquet,
Député d'Apt.

Journal du midi du 18 mars 1876

CORRESPONDANCE

Nous recevons de M. Alfred Naquet, député de Vaucluse, la lettre suivante :

Paris, 18 mars.

Monsieur le rédacteur du *Journal du Midi*,

J'adresse par le même courrier au *Républicain de Vaucluse* la réponse suivante à une lettre insérée dans ses colonnes. Je vous serais obligé si vous vouliez donner également place à cette réponse dans votre estimable journal.

« A Monsieur le Rédacteur en chef du *Républicain de Vaucluse*,

Monsieur le Rédacteur,

« Je lis dans le nº de votre journal du 17 mars une singulière lettre signée Jauffret, d'après laquelle j'aurais dit à des électeurs de Ménerbes qui me faisaient part de leur intention de protester contre les opérations électorales de leur commune :

« Mes amis, ne faites rien ; ce n'est pas la peine. Je suis maintenant nommé et toutes les protestations ne pourraient que me causer de l'embarras. »

« Est-il nécessaire que je m'élève contre une pareille allégation ? Jamais je n'ai prononcé cette phrase. Ce que j'ai dit, le voici :

« J'ai fait remarquer à nos amis de Ménerbes que, lorsqu'il s'agit d'une invalidation à demander, il ne faut pas négliger la plus petite protestation ; mais que quand il s'agit, l'élection n'étant pas en cause, de prouver seulement l'ingérence administrative, le mieux est de se borner aux faits les plus saillants, les plus décisifs sans se perdre dans les détails. J'ai ajouté que M. Gambetta faisait le dossier complet de l'élection d'Avignon, qu'à ce dossier il suffirait de joindre quelques pièces signalant des actes de pression et de fraude dans d'autres arrondissements du même département, afin de prouver la généralité du système, et que, en ce qui concerne l'arrondissement d'Apt, les fraudes de Roussillon me serviraient de *morceau choisi*.

« Effectivement j'ai prié le 11ᵐᵉ bureau qui a rapporté mon élection de mentionner dans le rapport la protestation des habitants de Roussillon, — ce qui a été fait — et j'ai ensuite remis cette protestation à M. Gambetta pour qu'il en fasse tel usage qu'il jugera utile.

« La lettre à laquelle je réponds insinue en outre qu'à l'Assemblée défunte, aucun député de Vaucluse n'a dénoncé les fraudes commises à Cavaillon. L'auteur de cette lettre oublie :

« 1º Que si, lors de l'élection de Ledru-Rollin, nous nous sommes abstenus, mes collègues et moi, de porter cette question à la tribune, malgré l'interpellation collective que nous avions déposée au cours de la période électorale, c'est après avoir été autorisés à garder le silence par une lettre explicite de M. Boussot parlant au nom de ses compatriotes, lettre provoquée par nos collègues républicains de l'Assemblée, auxquels Gent et moi nous avions refusé de céder sans une autorisation formelle des intéressés ;

« 2º Que dans les derniers jours de juillet ou les premiers jours d'août 1875, mon collègue Gent et moi nous avons demandé à interpeller le gouvernement sur les scandales électoraux de Vaucluse, et que l'importance extrême des questions agitées à la rentrée et l'imminence de la dissolution nous ont seule empêchés de développer cette interpellation en novembre 1875, époque que l'Assemblée avait fixée pour cette discussion ;

« 3º Qu'en ce qui me concerne, empêché de le faire à la Chambre par les formalités auxquelles le droit d'interpellation est soumis ; j'ai dénoncé les faits dont nos amis de Cavaillon ont à se plaindre dans un long article du *Rappel*.

« Il serait temps qu'on s'éclairât sur les faits avant de lancer des accusations entièrement erronées et qu'aucune apparence de vérité ne justifie.

« Recevez, Monsieur le Rédacteur, l'assurance de ma considération distinguée. »

Merci par anticipation, Monsieur le Rédacteur du *Journal du Midi*, de l'insertion que vous m'accorderez, je n'en doute pas, dans vos colonnes et veuillez croire à ma cordiale sympathie.

A. Naquet,
Député de Vaucluse (arrondissement d'Apt.

Le journal du midi du 28 août 1876

LETTRE DE M. ALFRED NAQUET

Nous recevons de M. Alfred Naquet, député de l'arrondissement d'Apt, le document qui suit :

LETTRE A MES COMMETTANTS

Albisbrunn (canton de Zurich) 22 août 1876.

Mes chers Concitoyens,

Tous les ans, depuis 1871, après la clôture des travaux législatifs, j'ai coutume, dans une lettre rendue publique, d'exposer à ceux dont je tiens mon mandat quels sont les principaux actes politiques auxquels je me suis associé, quels sont ceux que j'ai cru devoir combattre et quelles ont été les raisons qui m'ont déterminé.

Quelquefois ce devoir m'a été pénible à remplir, notamment lorsque, l'an dernier, obligé d'expliquer des votes contradictoires en apparence, parfaitement concordants en réalité, j'ai dû faire le procès à une politique suivie par des hommes qui m'étaient, qui me sont encore chers.

Cette année, la tâche est plus facile parce qu'une élection générale a eu lieu, que je tiens de mes électeurs un mandat nouveau, nettement défini, récent, et qu'il me suffit d'établir qu'il y a parfaite concordance entre mes engagements et mes actes.

Convaincu que le suffrage universel sera un mot vide de sens aussi longtemps que les électeurs délivreront un blanc-seing à leurs mandataires; que la république, le gouvernement du peuple par le peuple, exige que tous les citoyens s'occupent des affaires publiques, précisent leurs volontés dans des mandats définis et ne donnent leur suffrage qu'à ceux qui s'engagent à l'exécuter; qu'un député républicain n'a pas le droit — sauf les questions imprévues — de présenter ou de voter une proposition de loi que ses mandants ne l'auraient point autorisé à voter ou à présenter, j'ai, en décembre 1875, accepté le mandat que m'offraient quelques républicains dévoués de l'arrondissement d'Apt, en leur demandant d'y ajouter quelques points oubliés par eux.

Je savais à quoi je m'exposais en agissant ainsi; je savais que je courais le risque de n'être pas réélu. Mais je suis de ceux qui recherchent une fonction pour le triomphe de leurs idées et non pour la fonction elle-même, et qui préféreraient mille fois rentrer dans la vie privée plutôt que d'être députés par des compromis déshonorants.

Aussi ce que je comptais faire si j'étais élu, je le disais hautement, sans me préoccuper des dangers que pouvait courir mon élection. Je comptais sur l'intelligence et le patriotisme des républicains auxquels je demandais leurs suffrages : j'avais raison. Grâce à la fermeté des uns, à l'abnégation des autres — je veux parler de ceux qui, hostiles d'abord à ma candidature s'y sont ralliés au second tour par discipline républicaine, — je siége actuellement à la Chambre des députés.

Arrivé à l'Assemblée, je me suis souvenu du mandat que j'avais accepté et je me suis empressé d'en exécuter les clauses, sinon toutes — la législature dure 4 ans et tout ne peut pas être fait en un jour — du moins celles qui me paraissaient les plus urgentes.

J'avais promis de voter cette amnistie plénière que, secondé par quatre de mes collègues seulement, j'avais osé, au milieu des imprécations universelles, demander à la dernière Assemblée nationale.

J'ai signé la proposition que Victor Hugo a portée au Sénat et F. V. Raspail à la Chambre; et, après avoir été du nombre des 66 députés qui ont voté l'amnistie plénière, j'ai voté successivement tous les projets d'amnistie partielle, estimant que lorsqu'on a échoué en demandant le plus, il faut s'efforcer d'obtenir le moins, et que, ne pût-on arracher qu'un seul de nos compatriotes à la déportation, il faudrait encore le tenter.

J'avais promis de lutter en faveur de l'autonomie municipale.

J'ai signé et voté l'amendement de Madier de Montjau qui réclamait pour tous les Conseils municipaux, sans aucune exception, le droit d'élire leur maire; puis, d'après le même principe que pour l'amnistie, l'amendement Le Pomellec qui conférait ce droit à toutes les communes, sauf Paris; la remise en vigueur de la loi de 1871, et enfin, à défaut de mieux, la loi bâtarde que nous offraient le Gouvernement et la Commission. Cette loi en effet, rendant le droit de choisir leur maire à 33,000 communes, était, quelque imparfaite qu'on la trouvât, supérieure à la loi du 20 janvier 1874 qui enlevait ce droit à toutes les communes de France.

J'ajoute que, à propos de la loi des maires, j'ai voté l'amendement Hémon qui a été repoussé par le Sénat, et qui ordonnait des élections municipales par toute la France.

Un membre de notre groupe parlementaire, M. Talandier, avait même présenté un amendement identique en notre nom. Mais lorsqu'il a vu un républicain plus modéré, M. Hémon, le présenter de son côté et le défendre, il a retiré le sien, plus préoccupé qu'il était du succès de l'amendement que de la popularité à acquérir. C'est ce que nous ferions toujours si le parti modéré, qui nous accuse injustement de compromettre les causes que nous introduisons, voulait se charger d'aborder lui-même les réformes contenues dans le programme républicain.

J'avais promis de travailler à la libération de la pensée et de l'activité humaines en réclamant la liberté absolue de la presse et la liberté absolue de réunion et d'association.

J'ai effectivement présenté un projet tendant à l'abrogation de toutes les lois restrictives de la liberté de la presse et un second projet tendant à l'abrogation de toutes les lois qui restreignent la liberté de réunion et d'association.

Le premier de ces projets a été repoussé par l'Assemblée après une discussion dans laquelle j'ai défendu les droits imprescriptibles de la pensée et dans laquelle Madier de Montjau a traduit à la barre de l'opinion cette politique d'effacement et de faiblesse qui, sous prétexte d'opportunité, ajourne, éloigne toutes les solutions.

Mais s'il a été repoussé, il a abouti à un projet de M. Lisbonne qui a été pris en considération et qui propose la révision, dans un sens libéral, et la codification de toutes les lois sur la presse. Il y a donc eu un résultat.

Le second projet, celui relatif au droit de réunion et d'association, a été pris en considération par la commission d'initiative; il n'est point encore venu devant l'Assemblée; mais tout porte à croire que l'Assemblée suivra sa commission; elle amendera probablement ma proposition; mais elle améliorera certainement notre législation en ce qui concerne les réunions et les associations.

J'avais promis de m'occuper de la réforme de la magistrature.

C'est une grosse question que le groupe d'extrême gauche n'a pas eu le temps d'étudier dans le cours de la dernière session. En attendant qu'elle soit élucidée, j'ai présenté une proposition qui tendait à la substitution de la loi de 1848, sur le jury, à celle de 1872 qui est actuellement en vigueur.

La loi de 1848 est loin d'être parfaite; mais elle donne la prépondérance à l'élément électif dans la confection des listes annuelles et c'est beaucoup.

Cette proposition est venue devant la Chambre, et quoique vigoureusement défendue par son auteur et par Talandier, elle a été repoussée. Notons cependant qu'elle a réuni 176 suffrages.

J'avais promis de voter la séparation de l'Église et de l'État.

Je n'ai point eu encore l'occasion de tenir cet engagement; mais je l'aurai sous peu lorsque la Chambre aura à se prononcer sur l'amendement à la loi des finances qui lui a été proposé dans ce sens.

Enfin j'avais promis de demander le rétablissement du divorce et l'abrogation de la loi de 1816, qui l'a aboli pour satisfaire les passions cléricales alors dominantes.

J'ai déposé une proposition de loi tendant au rétablissement du divorce, proposition précédée d'un long exposé des motifs où j'ai essayé de dégager la question des obscurités dont, pour quelques bons esprits, elle était encore enveloppée.

La commission d'initiative, composée en majeure partie de partisans du divorce, a refusé cependant de prendre ma proposition en considération sous le prétexte qu'elle est inopportune.

Mais la Chambre n'est pas encore saisie et rien ne prouve que l'opportunisme ait gain de cause sur ce point.

Quoi qu'il en soit la question est posée; le public s'en préoccupera et si j'échoue aujourd'hui, en 1880, cet échec se transformera en succès.

Il restera beaucoup de propositions à faire ou à défendre. Ce sera l'œuvre de nos sessions à venir.

L'année dernière, en août, septembre et octobre, parcourant le midi, je dénonçais, en compagnie de M. Madier de Montjau, cette politique de concession sans fin ni trêve qui, si l'on n'y prenait garde, aboutirait à ceci : mettre le suffrage universel — c'est-à-dire son émanation, la chambre des députés — aux pieds du Sénat, c'est-à-dire du suffrage restreint. Et j'ajoutais qu'une politique de revendication et d'énergie ferait seule reculer nos adversaires.

D'excellents républicains regrettaient notre campagne qu'ils traitaient d'inopportune; ils nous croyaient pessimistes et dangereux.

Malheureusement — car nous aurions aimé nous tromper — les résultats sont venus nous donner raison sur toute la ligne.

Après le 20 février nos adversaires étaient consternés, nous pouvions tout si nous avions osé ! On a préféré faire preuve de *modération* en acceptant le ministère Ricard-Dufaure.

Conséquences : l'élection Buffet, le rejet de la loi sur la collation des grades, la suppression dans la loi municipale de l'article ordonnant des élections et qui était le meilleur de tous.

Aussi le pays se désabuse-t-il peu à peu et les récentes élections de Marseille et de Belleville prouvent-elles surabondamment qu'il vient aux hommes de principes et d'énergie.

La chambre, de son côté, renferme un grand nombre d'hommes sincères, dévoués qui se dégagent peu à peu de l'influence néfaste des chefs que l'ancienne Assemblée leur avait légués. Les votes des 66 sur l'amnistie, des 100 sur la liberté de la presse, des 176 sur la loi du jury et de la majorité sur la proposition qu'a faite Madier de Montjau d'abroger le décret sur la presse de 1852, prouvent que la chambre suit la même impulsion que le pays.

Ne la suivrait-elle pas, que la constitution de notre groupe d'extrême gauche aurait encore l'avantage de tenir déployé le drapeau démocratique et d'empêcher les criminels de Décembre de venir outrageusement prendre notre rôle et s'essayer à tromper une fois encore les populations en se disant les seuls démocrates, jusqu'au jour où ils pourraient de nouveau escamoter et étrangler la République.

Ce groupe d'extrême gauche, j'ai travaillé à la constitution, non seulement depuis la réunion de la chambre actuelle, mais même avant les élections générales, en m'efforçant d'en faire comprendre sa nécessité aux électeurs.

Voilà, mes chers Concitoyens, la ligne que j'ai suivie depuis que vous m'avez élu et que je continuerai de suivre jusqu'au jour où les élections générales me permettront de me représenter devant vous pour que vous jugiez souverainement ma conduite.

A. NAQUET.

L'Egalité du 23 7bre 1876

DISCOURS

DE

M. ALFRED NAQUET

—

Citoyens,

Je vous remercie de l'accueil sympathique que vous avez fait à mon collègue Madier de Montjau et à moi au moment où nous entrions dans la salle ; je vous remercie des applaudissements que vous m'accordez encore ; c'est la plus belle récompense que puisse ambitionner un député républicain. Je vous en remercie surtout, parce que, bien plus qu'à nos personnes c'est à notre politique qu'ils s'adressent; et c'est en cela qu'ils nous font du bien. Nous sentons que vous approuvez la politique d'énergie et de revendication, que vous réprouvez la politique d'abandon et d'inertie, et ce nous est un sûr garant que la République sera défendue comme elle veut, comme elle doit l'être. (Applaudissements prolongés.)

Citoyens, nous sommes réunis pour fêter l'anniversaire de la première République.

Lorsque je me reporte vers cette époque grandiose qui donna au monde la mesure du plus grand effort que puisse faire un peuple marchant à la conquête de la justice et de la liberté, je suis douloureusement ému ; je ressens une impression pénible et profonde qui vient se mêler à mon admiration et à mon enthousiasme.

Et savez-vous pourquoi j'éprouve ce sentiment ? C'est que je mesure l'immensité du chemin parcouru depuis par notre législation dans la voie rétrograde ; c'est que je mesure la distance non moins immense qui sépare les géants de cette période sublime des pygmées qui dirigent la politique actuelle. (Applaudissements.)

Oui ! ils sont loin des hommes de 1792 ; ils sont loin de ces lutteurs qui posaient et résolvaient tous les problèmes, ces hommes qui croient avoir fait assez pour leur pays et pour leur propre gloire, quand, avec une suffisance qui, si elle ne faisait pleurer, ferait rire, ils ont dit d'une réforme : « Elle n'est point opportune. »

Et cependant, citoyens, ces réformes qu'on repousse presque avec dédain, elles étaient opportunes en 1792. On trouvait alors opportun de décréter la liberté de la presse, l'autonomie des départements et des communes affranchies de la tutelle de l'Etat ;

La subordination du pouvoir militaire au pouvoir civil (vifs applaudissements) et du pouvoir exécutif au pouvoir législatif ;

Le divorce, le principe de l'indemnité à accorder aux innocents injustement accusés ;

Et mille autres choses encore qu'il serait trop long d'énumérer, mais qu'on peut résumer ainsi : Tout ce qui est noble, tout ce qui est grand, tout ce qui est beau (Applaudissements).

84 ans se sont écoulés depuis, et il paraît, au

dire de nos politiques modernes, que le but que la France poursuivait alors, elle ne le poursuit plus ; que ce qu'elle voulait, elle ne le veut plus.

Eh bien ! c'est là une accusation injuste lancée contre la France, cela n'est pas juste, cela n'est pas vrai ! (Applaudissements).

Le but que la France poursuivait en 1792, elle le poursuit encore, l'éclatante affirmation républicaine du 20 février 1876 m'en est un sûr garant

C'est le grand programme de nos pères, augmenté des additions qu'y ont apportées les situations nouvelles, qui est aussi notre programme à nous.

Ne croyez pas que depuis près d'un siècle, notre pays lutte uniquement pour ce résultat : remplacer Napoléon III par le maréchal de Mac-Mahon, en laissant subsister, malgré cette substitution, toutes les lois rétrogrades que trois Monarchies nous ont léguées.

Non ! *quelque immense qu'il puisse être* (rires dans la salle), ce n'est point uniquement pour en arriver là que nos pères ont supporté la prison, l'exil, la mort; hélas! que nos frères les supportent encore (applaudissements vifs et prolongés). La France veut la politique des résultats. Soit! Mais pas de ce résultat-là.

Si elle est venue à la République, c'est que, à ses yeux, ce mot République, renferme, résume, comprend l'énumération et l'affirmation de toutes les réformes dont elle poursuit la réalisation, de ces réformes que Gambetta affirmait en 1869 dans son programme de Belleville et que nous ramassons aujourd'hui.

C'est la puissance attractive de ces idées régénératrices qui ont peu à peu groupé, réuni les citoyens autour du drapeau républicain. C'est elles qui ont fait aimer, qui ont créé la République. Et maintenant elles la tueraient ? Allons donc ! Vous rabaissez, vous calomniez la France. (Applaudissements prolongés).

On nous dit encore :

« Prenez garde, ne venez pas tout embrouiller en mêlant toutes les questions. Abordez les problèmes un à un, résolvez d'abord celui qui vous occupe avant d'en soulever un nouveau.

Ah ! Elle ne procédait point ainsi, cette Révolution formidable ! Elle abordait et résolvait tout à la fois.

C'est qu'aussi le programme démocratique forme un ensemble dont toutes les parties se tiennent ; c'est qu'il est impossible de réaliser la plus petite réforme sans les réaliser toutes

Demandons, par exemple, l'instruction gratuite et obligatoire !

On nous répond qu'on n'a pas de fonds disponibles.

C'est vrai. Mais pourquoi n'avez-vous pas de fonds disponibles ? parce que vous ne voulez pas faire des réformes budgétaires indispensables; parce que vous ne voulez pas diminuer les gros traitements, supprimer le budget des cultes, remanier l'organisation intérieure de vos Ministères qu'une commission de la précédente Assemblée, — et elle ne péchait cependant pas par excès de radicalisme, — a déclaré vicieuse.

Mais on ne peut sérieusement songer à réduire le budget tant qu'on ne pourra pas réduire l'armée.

Soit; mais, à supposer qu'on ne puisse réduire l'armée aujourd'hui, pourquoi ne donnez-vous pas votre appui moral et financier aux nations qui luttent pour la République et qui en l'établissant chez elles, augmenteraient votre puissance extérieure sans vous rien coûter ?

Vous le voyez, tous les problèmes se tiennent ; on ne peut pas les résoudre isolément et quand vous proposez le système des solutions successives, MM. les opportunistes c'est que vous ne voulez rien résoudre du tout. Votre politique est, dites-vous, celle de l'opportunité et des résultats ?

Non ! c'est la politique de la stagnation et du trompe-l'œil ! (Applaudissements très-vifs et très-prolongés.)

C'est la politique de la stagnation ; je n'ai plus à le démontrer : les faits sont-là.

Mais c'est aussi la politique du trompe-l'œil. Quand on vous demande une loi, vous répondez par une phrase.

Marcou vous dit : « poursuivez les criminels de décembre » vous lui répondez : « non ! mais nous les flétrissons ! »

Vous les flétrissez? C'est bien ! Nous aussi, nous avons flétri l'Empire, publiquement, quand il était debout et qu'il y avait encore quelque mérite à cela; mais à cette heure il y a mieux à faire : il y a à supprimer tout ce qui nous reste de lui (Tonnerre d'applaudissements.)

Il y a à abroger toutes les lois oppressives et dictatoriales dont il nous a dotés, et que vous conservez soigneusement.

Citoyens, on se rabat sur une discussion savante et on oppose le Sénat aux ardeurs de l'extrême gauche. Le Sénat ? parlons-en !

Je respecte les lois de mon pays et aussi longtemps que la Constitution qui nous régit sera la loi de la France, aussi longtemps qu'on n'aura pas pu légalement la réviser, la transformer, je la respecterai. Elle a droit à mon respect, elle l'a ; mais elle n'a pas droit à mon amour, elle ne l'a pas ; eh bien : cette Constitution que je n'aime pas — c'est mon droit — je m'en inspire dans mes actes, et ceux qui joignent pour elle l'admiration au respect et qui la considèrent comme la meilleure Constitution d'Europe et d'Amérique, — les opportunistes — cela va vous étonnera peut-être — se mettent en opposition directe avec l'esprit qui l'a dictée.

Qu'ont voulu les auteurs de la Constitution ?

Oh ! nous le savons, ils ont voulu mettre des obstacles au progrès.

Mais ne recherchons pas leurs intentions, recherchons leurs affirmations, leurs discours.

Les auteurs de la Constitution ont pensé qu'avec une Assemblée unique, on courrait les chances de voir un courant d'opinion, conséquence d'un entraînement irréfléchi, aboutir à des réformes hâtives, que le pays ne voudrait pas véritablement et dont l'abrogation nécessaire deviendrait l'origine de troubles, d'agitations.

On comprend ce souci de la part d'une Assemblée qui était issue d'un courant de ce genre et dont presque toutes les lois — elle le pressentait — devront être abrogées tôt ou tard.

Les auteurs de la Constitution imaginèrent alors de créer deux Chambres : une Chambre des députés élue par le suffrage direct des électeurs, un Sénat issu d'un suffrage restreint et privilégié.

La Chambre des députés, dirent-ils, sera l'Assemblée initiatrice, celle qui devra saisir le pays de tous les projets d'amélioration politique et sociale, celle qui devra introduire les questions, poser les problèmes. Ce sera la Chambre de l'avenir.

Le Sénat sera l'Assemblée retardatrice, l'Assemblée chargée d'arrêter au passage les projets de réforme votés par les députés et de leur dire halte-là ! ce sera la Chambre du passé.

Mais quand la Chambre des députés aura voté une proposition de loi que le Sénat aura repoussée, le pays sera saisi ; la question sera posée ; elle sera sortie du cadre des journaux et du livre pour entrer dans celui de la discussion universelle. Vienne ensuite le renouvellement des Conseils municipaux, puis celui du Sénat, et le pays sachant ce qu'il fait, après une réflexion longue et sérieuse, avec maturité dira souverainement ce qu'il veut ou ce qu'il ne veut pas.

Voilà l'esprit de la Constitution.

Mais si la Chambre ne propose rien ; si elle n'introduit aucune question ; si ses hommes politiques n'osent pas présenter le plus petit projet, sans aller tendre l'oreille à la porte du Sénat pour savoir si, dans cette autre enceinte, on serait disposé à l'adopter, oh ! alors il serait plus simple de supprimer la Chambre et de n'avoir qu'un Sénat ; ce serait même beaucoup meilleur.

S'il n'y avait qu'un Sénat, il pourrait arriver aux gauches d'y remporter de temps en temps une victoire secondaire. Mais si aujourd'hui la gauche du Sénat présentait un projet de réformes, la droite lui répondrait à juste titre : « La Chambre des députés qui est la chambre initiatrice ne le fait pas. Pourquoi le ferions-nous ? »

Il s'agit donc de savoir si vous voulez faire la Chambre des députés grande et forte, en faire la véritable assemblée souveraine, comme elle doit l'être, puisqu'elle est l'émanation directe du pays, ou si vous voulez la supprimer et accorder la souveraineté à la Chambre du privilège : Au Sénat (Applaudissements).

Mais les opportunistes ont réponse à tout.

La Chambre des députés, disent-ils, peut-être dissoute par le Président de la République sur l'avis du Sénat. Gardez-vous donc d'irriter le Sénat ; vous seriez dissous.

Hier, à l'Assemblée nationale, nous nous faisions petits pour obtenir la dissolution. Aujourd'hui, faisons-nous petits pour n'être pas dissous.

Voyons, croyez-vous donc que si le président de la République et le Sénat veulent la dissolution, vous les arrêterez par vos concessions sans bornes ? Ne me dites pas cela. Vous pouvez être de pauvres politiques, mais vous n'êtes pas dénués de sens pratique à ce point, messieurs les pratiquistes.

Si l'on veut vous dissoudre on vous dissoudra et ce que des hommes politiques dignes de nous doivent faire, c'est de ne pas se préoccuper de cette question. C'est le meilleur moyen pour que la dissolution n'ait pas lieu, et pour que, si elle a lieu, elle ait lieu au moins dans les conditions les plus favorables.

Je dis que ne pas se préoccuper du Sénat, c'est le meilleur moyen de ne pas avoir à redouter ses colères.

Si après le 20 février la Chambre des députés, forte de la force que donne une élection récente, appuyée sur le pays, avait résolument déclaré qu'elle ne donnerait son appui qu'à un ministère républicain ; si elle avait voté sans hésitation l'amnistie et la loi municipale, le Sénat, dont la majorité était indécise aurait plié et avec lui le président de la République ; il n'aurait pas répondu aux avances de la Chambre par cette injure : l'élection Buffet. Le conflit aurait été évité.

Je dis que ne pas se préoccuper du Sénat, c'était rendre le conflit moins redoutable, rien ne pouvait l'empêcher. Supposons l'improbable : que devant l'attitude énergique des députés, le Sénat eût mis la main sur la garde de son épée, qu'il eût résisté, que, d'accord avec le président de la République, il eût dissous la Chambre... Après ?

Trois mois plus tard, il eût fallu convoquer les électeurs dans leurs comices à l'effet d'en élire une nouvelle.

Ces élections auraient-elles été plus scandaleusement officielles que celles du 20 février ? C'était impossible.

Et, comme la dissolution même aurait créé un courant d'opinion formidable, les nouvelles élections auraient été pour la majorité sénatoriale un coup de foudre. La Chambre des députés serait revenue — et plus républicaine qu'avant.

Qu'aurait fait alors le Sénat ?

Aurait-il dissous une seconde fois la Chambre ?

Non !

Ce Sénat ne l'aurait pas dissoute une deuxième fois, car il connaît comme vous l'histoire de juillet 1830, car il sait que lorsqu'on veut frapper à plusieurs reprises les représentants du Pays, c'est soi qu'on frappe, que lorsqu'on veut dissoudre plusieurs fois de suite les Assemblées qui représentent la France, la France vous dissout vous-mêmes. (Applaudissements vifs et prolongés).

Dans tous les cas, et quelle qu'eût été l'attitude du Sénat, la victoire restait à la Chambre des députés ; à la République. (Applaudissements.) Avec la politique que vous avez suivie, la situation est tout autre.

Si le Sénat veut vous dissoudre, si M. Buffet y a une majorité de dissolution, rien ne l'empêchera. Seulement il fera ce qu'a fait en 1848 le rêveur sanglant de décembre. Il attendra que par des concessions que le Pays réprouve, vous vous soyez déconsidérés Et alors, dans deux ans, à la veille du renouvellement sénatorial, il vous proposera tout-à-coup une loi, que vous mêmes, ne pourrez pas adopter.

Ce jour-là vous serez dissous, mais vous ne serez pas réélus.

Ce danger serait grand, serait immense.

Oh ! ce n'est pas d'aujourd'hui que je le prévois. Il y a un an, à pareille époque, j'ai parlé dans votre ville.

Alors comme aujourd'hui, je vous ai dépeint ce Sénat rétrograde, — qu'on disait devoir être la grande Assemblée des Communes françaises ;— cette Chambre opportuniste soumise à toutes les volontés de ce Sénat, et compromettant par ses concessions, l'avenir de la République.

J'aurais voulu me tromper. Hélas ! j'ai dit vrai.

Non seulement, par cet ajournement du programme démocratique, on abaisse la souveraineté de la nation ; mais encore on éloigne le pays de la forme de gouvernement que nous aimons.

Pendant que vous lui offrez, au pays, sous le nom de République, cette monarchie sans monarque, dans laquelle rien n'est changé de ce que vous combattiez hier, les sinistres rôdeurs de nuit qui rêvent la répétition de Décembre, travaillant dans l'ombre.

Ils disent à la partie encore ignorante de nos populations, que la République est un régime d'impuissants et d'eunuques ; que le césarisme seul peut leur donner ce qu'ils attendraient vainement d'un gouvernement parlementaire, et, si vous semblez leur donner raison, prenez garde que les populations ne les écoutent.

Oh ! si un fait pareil se réalisait, ce serait plus funeste encore que le coup d'Etat de 1851.

En 1851, la République est tombée saignante, mutilée, meurtrie ; mais entière. Elle est allée en exil la tête haute affirmer l'avenir, et l'avenir est venu.

Le jour, au contraire, où la République tomberait, par la faute des républicains, et devant la désaffection universelle ; ce jour-là, elle tomberait pour ne plus se relever ; et, avec elle, la France serait morte à jamais.

Mais laissons ce lugubre tableau.

Il y a une petite phalange d'hommes énergiques, de républicains convaincus, de patriotes illustres qui ont juré de défendre les principes, de reprendre la tradition de nos pères, de rester inébranlables autour du drapeau que d'autres cachent, qu'ils montrent eux, au grand jour

Elle grossira cette phalange qui prouve que tous les républicains n'ont point abandonné leur programme et oublié leur passé ; elle sauvera la démocratie française.

Je suis fier d'y appartenir.

Elle a rendu la confiance au peuple.

Elle a, le plus, produit des résultats parlementaires.

Je puis même dire que, dans le parlement, tous les résulats obtenus l'ont été par l'extrême gauche

En voulez-vous des exemples ?

Quelques grâces ont été accordées. Oh ! bien peu ! 3 ou 400. C'est un résultat si petit, si petit, qu'il faut une loupe, un microscope pour l'apercevoir. Mais enfin, c'est un résultat ; quand il nous est impossible d'arracher tous nos frères aux souffrances de la déportation et de l'exil, en arracher quelques-uns ne peut-être méprisé. Eh bien ! dites ! y aurait-il eu 400 grâces si l'amnistie n'avait pas été proposée ? (Applaudissements très vifs et très prolongés).

Et la loi municipale?

Cette loi n'est pas ce que nous voulions. Elle refuse le droit de choisir leurs magistrats municipaux à toutes les communes importantes, c'est-à-dire à celles qui — si l'on eut dû faire des exceptions, ce que nous n'admettons pas, — n'auraient pas dû être exceptées. Mais enfin elle restitue le droit à 33,000 communes, et c'est quelque chose.

Croyez-vous que le gouvernement de M. Dufaure aurait pris l'initiative de cette restitution, si l'extrême gauche, par l'organe de Benjamin Raspail d'abord, de Madier de Montjau ensuite, n'avait pris l'initiative de l'abrogation de la loi des maires?

Et la liberté de la presse ?

Nous l'avons demandée complète, comme aux Etats-Unis, comme en Suisse, comme en Angleterre, comme en Belgique. On a repoussé notre projet ; mais, comme en même temps il faut faire quelque chose ne fût-ce que pour ne pas se dépopulariser tout-à-fait ; comme on ne peut pas rester dans l'inaction absolue après avoir écarté par la question préalable tous les projets de l'extrême gauche, on a nommé une Commission chargée de réviser nos lois sur la presse dans un sens libéral.

Je ne veux pas vous fatiguer par cette énumération. J'affirme seulement que, derrière tous les résultats produits par la Chambre, il y a la main de l'extrême gauche et que, par suite, l'action de ce groupe parlementaire est aussi salutaire dans le parlement que dans le pays.

Aussi, nous qui avons activement travaillé à sa Constitution, et qui commençons à goûter les fruits de notre œuvre, nous venons devant vous affirmer et défendre une fois de plus sa politique

C'est celle des hommes de la République titanesque, dont nous célébrons aujourd'hui l'anniversaire.

Michel de Bourges disait souvent :

« La révolution s'est arrêtée au 9 thermidor, c'est là qu'il faut la reprendre. »

Oui, c'est là qu'il faut la reprendre avec le courage, avec le dévoûment de nos pères.

Regardons le but ; mettons de côté les ambitions mesquines et les vanités personnelles ; ne pensons qu'à la France qu'il faut relever, au peuple dont il faut améliorer la situation au cléricalisme et au militarisme qu'il faut écraser ; mettons notre vie entière au service de la République et la victoire est assurée.

(En descendant de la tribune l'orateur est salué par une triple salve d'applaudissements, et reçoit les félicitations d'un grand nombre de convives qui se lèvent et viennent lui serrer la main).

On devine l'impression qu'a produite cette causerie à la fois fine, éloquente et substantielle. M. Alfred Naquet a obtenu là un beau succès, un succès mérité.

Journal du midi du 23 9bre 1876

Banquet du 21 7bre à Avignon

LETTRE D'ALFRED NAQUET

Parlant de la cause à laquelle il s'est dévoué, M. Naquet s'exprime ainsi :

« Cette cause, j'ai eu déjà l'occasion de le dire, ce n'est point seulement celle de la République formaliste, qui laisserait subsister toutes les injustices que couvrait la monarchie.

« C'est celle de la République réformatrice, progressive, de la République qui, après nous avoir donné toutes les libertés dans l'ordre politique, après avoir, dans l'ordre religieux, écrasé le cléricalisme, cet élément de mort pour tous les peuples qui en sont infestés, nous donnera les réformes économiques seules capables de permettre l'accession de tous à la propriété, de relever les classes productives encore courbées sous le joug d'un labeur dont elles ne recueillent qu'imparfaitement le fruit, et de fondre ainsi toute la nation en un tout harmonieux et fécond.

« Pour arriver à ce grand résultat, il ne suffit pas d'organiser une monarchie sans monarque et de se déclarer satisfait parce qu'on a donné à cette forme bâtarde de gouvernement le nom de République.

« Il faut tenir haut et ferme le drapeau démocratique et montrer que, si les néo-républicains qui gouvernent se contentent de ce que nous avons, nous sommes loin de nous en contenter nous-mêmes.

« A nos yeux la République n'est pas le but, c'est le moyen ; ce n'est pas le produit, c'est l'outil, et la République actuelle n'est même pas satisfaisante comme outil.

« Ne cessons donc pas de demander par toutes les voies légales ce que nos frères demandaient déjà en 1792 et ce que les martyrs de l'idée républicaine n'ont jamais cessé de revendiquer depuis.

« Les auteurs de la Constitution imaginèrent alors de créer deux Chambres : une Chambre des députés élus par le suffrage direct des électeurs, un Sénat issu d'un suffrage restreint et privilégié.

« La Chambre des députés, diront-ils, sera l'Assemblée initiatrice, celle qui devra saisir le pays de tous les projets d'amélioration politique et sociale, celle qui devra introduire les questions, poser les problèmes. Ce sera la Chambre de l'avenir.

« Je sais qu'il existe une école politique, dont je ne veux pas discuter la bonne foi, mais dont je condamne les doctrines, une école qui nous dit : « Attendez, ne demandez rien qui ne soit mûr, qui ne puisse être obtenu. Les réformes ne sont point encore opportunes ; le Sénat les repousserait. Gardons-nous des affirmations inutiles qui nous perdraient. »

« Je respecte toutes les convictions ; mais j'estime que cette école se trompe et qu'elle tourne le dos aux traditions de tous les peuples libres.

« Les réformes ne mûrissent qu'à la condition qu'on les fasse mûrir, et le soleil qui les amène à maturité, c'est cette agitation bienfaisante qui depuis la plus petite réunion de village jusqu'à la tribune nationale, remue les idées, pénètre les masses et rend nécessaires demain ce qui, hier encore, apparaissait comme une utopie.

« On nous dit que les lois votées par la Chambre seront repoussées par le Sénat ; qu'importe !

« La Constitution, en établissant deux Chambres, a reservé à l'une le rôle d'initiatrice et à l'autre le rôle de modératrice.

« Elle a voulu que l'une introduisît les projets de réforme et que l'autre les arrêtât pendant un certain temps pour empêcher qu'elle ne devienne la loi avant d'avoir été suffisamment étudiée, avant d'être voulu avec réflexion.

« Je ne discute pas le système, auquel je trouve plus d'inconvénients que d'avantages ; je constate seulement que c'est celui sous lequel nous vivons et que, renoncer au rôle initiateur de la Chambre des députés, c'est méconnaître l'esprit de notre législation constitutionnelle, c'est enrayer le rouage qui nous permet d'avancer en laissant subsister le frein qui nous arrête, c'est supprimer le progrès.

« Voilà pourquoi je veux que la Chambre vote toutes les lois que les électeurs ont implicitement adoptées en donnant à des républicains leurs suffrages, et cela, sans s'inquiéter de ce qui pourra se passer dans une autre enceinte.

L'égalité des 25-26 8bre 1876

Discours de M. Naquet

Hier soir, le cercle Bellevue a reçu la visite de M. Alfred Naquet. Le *Petit Marseillais* qui n'a pu, cette fois, trouver de reporter complaisant parmi les républicains, motive le silence qu'il garde sur cette réunion par le peu d'intérêt qu'elle avait. On en jugera par la lecture du nouveau discours prononcé par le député de Vaucluse, après quelques paroles de bienvenue de M. Chazal, président du cercle.

Citoyens,

Ce n'est pas, ainsi que vient de le dire votre honorable président, notre ami Chazal, la première fois que je me trouve parmi vous. A plusieurs reprises, je suis venu au cercle de Bellevue, et toujours j'y ai rencontré cette cordialité qui me permet de vous considérer comme des amis, comme des frères.

A ce seul titre, j'aurais désiré passer quelques heures avec vous ; mais aujourd'hui je le désirais pour un autre motif encore.

Depuis un an un fait considérable s'est produit : il s'est constitué, en dehors de l'union républicaine, un groupe nouveau d'extrême gauche, et je puis dire que j'ai été, avec Madier de Montjau, l'un des députés qui ont le plus contribué à sa formation.

C'est l'année dernière, pendant ce qu'on a appelé ma campagne intransigeante du Midi, que, dans cette ville même, j'ai commencé de développer les avantages d'un groupe propulseur. J'ai été combattu et la lutte de doctrine a abouti à une lutte électorale.

C'est pourquoi je devais à mes bons amis de ce cercle, parmi lesquels je trouve à la fois des partisans et des adversaires de la politique intransigeante, quelques explications.

Je viens de prononcer l'épithète *intransigeante*. Je tiens à m'arrêter un instant sur ce mot et au risque de répéter ce que j'ai déjà dit bien souvent, à vous dire que j'en répudie le sens absolu, et que je ne l'accepte que comme une de ces expressions qui perdent leur signification première et servent d'étiquette à des idées qui ne répondent nullement à leur acception grammaticale.

Il ne saurait, en effet, y avoir des intransigeants en politique, à moins qu'on ne vive sous la monarchie.

Sous la monarchie, le monarque est intransigeant par la raison que sa volonté est la loi suprême, et que nul n'a le droit de la discuter et de la contredire sans sortir de la communion monarchique.

Sous la monarchie, les républicains aussi sont intransigeants, parce qu'un pouvoir héréditaire étant la négation du droit, quelque concession que ce pouvoir puisse leur faire, il leur est interdit de composer avec lui.

Mais sous la République la transaction est partout. Il est impossible que tous aient des idées identiques sur tous les points ; il y a nécessairement des divergences, et, dès lors le Gouvernement n'est possible qu'à la condition qu'on ne fasse de concessions réciproques. D'où la nécessité de transiger.

Nous ne sommes donc pas des intransigeants, bien que nous repoussions les transactions qui nous paraissent mauvaises, qui nous entraînent à la violation de nos principes. Nous sommes des républicains progressistes et démocrates.

Cela dit, et le mot ayant été défini, je consens volontiers — puisque ma pensée ne peut plus être douteuse — à ce qu'on m'appelle intransigeant, par opposition à ceux qu'on appelle *opportunistes* auxquels, disons-le en passant, on donne ainsi une qualification tout aussi peu exacte que la précédente.

Eh bien ! à cette heure, deux politiques se disputent la direction du parti républicain : la politique opportuniste et la politique intransigeante.

Lorsque cette scission s'est produite parmi nous, beaucoup de nos amis — et des meilleurs en ont été effrayés. — Ils ont craint de voir se briser le faisceau des forces républicaines ; ils ont craint la division.

Cette crainte était honnête mais elle n'était pas fondée.

Certes, la division est funeste, lorsque les différents groupes d'un parti ont plus de haine l'un pour l'autre que pour le parti adverse, ou lorsque les divers partis, dans une nation, se haïssent plus entre eux qu'ils ne haïssent l'étranger.

Il a existé une nation, là-haut, au nord de l'Europe, où la division en était venue jusque-là : la Pologne ; et cette nation a péri.

Le parti Républicain périrait de même s'il commettait la même faute.

Ah ! si, dans une élection, au second tour de scrutin, alors que la majorité des suffrages n'est plus nécessaire au candidat pour être élu, si, dis-je, les modérés ayant la minorité disaient : « Plutôt les Bonapartistes que les Radicaux ; nous ne voulons pas reporter nos voix sur nos compétiteurs victorieux », ou si les radicaux battus faisaient à l'endroit des modérés un raisonnement analogue, oh ! alors, la division serait mortelle ; la République ne s'en relèverait pas.

Telle n'est pas la situation de notre parti. Je n'en veux pour preuve que ma présence même dans ce Cercle où tant d'intransigeantes et tant d'opportunistes siègent à côté les uns des autres. Sans doute nous voyons différemment les choses ; sans doute il y en a parmi nous qui veulent avancer, d'autres qui veulent stationner ; mais tous sont d'accord sur un point : ne pas rétrograder, conserver le terrain conquis.

Et c'est pourquoi dans les luttes électorales, il est toujours facile de rallier, au second tour de scrutin, toutes les fractions républicaines dans un effort commun.

En février 1876, à propos de l'élection de la première circonscription de Marseille, les Républicains se sont divisés, les uns défendant ma candidature, les autres soutenant celle de M. Léon Gambetta.

M. Gambetta a réuni la majorité absolue des suffrages.

Mais supposons que les suffrages se fussent autrement répartis, que le nombre des intransigeants eût été plus considérable, qu'il y eût eu ballottage. Si le ballottage eut été en ma faveur, M. Gambetta n'aurait pas manqué de dire à ses électeurs :

« M. Naquet veut, selon moi, marcher trop vite; mais comme j'aime encore mieux marcher trop vite que de perdre ce qui est acquis, reportez sur lui vos suffrages pour battre l'ennemi commun : le bonapartiste, le clérical. »

De mon côté, si le ballottage eût été en faveur de M. Gambetta, je me serais retiré, préférant de beaucoup rester en place plutôt que de revenir vers un passé dont le retour serait la fin de la France.

Dans l'un et l'autre cas, la discipline eût été observée, l'union se fut produite ; mais au lieu d'une union irréfléchie et imposée, c'eût été une union libre, raisonnée, voulue. Au lieu de la discipline passive, c'eut été la discipline active, seule capable de produire des efforts puissants.

La division, citoyens, est d'ailleurs nécessaire à tout parti qui vit, qui évolue. Les partis seuls qui meurent ne se divisent pas. C'est le cas du parti légitimiste.

Mais dans un parti d'avenir comment ne se diviserait-on pas ? Qui dit progrès, dit idées nouvelles.

Or, les idées nouvelles ne peuvent pas naître à la même heure, à la même minute, dans tous les esprits. Elles germent d'abord dans un cerveau ; l'homme qui les a conçues les communique à ses semblables, les fait partager à quelques-uns et constitue un groupe. Ce groupe ira en grossissant pour devenir majorité, ou en s'effaçant pour disparaître, suivant qu'il reposera sur la vérité ou sur l'erreur ; mais dès qu'il se sera formé, il y aura division entre les sectateurs et les ennemis de la nouvelle doctrine.

Ah ! s'il suffisait d'avoir la République pour n'avoir plus à lutter ! Si c'était là le terme des aspirations humanitaires !

Mais la République en elle-même n'est qu'une négation, la négation de la monarchie. Tout gouvernement dans lequel il n'y a aucun pouvoir héréditaire est une République ; malheureusement l'humanité ne vit pas sur des négations. Il y a eu des républiques aristocratiques : Venise ; il y a des républiques cléricales : celle de l'Equateur, par exemple, où il faut être catholique pour être électeur.

Une telle politique ne m'irait guère et ne vous irait pas non plus.

Convenez donc alors avec moi qu'il ne suffit pas d'avoir la République ; mais que cette république doit être encore démocratique, libérale, progressive; progressive, c'est-à-dire en voie de perfectionnement indéfini.

Et convenez encore que si vous voulez la République progressive, vous voulez par cela même la division, le mouvement du parti républicain, puisque je vous l'ai démontré, la division est la condition nécessaire de tout progrès.

J'ajoute avec Madier-Montjau, que si l'unité absolue de conception est naturelle à la monarchie, le roi ou l'empereur ne pouvant admettre de volonté contraire à la sienne, elle est antipathique à la République qui procède du libre examen et qui doit être conséquent avec son principe.

L'unité, d'ailleurs, n'exclut pas la diversité. On peut, sans doute, obtenir l'union en faisant passer toutes les intelligences dans une espèce de lit de Procuste; mais on peut aussi avoir une unité formée de groupes disparates réunis par une conception commune.

Nous trouvons dans l'ordre religieux et dans l'ordre politique des modèles de ces deux espèces d'unité.

Le catholicisme procède de l'autorité. En haut, le pape infaillible ; en bas des fidèles qui obéissent et ne doivent pas raisonner. C'est une unité factice, une unité qui tue ; le catholicisme se meurt.

Le protestantisme procède du libre examen. Chacun peut interpréter à sa guise les Ecritures ; chacun peut fonder une secte — et vous savez si c'est là une liberté dont on use — mais toutes ces sectes reliées par un principe commun forment l'unité protestante, unité vivante et féconde. La décroissance du protestantisme n'a point encore commencé, malgré ce que ses dogmes peuvent avoir de contraire à la raison humaine, et c'est à la diversité de ses sectes qu'il le doit.

La centralisation, comme le catholicisme, repose sur le principe d'autorité. Un gouvernement siégeant dans une capitale, régit tout un pays jusqu'à la dernière bourgade, jusque dans les derniers détails. Les pays où la centralisation est absolue, comme en France, sont des pays menacés dans leur vitalité.

Les pays décentralisés donnent aux régions, aux départements, aux communes le droit de s'administrer comme ils l'entendent. Ici l'on va plus vite, là plus lentement ; mais l'exemple des uns profite aux autres et toutes les communes, tous les départements, toutes les régions, reliés par des intérêts et des principes communs, forment un tout puissant et harmonique.

E pluribus unum (de plusieurs un seul). C'est la devise des Etats-Unis.

Cette unité réelle, cette harmonie née de la diversité, nous la voulons pour notre parti, comme nous la voudrions pour notre pays et comme nous la voudrions aussi pour notre religion si nous en avions une.

Nous voulons que chaque républicain conserve le droit de penser et d'agir par lui-même pourvu qu'il se meuve dans le cadre de la communion républicaine, pourvu qu'il n'aille pas à la monarchie.

Cessez donc, citoyens, de craindre la division qui existe entre les intransigeants et les opportunistes. Loin d'être à redouter, cette division est de celles qui grandissent, qui fortifient, qui sauvent les partis.

Mais en quoi la politique opportuniste se distingue-t-elle de la politique intransigeante ? (Ici l'orateur développe comme il l'avait fait déjà, dans son discours du 21 septembre, comme il entend le rôle de la Chambre et celui du Sénat). Il démontre qu'une politique énergique, loin de faire naître les conflits entre ces deux Assemblées les rendrait plus difficiles et que, si même elle ne réussissait point à les éviter, elle aurait encore l'avantage de les rendre moins redoutables; une Assemblée populaire revient toujours lorsqu'elle est dissoute, tandis qu'une Assemblée dépopularisée tombe pour ne plus se relever et peut entraîner, dans sa chute, la République avec elle.

L'orateur appuie son raisonnement de l'exemple de 1851 : le prince Louis Bonaparte a attendu pour tenter son coup d'Etat, que l'Assemblée législative fût devenue odieuse au pays; il ne s'est point heurté contre elle dans les premiers jours de son existence, il se serait brisé.

Passant ensuite à un autre ordre d'idées, il démontre que les partis modérés ont intérêt eux aussi à l'existence des groupes radicaux.

Les groupes radicaux, dit-il, sont indispensables à la bonne marche des affaires, les modérés en ont besoin pour arriver et se maintenir au pouvoir, sans eux ils n'y arriveraient jamais ou n'y arriveraient qu'à la condition d'abandonner leurs principes et de n'y rien faire.

Grâce à eux ils sont pâlis par le contraste, et par cela même acceptés de la majorité du pays : ils deviennent possibles. C'est ainsi que les hommes de l'ancienne Union républicaine sont aujourd'hui considérés comme des hommes de gouvernement parce qu'ils ont été dépassés, parce que les hommes de l'extrême gauche leur servent de bouclier contre les attaques des partis rétrogrades.

Demain d'autres hommes feront à l'égard de l'extrême gauche actuelle, ce que celle-ci fait aujourd'hui à l'égard de M. Gambetta et de ses amis, jusqu'à ce qu'à son tour cette nouvelle extrême gauche soit refoulée vers les centres par une gauche plus jeune et plus extrême encore. Et cela indéfiniment, car le progrès est éternel, car les couches politiques se succèdent, se poussent et se remplacent comme les vagues de l'Océan.

A moins cependant que la nation ne s'arrête dans sa marche progressive. Mais alors la rétrogadation est inévitable. Un pays n'est jamais stationnaire, quand il n'avance pas, il recule. Et chose remarquable, la réaction suit la même loi que l'action. Elle abat d'abord les têtes les plus avancées du parti, puis celles qui le sont moins, jusqu'à ce qu'enfin s'étant débarrassée de ses ennemis un à un, elle reste maîtresse du terrain.

L'histoire de notre première Révolution et celle de la Révolution de 1848 nous fournissent des exemples frappants de ce mécanisme du mouvement progressiste et du mouvement rétrograde.

Aussi longtemps que la Révolution a été en croissance, les partis avancés se sont vus dépasser par d'autres partis plus avancés qu'eux. Les Feuillants ont fait place aux Girondins, les Girondins aux Montagnards, et les Montagnards eux-mêmes ont été convertis et protégés par l'existence de leurs adversaires : les Hébertistes. Mais le jour où les Hébertistes ont été sacrifiés, les Montagnards devenus tête de ligne n'ont pas tardé à succomber sous les coups des Thermidoriens qui, à leur tour, ont été refoulés par les groupes rétrogrades des Assemblées du Directoire, jusqu'au jour où, de chute en chute, on en est arrivé à Napoléon Ier.

En 1848, même méthode. Barbès contribue à battre Blanqui; Ledru-Rollin prête la main à l'écrasement de Barbès et de Raspail, puis Cavaignac se substitue à Ledru-Rollin lui-même, mitraille les faubourgs, déporte en masse les défenseurs des barricades, brise en un mot l'armée révolutionnaire, après quoi les monarchistes débarrassés de toute crainte, le mettent de côté et acclament Louis-Napoléon Bonaparte.

Les choses se passeraient de même aujourd'hui si l'extrême-gauche venait à disparaître. Au moment même où M. Gambetta et ses amis (et je vous demande pardon de citer des noms propres, mais la politique est faite par des hommes et l'on est bien obligé de citer des noms pour concréter, pour matérialiser les idées, au moment même, dis-je, où M. Gambetta et ses amis se croiraient débarrassés d'un danger et se disposeraient à respirer librement, ils s'apercevraient bien vite que les éléments modérés du pays se sont retirés d'eux.

En combattant les hommes qui étaient placés à leur aile gauche dans l'armée parlementaire, ils auraient joué seulement le jeu de M. Thiers.

Celui-ci pris à son tour d'un égarement semblable jouerait de même le jeu des orléanistes ou des bonapartistes, et la République ne tarderait pas à succomber. Malheureusement les modérés n'ont rien appris et rien oublié, les bévues de 1793, de 1849 ne leur ont pas dessillé les yeux, et à cette heure ils combattent les Louis Blanc, les Madier de Montjau, les Naquet comme ils combattaient, en 1848, Blanqui, Barbès, Raspail, Ledru-Rollin, sans s'apercevoir que le succès de leur politique nous conduisait aux abîmes.

Je dis qu'ils combattaient les Louis Blanc, les Madier de Montjau, les Naquet, je me trompe, ils pratiquent toujours le même système : ils me combattent aujourd'hui moi seul en feignant de prodiguer à Madier de Montjau leurs applaudissements et leurs caresses. Ils l'acclament avec l'intention bien arrêtée de le sacrifier à son tour, en se couvrant du nom de Louis Blanc alors que je ne serais plus là, sauf à abattre Louis Blanc ensuite, quand il n'aura plus personne en avant de lui. Mais si les modérés — les opportunistes suivant l'expression actuelle — n'ont rien appris et rien oublié, en revanche, les intransigeants ont appris quelque chose.

D'accord sur toutes les questions de principes, ils ne se laisseront pas entamer, ils ne se laisseront pas détourner de leur œuvre féconde par de mesquines rivalités personnelles.

La tactique employée par les opportunistes est inventée et Madier de Montjau leur a montré dans une occasion récente que nous n'avions plus à la craindre.

En dépit de toutes les calomnies, de toutes les attaques, l'extrême gauche continuera donc de remplir sa tâche, de préparer l'avenir, de sauver la République.

Ce discours a été souvent interrompu par de vifs applaudissements. Notamment lorsque l'orateur a démontré que le Sénat aurait reculé si la Chambre s'était montrer ferme et lorsqu'il a affirmé que les conflits ne sont pas à craindre quand une assemblée reste en communion d'idées avec le pays.

A la fin, l'orateur a été vivement acclamé et tous les assistants se sont précipités vers lui pour le féliciter et lui serrer la main.

L'égalité des 9-10 8bre 1876

DISCOURS DE M. NAQUET

Voici le texte du discours prononcé à Apt, dans une réunion publique, par M. Alfred Naquet, député de cet arrondissement.

Citoyens,

Ma première parole, en me retrouvant parmi vous pour la première fois après les élections de 1876, doit être une parole de remerciement ; de remerciement pour ceux qui m'ont honoré au premier tour de scrutin dans leurs suffrages, de remerciement pour ceux aussi qui faisant passer l'intérêt de la République au-dessus de leurs préférences personnelles, se sont ralliés au second tour. Je déclare bien haut que je ne garde à ces derniers aucune rancune de la scission première et que je me considère comme leur représentant tout comme je me considère comme le représentant de ceux qui m'ont choisi dès le premier jour.

Quant à ceux-ci, quant à mes amis du premier degré qui dès le début m'ont soutenu contre vents et marées, c'est-à-dire contre les attaques et les calomnies qu'on ne cessait de répandre et que, m'affirme-t-on, les mêmes hommes qui les répandaient alors répandent encore à cette heure contre moi, je les remercie, non-seulement, en mon nom personnel, de la haute marque d'estime et de sympathie qu'ils m'ont donnée; non seulement, au nom de nos principes communs de l'affirmation de la politique radicale qu'ils ont faite en ma personne; mais surtout, au nom de la République, d'avoir fait acte de vrais républicains en pensant et en agissant par eux-mêmes au lieu de suivre aveuglément l'impulsion de quelques meneurs qui voudraient bien imposer leur volonté au pays et diriger l'opinion publique (Vifs applaudissements).

Croyez-le bien citoyens, ce que l'on combattait le plus en moi à cette époque, c'était moins encore le radical — on en aurait accepté un au besoin pourvu que ce ne fût pas moi — que l'homme populaire, qui, enfant du département, rapproché de vous par son tempérament et par son amour ardent du peuple, n'hésite pas quelle que puisse être sa fatigue, à venir chaque année parmi vous, à parcourir vos villes et vos villages, à se rendre compte de vos aspirations, et surtout à mettre toujours et partout son influence et sa parole à votre service pour vous affranchir de la tutelle des classes dirigeantes.

Un radical choisi à Paris ou ailleurs et patronné par les classes dirigeantes, c'était encore la direction de l'opinion laissée à ces classes, sauf à elles à faire la part du feu.

Moi élu, c'était le peuple se passant désormais de directeurs et faisant ses affaires lui-même ; c'était la démocratie véritable qui fonctionnait.

Et voilà pourquoi on me combattait et on me combattra encore ; mais voilà aussi pourquoi vous m'avez élu et pourquoi vous me réélirez dans 4 ans. Le peuple sait reconnaître ceux qui sont à lui ; et quand il les a reconnus, il sait les défendre. (Applaudissements prolongés).

Citoyens, nous ne sommes pas de ceux qui repoussent les conseils de la prudence : nous ne sommes pas des hommes d'aventure, comme on l'a dit quelquefois, mais, sous prétexte de prudence, nous ne voulons point nous lancer dans une politique d'effacement et d'abandon qui serait la mort de notre parti.

Cette politique a fait son temps ; et elle est jugée à ses fruits.

A cette heure on peut dire, quoiqu'elle s'intitule politique des résultats, qu'elle ne produit rien et que tous les résultats acquis le sont grâce à l'initiative de l'extrême gauche.

Ici l'orateur démontre que si l'on a obtenu 5 à 600 grâces, c'est parce qu'on a réclamé l'amnistie ;

Que si l'on a obtenu pour 33,000 communes le droit d'élire leur maire, c'est qu'on l'a réclamé pour toutes ; — si on ne l'eût réclamé que pour 33,000, on ne l'aurait obtenu pour aucune : le gouvernement se serait simplement engagé à choisir les maires dans le sein des Conseils municipaux ;

Que si, sur la proposition de M. Lisbonne, une Commission a été nommée pour réviser dans un sens libéral notre législation sur la presse, c'est que, par son on organe à lui, l'extrême gauche avait demandé la liberté de la presse ;

Que si, sur sa proposition de liberté absolue de réunion et d'association, prise en considération par la 8me Commission d'initiative, on arrive, comme cela est probable, à une législation relativement libérale, c'est grâce à ce qu'il a demandé beaucoup : si l'extrême gauche n'avait rien demandé, personne n'aurait rien offert.

L'orateur continue :

L'initiative de l'extrême gauche est donc à la base de tous les résultats obtenus. Elle y est parce qu'elle force les modérés à faire quelque chose et parce qu'en même temps elle le leur permet

Tout gouvernement, pour pouvoir évoluer doit être doublé d'une gauche et d'une droite. Otez la droite, il est entraîné en avant et tombe dans les mains d'un parti plus avancé, dont lui-même constitue alors la droite ; ôtez la gauche il tombe par le même mécanisme devant la coalition des droites.

Il faut que le gouvernement puisse répondre à la gauche, si elle lui demande plus qu'il ne veut faire : « Je ne puis pas, la droite me retient. » Mais il faut qu'il puisse répondre à la droite si elle veut l'empêcher de marcher : « Je ne puis pas m'arrêter, la gauche me pousse. »

En d'autres termes le gouvernement appartient toujours et forcément aux centres.

Si donc vous voulez voir arriver au pouvoir les hommes que vous aimez poussez-les au centre, et pour cela doublez-les d'un parti plus avancé qu'eux, d'un parti qui soit leur bouclier, qui, le premier en ligne, reçoive tous les coups de la réaction ; sans cela ils n'y arriveront jamais.

L'existence des groupes extrêmes assure le gouvernement d'aujourd'hui et prépare le gouvernement de demain.

Elle assure le gouvernement d'aujourd'hui — et tenez, en voulez une preuve ?

Grâce à l'administration intelligente qui s'est substituée dans notre département à l'administration de combat, nous pouvons nous réunir librement ce soir pour discuter les plus h[illegible]utes questions de la politique.

Croyez-vous que nous joui[illegible]ions de cette liberté s'il n'y avait [illegible] pas d'extrême gauche ? Croyez-vous que [illegible], avec les meilleures intentions du m[illegible]onde, M. de Marcère non doublé à gau[illegible]e, constituait l'extrême gauche lui-même, il pourrait nous accorder cette liberté ? pas plus que ne le pouvait M. Thiers.

Elle prépare le gouvernement de demain en créant une nouvelle couche d'hommes politiques, qui remplacera celle à qui le pouvoir est actuellement dévolu, lorsque, le progrès continuant son œuvre, elle sera dépassée à son tour par une extrême gauche de demain plus avancée que l'extrême gauche d'aujourd'hui. (Applaudissements.)

Ajoutons qu'à l'heure actuelle, les hommes de notre groupe empêchent la Chambre des députés de sortir complètement de son rôle en s'effaçant, en disparaissant pour ainsi dire devant le Sénat.

Ce qui caractérise la politique des partis modérés, des opportunistes c'est d'ajourner tous les projets de réforme sous le prétexte qu'avant de rien demander, il faut être assuré que le Sénat est prêt à accorder ce qu'on lui demande, c'est d'accepter le moins avant d'avoir réclamé le plus, c'est d'oublier le programme démocratique.

Ce qui caractérise la politique radicale c'est de conserver le programme traditionnel de notre parti, c'est de ne jamais accepter le moins qu'après avoir fait tous les efforts possibles en vue d'obtenir le plus, c'est de ne jamais renvoyer à demain ce qui peut être tenté aujourd'hui et c'est d'agir à la Chambre sans se préoccuper de ce qui se passe dans une autre enceinte, sans écouter d'abord aux portes du Sénat pour savoir s'il veut bien permettre aux élus du suffrage universel de marcher.

En agissant ainsi, citoyens, l'extrême gauche est à la fois dans la logique démocratique et dans l'esprit de la constitution.

Cette constitution du 20 février qui institue un Sénat issu d'un suffrage privilégié et une présidence septennale ; cette constitution qui donne aux deux pouvoirs qui ne procèdent pas de l'élection directe le droit de briser celui qui émane directement du suffrage universel ; cette constitution aussi monarchique que peut l'être une constitution républicaine, je la respecte puisqu'elle est la loi de mon pays et que, sous la république, tous les citoyens doivent respecter la loi en attendant qu'ils puissent la modifier légalement ; mais si je lui dois et si je lui accorde mon respect, je ne lui dois ni ne lui accorde mon amour : je ne l'aime pas.

Les modérés, au contraire, lui prodiguent à chaque heure le témoignage de leur amour en même temps que de leur respect.

Eh bien ! cela peut paraître étrange, c'est nous radicaux, nous intransigeants qui la respectons sans l'aimer, c'est nous qui obéissons à l'esprit qui l'a dictée, et ce sont les modérés qui la méconnaissent.

Qu'a voulu le législateur en instituant deux Chambres ? Pourquoi pas une seule Chambre — Chambre des députés ou Sénat ?

Le législateur a craint qu'avec une seule Chambre issue du suffrage universel le pays ne marchât trop vite, et qu'avec une seule Chambre issue d'un suffrage à plusieurs degrés, il ne marchât trop lentement. De là deux assemblées.

A l'une, à celle qui émane du vote direct des électeurs, il a dit : tu seras une assemblée initiatrice, une assemblée réformatrice ; à l'autre, à celle qui émane d'un suffrage plus compliqué il a dit : tu seras une Chambre retardatrice, une Chambre de modération.

Si donc nous voulons demeurer dans l'esprit de la Constitution, il faut que nous acceptions le rôle que le législateur nous a assigné ; il faut que nous nous imprégnions de toutes les aspirations populaires et que nous les transformions en projets de loi. Il faut que nous prenions toutes les questions — inséparables quoi qu'on en dise — qui forment le programme républicain, que nous les portions à la tribune, que nous les discutions, que nous les votions.

Et si le Sénat les repousse ensuite, tant pis pour le Sénat. Les questions seront introduites. Par cela même qu'elles auront été discutées et votées par la Chambre, elles seront commentées partout. Vienne alors l'élection des Conseils municipaux, des Conseils d'arrondissement et des Conseils généraux, si le pays donne raison à la Chambre, s'il veut les réformes proposées par elle, il choisira des mandataires qui en soient partisans.

Et quand viendra à son tour le renouvellement sénatorial, le Corps électoral privilégié auquel appartient le choix des Sénateurs, élira des hommes dont les idées soient conformes à celles du pays, et la loi, d'abord proposée par la Chambre et repoussée par le Sénat, sera reprise par la Chambre, votée cette fois par le Sénat et passera définitivement dans notre législation. (Applaudissements).

Si, au contraire, nous ne proposons rien aujourd'hui, ce n'est point le Sénat qui posera les questions. Les questions n'étant point posées ne seront point discutées par le pays, elles ne triompheront point aux élections sénatoriales et alors en 1880 nous nous retrouverons dans une situation identique à celle dans laquelle nous nous trouvons en 1876.

Il nous faudra faire ce que nous pourrions faire à cette heure — auquel cas nous aurons perdu 4 ans — ou persévérer dans notr[illegible] tique d'effacement — auquel cas [illegible] poli- 4 ans encore — et ainsi [illegible] nous perdrons (Approbation). [illegible] de suite à perpétuité.

Vous le [illegible] cipes [illegible] voyez, avec la politique des principes, avec la politique de la fermeté, de l'énergie, les questions se posent, se résolvent et la Chambre, appuyée sur le pays entier, devient en somme la grande Assemblée. Celle de qui vient l'impulsion et le mouvement.

Avec la politique d'effacement et d'abandon, les questions ne se posent ni ne se résolvent, le Sénat devient pour ainsi dire l'Assemblée unique et la Chambre tombant même au-dessous d'un Grand Conseil général — les Conseils généraux émettent des vœux — s'annihile complètement. (Applaudissements).

Si cette politique devait prévaloir, autant vaudrait n'avoir qu'une seule Chambre : le Sénat.

Cela vaudrait même mieux. Avec un Sénat unique, le renouvellement triennal pourrait finir par amener dans cette Assemblée une majorité de gauche qui réaliserait des réformes.

Mais avec une Chambre de députés impuissante, la gauche du Sénat serait elle-même stérilisée. « Vous voulez des réformes lui dirait la droite ? le peuple ne les veut pas, puisque ses mandataires directs, les députés, ne les réclament pas. Et comme le peuple ne les veut pas, nous les repoussons. »

L'opportunisme présente donc ce double danger de supprimer la Chambre, et dans le Sénat même, de frapper la gauche d'impuissance et de stérilité. (Approbation.)

Conséquence ; la Chambre doit remplir son rôle et, puisqu'elle est une Chambre d'initiative, elle doit initier.

Les opportunistes nous objectent les prérogatives du Sénat et la possibilité d'une dissolution de la Chambre.

Cette objection je l'avais prévue.

Vous souvient-il de m'avoir entendu vous dire : « A l'Assemblée nationale les modérés entassent les concessions sur les concessions et les compromis sur les compromis. Sous le prétexte d'obtenir plus vite la dissolution, ils nous disent qu'ils seront plus énergiques dans la nouvelle Chambre ; vous verrez que dans la nouvelle Chambre ils persévéreron dans leur ligne politique, et cette fois sous un prétexte inverse : sous le prétexte d'éviter la dissolution. »

Mes prévisions se sont-elles réalisées ?

Examinons du reste leur objection.

On peut faire trois hypothèses dont il est impossible de sortir. Ou, au 20 février, il n'y avait pas et il n'y a pas encore de majorité au Sénat pour dissoudre la Chambre quoi qu'il en advienne ; ou il y a une majorité douteuse qui suivant les circonstances peut devenir ou ne pas devenir une majorité de dissolution ; ou enfin il y a une majorité rétrograde assez ferme pour que la dissolution de la Chambre soit arrêtée dans son esprit sans que rien puisse l'éviter.

Dans le premier cas nous n'avons pas à nous inquiéter de la dissolution qui est impossible, et nous n'avons qu'à marcher en avant et à préparer l'avenir.

Dans le second cas, il faut empêcher une majorité de dissolution de se constituer au Sénat.

Dans le troisième cas, il faut engager la lutte dans de telles conditions, que le conflit soit le moins préjudiciable possible à la République.

Comment empêcher une majorité hésitante de devenir une majorité de droite bien décidée ? Je ne crains pas de le dire : c'est par l'énergie.

Jamais les concessions ne désarment les partis hostiles. Au contraire, lorsqu'on voit ses adversaires reculer, on avance. C'est l'éternelle loi de tous les combats.

Des exemples encore rapprochés de nous nous le prouvent. En 1868 l'empire se sentait menacé. La force lui manquait pour tenter un nouveau coup d'Etat et recommencer son crime de Décembre. Que fit-il ? Ce que font aujourd'hui les modérés de notre parti : il essaya de nous désarmer par des concessions. Il nous donna la loi sur les réunions publiques dont nous bénéficions à cette heure, et qui, très-imparfaite encore, était alors un progrès sérieux ; il nous donna une liberté de la presse relativement grande; il nous rendit la responsabilité ministérielle, et il prit pour chef du ministère, un homme qui avait appartenu à nos rangs : M. Emile Ollivier.

Ces concessions nous désarmèrent-elles ?

Loin de là. Nous pensâmes : « Si l'empire fait des concessions, c'est qu'il a peur, c'est qu'il est faible, hâtons-nous donc de le renverser », et nous tournâmes contre lui des armes qu'il nous avait rendues. (Vifs applaudissements.)

Pourquoi les impérialistes se conduiraient-ils envers nous différemment que nous ne nous sommes conduits à leur égard ? Leurs concessions ne nous ont pas désarmés, pourquoi nos concessions les désarmeraient-ils ?

Voulez-vous un autre ex[illegible]iers avait été nommé président [illegible]ublique pour un temps égal à la durée de l'Assemblée nationale. S'il avait été ferme; s'il avait dit à l'Assemblée : « Quoi que vous fassiez je ne m'en irai pas; je resterai jusqu'au jour où il vous plaira de vous dissoudre et, entre nous, le suffrage universel jugera ».

S'il avait dit cela les hésitants des centres qui, avant de se prononcer, cherchent toujours d'où vient le vent, lui auraient continué leur appui, la majorité serait demeurée une majorité de gauche, et le 24 mai, — c'est-à-dire une rétrogradation de huit ans, — aurait été évité (Applaudissements [illegible]

Mais [illegible] Thiers a cédé. Il a fait à la droite concession sur concession, abandon sur abandon et la droite alors, reconnaissant qu'il n'avait point l'énergie et la force suffisantes pour lui résister, a rallié les hésitants des centres et l'a renversé.

Eh bien! Citoyens, appliquons ces enseignements à la politique actuelle. Supposons que la Chambre eût dit après le 20 février : « Je n'appuierai aucun ministère qui ne soit pas résolument républica[illegible] résolument démocrate; je vote l'amnistie; je vote une loi municipale complète, c'est-à-dire le droit pour toutes les communes de choisir leurs magistrats municipaux. Quant au Sénat, je ne lui déclare pas la guerre; mais décidée à ne faire aucune concession sur le terrain des principes, s'il me l'offre, je suis prête à l'accepter.

Supposons que la Chambre eût dit cela, les hésitants du Sénat, voyant la force de notre côté, se seraient rejetés à gauche et, à cette heure, la majorité sénatoriale serait une majorité républicaine (vifs applaudissements).

Est-ce qu'en 1789 la Constituante ne fit pas reculer une monarchie séculaire en lui disant : « Nous sommes ici par la volonté du peuple et la force des baïonnettes ne peut rien contre elle ? » Il était moins difficile de s'imposer aujourd'hui à quelques constitutionnels que de s'imposer alors à la monarchie encore invaincue.

Mais la Chambre a plié; elle a hésité; elle a accepté le ministère Dufaure; elle a rejeté l'amnistie; elle a accepté une loi municipale bâtarde qui prive les communes importantes du droit qu'on reconnait au dernier des villages.

Le Sénat a reconnu que la force n'était pas là et, dégagée de toute crainte, allant où ses instincts la poussent, la phalange constitutionnelle est allée à droite. La Chambre montrait sa terreur du conflit, le Sénat en a profité pour lui déclarer la guerre et il a élu M. Buffet (applaudissements vifs et prolongés)

Si donc la majorité sénatoriale était douteuse, il y avait un moyen de rendre impossible le conflit : se montrer fermes; il y avait un moyen de l'assurer : se montrer faibles. C'est ce dernier que les opportunistes ont choisi.

J'aborde la troisième hypothèse, celle où le Sénat serait assez fermement rétrogade pour qu'aucune politique n'eût pu éviter le conflit.

Alors encore, alors surtout, il fallait que la Chambre se montrât énergique pour enlever à ce conflit tout danger.

Supposons que devant l'attitude résolue de la Chambre, le Sénat eût engagé la lutte et nous eût dissous.

Trois mois après il fallait refaire des élections générales Le courant d'opinion eût été irrésistible. Nous aurions été nécessairement réélus.

Et devant cette nouvelle affirmation de la volonté populaire le Sénat aurait plié. Car l'exemple de 1830 lui prouve que quand on veut s'en prendre deux fois à la représentation nationale, en croyant la défendre, c'est soi-même qu'on dissout.

Mais si nous plions, le Sénat nous laissera, pendant trois années, nous dépopulariser à plaisir en abandonnant nos privilèges. Puis, lorsque en 1879, à la veille de son renouvellement, il croira le moment propice, il engagera le conflit lui-même, il nous dissoudra; mais alors nous ne serons pas réélus.

C'est la tactique de Napoléon III qui, pour défendre l'Assemblée législative, attendit le dernier moment afin qu'elle fût assez décriée pour que personne n'osât la défendre.

Cette tactique aujourd'hui ne réussirait plus, grâce à l'extrême gauche qui, par sa conduite logique et ferme, maintient l'opinion dans le giron de la République. Mais s'il n'y avait pas d'extrême gauche, s'il n'y avait que des opportunistes elle réussirait inévitablement et la République finirait par s'effondrer devant l'indifférence universelle, en entraînant la France dans sa chûte. (Impression profonde dans l'auditoire).

Les opportunistes n'ont donc aucune bonne raison a invoquer en faveur de leur système.

Ils en ont si peu que je me sens obligé pour expliquer leur conduite, d'en rechercher la raison vraie, à côté des raisons singulières qu'ils font valoir.

La raison vraie la voici :

La bourgeoisie qui a hérité de la noblesse en 1789, ne veut pas partager avec le peuple la direction des affaires. Elle veut demeurer classe dirigeante. C'est pourquoi à l'exception de quelques-uns de ses membres qui ne trouvaient point place dans les régimes déchus, elle repoussait même l'adjonction des capacités en 1848; c'est pourquoi en 1870 elle soutenait l'empire pensant que, puisqu'il fallait composer avec le suffrage universel, au moins fallait il conserver un pouvoir fort pour le diriger et le contenir.

L'empire est tombé dans des conditions tellement honteuses qu'il a entraîné l'idée monarchique avec lui dans l'abîme. Après le 4 septembre la République était indéracinable.

La bourgeoisie alors s'est scindée en deux camps :

Les uns luttant contre le courant ont essayé de restaurer la Monarchie. Ils devaient être submergés, ils l'ont été.

Les autres, plus clairvoyants, se sont dit qu'après tout, ils tenaient peu à la forme de gouvernement, qu'ils ne tenaient qu'à gouverner et que, puisque la République était indestructible, au lieu de l'attaquer en face et d'assurer ainsi le triomphe des radicaux — c'est-à-dire des républicains — il fallait, avec l'étiquette de républicains modérés, d'opportunistes, entrer dans la République et, en ajournant éternellement les réformes sous le prétexte qu'elles ne sont pas mûres, l'empêcher aussi longtemps que possible de produire ses fruits bienfaisants. (Applaudissements vifs et prolongés.)

Ils ont réussi jusqu'à ce jour; ils devaient réussir.

Le peuple aime les questions simples. Désabusé des « hommes d'ordre » qui, à l'Assemblée de 1871, avaient essayé de rétablir la Monarchie, il a voté, en 1876 sans en rechercher la nuance, pour quiconque affirmait la République. Il ne s'est pas demandé si tel ou tel n'affirmait pas la République pour l'empêcher de devenir républicaine. Il a voté. Il a cru les opportunistes disant : « nous serons énergiques demain » comme il a cru en 1871 les monarchistes disant : « nous voulons l'ordre sans nous préoccuper de la forme de gouvernement. » Mais il se désabuse à présent sur ces derniers comme il s'est désabusé après 1871 sur les premiers.

Il commence à comprendre que la République n'est point un mot; qu'il ne suffit point d'avoir mis le maréchal de Mac-Mahon à la place de Napoléon III, ou Cavaignac à la place de Louis-Philippe; que si la France subit depuis 84 ans pour l'idée républicaine l'exil, la déportation, la mort, ce n'est point pour un si mince résultat, mais parce que ce mot République résume à ses yeux tout un ensemble de réformes qu'il poursuit et qu'il atteindra parce qu'elles sont la justice et la vérité; il commence à comprendre qu'il lui faut des hommes qui, au lieu de paroles, fassent des actes et qui, au lieu de se borner à flétrir la Monarchie par des phrases, achèvent de l'effacer de nos mœurs en en faisant disparaître les derniers vestiges. (Applaudissements.)

Il commence à comprendre cela et, lorsqu'en 1880 il aura à se prononcer de nouveau, il rejettera pêle-mêle monarchistes, modérés et opportunistes; il rejettera quiconque s'évertue à le maintenir en tutelle; il brisera ses entraves et il élira de vrais républicains, des radicaux; des intransigeants. Ce jour-là se lèvera enfin le véritable soleil de la démocratie future.

Citoyens, dans ce département, dans cet arrondissement, vous avez toujours été au nombre des précurseurs; vous avez toujours été à l'avant-garde.

En 1870, au plébiscite, vous votiez contre l'empire; en 1871, lorsque toute la France élisait des monarchistes, vous élisiez des républicains, et en 1876, alors que les opportunistes triomphaient partout, vous avez choisi un intransigeant.

La France en 1870 a justifié votre conduite au plébiscite; en 1876, elle a justifié votre conduite de 1871; en 1880 elle justifiera votre conduite d'aujourd'hui et vous aurez la gloire, vous, population rurale, d'avoir devancé les grandes villes elles-mêmes et d'avoir été les premiers entre les premiers.

Quant à moi, citoyens, par ma conduite à l'Assemblée, j'ai cherché à me montrer digne de la confiance que m'ont montrée les radicaux et à désarmer ceux de mes adversaires d'hier qui, républicains sincères, avaient été entraînés de bonne foi par les prédications des opportunistes. Je continuerai d'agir de même à l'avenir. Puisse la grande tâche que vous m'avez confiée n'être pas au-dessus de mes forces et puissiez-vous trouver quand je me représenterai devant vous, que je ne suis pas demeuré trop au-dessous d'elle. (*Applaudissements très-vifs et très-prolongés*).

Journal du midi du 26 8bre 1876

LES INTRANSIGEANTS DANS LE GARD

Nous recevons, par dépêche télégraphique, de notre correspondant particulier, les détails très complets et très-intéressants qui suivent sur la réception faite à Nîmes par le parti républicain à MM. Madier-Montjau, Alfred Naquet et Daumas :

Nîmes, 25 octobre.

L'ARRIVÉE

MM. Madier-Montjau, Alfred Naquet et Daumas, députés, sont arrivés aujourd'hui, mercredi, à Nîmes, par le train de 11 heures 43 m.

M. Daumas venait de Toulon, M. Naquet de Nice, M. Madier-Montjau de Chabeuil et de Pierrelatte. Les trois honorables représentants du peuple s'étaient donné rendez-vous à Tarascon : ils arrivaient ensemble, déférant à l'invitation qui leur avait été adressée par une partie de la démocratie nîmoise, et venaient, avant de rentrer à Paris, se mettre en communication avec cette fraction si intelligente de la démocratie française.

A la gare se trouvaient environ trois cents citoyens qui venaient saluer les trois députés et leur souhaiter la bienvenue. C'est dans un calme parfait, et avec les démonstrations de la plus respectueuse sympathie, qu'a eu lieu cette réception.

Montés en voiture, MM. Madier, Daumas et Naquet se sont dirigés à l'hôtel Manivet; de là, après quelques instants de repos, ils se sont rendus au local du Cercle de la Bourse où était préparé un banquet de cent couverts.

On a remarqué que les députés et sénateurs du Gard étaient absents, tant à l'arrivée de leurs collègues qu'à cette fête démocratique.

LE BANQUET

Le citoyen Sausse-Capeau a porté un toast chaleureux au député Madier-Montjau, enfant glorieux de Nimes ; il a rappelé sa vie politique si pure, son exil, son élection dans la Drôme, récompense légitime de tant de luttes, hommage à ce talent si élevé.

L'orateur adresse ensuite ses félicitations au citoyen Naquet pour la campagne si pénible et si féconde qu'il a faite dans le Midi en faveur des idées républicaines et remercie le citoyen Daumas, l'honnête et courageux député de Toulon, l'ancien proscrit de l'empire, d'être venu se joindre à ses deux collègues de la Drôme et de Vaucluse.

Ce discours est couvert d'applaudissements.

Les citoyens Naquet, Madier et Daumas remercient tour à tour leurs amis de la réception sympathique dont ils sont l'objet et chacune de leurs allocutions est accueillie avec de nouveaux applaudissements.

Les citoyens Guérin-Ponzio, d'Aigues-vives, Desmonts, pasteur protestant, de St-Geniès, prennent tour à tour la parole et portent à la France, à la République, etc., des toasts enthousiastes, empreints d'une véritable éloquence. Le citoyen Verdier lit une adresse des ouvriers de Bessèges à ceux de Nimes, gage d'union et de fraternité des démocrates de l'une et l'autre cité. M. Léonce Ganachaud, le jeune poète de Cavaillon, déclame une pièce de vers très-applaudie.

Enfin le banquet se termine, à trois heures, par une allocution du citoyen Numa Poilippe, qui remercie de leur visite les trois honorables représentants du peuple.

Au cours du banquet un des organisateurs avait donné lecture de la lettre dans laquelle le citoyen Bouquet, député de Marseille, s'excusait de ne pouvoir se rendre à Nimes, et dont voici le texte :

LETTRE DE M. BOUQUET

Marseille, le 23 octobre.

Chers citoyens et amis,

Si j'ai tardé jusqu'au dernier jour à répondre à votre invitation, c'est que je ne pouvais me décider à ne pas venir à votre appel ; car c'eût été pour moi un plaisir bien grand d'aller serrer la main à ceux avec qui je ne suis lié que par la communauté complète de nos sentiments républicains.

J'ai deux dettes à payer aux membres du cercle de la Bourse de Nimes.

La première m'est toute personnelle ; vous me l'avez imposée le jour où vous m'avez fait l'honneur de me nommer membre honoraire de votre cercle en considération de mon vote en faveur de l'amnistie plénière. Cela a été ma première et, à peu près, jusqu'à ce jour, ma seule joie parlementaire.

C'est vous dire si je vous en suis reconnaissant.

La seconde, tous mes amis républicains de Marseille en ont comme moi une part ; vous les avez liés à vous, moi je l'étais déjà, le jour du banquet du 21 septembre, lorsque vous avez publiquement confessé l'union intime des républicains de Nimes et de ceux de Marseille, l'accord absolu de leur politique. Vous avez fait le voyage uniquement pour nous dire cette bonne parole, pour nous assurer que si des circonstances périlleuses survenaient, vos frères de Marseille pourraient compter sur vous.

Malheureusement, des circonstances imprévues m'empêchent, dans ce moment, de venir au milieu de vous, à mon grand chagrin ; j'y serai seulement de cœur et de pensée : mais soyez convaincus que je conserve l'espérance de venir un jour vous dire combien vos encouragements m'ont soutenu et quelle force j'y ai puisée pour poursuivre le triomphe des principes républicains.

Du reste, j'aurais seul bénéficié de ma présence à votre réunion. Vous aurez le plaisir et l'honneur d'entendre Madier-Montjau et Naquet ; cela suffit ; ma parole après celle de mes deux amis aurait été sans utilité. Elle ne vous aurait apporté aucun enseignement nouveau ; elle ne vous aurait rien appris qui ne doive vous être dit avec un éclat auquel je n'ai nullement à prétendre.

Seulement, veuillez avoir la bonté de m'excuser auprès de mes deux amis qui, depuis les vacances supportent toute la peine de la campagne éminemment utile et féconde qu'ils ont entreprise dans le Midi pour propager nos doctrines et expliquer notre conduite politique si étrangement travestie et calomniée par les monarchistes et par les républicains habiles mais peu exigeants, amoureux des résultats, qui ont appris la politique à l'école impériale et sont toujours prêts à toutes les transactions.

Agréez, citoyens, mes regrets et mes saluts fraternels.

BOUQUET, *député.*

LA RÉUNION

Le soir, à huit heures, a eu lieu une grande réunion privée.

Le local choisi était une vaste salle de la maison Bonnol-Teulon, rue du Planas, ancien chemin de St-Gilles.

Les citoyens L. Jullian et Casimir Dide avaient adressé les invitations.

Quatre mille personnes étaient présentes, deux mille stationnaient à la porte ne pouvant entrer faute de place ou d'invitation.

Le citoyen Daumas, en l'absence du citoyen Gilly, a été nommé président de la réunion.

Après la lecture de la lettre du citoyen Bouquet, député de Marseille, le citoyen Naquet a pris la parole et a prononcé le discours que voici :

DISCOUS DU CITOYEN NAQUET

« Dès le jour où nous avons commencé dans les départements du midi cette campagne, entreprise par nous, dans l'intérêt des principes et de la politique d'énergie et de revendications, on a dirigé contre nous, entre autres reproches, celui de mêler à nos théories des personnalités. Ce reproche était essentiellement immérité et, tant que possible, et toujours, pourrai-je dire, nous nous sommes abstenus de prononcer des noms alors que nous exposions des principes.

« Mais les noms étant associés aux actes et les personnes étant inséparables des systèmes, il a bien fallu en venir à parler de ceux qui, comme nous, ont l'honneur de représenter le peuple et de s'occuper de ses intérêts dans les assemblées délibérantes. C'est là une situation normale, une attitude correcte et qui n'a pas besoin de justification.

« Ce qui me préoccupe, citoyens, c'est la constatation de deux dangers que court la République : le premier consisterait dans l'effacement du parti républicain par l'indifférence, l'abandon, l'abdication ; l'autre est celui qui consiste à voir des républicains sincères et résolus accorder leur confiance et donner des mandats à des hommes qui ne sont ni résolus ni sincères ; et voilà pourquoi c'est faire acte utile et honorable que de désabuser les électeurs et les préserver d'erreurs nouvelles et funestes.

Voilà pourquoi, il importe de les désabuser 1o sur la valeur de la politique transactionnelle et de concessions à outrance ; 2o sur la valeur des hommes qui représentent cette politique et qui la préconisent partout, à la Chambre et parmi les masses.

M. Naquet développe ici les avantages de la politique de revendication, d'action et de réformes qu'il défend à la Chambre et s'applique à démontrer sa supériorité sur l'autre politique, décorée du nom d'opportuniste.

Il examine, comme il l'a fait dans d'autres réunions à Avignon, à Marseille, à Apt, les résultats de celle-ci et de celle-là et les compare entr'eux, démontrant que le sentiment des choses pratiques n'est point l'apanage exclusif de ceux qui ont pour règle de conduite les transactions continuelles et que ceux que l'on a qualifiés à tort d' « intransigeants » savent obéir aux lois de la sagesse et du patriotisme.

« Les opportunistes, continue l'orateur, prétendent qu'ils veulent exactement ce que nous voulons ; mais, contradiction singulière, la *République Française* fait l'éloge du manifeste des vingt-cinq et lui donna son adhésion en affirmant que l'extrême gauche démocratique ne demande rien de plus que le groupe républicain auquel appartient l'inspirateur de ce journal, alors que ce dernier, dans un récent discours, nous traite, quelques jours plus tard, d'« ennemis de la République. »

« Il faudrait cependant s'entendre. Ou nous sommes d'accord ou nous ne le sommes point. La vérité c'est que nous ne le sommes point, je le reconnais.

Il faut donc en finir ; il faut que les républicains sincères, convaincus, avancés qui donnent leurs suffrages à des hommes qu'ils considèrent comme dépositaires de leurs aspirations, sachent, quand il y a lieu, que leurs élus répondent à des aspirations toutes différentes. C'est une affirmation qu'il faut avoir le courage de faire pour prévenir les conséquences qui pourraient résulter de cette situation pour le parti républicain.

La presse réactionnaire, d'après l'orateur, se trompe lorsque parlant de certains républicains opportunistes, elle prétend que s'affublant du masque modéré ils sont des radicaux. C'est le contraire qui est vrai. Les opportunistes ont l'habitude de dire que le modérantisme est pour eux une tactique nécessaire, une attitude forcée ; eh bien non. Le masque, chez eux, c'est le radicalisme ; la figure c'est le modérantisme, ils sont des modérés, pas autre chose. Donc, pour les électeurs, quel moyen de distinguer, à travers les tactiques d'occasion et les discours, le fond de la pensée des opportunistes ?

Le moyen, c'est de se reporter à leurs votes, à leurs actes dans les circonstances où ils étaient libres de leurs actes et de leurs votes, où nulle pression, nulle fatalité suprême n'enchaînait leur conscience et ne leur imposaient des expédients, des attitudes passives.

Ici l'orateur passe en revue les événements du 4 septembre, le maintien des généraux et des fonctionnaires bonapartistes, les élections différées jusqu'au 8 février, la démission à Bordeaux des députés d'Alsace-Lorraine et les conséquences fatales de ces faiblesses, de ces erreurs, de ces fautes.

M. Naquet cite cette parole de M. Madier-Montjau à Marseille que : « le soleil du 4 septembre n'aurait pas dû se coucher sans que parut un décret en quelques lignes portant abrogation de toutes les lois politiques de l'empire. »

L'orateur se demande pourquoi les modérés sont modérés : en voici les raisons. Il y a deux sortes de républicains modérés : les anciens républicains honorables combattants des luttes de la pensée républicaine qui, après la Révolution du 4 Septembre, ont fait comme les généraux du premier empire après 1815 : il leur fallait le repos et ils ont dit : nous avons la République, tout est bien.

Les autres sont des ralliés du lendemain qui sont ent entrés dans la République sans ardeur, san convictions profondes, éprouvées et, quelques-uns, du moins, pour l'empêcher de produire ses fruits.

Les actes sont là maintenant pour que la démocratie française puisse sainement juger quels sont les véritables et les plus sincères défenseurs de la démocratie, ses plus utiles auxiliaires. D'accord pour la défense du droit conquis, de la République, forme légale et définitive, il y a division entre les républicains pour les moyens et pour les procédés. Mais il y a là plutôt une lutte féconde qui ne peut gêner le libre jeu des institutions républicaines ; au contraire elle en facilitera par l'émulation le développement plus rapide.

Quant aux électeurs, quant au peuple, c'est à eux, c'est à lui qu'il appartient de donner force et courage à ses énergiques députés. Comment le fera-t-on ? par des réunions fréquentes, par des adhésions solennelles, par des élections réfléchies, inspirées par un ardent amour de la République, du progrès, des revendications et des réformes. Car sans le peuple, que peuvent ses élus ? rien ; le peuple est tout.

Qu'à chaque degré de la hiérarchie élective, dit en terminant M. Naquet, on affirme notre politique, qu'on la consolide par chaque vote, en nommant toujours des républicains radicaux, rien que des radicaux.

Ce discours a été souvent interrompu par des applaudissements et l'orateur a fini de parler au milieu des acclamations et des cris : Vive la République !

DISCOURS DU CITOYEN MADIER-MONTJAU

Ce discours se trouve in extenso dans les nos du Journal du Midi des 27 et 28 9bre 1876

Le travailleur du 31

LE BUT ET LE MOYEN

Nous avons reçu la lettre suivante de M. Alfred Naquet, député de Vaucluse, dont le journal, la *Révolution*, vient de cesser sa publication en attendant des temps où la vie politique sera plus active qu'elle ne l'est aujourd'hui :

Mon cher Concitoyen,

Puisque vous m'offrez la publicité de vos colonnes, permettez-moi d'en profiter pour répondre à quelques attaques dont nos articles socialistes de la *Révolution* ont été — depuis que nous n'existons plus — l'objet de la part de plusieurs feuilles... libérales, et notamment du *Pensiero*, de Nice.

Nous avont dit et répété, aussi souvent que nous l'avons pu, que nous ne considérions pas la République comme le but mais comme le moyen ; que le but était pour nous la Révolution sociale (1).

Nous avons dit qu'aussi longtemps que les instruments de travail ne seraient point passés entre les mains de ceux qui les font valoir, qu'aussi longtemps que les fonctions de capitaliste et d'ouvrier ne se confondraient pas en se réunissant dans les mêmes personnes, nous considérions la révolution comme incomplète.

Nous avons dit enfin que la République *Athénienne*, dirigée par une bourgeoisie qui ne l'accepte que pour l'empêcher de produire ses résultats sociaux, ne vaudrait pas mieux que la monarchie si elle n'était une étape de plus sur la voie que nous parcourons, qu'en tout état de cause elle ne saurait nous satisfaire.

Aussitôt les libéraux imbus de la prétendue science économique de se récrier.

(1) Il importe d'observer que par cette expression « Révolution sociale », M. Alfred Naquet entend, comme nous, une transformation sociale toute pacifique et progressive pour laquelle rien ne serait plus funeste que les bouleversements violents désignés ordinairement par le mot « Révolution ». P.-L. B.

je n'accuserai la République bourgeoise, étant donné l'état social actuel, de ne pas supprimer la loi de l'offre et de la demande.

Seulement l'économie politique n'est point comme la chimie une science faite; c'est une ébauche de science. L'économie politique nous rend un compte exact des phénomènes qui se produisent au sein d'une société donnée et des lois qui les régissent. Mais elle ne permet pas de conclure qu'aucun autre organisme social, régi par d'autres lois, n'est possible. Elle ne le permet pas plus que des expériences chimiques, faites à une basse température, ne permettraient de repousser avec dédain les arguments de ceux qui supposeraient qu'à une température élevée il pourrait bien se produire, entre les mêmes éléments, des combinaissons différentes des premières.

Il fut une époque, pas encore très-éloignée de la nôtre, où certaines société humaines reposaient sur l'esclavage.

Là, les salaires n'étaient point réglés par la loi de l'offre et de la demande, par l'excellente raison qu'il n'y avait pas de salaires.

Nous espérons une époque où l'association libre fera, au grand avantage de tous, ce que faisait l'esclavage au profit de quelques uns, supprimera le salariat.

Nous espérons cela, et il n'est rien dans tous vos livres d'économie politique qui nous interdise de l'espérer.

Vous dites que, si une telle transformation doit se produire, l'Etat n'y peut rien. Vous vous trompez

En supprimant le droit d'aînesse et les substitutions, en faisant disparaître les priviléges du clergé et de la noblesse, en rendant l'impôt proportionnel, en démocratisant en un mot la législation, 1789 a permis à la terre de se répartir entre les travailleurs des champs, a permis aux ouvriers agriculteurs de devenir capitalistes, propriétaires.

Mais le morcellement n'étant pas applicable à l'*usine*, que l'association seule peut faire passer entre les mains des ouvriers, les lois qui datent de 1789 ne suffisent plus. Il faut des lois nouvelles qui brisent l'aristocratie financière de notre époque, comme la première Révolution a brisé l'aristocratie nobiliaire.

Quelles seront ces lois ? je n'ai pas la prétention de vous le dire en quelques lignes ; mais je puis au moins en citer quelques unes à titre d'exemple.

Il faut généraliser l'instruction ;

Il faut nous donner le droit absolu de réunion et d'association ;

Il faut modifier notre système d'impôt, et le rendre non seulement proportionnel — ce qu'il a cessé d'être depuis longtemps — mais encore progressif ;

Il faut arracher aux quelques particuliers qui les exploitent à leur profit — et il suffit pour cela de ne pas renouveler les privilèges lorsqu'ils expirent — les monopoles qui s'imposent, tels que Banque, Crédit foncier, chemins de fer, mines, canaux, et les faire exploiter par l'Etat à prix de revient ; ce qui, malgré toutes les affirmations des fanatiques de « l'offre et de la demande, » aura pour effet, d'abaisser l'intérêt de l'argent, d'abaisser les tarifs des chemins de fer, de supprimer les tarifs spéciaux et les tarifs différentiels à l'aide desquels les grandes compagnies distribuent pour ainsi dire les industries comme elles l'entendent... etc., etc.

Nos adversaires croient-ils que si le gouvernement réalisait d'abord ces quelques réformes, le problème dont nous poursuivons la solution n'aurait pas fait un pas ?

Nous, nous pensons qu'il serait en voie de se résoudre, et c'est parce que nous pensons cela, c'est parce que nous croyons que les transformations économiques ne peuvent résulter que des transformations survenues dans les lois, que nous ne cessons de demander toutes les réformes politiques qui sont le moyen indispensable d'abord ; toutes les réformes sociales ensuite dont nous pouvons dès à présent reconnaître la nécessité.

Cette opinion est raisonnée ; elle est scientifique, et, n'en déplaise à nos contradicteurs, ce ne sont pas leurs dantes des gouvernements. Vous ririez d'un homme qui combattrait la République sous le prétexte qu'elle ne fait pas varier les proportions de l'oxygène et de l'*azote* qui composent l'*eau* (sic). Et cependant vous raisonnez de même. L'économie politique est une science comme la chimie, et la loi de l'offre et de la demande est aussi inéluctable que celles qui régissent les combinaisons chimiques... etc., etc. »

Que le *Pensiero* se rassure; je ne commettrai jamais l'imprudence d'accuser la monarchie de ne pas modifier les proportions des principes constituants de l'eau — au nombre desquels, ceci soit dit en passant, se trouve l'hydrogène et non l'azote, — pas plus que sarcasmes qui nous feront dévier du chemin que nous nous nous sommes tracé.

Pardon, mon cher rédacteur, de ce long verbiage qui dépasse de beaucoup les limites de la lettre que vous me demandiez, et recevez l'assurance de mes sentiments de profonde sympathie.

A. NAQUET.

48

Lettres Discours et articles

2ème Cahier du t. II

Du 4 décembre 1876

au

10 décembre 1878

0

rétrospectif.

Droits de l'Homme 12 mai 1876

Nous recevons la lettre suivante de M. Alfred Naquet, député :

« Mon cher ami,

« Je vous adresse ma bonne, à qui, hier soir, il est arrivé une chose fort désagréable : elle a été arrêtée et menée à la police pendant qu'elle attendait son fils, qui était allé acheter un collyre dans une pharmacie. Ces agents des mœurs l'ont entraînée malgré ses protestations et, quand on l'a relâchée, ç'a été en la menaçant.

« Il est temps que ces scandales soient dénoncés, et comme vous êtes déjà entré dans cette voie, je vous signale le cas. Ma bonne vous fournira les détails.

« A vous,

« NAQUET. »

Le jeune homme était, en effet, entré chez le pharmacien, et la mère allait et venait, l'attendant. Des agents des mœurs la frappèrent à l'épaule.

— Etes-vous en règle?

Elle ne comprit pas.

Son étonnement fut interprété : comédie.

— Suivez-nous!

On l'entraîna au poste, dont elle eut toutes les peines du monde à sortir. On ne la relâcha qu'après avoir été aux renseignements, après qu'une portière eut bien voulu témoigner en sa faveur.

Si cependant la portière eût été hostile à la pauvre femme!

Les agents de police chargés du service des mœurs feraient bien de ne point faire le métier avec tant de zèle... et si peu d'intelligence.

Le Journal du Midi du 4 Xbre 1876

Nous recevons de M. Alfred Naquet, député de Vaucluse, la lettre suivante :

Monsieur le Rédacteur en chef du *Journal du Midi*,

Je lis dans le *Républicain de Vaucluse*, du 1er décembre, une lettre de M. Saint-Martin en réponse à une précédente attaque du *Républicain* contre lui, et une réplique du *Républicain*.

Je veux relever dans cette réplique quelques points.

D'abord, critiquant — ce qui est son droit — la politique que mes amis et moi suivons à la Chambre, le journal opportuniste d'Avignon affirme que si, en votant contre le budget des cultes, *nous n'avons pas fait de la politique intransigeante et absolue, à coup sûr nous n'avons pas suivi une politique basée sur la science du relatif*. Je le regrette pour le *Républicain* ; mais son exemple prouve le contraire de ce qu'il entend prouver et il est mal choisi, car M. Gent a voté, comme nous, la suppression du budget des cultes, sans être absolu, ni absurde, ni intransigeant.

En cette circonstance, comme toujours, nous avons suivi la ligne que doivent toujours suivre des hommes politiques soucieux de leur dignité et désireux de faire triompher leurs principes dans les limites les plus larges. Nous avons commencé par demander et par voter ce qui, depuis 80 ans, est dans tous les programmes républicains et, battus sur ce point, nous avons, à défaut d'absolu, accepté le relatif et voté les réductions de crédit proposées par la Commission du budget.

Mais je n'insiste pas ; sachant fort bien que je ne convaincrai pas les rédacteurs d'une feuille systématiquement hostile.

Je veux seulement relever une accusation qui a été déjà portée contre moi lors de l'élection d'Apt.

A lire le *Républicain*, M. Saint-Martin n'aurait pas eu le droit de produire sa candidature en août dernier par la double raison que le système des candidatures multiples n'était point encore définitivement adopté et que la place n'était pas encore vacante.

Il faut une bonne fois faire justice de ces accusations.

Que le système des candidatures multiples prévaille ou que ce soit celui des délégations, une candidature quelconque a le droit de se produire aussi longtemps que, dans la première hypothèse, les délégués ne se sont pas prononcés ; aussi longtemps que, dans la seconde, le premier tour de scrutin n'a pas eu lieu.

Ce n'est qu'à partir de la réunion des délégués s'il y a délégation, que la discipline oblige les candidats non admis à se retirer ; — et encore sur ce point le *Républicain*, qui a patronné à Apt la candidature dissidente de M. Taxile Delord, devrait-il être modeste.

D'ailleurs le *Républicain* défend aujourd'hui la candidature de M. Raspail, quoique jusqu'ici aucune délégation ne l'ait décrétée, et il démontre ainsi par son propre exemple que, dans cette première partie de la période électorale, que j'appellerais volontiers — période d'incubation, toutes les candidatures ont le droit de se produire !

Quant à la seconde objection, elle ne supporte pas davantage la discussion. Qu'avons-nous dit, M. Saint-Martin et moi, aux électeurs ?

Nous leur avons dit que, à notre avis, l'élection de M. du Demaine serait invalidée, et que, si cette prévision venait à se réaliser, nous présenterions la candidature de M. Saint-Martin, sauf à ce dernier à se retirer s'il n'avait pas la majorité relative au premier tour de scrutin, ou si, le système des délégations prévalant, il était repoussé par une délégation organisée — comme l'a été celle d'Apt pour les élections du 20 février — conformément aux principes.

Cette rectification faite, dans le simple intérêt de la vérité, je viens vous prier, Monsieur le Rédacteur, de vouloir bien insérer ma lettre dans votre estimable journal.

Recevez l'assurance de mes meilleurs sentiments.

A. NAQUET.

Les droits de l'homme du 15 Xbre 1876

Nous recevons la lettre suivante :

A M. le *Rédacteur en chef des* Droits de l'Homme.

Paris, 13 décembre 1876.

Mon cher ami,

Je vous remercie des termes sympathiques dans lesquels vous annoncez la disparition de la *Révolution*.

J'avais essayé de fonder un organe des idées socialistes à côté des *Droits de l'Homme*, votre vaillant journal, qui dirige contre nos ennemis communs — les contre-révolutionnaires de tout genre — des coups si vigoureux et qui fait une si admirable guerre de tirailleurs.

J'avais pensé qu'il y avait place pour un journal quotidien où le parti démocrate trouverait son programme, sa doctrine, l'indication de son but.

J'avais cru à un public immédiatement suffisant pour soutenir une pareille feuille.

Je me suis trompé. Ce public existe ; mais il a été depuis six ans assoupi, endormi, isolé des idées de lutte, de progrès et de résistance, par les directeurs du parti républicain. Pour le réformer, pour le réveiller, pour le ramener à l'état actif, pour l'intéresser aux questions de discussion et de doctrine, il aurait fallu à l'organe qui assumait cette tâche des capitaux assez considérables pour lui assurer une longue existence, et les capitaux n'arrivent [illegible] facilement à qui fait la guerre aux privilèges du capital.

C'est pourquoi, mon cher ami, je me suis décidé à suspendre la publication de la *Révolution*.

Certes c'est un chagrin pour moi, non pas à un point de vue personnel, mais au point de vue de la désillusion que j'éprouve en ne trouvant pas le parti socialiste groupé comme je l'espérais.

Mais j'ai une consolation : c'est de penser que vous existez, et qu'aussi longtemps que vous existerez, les principes démocratiques auront un vigoureux champion pour les défendre.

J'ajoute qu'en cessant de paraître, je renonce, pour le moment, à toute combinaison nouvelle, et que, si quelques-uns de mes collaborateurs ont effectivement songé, ainsi que vous l'annoncez ce matin, à fonder, avec notre titre, une revue hebdomadaire, c'est là un projet auquel, tout en étant naturellement on ne peut plus sympathique, je tiens à demeurer personnellement étranger.

Recevez, mon cher ami, l'assurance de ma cordiale sympathie.

ALFRED NAQUET.

Les Droits de l'homme du 6 janvier 1877

LES POLITIQUES

L'année qui vient de finir a justifié toutes les prédictions que les intransigeants avaient faites vers les derniers jours de l'Assemblée nationale.

« Prenez garde ! disaient-ils aux électeurs ; les Gambetta, les Ferry, les Simon, les Ricard, vous ont trompés lorsqu'ils vous ont promis, en échange de la Constitution du 25 février, un ministère qui dépasserait toutes vos espérances ; ils vous ont trompés lorsque, pour entraîner les moins faciles de vos députés, ils les ont apeurés avec un fantoche de coup d'État qui n'existait que dans leur imagination ; ils vous ont trompés lorsque, le ministère Buffet étant constitué et leur tentative d'escalade du pouvoir ayant avorté, ils se sont mis [illegible] leur œuvre en elle-même, lorsqu'ils ont fait l'éloge du Sénat, lorsque, par la bouche de M. Gambetta, ils ont osé appeler cette assemblée, rétrograde par essence, le *Grand Conseil des Communes de France*.

« Prenez garde, ajoutaient-ils ; changez de chefs de file. Ne confiez plus la direction du parti républicain à ceux qui ont si gravement compromis son honneur par les actes de faiblesse qu'ils n'ont cessé de commettre depuis les jours qui précédèrent le 4 septembre jusqu'aujourd'hui.

« Et si vous persévérez, malgré nos avertissements, à investir ces hommes de votre confiance ; si, sous leur direction persiste, la politique d'aplatissement prévaut encore, si la Chambre du suffrage universel s'annihile devant la Chambre du suffrage restreint, ne vous en prenez qu'à vous ; vous l'aurez mérité en vous inféodant aveuglément à ceux qui, il faut le reconnaître, ont commis cependant toutes les fautes nécessaires pour vous dessiller les yeux. »

Les électeurs ont persévéré.

Ils ont cru que M. Gambetta avait un masque et une figure, un masque modéré et une figure radicale. Ils avaient raison en supposant sa figure recouverte d'un faux visage ; mais où était leur erreur, — et c'est en cela qu'avait consisté la grande habileté du chef des gauches, — c'est qu'ils prenaient la figure pour le masque, et le masque pour la figure !

En fait, depuis le jour, — le 0 août 1870, — où M. Gambetta refusa de se mettre à la tête du peuple qui, avec l'appui de ses chefs, aurait fait la révolution et sauvé le pays ;

Depuis le jour, — le 18 août 1870, — où il demanda, à M. de Palikao pourquoi les complices de Blanqui, coupables d'avoir voulu, le 14 août, proclamer la République, — et qu'il amnistiait le 5 septembre, — n'étaient pas jugés, et où il se fit répondre par le ministre de l'empire que la justice avait des délais qu'il fallait savoir respecter ;

Depuis le jour, — le 4 septembre, — où, après avoir tout mis en œuvre pour empêcher la révolution, il prit, une fois la révolution faite, la direction du mouvement ;

Depuis les jours néfastes de la délégation de Tours et de Bordeaux, pendant lesquels tous ses efforts tendirent à comprimer les élans révolutionnaires du pays au profit de la bourgeoisie rétrograde ;

Depuis le jour, où, se désintéressant des terribles événements qu'on prévoyait, il se retira sous sa tente à Saint-Sébastien, après avoir entraîné vingt-huit républicains d'Alsace-Lorraine à donner avec lui leur démission, démission souverainement impolitique, sans laquelle jamais la majorité du 24 mai n'eût été possible.

Depuis tous les jours funestes jusqu'à l'heure actuelle, la conduite de M. Gambetta a prouvé que rien, absolument rien ne le sépare de M. Thiers, si ce n'est son point de départ ; et que, comme ce dernier, s'il est républicain, c'est moins pour arriver au triomphe des idées démocratiques, que pour mettre une digue au flot révolutionnaire qui, tous les vingt ans, menace d'engloutir les privilèges de la haute bourgeoisie capitaliste.

Mais le peuple ne voulait pas voir.

M. Gambetta a toujours eu le talent de faire des évolutions fort *opportunes* pour reconquérir sa popularité toutes les fois qu'elle a été compromise. Là est le secret de sa force, là est l'explication de ses élections multiples de février 1876.

Seulement, ces évolutions n'étant que des manœuvres habiles, dès la réunion de la Chambre et du Sénat, les prédictions des intransigeants se sont réalisées.

En exigeant, en mars, un ministère vraiment républicain, la Chambre aurait entraîné sans peine le Sénat et le président de la République.

Mais si M. J. Simon allait s'emparer du pouvoir et préparer pour 1880 sa présidence contre M. Gambetta ! C'est là ce qu'il fallait empêcher à tout prix !

Aussi M. Gambetta a-t-il apeuré les gauches comme en février 1875, a-t-il fait tonner, lui aussi, la menace de la dissolution et d'un ministère de combat, a-t-il, en un mot, soutenu, pendant près d'un an, M. Dufaure de son influence ?

M. Dufaure cependant, est tombé sous le poids de ses fautes. Il n'y avait plus alors qu'à vouloir pour reconquérir d'un bond le terrain perdu, pour faire céder la réaction ; la droite ne voulait pas de la dissolution ; elle n'était pas prête pour des élections générales, et la Chambre était maîtresse absolue de la situation. Il suffisait d'attendre avec fermeté.

Oui ! mais si les amis de M. Gambetta attendaient trop longtemps, M. Jules Simon s'emparerait du portefeuille, de même que les amis de M. Gambetta ne manqueraient pas de s'en rendre maîtres, si M. Simon ne profitait pas du moment favorable.

De là ce *résultat* : qu'au lieu de se montrer tous énergiques, les divers groupes qui soutiennent, sous des bannières diverses, la *politique des résultats,* ont concouru à un véritable steeple-chase dont le but était le ministère et dont l'affaissement était le moyen.

M. Jules Simon est arrivé le premier, sans condition, et son premier acte a dû être d'amoindrir encore la Chambre en obtenant d'elle qu'elle se dessaisît de la seule prérogative que la Constitution lui eût laissée.

Il est vrai que M. Gambetta a protesté. Battu par M. J. Simon dans la course au portefeuille, il a de nouveau embouché sa trompette radicale, — tout en émaillant son discours d'éloges pour le Sénat et la Constitution, éloges de nature à lui permettre une nouvelle évolution demain ; — et lui, qui aurait certainement parlé comme M. Simon si M. Duclerc eût été ministre, qui aurait, comme M. Simon, menacé les gauches d'un ministère de combat, il tonne à cette heure contre les concessions à outrance, dont il a été, dont il sera encore le champion le plus résolu.

Mais le secret de sa politique est éventé. Les opportunistes qu'il a fait élire et qui sont plus dévoués au système qu'à l'homme, laissent tonner M. Gambetta dans le vide, et se rallient à celui des leurs qui tient le pouvoir.

M. Gambetta a été battu, écrasé par ses propres troupes. C'est son premier châtiment, ce ne sera pas le dernier.

Les radicaux ne croient plus à ses phrases emphatiques. Ils rient de celui qui s'essouffle à défendre aujourd'hui les principes dont il préconisait hier la violation.

M. Gambetta est destiné à demeurer seul avec quelques rares amis attachés à sa fortune, également repoussé par les vrais modérés qui ne lui pardonneront jamais son origine, et par les vrais radicaux qui ne lui pardonneront jamais ses palinodies.

Le mal en tout cela, c'est que le peuple s'éloigne de la politique; qu'il ne croit plus à l'honnêteté de personne; que, après avoir été abandonné par les Favre, par les Ferry, par les Simon, par les Gambetta, il se demande pourquoi les irréconciliables d'aujourd'hui ne l'abandonneraient pas comme ceux d'hier, si jamais ils parvenaient à la même situation que ces derniers.

Ce mal n'est qu'apparent.

Après un moment de dégoût, de découragement passager, le peuple comprendra que l'étape purement politique est passée; que, la République étant désormais indéracinable, il faut entrer résolûment dans la voie des réformes sociales; que le meilleur moyen de n'être plus trompé, c'est de ne plus croire aux hommes, de ne s'attacher qu'aux principes, de rédiger, à chaque élection, des cahiers précis des revendications populaires et, laissant ainsi de côté les intrigants de toute sorte, de marcher sûrement à la conquête de l'avenir.

Le moment de découragement actuel n'est que cet instant de repos qui précède les luttes suprêmes.

Nous conseillons à M. Gambetta, à M. J. Simon et à tous ceux de leur école d'en profiter au plus vite, car bientôt il ne sera plus temps; car l'heure des politiques formés à l'école de l'opposition châtrée de l'empire est bien près d'être passée; car l'heure du peuple approche, et, quand elle aura sonné, tous les eunuques de la politique disparaîtront de l'arène où la tolérance du pays les maintient encore, mais d'où ils seront emportés par le souffle populaire dès que le peuple aura compris, dès que le peuple voudra.

Voilà pourquoi, regardant se former l'opinion publique réelle, cherchant dans les entrailles de la population les indices de la grande rénovation sociale qui se prépare, nous regardons avec quiétude et sans autre intérêt que celui qui s'attache à l'étude d'une période historique, les petites machinations, les petits calculs, les petites ambitions qui se donnent cours dans les cercles parlementaires.

M. Simon, M. Ferry et M. Gambetta peuvent être aussi profondément républicains et aussi profondément conservateurs qu'ils voudront, le corps électoral, encore abusé il y a un an, malgré les efforts des intransigeants, les juge sainement à cette heure. Vienne la dissolution anticipée ou normale, et l'époque des POLITIQUES sera passée, l'époque du SOCIALISME sera ouverte.

ALFRED NAQUET.

Les Droits de l'homme du 30 janvier 1877 n° 356

L'ÉLECTION D'AVIGNON

Paris, le 27 janvier 1877.

Monsieur le rédacteur en chef des *Droits de l'Homme*,

J'adresse par le même courrier à notre excellent confrère d'Avignon, le *Journal du Midi*, la lettre ci-jointe que je tiens à voir reproduite dans la presse parisienne, et dont, pour ce motif, je vous prie de vouloir bien m'accorder l'insertion dans vos colonnes.

« J'apprends que le *Républicain de Vaucluse* publie une lettre de moi par laquelle, en 1875, j'offrais la candidature à M. Eugène Raspail, et essaie — paraît-il — de tirer de là certaines déductions contre la candidature de M. de Saint-Martin.

« J'apprends en outre que, continuant le système de mensonge adopté dès le début de la lutte, la coterie soi-disant républicaine, qui s'efforce d'imposer sa dictature au département de Vaucluse, répand le bruit que j'ai cessé de soutenir M. de Saint-Martin.

« Je viens vous prier d'insérer ces quelques mots en réponse à l'article du *Républicain* et au bruit que je viens de mentionner.

« Lors de l'élection du 1er mars 1874, les moyens de fraude et de violence employés par l'administration de M. Doncieux avaient failli nous coûter la victoire, et nous l'auraient certainement coûté, si le grand nom du fondateur du suffrage universel, de l'homme dont, depuis 1848, le nom était demeuré légendaire, de Ledru-Rollin, n'avait créé dans les campagnes de Vaucluse, un de ces courants auxquels rien ne résiste.

« Mais enfin, nous avions eu, au 1er mars 1874, 8 ou 9,000 voix de moins qu'au 2 juillet 1871 et les modérés s'étaient hâtés d'exploiter à leur profit cette situation, en prétendant — ce qui était absolument le contraire de la vérité — que ce résultat était dû à la candidature de Ledru-Rollin.

« Lorsque — Ledru-Rollin mort — il s'agit de le remplacer — Car on ne prévoyait pas encore la loi abolitive des élections partielles — le département de Vaucluse se trouva dans une situation délicate.

« D'une part, M. Doncieux *imposait de plus en plus le bien* à notre pays, qui était menacé de voir les procédés électoraux de Cavaillon se généraliser.

« D'autre part, les modérés ne demandaient que l'échec d'une candidature radicale pour déconsidérer le groupe politique auquel j'ai l'honneur d'appartenir et lui faire perdre son influence chez nous.

« Il s'agissait de conjurer ces deux dangers.

« Il fallait éviter l'échec et, pour cela, choisir un candidat qui pût rallier tous les suffrages, d'autant que n'avions plus, dans le parti radical, aucun nom qui s'imposât comme celui de Ledru-Rollin.

« Si l'échec de[...] avoir lieu, il fallait qu'il n'eût pas lieu [...] un nom radical, afin que les modérés n[e pu]ssent pas s'en faire une arme contre no[us].

« Le nom de M. Eugène Raspail me parut réunir ces conditions et, bien que M. Eugène Raspail, — je le savais et son oncle me l'a confirmé depuis en m'autorisant à le répéter, — n'eut rien de commun au point de vue politique avec l'homme qui a illustré son nom ;

« Bien qu'il eût manqué à la discipline républicaine en ne prenant point part au vote lors de l'élection de l'assemblée nationale, le 8 février 1871, ainsi qu'il me l'a affirmé lui-même avec une parfaite loyauté en présence de M. Blanchon qui me le rappelait il y a quelques jours.

« Bien qu'il eût une seconde fois manqué à cette discipline en ne se désistant pas devant son compétiteur, qui avait plus de voix que lui à Beaumes au 8 octobre 1871 ;

« Bien que, au 2 juillet 1871, il eût consenti, au risque d'assurer le triomphe des légitimistes, — car à cette époque l'élection avait lieu à la majorité relative au premier tour de scrutin, — à faire partie d'une liste dissidente créée au mépris de la délégation la plus régulière que nous ayons jamais eue ;

« Malgré tous ces faits de nature à lui aliéner les républicains, j'avais cru que, grâce à son nom, M. Eugène Raspail pourrait rallier les radicaux ; et je ne doutais pas qu'il ne fût accepté par les modérés qui l'avaient placé sur leur liste dissidente en 1871.

« La candidature de M. Eugène Raspail me paraissait, par suite, la plus apte à remplir les deux conditions qui s'imposaient à nous, et c'est ce qui me porta à lui demander s'il consentirait à se mettre sur les rangs.

« Je dois ajouter toutefois que je m'étais trompé dans mes prévisions. Les radicaux n'acceptèrent pas ce que je leur proposais et, ainsi que cela résulte d'un échange de lettres qui eu lieu alors entre M. Gaussen et moi, il devint évident que M. Eugène Raspal ne serait point admis par les radicaux.

« Depuis lors, les choses se sont bien modifiées.

« D'abord, l'expérience tentée à cette époque ayant démontré que la fraction radicale de notre parti ne se rallierait jamais volontairement à la candidature de M. Eugène Raspail, cette expérience n'était plus à recommencer.

« Ensuite, la candidature de M. Raspail s'étant produite quand celle de M. Saint-Martin était déjà posée, cette candidature ayant été mise en avant et ayant été soutenue par les hommes que le véritable parti républicain rencontre toujours, depuis le 4 Septembre, comme des ennemis sur sa route, et ayant ainsi reçu de ses patrons un caractère tel que son triomphe serait un échec pour la *Républi*-*que... républicaine*, notre devoir, à nous, hommes de l'extrême gauche, était tout tracé :

« La combattre énergiquement, et soutenir avec la même énergie la candidature du citoyen Saint-Martin, qui représente la politique d'énergie, seule capable, selon nous, d'asseoir, de consolider, de développer la République.

« C'est ce que j'ai fait ; c'est ce que je continuerai de faire jusqu'au bout.

« Et ceci est en même temps ma réponse aux insinuations dont je parlais tout à l'heure.

« Non ! je n'ai pas abandonné mon ami Saint-Martin.

« Je ne l'ai pas abandonné parce que son triomphe est le triomphe de l'extrême gauche, c'est-à-dire de la seule politique que je crois utile au pays :

« Je ne l'ai pas abandonné parce que le système de dénigrement, de calomnie employé contre cet honnête homme a été tel que, lui conseiller le désistement, c'eût été lui conseiller le déshonneur, et qu'il se doit à lui-même, qu'il doit à la cause dont il porte en ce moment le drapeau à Avignon, de faire confondre par les électeurs avignonnais ses détracteurs, ses calomniateurs.

« Si je ne suis plus dans Vaucluse, c'est que, mon congé étant expiré, mon devoir me rappelle à Versailles.

« Mais de loin comme de près, je suis avec le candidat qui livre le bon combat, le combat de la démocratie réelle, de la démocratie qui ne relève que d'elle-même et qui ne connaît ni les groupes directeurs ni les coteries mesquines qui voudraient la dominer.

« Veuillez agréer...., etc. »

Recevez, monsieur le rédacteur en chef des *Droits de l'Homme*, avec mes remerciements anticipés pour l'insertion de cette lettre, l'assurance de mes meilleurs sentiments.

ALFRED NAQUET.

Nous recevons la dépêche suivante

Thôr, 28 janvier, 3 heures soir.

M. Raspail, 76 voix sur 78 votants. Le nombre des délégués est de 114.

L'*Evénement* a reçu une dépêche d'Avignon qui lui annonce que M. du Demaine retire sa candidature.

F.-V. Raspail, nommé président honoraire d'une réunion à l'Isle, a adressé au président de cette réunion la lettre suivante :

Arcueil, le 24 janvier 1877.

Mon cher concitoyen,

Je suis bien flatté que votre réunion privée de l'Isle-sur-Sorgues m'ait acclamé président de la séance. Puisse cet hommage rendu à ma longue carrière de luttes et de souffrance ne pas amener de confusion dans l'esprit de vos délégués !

Qu'ils choisissent, comme candidat, un homme ferme dans ses convictions et à qui il ne soit jamais arrivé de renier sa foi républicaine devant un évêque et devant ce misérable qui a fini par livrer la France à l'ennemi.

Je vous serre cordialement la main.

F.-V. RASPAIL,
Député des Bouches-du-Rhône.

Ces dernières lignes font allusion à la dispense que sollicita de Mgr Sibour M. E. Raspail pour épouser sa nièce. C'est depuis ce jour que les relations ont cessé entre l'oncle et le neveu.

---

6 bis

La Justice du 22 mai 1888 – n° 3051

reproduisant

une lettre insérée en autographie dans

Le Censeur de Lyon – n° exceptionnel du

4 janvier 1877.

Voici la lettre de M. Alfred Naquet dont il est question plus haut et qui parut autographiée en janvier 1877 dans un numéro exceptionnel du *Censeur*, de Lyon :

Paris, 4 janvier 1877 (minuit),
41, rue de Moscou.

Mon cher confrère,

Vous me demandez une lettre pour le numéro exceptionnel de votre vaillant journal qui doit paraître le 7 janvier.

Je suis heureusement remis, et il aurait fallu que je fusse bien malade pour ne pas répondre avec empressement à votre appel.

Les organes de la démocratie socialiste sont rares, et tous les républicains dignes de ce nom se doivent de concourir à la conservation et au développement de ceux qui existent. Ils font aussi acte de patriotisme, et je vous remercie en cette circonstance d'avoir songé à moi et de m'avoir placé par la pensée dans le rang de ceux sur qui l'on peut toujours compter.

Le grand mal de notre époque est l'indifférence qui gagne de plus en plus les populations. C'est là le danger contre lequel il faut réagir. Pour combattre un mal, il faut d'abord en connaître la cause.

Quelle est donc la cause de l'indifférence qui règne aujourd'hui ?

Elle est dans l'habitude monarchique qu'a le peuple de France de se créer des idoles, habitude contre laquelle protestait Anacharis Clootz lorsque, du haut de la guillotine, il s'écriait :

« France, guéris-toi des individus ! »

Les idoles que les peuples se créent ne répondent jamais ou presque jamais à ce qu'on en attendait. Les hommes que le peuple élève sur le pavois oublient le peuple pour ne songer qu'à eux-mêmes, et, comme c'est la bourgeoisie qui distribue les faveurs, du camp populaire ils ne tardent pas à passer au camp bourgeois.

Le peuple met ses espérances dans les hommes du *National*, et aux journées de juin les hommes du *National* le fusillent.

Sous l'Empire, il confie sa défense à Ollivier, à Picard, à J. Simon, à Jules Favre — malgré les souvenirs de 1848 — et à Gambetta.

Et il voit tous les républicains l'abandonner tour à tour : l'un pour aller à l'Empire, les autres, qui n'ont pas eu le temps de le suivre jusque-là, pour passer armes et bagages dans l'armée des privilégiés.

Il les voit faire cause commune avec ses ennemis, en mai 1871, et amnistier les moins mauvais au moins par leur abstention — ceux qui le mitraillent.

Le peuple alors perd toute confiance dans ses chefs, et ne voyant pas la politique ailleurs que dans les hommes, il s'éloigne de la politique.

Comment l'y ramener ?

En pratiquant sans cesse la doctrine d'Anacharsis Clootz ;

En ne cessant de répéter que, laissant de côté les hommes, il faut se grouper autour des idées ;

En renversant de leur piédestal toutes les personnalités qui usurpent la confiance du pays et en refaisant la véritable démocratie, la démocratie des principes.

Cette œuvre est celle à laquelle vous vous êtes voué, et c'est pourquoi moi, qui, comme vous, combats dans la limite de mes forces, le même combat, j'accours à votre appel, heureux et fier d'avoir été appelé !

Salut fraternel.

A. NAQUET.

Le n° [illegible]

[illegible]

[illegible] V – III – 7 – B

Les droits de l'Homme du 1er février 1877

[redacted]

de la presse, je relisais, il y a quelques mois à peine, un admirable discours prononcé au Corps législatif, dans la séance 29 janvier 1868, par le président actuel du conseil des ministres.

Je détache quelques passages de ce discours :

> Messieurs, disait en commençant M. J. Simon, je suis un partisan absolu de la liberté absolue de la presse. Je dirai franchement à la Chambre que je ne l'ai pas toujours été au même point que je le suis ; j'ai toujours voulu être libéral, et je crois l'avoir été toute ma vie ; mais il y a des degrés, et l'on fait, sur le chemin de la liberté, des progrès comme sur tous les autres.
>
> La seule chose que je doive au gouvernement actuel, c'est d'avoir mieux compris la nécessité de la liberté et l'étendue de ses droits ; ce n'est pas pour en avoir fait l'expérience sous le régime que nous subissons.

Quel dommage que l'Empire soit tombé, et comme nous comprenons les résistances que les Simon et les Gambetta ont opposées à la révolution qu'ils ont empêchée de se produire le 9 août et qu'ils ont tout mis en œuvre pour faire avorter le 4 septembre !

Si l'Empire avait duré, l'apprentissage libéral de M. Jules Simon aurait continué, et M. Jules Simon étant à cette heure président du conseil sous Napoléon III, comme il l'est sous M. de Mac-Mahon, la France serait devenue un véritable Eldorado.

Malheureusement l'Empire est tombé, et M. Simon, devenu ministre, arrivé à l'opportunisme par la nécessité de sauver... son portefeuille, a bien vite désappris l'amour de la liberté que le gouvernement impérial lui avait, paraît-il, enseigné par la voie des contrastes.

A moins, cependant, que M. le ministre de l'intérieur, appréciant à sa juste valeur, par les effets qu'il a pu constater sur lui-même, la puissance de ce mode d'enseignement, ne continue à cette heure les pratiques bonapartistes en fait de presse, dans le seul but de répandre plus complètement, de rendre plus solide, plus indéracinable, l'amour des populations pour la liberté.

Je l'avoue, cette dernière interprétation me paraît la plus conforme à la vérité, car si même M. Jules Simon avait fait des pas rétrogrades, si même il était devenu de « partisan absolu de la liberté absolue de la presse » simple *partisan raisonnable d'une liberté sagement limitée* (Voir le dictionnaire du libéralisme bourgeois), il ne s'appuierait pas sur la loi de 1868 et sur la loi moins libérale encore de 1875 pour intenter des procès aux journaux républicains. Cette loi de 1868, il la stigmatisait, en effet, lorsqu'elle était encore à l'état de simple projet, et nous ne pouvons douter qu'il n'appuie la commission Lisbonne, lorsque cette commission, qui ne veut pas de la liberté absolue, mais qui veut d'une sage liberté, en demandera l'abrogation, ce qu'elle aurait certainement déjà fait si des questions de *haute opportunité* ne lui avaient fait remettre cette proposition à une époque où depuis longtemps la Chambre des députés aura rejoint ses devancières et aura fait place à celles qui doivent lui succéder.

> Messieurs, disait M. Jules Simon en combattant la loi de 1868, j'ai besoin de montrer avant tout que le projet actuel n'est pas un projet libéral ; j'en ai besoin pour justifier l'opposition que nous faisons au texte qu'on nous apporte.

Et effectivement il faisait rigoureusement cette démonstration, en analysant minutieusement le projet dans tous ses détails.

Il est donc bien évident que M. le président du conseil ne se sert des lois que lui a léguées l'Empire que pour dégoûter la France de la législation sous laquelle nous avons le malheur de vivre, et pour en avoir plus vite et plus facilement raison. M. Jules Simon sait aussi bien et mieux que nous que les entraves apportées au droit de réunion, au droit d'association, à la liberté de la presse, ne tuent que les gouvernements, que les ministères qui sont assez malhabiles ou assez insouciants de leur intérêt propre pour y recourir.

Voici, en effet, comment il terminait son discours du 29 janvier 1868 :

> Je n'ai qu'une consolation, c'est de penser que tous ces obstacles accumulés vont bien-

... quoi que vous fassiez, tomber en poussière. Toutes ces armes émoussées et surannées dont vous encombrez l'arsenal de vos lois sur la presse, elles sont finies, elles sont vermoulues; elles ne sont plus dangereuses que pour vous; elles éclateront dans vos mains.

Nous irons plus difficilement, mais nous irons, malgré elles et malgré vous! Ah! si vos prédécesseurs dans la lutte contre la conscience et contre la pensée avaient été plus habiles, s'ils avaient réussi, nous serions encore au treizième siècle.

Je répète donc, messieurs, en finissant, ce que je disais en commençant et avec *une conviction qui sera celle de toute ma vie* : il faut la laisser dans la plénitude de la liberté et de sa force; et, puisque nous avons dans les mains l'organe de la vérité, ne faites pas à l'humanité, à la science, à la patrie, l'affront de le dégrader et de le mutiler.

La consolation qui remplissait le cœur de M. Jules Simon en 1868, emplit encore à cette heure le nôtre. Nous regardons passer d'un œil calme tous les procès qu'on intente à la presse républicaine, certains qu'ils ont pour effet d'enraciner dans les populations l'amour de la liberté et de la République. Nous savons que les moyens employés pour restreindre la pensée n'empêchent pas la pensée de se développer et de se propager.

Mais cette consolation, qui résulte de notre foi dans l'avenir, ne nous empêche pas d'admirer et de plaindre à la fois ce ministre qui, pour mieux assurer le triomphe de l'idée libérale et républicaine, combat la liberté, ment à « une conviction qui sera celle de toute sa vie », de gaieté de cœur, prépare sa propre chute et accomplit un sacrifice d'autant plus méritoire qu'il sera moins compris et moins récompensé [illegible] de tous.

[illegible]

Les droits de l'homme, du 6 février 1877, n°361

L'ÉLECTION D'AVIGNON

Nous recevons la lettre suivante :

Paris, 5 février 1877.

Monsieur le rédacteur en chef des *Droits de l'Homme*,

Je viens vous prier d'insérer dans votre journal les quelques lignes suivantes en réponse à une proclamation de la soi-disant délégation d'Avignon, parue dans le *Journal du Midi*, à la date du 4 février :

« M. Saint-Martin, dit cette proclamation, a cru pouvoir maintenir sa candidature en face de celle du candidat choisi, et il a trouvé, pour l'aider dans cette tâche anti-patriotique, un prétendu *comité central*, qui n'a d'autre mandat que celui qu'il s'est donné à lui-même au mépris de l'union et de la discipline. »

Nous demanderons aux signataires de ce libelle, si, au mois de février 1876, M. Gambetta ne s'insurgeait pas à Marseille contre le vrai comité central, au nom d'un faux comité central qui n'avait point été élu dans les sections;

Si, à la même époque, M. Taxile Delord ne s'insurgeait pas à Apt contre la délégation, quoique nous fussions gouvernés par M. Doncieux, que la fraude fût partout, qu'un candidat bonapartiste fût sur les rangs, et que le danger fût immense;

Nous leur demanderons enfin si, au mépris de toute discipline, les hommes qui parlent le plus de discipline aujourd'hui n'ont pas en 1871 fait une liste dissidente, contrairement aux décisions de la délégation, alors qu'une liste légitimiste était en face de nous, et que nous vivions sous l'empire d'une loi qui n'imposait pas à un candidat, pour être élu, l'obligation d'obtenir la moitié plus un des suffrages exprimés au premier tour, et permettait ainsi à l'adversaire inférieur en nombre de triompher par notre division?

Ces questions suffiraient à la rigueur, et nous pourrions nous borner à répondre à nos adversaires : *Patere legem quam ipse fecisti*. (Subis la loi que toi-même tu as faite.)

Nous ajoutons qu'aujourd'hui il n'y a aucune indiscipline à faire appel au suffrage universel, d'abord parce que nous n'avons pas d'adversaires en face de nous; ensuite, parce que, en eussions-nous un, nul ne peut passer au premier tour sans avoir la majorité absolue, et qu'il suffit pour le triomphe du parti qu'on soit discipliné au deuxième tour, contrairement à l'exemple donné par M. Eugène Raspail en 1871.

Quant aux nouvelles calomnies inventées contre M. Saint-Martin, je lui laisse le soin d'y répondre lui-même et je n'en relève que deux.

Le manifeste de la délégation accuse M. Saint-Martin d'avoir écrit en 1866 :

« Si cela pouvait vous intéresser, je vous dirais que je suis venu à Paris avec la presque certitude d'entrer au ministère des beaux-arts et de la MAISON DE L'EMPEREUR. »

LA MAISON DE L'EMPEREUR n'est là que pour produire de l'effet, car il ne s'agissait que du ministère des beaux-arts qui, à cette époque, au lieu de relever du ministère de l'instruction publique, relevait du ministère dit de la maison de l'empereur.

Il s'agit donc [illegible] sous l'Empire, [illegible] pas, sans déchoir, être employé [illegible] un ministère [illegible] où il n'y avait d'ailleurs aucun serment à prêter.

Pour nous, nous nous avouons moins intransigeants sur ce point que nos adversaires, et, nous rappelant que Rochefort lui-même a été employé à l'Hôtel de Ville, ce qui ne l'a pas empêché d'être l'adversaire le plus cruel et le plus résolu de l'Empire, nous estimons que M. Saint-Martin a pu, — si elle est exacte, ce que nous ignorons, — écrire la lettre qu'on lui reproche sans encourir le moindre blâme.

Du reste, nos adversaires pensent au fond comme nous. Nous nous rappelons que l'an dernier ils invoquaient, contre notre propre candidature à Apt, un article de M. Edmond About, auquel ils donnaient place dans les colonnes de leur journal, le *Républicain de Vaucluse*, sans se demander si M. Edmond About n'était pas dans les salons de la princesse Mathilde pendant que le candidat par eux combattu était dans les prisons de l'empire.

Le manifeste parle aussi d'une demande de sous-préfecture faite par M. Saint-Martin. La demande en question nous a été adressée à nous-même le 13 ou le 11 février 1871, alors que la composition de l'Assemblée nationale était encore inconnue, et que le citoyen Saint-Martin croyait cette Assemblée républicaine.

Dès qu'il en a connu la composition, non-seulement il a cessé de postuler une place du nouveau gouvernement, mais, à l'encontre des modérés qui l'attaquent, il s'est démis de celle qu'il avait à Avignon.

Veuillez agréer, monsieur le rédacteur, l'assurance de mes meilleurs sentiments.

A. NAQUET.

M. F.-V. Raspail, député des Bouches-du-Rhône, vient d'adresser la lettre suivante à M. Saint-Martin, candidat républicain radical dans l'arrondissement d'Avignon :

« Monsieur Saint-Martin,

« Dans la lutte qui s'engage à Avignon, je laisse de côté la parenté ; je ne vois que les besoins de la cause. N'agissons jamais par ruse et ne trompons personne.

« Il s'agit de nommer un républicain, c'est-à-dire un homme honnête dans sa foi et dans ses opinions radicales.

« Vous êtes le seul qui vous présentiez dans ces conditions ; j'invite mes concitoyens de l'arrondissement d'Avignon à vous nommer, vous, citoyen Saint-Martin. Ils resteront fidèles à leur cause.

« Je m'arrête à ce point-là ; et je prie mes concitoyens de l'arrondissement d'Avignon de recevoir mes salutations fraternelles.

« F.-V. RASPAIL,
« Représentant des Bouches-du-Rhône.

« Arcueil (Seine), 27 janvier 1877. »

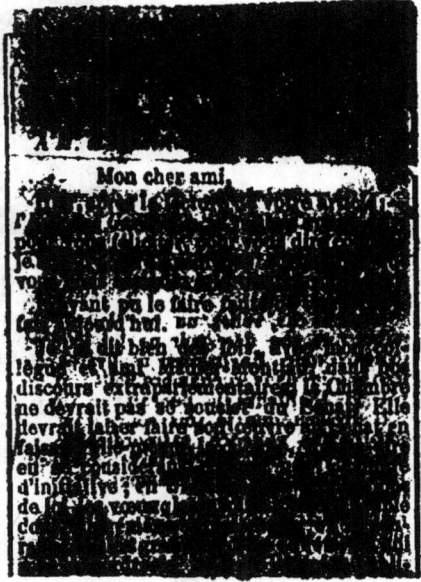

Le Radical

22 mars [illegible]

[illegible]

Mon cher ami,

[illegible]

[illegible] pu le faire [illegible] aujourd'hui [illegible]

[illegible] dit bien [illegible] légué [illegible] discours extraparlementaires [illegible] ne devrait pas se [illegible] du [illegible]. Elle devrait laisser faire [illegible] en [illegible] d'initiative ; [illegible] de [illegible]

[illegible]

bien que [illegible] des services encore plus grands que par le passé, en rendant à son tour notre propre tâche plus facile et plus fructueuse.

Merci donc, et recevez l'expression de ma cordiale sympathie.

A. NAQUET.

82

La Tribune Algérienne du 6 avril 1877

LETTRE
DE M. ALFRED NAQUET

A Monsieur le Rédacteur en chef de LA TRIBUNE ALGÉRIENNE

Paris, 30 mars 1877.

Monsieur le Rédacteur,

Bien que désireux de voir triompher la candidature de M. Fawtier dans le département de Constantine, j'avais cru devoir m'abstenir jusqu'à ce jour de déclarations publiques, pensant qu'un député, qui n'appartient même pas à la contrée, ne peut pas, sans intervention abusive, se mêler à une lutte électorale.

Mais la lettre de M. Gambetta en faveur de M. Thomson me décide. Il serait fâcheux de laisser à M. Gambetta le rôle de Grand-Électeur de France, qu'il tend un peu trop à s'attribuer, et je crois, puisqu'il s'est permis d'agir, pouvoir agir de même sans abuser de ma situation. A supposer du reste qu'il y ait abus, cet abus servira à compenser celui qui a été commis par le directeur de la *République française*.

Laissant dès lors de côté tout ce qui a trait à la question algérienne que je ne connais pas, je viens vous prier, Monsieur le Rédacteur, de me prêter la publicité de votre estimable journal, pour faire connaître aux électeurs mon opinion, l'opinion des hommes qui se groupent autour de l'extrême gauche, sur l'élection du 8 avril.

A l'heure où nous sommes, la République est faite; les monarchistes, par leurs divisions, la rendent indéracinable; elle ne court plus qu'un danger, et ce danger là vient des républicains opportunistes : c'est l'*inaction*.

Ce n'est pas seulement pour changer le nom de son Gouvernement que depuis quatre-vingts ans la France sacrifie la fortune, la liberté, la vie de ses enfants, c'est en vue d'une série de réformes politiques et sociales qu'elle veut et dont elle n'attend la réalisation que de la République.

Ajourner indéfiniment ces réformes, ne pas même les préparer sous le prétexte que le Sénat les rejetterait, mettre son drapeau dans sa poche, renier son passé, faire comme M. Gambetta, l'éloge du Sénat et déclarer qu'il n'y a pas de question sociale après avoir signé en 1869 le mandat des électeurs de Belleville, c'est décourager les plus résolus, c'est ôter au Peuple la foi dans les hommes qui le dirigent et dans les institutions pour lesquelles il a combattu. Dire que nous possédons à cette heure la République, c'est éloigner d'elle tous ceux qui l'ont faite et aux yeux desquels ce mot exprimait tout autre chose. Ne pas prendre résolument l'offensive afin de bien montrer au Peuple que tout reste à conquérir, c'est faire le jeu des réactions!

Voilà pourquoi il faut que le pays, rappelant ses mandataires à cette virilité qui seule réduira au silence nos adversaires, élise, toutes les fois qu'il a la parole, des radicaux!

Et par radicaux je n'entends pas seulement ceux qui affirment un programme avoué, sauf à en ajourner indéfiniment l'exécution. J'entends ceux qui veulent dès aujourd'hui proposer les réformes qui sont énumérées dans leur programme, les faire triompher si possible à la Chambre, et, si c'est impossible, rassurer par ces revendications incessantes la France républicaine et préparer ainsi l'élection générale de 1880.

C'est ce qu'ont fait les électeurs de Marseille lorsqu'ils ont nommé le radical Bouquet, dans la circonscription même où quelques mois auparavant, Gambetta remportait sur moi une victoire écrasante; c'est ce qu'ont fait les électeurs d'Avignon en élisant Saint-Martin, le candidat de l'extrême gauche contre M. Eugène Raspail; c'est ce que viennent de faire les électeurs de Bordeaux en donnant à Mie près de 3,000 voix de plus qu'à l'opportuniste Steeg; c'est ce que, malgré les recommandations de M. Gambetta et de M. Crémieux, feront, je n'en doute pas, le 8 avril, les électeurs du département de Constantine en élisant M. FAWTIER!

Quant à la recommandation de M. Crémieux, je suis convaincu qu'elle est le résultat des manœuvres calomnieuses que l'on emploie aujourd'hui contre M. Fawtier, après les avoir employées hier contre M. Saint-Martin. M. Crémieux, jugeant de loin et sur le dire d'autrui, a pu en être impressionné; mais les électeurs feront de ces calomnies là le cas qu'ils ont fait de celles-ci : ils enverront siéger M. FAWTIER à la Chambre; ils prouveront qu'il ne suffit pas de diffamer les vrais amis de la République pour leur enlever l'estime des populations, et ils démontreront ainsi qu'ils sont vraiment émancipés, vraiment dignes des droits que la loi leur confère.

Veuillez agréer, Monsieur le Rédacteur, l'assurance de mes sentiments fraternels.

A. NAQUET, député.

Nous nous garderions bien de commenter ces lignes magnifiques du grand citoyen qui nous a fait l'honneur de les adresser à la *Tribune*.

Ce mâle langage, cette admirable déclaration de principes seront compris de tous les Algériens, dont le cœur bat toujours si vivement quand on leur expose les grandes idées, les grands principes auxquels ils sont si profondément attachés.

Il sera non moins bien compris — nous en avons la ferme conviction — par nos concitoyens qui appartiennent à la communion religieuse dont M. Naquet fait partie, par les électeurs israélites, dont on a tenté d'égarer les consciences, en trompant avec effronterie celui qui les a fait citoyens français, le vénérable M. Crémieux.

L'égalité du 24 avril 1877

LETTRE
DE
M. ALFRED NAQUET

Notre collaborateur M. G. la Palud a reçu la lettre suivante :

Mon cher ami,

J'ai lu avec un vif intérêt votre article intitulé : « Ligne de conduite. » Il est vrai d'un bout à l'autre et je ne puis que l'approuver sans restrictions.

Oui, le parti républicain donnera sa mesure en 1880! Il faut qu'à cette époque il soit prêt et qu'en un an il enlève toutes les grandes réformes que le pays attend de lui. Si, à ce moment-là, il ajournait encore, attendait encore, biaisait encore, le pays le considérerait comme irrémédiablement frappé d'impuissance et, faisant remonter la condamnation du parti — c'est-à-dire des hommes — qui la mériterait, au système politique lui-même — c'est-à-dire à la République — qui ne la mériterait cependant pas, il reviendrait par une évolution fatale au gouvernement personnel, au césarisme, à l'Empire. Ce serait non seulement la ruine de nos espérances, de nos réformes, mais encore la perte définitive de la France, flambeau désormais éteint pour l'humanité.

Nous ne voulons pas que cela soit. Nous voulons que la grande patrie française, « la patrie de l'éternelle Révolution » comme disait Proudhon, vive et féconde encore le monde. Et comme nous voulons que la France vive, nous voulons voir vivre aussi, grandir et prospérer la République : — l'idée Républicaine et l'idée Française étant aujourd'hui inséparables.

Or, pour que la République vive, il faut qu'elle donne ce qu'elle a promis ; il faut qu'elle réalise son programme, il faut que les populations la jugeant à ses œuvres apprennent à la comprendre et à l'aimer ; il faut que 1880 ne soit pas une nouvelle déception après des déceptions si nombreuses et si amères.

Et cependant 1880 sera une déception nouvelle si dès l'heure présente on ne prépare hardiment et résolument les solutions.

Pour peu qu'en 1880 le parti républicain soit hésitant, qu'il tâtonne, qu'il ne culbute pas énergiquement ses adversaires en résolvant rapidement et pour ainsi dire coup sur coup toutes les grandes questions ; pour peu qu'il laisse le temps à ses adversaires découverts ou masqués de se ressaisir, de se concerter, de reformer leurs phalanges, tout espoir sera perdu.

Mais pour résoudre coup sur coup les grands problèmes par des lois fécondes, il faut que l'œuvre législative seule reste à faire ; qu'on n'ait plus à se préoccuper que de cette formalité : le vote des lois ; que l'œuvre philosophique soit achevée; que l'anarchie ait cessé de régner dans les esprits ; que les solutions soient toutes prêtes, n'attendant plus que de passer dans les faits.

Il y a donc une œuvre préparatoire qui s'impose, à laquelle il faut que nous nous livrions sans perdre une seconde, car les temps approchent et chaque seconde perdue l'est à tout jamais.

Il faut que les journalistes, les philosophes, les penseurs, se recueillent, songent, coordonnent et mûrissent leurs idées. Il faut surtout que la Chambre républicaine se mette résolument à l'œuvre pour que dès aujourd'hui et sur chaque point on sache jusqu'où le parti républicain, représenté par ses diverses nuances se faisant des concessions réciproques, peut aller. Ce travail préalable est la condition sans laquelle aucun résultat n'est à attendre en 1880.

Jusqu'à présent, les opportunistes ont répondu par des votes de « non prise en considération » à tous les projets de rénovation parce que, disaient-ils, le Sénat appartenant à la réaction clérico-monarchique, le vote de lois républicaines serait inutile, la volonté de la Chambre devant nécessairement se briser contre l'hostilité systématique de cet autre grand corps de l'Etat.

Cette argumentation ne serait vraie que si toutes les solutions étaient dès à présent préparées. Le sont-elles? poser cette question c'est y répondre. Sait-on jusqu'où le parti républi- dans son ensemble, veut aller dans la pratique de la liberté de la presse, dans la reconnaissance du droit de réunion et du droit d'association, dans les facilités à accorder aux époux qui demanderont le divorce, dans le retour à l'Etat de tous les grands monopoles qui constituent aujourd'hui une nouvelle féodalité substituée à l'ancienne ?

On ne le sait pas, et comment le saura-t-on si la représentation officielle du parti républicain ne discute pas ces grands problèmes dans l'assemblée législative où elle possède la majorité; si elle ne se décide pas à formuler en projets de loi émanées de l'initiative parlementaire toutes les réformes que le peuple attend de la République ?

Le Sénat repoussera? qu'importe si tout le monde sait d'avance qu'il doit repousser; si la France sait que le travail auquel on se livre est un travail de préparation; que ce sont les cahiers de 1880?

Non-seulement en agissant ainsi on hâtera le moment des réformes, mais on fera prendre patience aux uns, en même temps qu'on rassurera les autres, et l'on rendra par cela même les projets liberticides des ennemis de la République sans danger.

Le péril à cette heure est double: d'un côté la peur que la réaction inspire à une foule d'honnêtes citoyens qui marcheraient avec nous s'ils connaissaient le but que nous poursuivons et que l'ignorance seule éloigne de nos rangs;

De l'autre, la lassitude de ceux qui, ne voyant se réaliser aucune de leurs espérances, finissent par se fatiguer de la République comme ils se sont fatigués des régimes qui l'ont précédée.

En votant des projets de loi, en formulant ainsi législativement un programme, on rassurera les premiers qui reconnaîtront que l'on ne cherche que la réalisation d'idées justes, et l'on donnera de l'espoir — c'est-à-dire de l'ardeur et du courage — aux seconds, lesquels verront enfin le port.

L'extrême gauche doit donc continuer avec vigueur la campagne entreprise, et les journalistes, les écrivains, les penseurs comme vous, doivent l'y aider en la poussant et en la secondant à la fois.

Vous l'avez compris et vous avez exprimé cette vérité dans le remarquable article que je citais plus haut et c'est pourquoi j'ai voulu vous apporter mon approbation entière pour les idées si justes et si bien exprimées que cet article renferme.

Recevez, mon cher ami, l'expression de ma fraternelle sympathie.

A. Naquet, *député*.

Paris, le 21 avril 1877.

Le Radical du 26 avril 1877

LA CONFÉRENCE DE TROYES

Voici le texte du discours prononcé dimanche dernier à Troyes par le citoyen Naquet, à la réunion privée organisée dans le local du Cirque par les chambres syndicales ouvrières de cette ville et dont nos lecteurs ont lu le compte-rendu hier :

Citoyennes, citoyens,

Lorsqu'on m'a fait l'honneur de me demander — ainsi qu'à mon ami Yves Guyot — de venir à Troyes, j'avais cru qu'il s'agissait d'une conférence autorisée, c'est-à-dire publique, et comme, sous la République [illegible] qui nous gouverne, le suffrage universel a par le droit de s'éclairer, de discuter publiquement les questions politiques, c'est-à-dire ses propres affaires, j'avais dû choisir un sujet non politique, quoique d'ordre législatif, et je m'étais arrêté au divorce, qui va être mis très prochainement à l'ordre du jour de la Chambre des députés. Mais, lorsque j'ai appris d'autre part que la réunion était privée — c'est-à-dire que nous aurions nos coudées franches, que nous pourrions parler politique, — lorsque j'ai su, d'autre part, que nous aurions un sténographe, j'ai supposé que traitant la grande question dominante à l'heure actuelle, je vous intéresserais certainement plus qu'en vous entretenant d'une réforme spéciale, quelque intéressante qu'elle soit, et j'ai pensé que mon discours, reproduit dans les journaux, et recevant de cette publicité un certain retentissement, aurait l'inconvénient de déplacer la question du divorce avant sa mise en discussion devant la Chambre.

Voilà pourquoi, renonçant au sujet primitivement choisi par moi, je me propose de vous parler purement et simplement [illegible]

[illegible]

[illegible] radic[illegible] intransige[illegible] aliste, [illegible]

Remarquez que les mots en cette matière ne signifient rien, car si les mots signifiaient quelque chose, nous pourrions aussi bien que les opportunistes, revendiquer l'épithète d'opportunistes et répudier celle d'intransigeants. Nous [illegible] aussi bien que qui que ce soit qu'en politique, l'absolu n'est pas possible; [illegible] concessions, [illegible] dire des transactions qui s'imposent. Et parce que nous affirmons que la prétendue transaction qui a abouti à la constitution du 25 février est une duperie, il ne s'ensuit nullement que nous répudiions les transactions sérieuses.

[illegible] savez que les partis politiques ne sont jamais dénommés par eux-mêmes : ils reçoivent les appellations que leurs adversaires leur donnent pour les tourner en dérision. Ces appellations, ils les acceptent, et ils ont raison de les accepter.

Nos pères ont été appelés des *sans-culottes*; sous ce titre ils ont fait de grandes choses dans la Révolution française. (Applaudissements.)

On a voulu nous tourner en ridicule en nous appliquant l'épithète d'intransigeants; nous [illegible] intransigeants, soit! Dans tous les cas, il est un fait certain, c'est que les intransigeants n'ont jamais fait d'intransigeance qu'avec les ennemis de la République.

Citoyens : on a dit que c'est sous la dernière Assemblée nationale élue le 8 février 1871 qu'on a été obligé de transiger, d'employer une politique de concessions.

Je ne veux pas remonter à ce qui s'est passé dans les derniers jours qui ont précédé le 4 septembre et dans les jours qui l'ont suivi; mais si je ne craignais de vous retenir trop longtemps, vous verriez que la politique opportuniste, la politique d'ajournement, de contre-révolution sous forme républicaine, n'avait pas attendu pour se produire les événements de 1871, qu'elle avait déjà fait son apparition dans le dernier Corps législatif de l'Empire. — (C'est vrai! c'est vrai! Applaudissements.)

Elle est entrée dans son complet épanouissement sous l'Assemblée nationale de 1871, sous l'Assemblée constituante de Versailles et de Bordeaux, où elle a entraîné le parti républicain à des concessions qui étaient absolument contraires à l'esprit politique qui l'avait caractérisé [illegible].

Pour nous décider à ces concessions, les délégués des trois gauches nous ont dit : « En votant la Constitution, ce n'est pas une consti[illegible]

[illegible] Et comme [illegible] gauche demandait à l'orateur : « [illegible] [illegible] certains que nous aurons un [illegible] républicain? » les négociateurs qui [illegible] venus au nom de l'Union républicaine, [illegible] gauche et du centre gauche répondirent [illegible] une affirmation absolue.

Ils avaient raison ; il est très vrai que [illegible] espérances ont été dépassées, mais [illegible] dans un sens quelque peu différent de [illegible] dans lequel nous pensions qu'elles le seraient : le lendemain du vote, c'était M. Buffet qui était appelé à constituer le nouveau ministère. (Applaudissements.)

J'avoue qu'en ce qui me concerne, je me suis laissé prendre à voter cette constitution, mais voici à quel sentiment j'ai obéi — [illegible] que cela ressort du discours que je prononçai à l'Union républicaine, le 23 février, [illegible] me disais que l'Assemblée nationale [illegible] gauche même, par suite de son attitude pendant les événements de la Commune, [illegible] tait déjà tellement discréditée, que si [illegible] versaires tentaient un coup de force contre elle, nous nous trouverions dans une situation analogue à celle qui s'était produite [illegible] un jour de funèbre mémoire : le 2 décembre 1851.

Je me disais aussi qu'en votant la Constitution, nous obtiendrions la dissolution [illegible] que nous parviendrions à faire élire [illegible] Chambre des députés sincèrement [illegible] caine.

Quel que fût le Sénat, la situation [illegible] dès lors absolument retournée; le président de la République, appuyé sur le Sénat, [illegible] bien le droit de dissoudre la Chambre; [illegible] celle-ci, une fois dissoute, j'étais assuré qu'il se produirait dans le pays un courant énergique, violent contre lequel toute candidature officielle viendrait se briser, et que la Chambre renvoyée devant les électeurs reviendrait de par le suffrage universel plus forte, plus invincible encore. (Applaudissements.)

Et quant à la crainte d'une deuxième dissolution je me disais que l'histoire de France était là pour nous apprendre ce qu'il advient d'un pouvoir assez aveugle pour s'attaquer par deux fois aux élus de la nation; je me rappelais 1830.

Je votai donc la Constitution. Je la votai d'abord pour obtenir le ministère républicain qu'on nous promettait; je la votai ensuite dans l'espérance de pouvoir dès le lendemain, grâce à une Chambre nouvelle, reprendre cette grande tradition de nos pères dont nous étions sortis depuis quatre ans.

Le lendemain, lorsque le ministère Buffet fut constitué, les hommes qui avaient conseillé de voter la Constitution en vue d'une dissolution rapide, et dans le but d'escalader

[illegible]

On arriva à ce résultat [illegible] [illegible] des lois [illegible] [illegible] [illegible] [illegible] [illegible] [illegible] [illegible] qui avait groupé autour du drapeau [illegible] toutes les forces [illegible] [illegible] dans une réunion [illegible] Belleville, au lieu de [illegible] [illegible] franchement qu'il avait [illegible] [illegible] intentions [illegible] au lieu de confesser son erreur, il [illegible] glorifier son œuvre, et [illegible]

[illegible] le Sénat serait le grand conseil [illegible] de France. (Rires et applau[illegible])

A partir de ce jour, il ne pouvait plus y avoir d'entente possible entre ceux qui [illegible] dans la tradition révolutionnaire [illegible] qui [illegible] pour faire de la constitution [illegible] républicaine [illegible]

[illegible] cette époque, en juillet, [illegible] que mon collègue [illegible] de [illegible] et moi nous nous [illegible] à faire dans le Midi cette campagne [illegible] appela notre campagne intransigeante [illegible] Nous voulions préparer des élections [illegible] parce que nous [illegible] que [illegible] dans les derniers mois de [illegible] nationale allait se reproduire [illegible] Chambre qui lui succéderait. [illegible] avait mis la presse [illegible] des [illegible] de la transaction [illegible] qui dominaient ainsi l'opinion [illegible]

[illegible] *Droits de l'Homme*, qui ont [illegible] depuis nos idées [illegible] les élections allaient [illegible] de la politique [illegible]

Il était facile de prévoir l'avenir. [illegible] Je disais à Marseille : « Rappelez-vous [illegible] ceci ; à l'heure actuelle on nous demande toutes les concessions possibles pour arriver [illegible] à la dissolution de l'Assemblée [illegible] Quand la dissolution sera faite et quand la nouvelle Chambre sera élue, on nous demandera également des concessions [illegible] l'argument [illegible] aujourd'hui, c'est en vue de la dissolution [illegible] arrache à nos amis ; demain [illegible] pour ne pas être dissous. » [illegible]

[illegible] que nous avions prévu s'est [illegible] réalisé de point en point ; [illegible] que le Sénat serait [illegible] [illegible], rétrograde, clérical, imbu des [illegible]

[illegible] (Rires et applaudissements.)

Quand à la Chambre [illegible] à dire qu'au lendemain des élections du 20 février 1876, forte de [illegible] qu'elle avait reçue du suffrage universel, elle pouvait tout ce qu'elle aurait [illegible]

Le Sénat était indécis. Vous savez que toutes les Assemblées le sont par [illegible] qu'il y a toujours, à côté de l'extrême gauche et de l'extrême droite, une majorité de ces hommes timides qui constituent les centres, de ces hommes qu'on avait surnommés à la Convention [illegible] crapauds du Marais, et qui, n'ayant aucune espèce d'opinion par eux-mêmes, attendent toujours de savoir de quel côté le vent souffle avant d'aller s'asseoir soit dans les rangs de la gauche, soit dans ceux de la droite. (Rires et applaudissements.)

Beaucoup de sénateurs étaient dans ce cas. [illegible] fait des professions de foi dans [illegible] [illegible] que les journaux [illegible] le soir [illegible] [illegible] que nous [illegible] de majorité au Sénat.

Il en aurait été probablement ainsi en effet, si la Chambre des députés s'était montrée énergique.

Les timorés, les timides du Sénat voyant que le vent soufflait dans les voiles de la République, auraient jugé nécessaire, sinon à leur honneur, du moins à leur intérêt, de se déclarer républicains et de venir s'asseoir à côté des nôtres au lieu d'aller prendre place dans les rangs ennemis. (Rires et applaudissements.)

Quant au Président de la République, il ne pouvait rien sans le Sénat, et il dépendait dès lors de la Chambre de réaliser les réformes indispensables. Il lui suffisait de déclarer qu'elle ne donnerait son appui qu'à un ministère sincèrement républicain [illegible] [illegible] [illegible] d'Audiffret-Pasquier [illegible]

Le Sénat aurait laissé faire et [illegible] République simplement honnête, nous aurions la République dans les faits. (Applaudissements.)

[illegible] les [illegible] de la nouvelle Chambre [illegible] [illegible] [illegible] le Sénat [illegible] [illegible] le moindre mouvement [illegible] faire dissoudre la [illegible]

[illegible]

[illegible] solution [illegible] acceptée par le pays et discutée, elle est [illegible] [illegible] lui donne [illegible] force [illegible] pour marcher en avant. (Applaudissements.)

La dissolution serait peut-être, dans une certaine mesure, à craindre aujourd'hui. Elle sera à craindre beaucoup plus dans deux ans, si l'on continue à suivre la politique opportuniste, car la Chambre sera déconsidérée dans l'opinion publique, et lorsqu'elle reviendra devant les électeurs, elle courra le danger, comme la précédente, d'être désavouée par eux.

Mais lorsqu'une Assemblée est encore puissante, encore forte, encore populaire, lorsque les députés accomplissent fidèlement leur mandat, la dissolution n'est pas à craindre, la dissolution ne peut être que l'occasion d'un nouveau triomphe. (Applaudissements.)

Et donc, je le répète, nous avions agi énergiquement, fermement, nous aurions à l'heure qu'il est des résultats tout acquis; mais la Chambre a suivi une politique de modération, une politique de conciliation, une politique d'opportunisme — comme on l'a dénommée depuis.

Elle a commencé par repousser l'amnistie pour ne pas effrayer le Sénat.

On avait promis une loi municipale complète; on a voté une loi municipale bien maigre, bien chétive, bien rachitique. On a consenti à donner le droit d'élire leur maire aux petites communes qui, à la rigueur, auraient peut-être pu en être privées; mais pour les grands centres démocratiques, comme celui où j'ai l'honneur de parler en ce moment, on ne les a pas jugés dignes de choisir leurs magistrats municipaux.

C'était une concession faite au Sénat; or, cette politique opportuniste, nous allons la juger à ses résultats.

Le Sénat a-t-il répondu à cette concession par d'autres concessions?

A nos concessions, le Sénat a répondu par l'élection de M. Buffet qui avait été quatre fois battu par le suffrage universel. (Applaudissements.)

Il a répondu par l'élection de M. Chesnelong qui était allé à Frohsdorff pour rétablir la monarchie légitime.

Il a répondu en repoussant toutes les lois tant soit peu libérales.

Cette loi municipale, elle-même, dans laquelle nous avions demandé si peu de choses, renfermait un article qui rendait des élections municipales immédiates obligatoires dans toute la France : il a eu bien soin de biffer cet article. (Applaudissements.)

[illegible] qu'il y a [illegible] se trouvent en présence, si l'un recule, l'autre avance. (Applaudissements.)

Si vous vouliez faire reculer le Sénat, il ne fallait pas reculer vous-mêmes, il fallait marcher sur lui, il aurait eu peur, il aurait reculé. (Nouveaux applaudissements.)

Mais au lieu d'avancer résolûment, au lieu de marcher sur [illegible] avez [illegible] il a marché sur [illegible].

Ce que j'avance là, je puis en fournir la preuve expérimentale.

Quand le ministère Dufaure est arrivé, les journaux opportunistes n'ont pas manqué d'affirmer que si malheureusement M. Dufaure venait à être renversé, c'en serait fait de nous.

Il fallait donc soutenir M. Dufaure. [illegible] M. Gambetta ne manquait-il jamais [illegible] casion de le repêcher chaque fois qu'il [illegible] quit de sombrer.

Un beau jour cependant, devant un scandale qui s'était produit à l'occasion de [illegible] tales enterrements civils, la Chambre, [illegible] de dégoût, renversa le ministère Dufaure.

Le jour prédit par les poètes était arrivé, la prophétie allait s'accomplir. Privés du ministère Dufaure, nous allions avoir M. de Broglie, nous allions avoir la dissolution; et [illegible] la dissolution, on ne savait pas!

Pour ma part, j'étais bien tranquille. Je me rappelle avoir écrit ce jour-là, dans le journal que je dirigeais alors, que nous venions de donner la preuve de notre force, qu'il fallait persévérer dans cette voie.

Le Sénat se sentait complètement impuissant contre nous; parmi nos adversaires, quelques-uns, les moins habiles, ne craignaient pas de l'avouer.

Pour dissoudre la Chambre des députés, il aurait fallu obtenir une majorité au Sénat; cela n'eût pas été facile à trouver, étant donné que la majorité anti-républicaine se composait de bonapartistes, de légitimistes et d'orléanistes.

Les légitimistes et les orléanistes [illegible] taient volontiers à nous dissoudre [illegible] dition d'avoir le ministère [illegible] mais il ne fallait pas compter alors sur les voix bonapartistes. De même les bonapartistes acceptaient la dissolution à la condition grâce au ministère de l'intérieur, faire revivre la candidature officielle [illegible] alors légitimistes et orléanistes ne [illegible] plus.

Il serait donc peut-être arrivé que la dissolution aurait été repoussée si l'on avait pris un ministère de droite, et alors ce ministère était à notre merci.

Si par contre la dissolution eût été votée, nous reviendrions trois mois après beaucoup plus forts, et les réactionnaires se seraient trouvés

[illegible]

… les départements de l'Est, du centre et [illegible] pas si fermés aux idées progressives qu'on le prétend ; voici la preuve. [illegible] dans l'accueil que vous nous faites aujourd'hui à Troyes. (Très bien ! très bien !)

On sait que depuis 89, la France a lutté avec une grande énergie pour conquérir la République. Elle a sacrifié sans compter sa liberté, sa fortune, la vie de ses enfants. Qu'on ne vienne pas dire qu'elle a fait tant de sacrifices uniquement dans l'espérance de remplacer un homme qui s'appelle Napoléon III par un autre homme qui s'appelle le maréchal de Mac-Mahon. Est-il possible de supposer [illegible]

[illegible]

[illegible]
[illegible] qui [illegible] par la [illegible] ou [illegible] considérèrent beaucoup [illegible] Blanqui et Raspail [illegible] couche en couche, on arriverait bien vite à la chute désastreuse de la République.

Depuis alors, des [illegible] historiques qui le démontrent.

Sans remonter jusqu'en 1792, que s'est-il passé en 1848, époque aux événements de laquelle beaucoup d'entre vous ont assisté?

Vous allez voir comment procèdent les réactionnaires lorsqu'ils veulent détruire et frapper à mort les institutions républicaines.

Vous rappelez-vous ces heures d'enthousiasme? Je n'avais alors que quatorze ans, mais ce souvenir en est à jamais gravé dans ma mémoire.

Il ne serait venu à personne l'idée de crier: « À bas la République! Vive la monarchie! »

Personne ne l'aurait osé. Aussi les réactionnaires [illegible] de s'attaquer à la République; ils commencèrent par s'attaquer aux hommes qui apparaissaient en tête du parti républicain. Ils ne crièrent pas: « À bas la République! » ils crièrent: « À bas Blanqui! vive Barbès! » C'est ce qu'on fit le 16 avril 1848 à la manifestation des [illegible] à [illegible].

C'était honnête; ils ne voulaient pas la [illegible] de la République, oh! non, c'était [illegible] du parti. Et Blanqui fut sacrifié.

Le 15 mai 1848, nouveau pas en avant de la réaction.

Ce n'est plus: « À bas Blanqui! vive Barbès, » que l'on crie, c'est: « À bas Blanqui, [illegible] Barbès, à bas Raspail! Vive Ledru-Rollin! »

La République n'avait encore rien à craindre entre les mains d'un pareil patriote, on pouvait donc sans danger sacrifier Blanqui, Barbès et Raspail. Ils le furent.

Le [illegible] juin arrive, et l'on dit: « Nous voulons conserver la République, mais nous ne voulons plus de Ledru-Rollin; nous voulons [illegible] le frère du grand patriote, Godefroy Cavaignac.

« Vive Cavaignac! à bas Ledru-Rollin! »

Et à son tour Ledru-Rollin fut mis de côté. [illegible] ce qui s'ensuivit, et comment, [illegible] après de nouvelles chutes, on arriva à crier: « Vive Napoléon Bonaparte! » (Applaudissements.)

Eh bien, citoyens, ne pensez-vous pas qu'il est temps de ne plus commettre les mêmes fautes? Ne pensez-vous pas qu'il est temps que la République marche en avant au lieu de toujours reculer?

[illegible]
[illegible]

[illegible] heure est un modèle, un homme d'ordre, un homme de gouvernement, un opportuniste serait [illegible] à son tour, pour [illegible] Jules Ferry ou tout autre, jusqu'à ce que de chute en chute, on en vînt à retourner à l'impérialisme ou à l'orléanisme, ce qui ne vaut pas mieux. (Vifs applaudissements.)

Il est temps, citoyens, que cette politique cesse, il est temps que nous ayons enfin une vraie République et non une monarchie déguisée, sans quoi la population se dégoûterait de la République et pourrait [illegible] prendre une fois de plus à ce mirage [illegible] vant: le socialisme césarien. Ce jour-là, ce serait fait de la République.

Lorsqu'on se trouve en présence d'un coup d'État comme au 2 Décembre, d'un [illegible] militaire qui brise la représentation du pays et viole la loi, la République peut succomber, mais tôt ou tard elle finit par se relever [illegible]. Mais le jour où la République tomberait pour n'avoir pas répondu à ce qu'on attendait d'elle, pour n'avoir réalisé aucune réforme, pour avoir trompé et déçu toutes les espérances, la République tomberait pour ne plus se relever jamais.

Il faut que les populations sachent bien qu'à côté du Sénat réactionnaire qui arrête toutes les lois libérales au passage, qui s'oppose à tous les progrès; qu'à côté d'une majorité opportuniste à la Chambre, il y a [illegible] [illegible] républicaine qui continue, drapeau déployé, à marcher dans les traditions de nos pères; qui continue à vouloir sous la République ce qu'elle voulait sous la monarchie, qui persistera à réclamer, à revendiquer tous les progrès, malgré les timides, les opportunistes, le centre gauche et le centre droit. — (Vifs applaudissements.)

Ainsi donc, citoyens, il y a deux devoirs à remplir: l'un nous incombe à nous, députés, il faut que nous fassions voir que la République n'est pas une illusion vaine.

Le second devoir, c'est à vous qu'il appartient de le remplir: dans toutes les élections qui se présenteront, dans les élections municipales, dans les élections d'arrondissement, dans les élections pour les conseils généraux, car toutes ces élections sont des élections politiques, les conseillers municipaux, d'arrondissement, généraux, participant à l'élection des sénateurs, — il faut que, dans toutes ces élections vous preniez résolument le drapeau républicain, non pas celui de l'opportunisme, mais celui de l'intransigeance, et que vous luttiez avec force, avec énergie pour faire triompher les principes. (Applaudissements.)

Faites cela pendant que nous ferons cela.

Luttez dans tous les départements, dans

[illegible] républicain qui [illegible] dans toute la France, [illegible] nous serons définitivement débarrassés de la réaction pure et de l'opportunisme [illegible] que nous aurons dans la République! (Applaudissements prolongés.)

Dans la même séance M. Yves Guyot a prononcé un discours sur la question du prolétariat au XIXème siècle, discours qui a été également reproduit par le Radical

---

Progrès national de Troyes du 27 avril 1877

M. Naquet nous adresse la lettre suivante :

Paris, 25 avril 1877.

Monsieur le Rédacteur en chef,

Le *Progrès national*, dans son numéro en date de ce jour, et à propos des conférences que nous avons faites à Troyes, mon ami Yves Guyot et moi, au milieu d'appréciations auxquelles je n'ai rien à voir, dit :

« Ainsi voilà qui est convenu, les excentricités du *Ralliement, journal de M. Naquet*..... »

Il y a là une erreur que je vous prie de rectifier.

Je n'ai jamais écrit une ligne au *Ralliement*. Je dirigeais autrefois la *Révolution* (novembre-décembre 1876), et depuis la chute de ce journal, je n'ai écrit qu'au *Radical* et aux *Droits de l'Homme*. L'honorable M. Gustave Naquet qui écrit au *Ralliement* et moi, nous sommes deux personnes distinctes; et comme la politique que nous suivons n'est pas de tous points semblable, nous tenons l'un et l'autre à ne pas être confondus.

Veuillez agréer, Monsieur le rédacteur, l'assurance de ma considération.

Alfred Naquet,
député de Vaucluse.

Nous donnons bien volontiers à M. Naquet acte de sa réclamation, qui, du reste, ne fait que confirmer nos appréciations. Le *Radical* et les *Droits de l'Homme*, où écrit M. Alfred Naquet, ne valent pas mieux que le *Ralliement*, où écrit M. Gustave Naquet. S'il y avait une différence, elle serait à l'avantage du *Ralliement*.

Nous tenons, d'ailleurs, à répéter ce que nous avons déjà dit : En réprouvant et en combattant de toute notre énergie les théories de M. Naquet, nous lui savons gré de sa franchise. Il dit nettement ce qu'il veut, et son langage, bien différent de celui de l'*Aube*, n'entortille pas sa pensée dans des phrases banales et dans des formules sans précision.

Le Ralliement du 5 mai 1877

Paris, 1er mai 1877.
44, rue de Moscou.

Monsieur le rédacteur en chef du *Ralliement*,

Le retentissement qui vient de se faire autour du nom de M. Gustave Naquet dans un procès récent, me met dans la nécessité de déclarer qu'il n'y a de commun que le nom entre M. *Gustave* Naquet et moi.

Vous m'obligerez infiniment en insérant cette déclaration dans votre journal où, pendant longtemps, a écrit mon homonyme.

Veuillez agréer l'expression de mes meilleurs sentiments.

Alfred Naquet,
député de Vaucluse.

L'Egalité du 23 mai 1877

LETTRE DE M. ALFRED NAQUET

Paris, 19 Mai.

M. A. Naquet adresse la lettre suivante à notre ami et collaborateur Pierre Roux. Nous nous empressons de la reproduire :

Mon cher ami,

La crise qui frappe en ce moment la France si cruellement n'a rien qui doive nous surprendre. Nous n'avons jamais cessé de dire que les concessions à outrance, loin d'empêcher la dissolution et le ministère de combat les rendraient inévitables.

Rien là dedans que d'attendu, de prévu. Rien qui puisse justifier plus complètement la politique des intransigeants et qui soit plus de nature à condamner la politique contraire.

Mais cela dit pour l'édification des esprits, et comme un jalon pour l'avenir, permettez-moi d'ajouter bien vite que l'heure n'est pas aux récriminations, aux discussions philosophiques sur ce qui valait le mieux il y a un an. L'heure est à l'union, à l'union nécessaire, étroite, absolue de toutes les nuances, depuis de Marcère jusqu'à Madier-Montjau, pour la défense du minimum conquis que l'on remet en cause.

Nous avons toujours dit que le nuancement du parti ne serait jamais une division funeste, parce qu'on retrouverait toutes les nuances étroitement groupées pour la défense — comme elles l'avaient été pour la conquête — des institutions républicaines, le jour où ces institutions seraient attaquées.

Nous en donnons aujourd'hui la preuve en nous effaçant comme groupes distincts et en nous fondant tous dans une Assemblée plénière, en confondant nos noms au bas d'un même manifeste, encore bien que celui-ci trop énergique aux yeux des uns et soit trop peu aux yeux des autres.

Le péril passé, soit que l'Assemblée ait été réélue, soit que le Sénat soit assez avisé pour s'opposer à sa dissolution, nous nous retrouverons chacun à notre place respective, les uns groupant, les autres retenant. Mais à cette heure, il ne faut songer qu'au péril présent.

Aussi mon avis n'est-il pas que nous livrions des combats électoraux de nuance, si dissolution il y a, comme nous en avons livré en 1876, comme nous en livrerons en 1880. Le président insulte, bafoue, soufflette le pays en lui renvoyant ses mandataires avant l'expiration légale de leur mandat.

Le pays n'a qu'une manière de lui répondre : le souffleter à son tour en lui renvoyant sans qu'un seul y manque — tous ceux qui ont voté l'ordre du jour du jeudi 17 mai et signé le manifeste du 18.

Nous ne savons pas, nous ne voulons pas savoir si telle nuance vaincue en 1876 a le droit et le devoir de prendre sa revanche en 1880, si elle avait hier le droit de préparer cette revanche dans des élections partielles comme celles de Mie ou de Saint-Martin. A cette heure nous proclamons la trêve des nuances et la guerre à l'ennemi commun sauf à reprendre demain la guerre des nuances dans l'intérêt du progrès éternel.

La Chambre réélue c'est la démission du président ou le coup d'Etat. Mais ce sera la démission du président car on ne tente pas un coup d'Etat contre un pays qui vient de parler et de parler en élisant une Chambre qui, si elle ne gagne pas en énergie par le changement du personnel, gagnera en énergie par la

18

modification des circonstances.

Et d'ailleurs c'était le coup d'Etat nous serions prêts. Seulement la question ne se pose pas actuellement, et ne pourra se poser qu'après le refus de la dissolution par le Sénat ou la réélection de la Chambre.

En attendant qu'on sache bien que les intransigeants fidèles à leur parole, savent s'unir à leurs adversaires d'hier, et ne songer qu'au péril commun, quoique les événements donnent aujourd'hui complétement raison à leurs doctrines.

A. NAQUET.

L'égalité du 27 mai 1877

LETTRE D'UN DÉPUTÉ

Nous recevons d'un membre influent de l'extrême gauche, les renseignements suivants sur les différentes solutions qui peuvent être données à la crise actuelle à la rentrée des Chambres :

Suivant que le cabinet se décidera à proroger encore ou à ne pas proroger, la demande de dissolution suivra notre rentrée le 16 juin, ou arrivera au 16 juillet.

Dans ce cas, de deux choses l'une : ou le Sénat accèdera à la demande, ou il refusera son avis favorable.

Je crois qu'il accordera. Ce n'est cependant pas certain, car s'il voit le succès des ministres improbable, il se peut qu'il refuse de s'associer à une banqueroute.

Dans cette hypothèse — la moins avantageuse — le président de la République se démet de ses fonctions. [illegible] le Sénat, devenu popu[illegible] de sa résistance au ma[illegible]ésident, demeure une force [illegible]il faut compter pendant quelques années encore.

Mais, je le répète, ceci est peu probable. Jupiter aveugle ceux qu'il veut perdre : il aveuglera le Sénat, et la Chambre sera dissoute. Elle sera réélue trois mois plus tard et la démission du Président arrivera, amenant à brève échéance la révision et la suppression du Sénat lui-même.

Ne croyez pas que ces gens-là voient la situation comme nous. Ils pensent réellement, qu'en menaçant la France de la démission du maréchal de Mac-Mahon, ils l'épouvanteront et obtiendront des élections favorables. Ils ne voudront pas jusque-là s'engager dans les aventures inconstitutionnelles, trouvant plus avantageux de triompher avec la légalité que sans elle.

C'est seulement après l'élection si, comme nous en avons la certitude, elle nous est favorable, que l'emploi de procédés anti-contitutionnels pourrait être tenté. Mais est-il présumable qu'ils le soient dans un pareil moment? J'avoue que la chose me paraît difficile. Néanmoins, il faut que l'on soit prêt à conjurer tous les périls qui pourraient se produire. C'est mon avis.

Mais le triomphe définitif est surtout dans l'union, la fermeté des groupes de gauche, dans l'étroite solidarité des 363 signataires du manifeste du 18 mai. Tous les membres de l'extrême-gauche, sont d'accord sur ce point important. Le vénérable F.-V. Raspail s'est exprimé formellement là-dessus, lors de notre récente réunion.

Que le peuple ait confiance dans ses représentants, ils sauront se montrer à la hauteur des événements accomplis depuis le coup d'Etat parlementaire du 16 mai. Les meilleures nouvelles nous parviennent de tous les points de la France. L'entente la plus complète règne partout. Espoir, courage et vigilance : voilà mon dernier mot.

X...

Le [illegible] du [illegible] 1877

[illegible] DE [illegible] A. NAQ[illegible]

[illegible] rédacteur en chef du [illegible] du Midi.

[illegible] votre numéro du 26 mai[illegible]

[illegible] Bonnieux [illegible]

L[illegible] événements politiques m'inspirent quelques réflexions qui pourront peut-être trouver place [illegible] journal.

[illegible] l'o[illegible] l'Assemblée [illegible] be[illegible] l'union entre toutes les fractions du [illegible] les quatre gauches se sont groupées pour [illegible] former qu'une armée compacte et rés[illegible] elles ont décidé qu'en cas de dissolution [illegible] des signataires du Manifeste [illegible] con[illegible] d'adversaire républicain. A quelque nuance [illegible] appartienne, on doit [illegible] un nouveau mandat afin de protester contre les mesures [illegible] prises par le maréchal de Mac-Mahon.

Cette [illegible] conduite, adoptée par nos députés, me paraît [illegible] en ce moment d'une manière résolue, et je crois qu'on doit la suivre pour toutes les élections, notamment pour celles qui vont avoir lieu [illegible] Conseil général. Il n'y a plus de nuances aujourd'hui [illegible] modérés et radicaux doivent se donner la main [illegible] marcher ensemble vers le but commun, [illegible] l'affermissement de la République.

L'alliance [illegible] facile dans l'arrondissement d'Apt. Il faudrait que les deux fractions républicaines de Bonnieux offrissent la candidature à M. Naquet, frère de notre député, et que les radicaux de Cadenet consentissent à conserver M. de Savornin. Il me semble qu'une démarche collective auprès de M. Naquet devrait réussir.

Le savant professeur comprendrait que son nom peut servir à assurer la défaite d'un ennemi déclaré de la République, et il lui serait difficile de refuser, pourvu que nos amis de Cadenet voulussent bien le dégager de ses promesses.

Il va de soi, d'ailleurs, que cette combinaison n'aurait des chances de succès qu'à la condition d'établir une entente complète entre radicaux et modérés de l'arrondissement, pour le présent et l'avenir.

L'union se ferait sur le nom d'Alfred Naquet pour la députation, et sur les noms de MM. de Savornin et [illegible] Naquet pour le Conseil général.

Voilà, monsieur le rédacteur, les quelques idées que je voulais vous soumettre avec prière de leur donner la publicité de votre journal.

Salut républicain.

Un électeur de Bonnieux.

[illegible] nous [illegible] répondu [illegible]

[illegible], je suis autorisé à vous dire que si les républicains de C[illegible] le désignent et que les deux nuances du parti républicain lui offrent la candidature à Bonnieux, mon frère sera heureux de cimenter, en acceptant, l'union qui, dans ce cas — ainsi que le dit l'auteur de la lettre — [illegible] ferait sur mon nom pour la députation; et sur les noms de mon frère et de M. de Savornin au Conseil général dans l'arrondissement d'Apt.

Ce ne sera jamais de la part des radicaux qu'on verra surgir la division dans des mo-

[illegible] supposer [illegible] con[illegible]

[illegible] monsieur, de vouloir [illegible] fois dans votre jo[illegible] d[illegible] l'assurance de mes meilleurs [illegible] m[illegible]

[illegible] A. NAQUET,
[illegible] député d'Apt.

Le Radical du 1er juin 1877

Le *Français*, à propos des poursuites intentées contre notre confrère l'*Égalité* de Marseille par suite de la publication par ce journal d'une lettre de M. Naquet, se demande si l'on demandera à la Chambre l'autorisation de poursuivre cet honorable député, ou si on le poursuivra lorsque la dissolution de la Chambre l'aura dépouillé de son inviolabilité parlementaire.

Le *Français* prend ses désirs pour des réalités. Mais, au risque de lui être fort désagréable, nous lui apprendrons que M. Naquet ne peut pas être mis en cause dans cette affaire.

Sa lettre, en effet, n'avait point été adressée au journal et n'avait point été écrite pour être publiée. Comme le constatait l'*Égalité* le jour même où elle l'a insérée, c'était une lettre purement privée que M. Naquet écrivait à un ami, auquel il communiquait confidentiellement ses pensées intimes relativement à l'acte du 16 mai et à ceux qui l'ont accompli.

L'ami qui reçut la lettre la communiqua à la rédaction de l'*Égalité* qui, sous sa responsabilité, et sans avoir consulté son auteur, crut devoir la porter à la connaissance du public.

Les délits de presse — puisque délits de presse il y a — ne consistent que dans le fait de la publicité donnée aux articles poursuivis. Jusqu'à ce jour, la loi ne va pas chercher pour l'incriminer et la frapper la pensée intime des citoyens. — On y viendra peut-être, mais M. de Broglie lui-même ne l'a pas osé jusqu'ici. — Par conséquent, le fait par M. Naquet d'avoir communiqué confidentiellement sa pensée à un

[illegible]

La Chronique de Bruxelles

Nous recevons de M. A. Naquet la lettre que voici :

Paris, le 25 juillet 1877.

A Monsieur le Rédacteur en chef de la *Chronique*.

Monsieur,

Je lis dans votre estimable journal une note relative à l'ordre donné par moi d'enlever le buste de Léopold II de la salle où je donnais mes conférences à Bruxelles.

Cette note me peine d'autant plus que je n'ai eu, pendant tout mon séjour à Bruxelles, qu'à me louer de la *Chronique*. C'est ce qui me décide à vous envoyer un mot d'explication, convaincu que vous l'insérerez avec plaisir. Avec tout autre journal, je laisserais passer la chose sans la relever.

Je suis autant que vous indifférent aux emblèmes et j'appelle de mes vœux le jour où les populations seront affranchies du fétichisme au point de ne se préoccuper ni de la présence ni de l'absence d'un buste d'empereur ou d'un buste de roi.

Malheureusement cette heure n'est point venue et les bustes, les statues, [illegible] exercent encore sur les masses une influence dont un homme politique doit tenir compte.

Cette influence est telle qu'il y a quinze ans à peine, l'avenir de la France a dépendu pendant un moment non des principes du comte de Chambord, mais de la couleur de son drapeau.

Avouez d'ailleurs que la situation d'un conférencier républicain est parfois difficile.

[illegible] l'honneur de parler dans votre ville, [illegible] dit que la France n'avait plus d'emp[illegible] je puis dire [illegible] monarchique, [illegible] des leçons [illegible]

[illegible], un journal bruxellois, [illegible], et un journal de Paris m'accusaient d'abandonner mes idées et [illegible] roi des Belges pour [illegible] le public belge [illegible]

Il n'est pas douteux que si j'avais laissé dans la salle le buste royal qui, certes, ne m'embarrassait guère personnellement, il se serait trouvé un *Figaro* quelconque pour [illegible] me dénoncer comme apostat.

Afin d'éviter une discussion de ce genre, toujours ridicule, je fais enlever le buste et c'est vous alors qui m'accusez [illegible] puérilité et qui m'accablez de votre pitié.

[illegible] reconnaissant [illegible] comment il fallait agir pour ne faire naître ni les [illegible] de ces critiques.

Quant à moi, j'ai cru que le mieux était de [illegible] simplement le buste qui devenait ma propriété par le fait de la location, comme meuble ordinairement des appartements un républicain qui, sauf exception pour les œuvres d'art, et quoi qu'il n'attache aucune importance aux emblèmes, n'a pas l'habitude d'orner ses murs d'effigies impériales et royales.

Recevez, Monsieur le Rédacteur, malgré les quelques lignes que j'ai cru devoir relever, l'expression de mes meilleurs sentiments.

A. Naquet.

P. S. — Je vous prie aussi de rectifier une erreur de nom qui s'est glissée dans votre entrefilet. Je suis Alfred et non Gustave Naquet.

M. Naquet explique et défend très bien, en homme d'esprit qu'il est, le fait dont nous avons pris la liberté de [illegible] — mais sa lettre ne modifie pas notre manière de voir. Nous restons d'avis qu'il est puéril de s'inquiéter ou de s'offusquer du voisinage d'une image en plâtre, quelle qu'elle soit. — [illegible], nous avons déjà remarqué que les républicains les plus susceptibles n'ont aucune répugnance [illegible] avec les effigies royales, quand elles se trouvent sur des pièces de monnaie d'or ou d'argent. Comment expliquer dès lors qu'on ne puisse supporter [illegible] à distance d'une effigie qu'on est charmé d'avoir dans sa poche, qu'on palpe et qu'on manipule avec un plaisir [illegible]

Pour ma part, je déclare que je suis prêt à recevoir [illegible] m'envoyer un million en pièces de [illegible] n'est pas de faux légal [illegible] je [illegible] je les prendrai sans [illegible]

Voilà, selon moi, la [illegible]

Le Réveil du Midi du 12 août 1877

[illegible] Mon cher [illegible]

[illegible] qui arrive [illegible] *Journal du Midi* passerait à nos [illegible] moment des élections. J'avais refusé d'y croire [illegible] il faut bien aujourd'hui se rendre à l'évidence.

[illegible] — en ce qui concerne notre prochaine victoire électorale, [illegible] avoue que [illegible] est absolument [illegible] qui ont [illegible] le *Journal du Midi* pour [illegible] du leur argent et [illegible] le triomphe du parti républicain [illegible] au

com[illegible]
V[illegible]
nous [illegible]
rédaction [illegible]

L[illegible]
serrées. Il n'y a, en [illegible] ni avancés ; il y a des ennemis de la République, et des républicains qui, en réélisant la Chambre dissoute, veulent mettre hors de toute contestation la [illegible] de gouvernement qui puisse assurer le re[illegible] la France.

[illegible] n'ont pas compris [illegible] divisi[illegible] et que nou[illegible] devant l'ennemi com[illegible] ont espéré que des [illegible] nous.

Il[illegible] apprendront bientôt [illegible] que — suivant l'expression d'un hom[illegible] on me rapportait l'autre jour, — « si [illegible] des [illegible], il y a parmi eux des [illegible] que si les nuances doivent et peuvent [illegible] pour décider de la victoire, les couleurs sont [illegible] profondément séparées pour pouvoir même [illegible] défait·e.

[illegible] au *Réveil du Midi*, continuez-y la lutte que vous aviez commencée au *Journal du Midi* avant [illegible] de cette feuille. et soyez sans crainte. [illegible] pères avaient trouvé cette devise :

[illegible] L'union fait la force [illegible]

[illegible] l'union ; la force ne se fera pas attendre. [illegible] mois à peine nous séparent de l'heure du [illegible] Alors ce que pesent devant le suffrage [illegible] la volonté d'un peuple, les candi[illegible] les suppressions de journaux, les [illegible] de colportage et autres combinaisons [illegible] qui viendront misérablement échouer contre [illegible] la résolution du pays.

[illegible] affectueusement la main.

A. [illegible]

L'Egalité. [illegible] de Marseille
— du 9 [illegible] 1877 —

PARTI RÉPUBLICAIN

La mort de M. Thiers, qui nous est venue surprendre comme un coup de foudre, a été pour nous tous une douloureuse nouvelle.

Certes, nous n'avons jamais [illegible] au nombre des admirateurs passionnés de l'homme d'Etat qui vient de mourir. Nous avions quelque peine à lui pardonner Transnonnain, quelque peine à lui pardonner la façon dont fut écrasée en 1834 l'insurrection lyonnaise, beaucoup de peine à lui pardonner des actes plus récents encore sur lesquels l'histoire n'a pas dit son dernier mot.

Mais s'il est vrai que pour chaque homme il y ait une balance à établir entre les fautes commises et les services rendus, s'il est vrai que c'est à la mort que doit se solder le compte de chacun de nous, il est juste de mettre, à l'avoir de M. Thiers, en vue d'arrêter ce compte, les efforts constants qu'il a faits depuis 1871 en faveur de l'établissement de la République, et le grand rôle qu'il a joué dans la libération du territoire.

Quoi qu'il en en soit d'ailleurs du jugement que l'on porte sur l'homme, il est incontestable que M. Thiers servait à cette heure de lien au faisceau de toutes les forces républicaines, qu'il était le président de la République désigné pour le jour où la présidence deviendrait vacante soit par le décès toujours possible du titulaire actuel, soit par sa démission, soit par l'échéance de 1880.

Tout concourait à faire de M. Thiers le candidat à la présidence : les services rendus par lui, sa grande situation en Europe, sa popularité en France, et jusqu'à son grand âge qui, en faisant présager une succession prochaine, empêchait les ambitions hâtives de se produire et de diviser le parti.

Mais est-ce à dire que M. Thiers étant mort la République doive descendre avec [illegible] la tombe ? Est-ce à dire [illegible] qu'il ne nous reste plus un seul homme capable de reprendre la tâche qu'il avait assumée !

Quelque grand qu'ait été le deuil chez tous les républicains de toute nuance, oublieux, devant ce cercueil qui s'ouvre, des erreurs du vieillard qui s'éteint, reconnaissants de ce qu'il a fait pour la République et la France, quelque grand qu'ait été, que soit encore ce deuil, il n'est venu à personne de nous l'idée que cette mort inattendue pût atteindre et mettre en péril la République elle-même.

C'est un des caractères des Gouvernements précaires, sans appui sur l'opinion, de tenir à l'existence d'un homme.

En 1812, il avait suffi que l'on crût à la mort de l'Empereur — et quel Empereur ! — pour que l'Empire fût sur le point de s'effondrer devant la conspiration du général Malet ; et les conservateurs qui reprochent à la forme républicaine d'être liée à l'existence d'un homme (nous avons lu ce reproche insensé dans un des nombreux journaux monarchistes que nous avons parcourus ces derniers jours), auraient de la peine à nous dire ce que deviendrait l'entreprise du 16 Mai, si, par un accident analogue à celui qui vient de se produire, M. de Mac-Mahon leur manquait.

Quant aux Gouvernements, qui ont des assises profondes dans l'opinion publique, qui sont « aimés » et non « supportés » leur durée est indépendante de la vie de telle ou telle individualité : ils vivent par eux-mêmes, ils ne sont pas faits par les hommes d'élite, ils les font.

Aussi longtemps que la monarchie a été chez nous acceptée par tous, la mort du roi était impuissante à l'ébranler.

« Le roi est mort, vive le roi ! » disait-on.

Ce n'est pas sous Louis XIV, eût-on cru à sa mort, qu'un conspirateur audacieux eût pu menacer la dynastie, mieux que la dynastie [illegible] même.

Et aujourd'hui encore dans l'empire des tzars, le prestige du souverain est assez grand pour que la mort du dépositaire actuel de la souveraineté fût impuissante à rien modifier en Russie.

Eh bien ! à cette heure la France, quoique combattue avec acharnement par ces les débris coalisés de toutes les factions monarchiques, la République n'est plus un Gouvernement éphémère. Elle est voulue par la nation ; elle est profondément entrée dans les idées et dans les mœurs quoiqu'elle n'existe — et comment ! — que depuis sept ans à peine. Rien ne peut plus l'ébranler.

Elle perd un de ses serviteurs illustres. La France le regrette ; elle manifeste son deuil par tous les moyens en son pouvoir (au nombre desquels sera sous peu l'hommage rendu à l'illustre homme d'État par la réélection des 363).

Mais elle place la République assez haut pour que la disparition d'un homme ne puisse rien ôter à sa puissance de propagande, d'attraction, d'envahissement.

« M. Thiers est mort, Vive la République », a-t-on dit en paraphrasant le vieux mot de la Monarchie que nous citions tout à l'heure.

L'expression est heureuse parce qu'elle exprime ce fait absolument exact que la République est entrée maintenant dans la phase de solidité et de durée que parcourait la monarchie à l'époque de Louis XIV ou de Louis XIII.

Il est toutefois naturel, un gouvernement ayant besoin d'hommes, qu'on se demande quel est celui qui succédera à M. Thiers dans la direction du parti républicain.

Cet homme existe, il est trouvé, son nom est sorti spontanément de toutes les bouches : c'est l'ancien président de l'Assemblée nationale, le président de la Chambre récemment dissoute, l'honorable M. Grévy.

[illegible] parti républicain, le futur candidat [illegible] présidence, doit, par le respect qu'il inspire par la nature même de ses idées, avoir en lui la puissance de tenir groupées — sans en empêcher les nuancements féconds — toutes les forces vives, j'allais dire du parti, j'aime mieux dire de la nation Républicaine.

M. Grévy répond trait pour trait à ce signalement.

D'une haute probité, d'un absolu désintéressement, d'un rigorisme presque excessif dans l'observance de la loi, il s'impose à l'estime, au respect, de tous.

D'une extrême modération dans les actes, il est accepté sans difficulté par les plus hésitants, certains de trouver en lui un modérateur si d'aucuns voulaient marcher inconsidérément et trop vite.

D'une grande largeur de vues, s'élevant à la conception de la forme républicaine dans ce qu'elle a de plus complet et telle que peuvent la rêver les plus avancés en politique, il s'impose naturellement au parti radical.

On peut même dire que l'union qui se fera sur le nom de M. Grévy est plus républicaine que celle qui se faisait sur le nom de M. Thiers. Celle-ci, un peu monarchique, reposait beaucoup sur l'homme; celle-là, absolument démocratique, au contraire, repose surtout sur les idées que l'homme représente.

C'est pourquoi, tout en nous associant à la douleur publique, qu'occasionne la mort de M. Thiers, nous disons bien haut qu'au point de vue de l'affermissement du système républicain, les graves résultats qu'en attendent nos ennemis ne sont point à redouter. Ainsi que l'événement du 24 mai, elle aura démontré sous une autre forme cette mort, que, dans l'opposition comme au pouvoir les hommes peuvent disparaître ou tomber qui semblaient tenir dans la main les destinées de la République, sans que la force et la puissance de celle-ci soit en rien diminuée.

[illegible] *République* [illegible] LAQUELLE EST INÉBRANLABLE.

ALFRED NAQUET,
Ancien député de Vaucluse.

Le Bien public
(du 31 octobre 187[illegible])
(Extrait du Réveil du [illegible])

Vaucluse. — M. Alfred Naquet adresse aux électeurs de l'arrondissement d'Apt la lettre suivante :

Mes chers concitoyens,

Je pars pour Paris, mais je ne veux pas m'éloigner de vous sans vous remercier de vos suffrages. Proclamé ou non, je me considère comme votre représentant, et bientôt, grâce au formidable dossier que j'emporte, l'Assemblée éclairée sur les procédés sans nom grâce auxquels mon adversaire a pu obtenir une majorité apparente de 683 voix seulement, l'Assemblée, dis-je, vous rendra justice.

Vous pourrez alors retourner aux urnes avec sincérité et liberté, et votre vote sera la complète démonstration des odieuses manœuvres au moyen desquelles on s'est procuré la majorité actuelle.

Je vous promets aussi que, dès que le ministère sera conforme aux vœux du pays, je ferai tout de mon pouvoir afin que les [illegible] soient [illegible] devant les tribunaux et punis comme ils le méritent.

Il faut que justice, justice complète soit faite!

Encore une fois merci et à bientôt!

A. NAQUET,
ancien député.

[illegible]

24

Collection des articles de *La Révolution* dus à la plume de A. NAQUET

1er du 12 9bre 1876

LA RÉVOLUTION

On nous répète chaque jour que l'ère des révolutions est fermée.

C'est possible!

Ce que nous affirmons, en tout cas, c'est que l'ère de la Révolution est grandement ouverte.

Ce vieux monde, qui s'est écroulé en 1789, était constitué d'après une conception parfaitement logique: c'était un organisme — ou plus exactement un mécanisme — dont toutes les parties étaient concordantes. Seulement, cette concordance, au lieu d'être la conséquence de l'harmonie naturelle des intérêts et de reposer sur la liberté, se fondait sur le privilége et reposait sur l'emploi constant de la force.

Un pareil état social était nécessairement en état d'équilibre instable; le souffle populaire de 1789 l'a renversé.

Mais pour que la Révolution soit complète, pour que l'ère révolutionnaire soit définitivement close, il faut que l'édifice soit retourné; il faut que la pyramide, qui reposait sur son sommet, et qui est maintenant à terre, soit replacée sur sa base. Jusque-là nous serons en révolution et la période *évolutionnaire* ne commencera point.

En quoi consiste le retournement complet de l'édifice?

Avant 1789 la société européenne était une société aristocratique. En haut, les nobles, les privilégiés, les détenteurs du sol affranchis de l'impôt; en bas, les pauvres, les travailleurs, les serfs — j'allais dire les esclaves!

L'oisiveté, en un mot, absorbant tout le produit du travail et ne laissant au travailleur que l'indispensable pour vivre, tel était le principe fondamental de la société antique.

La société de l'avenir — cet édifice dont la première pierre a été posée en 1789, mais dont la Constitution est à peine ébauchée — sera fondée sur le principe contraire, que l'on peut formuler ainsi:

La terre aux paysans.

L'usine aux ouvriers.

En d'autres termes, dans l'avenir les fonctions de capitaliste, et d'ouvrier tendront à se confondre et l'instrument de travail, sous toutes ses formes, passera entre les mains de celui ou de ceux qui le font valoir.

Ce grand problème, la Révolution française l'a presque résolu en ce qui concerne les ouvriers des champs, les cultivateurs, le jour où elle a supprimé les substitutions et le droit d'aînesse, le jour où elle a proclamé la proportionnalité de l'impôt.

Elle l'a presque résolu en ce qui concerne les ouvriers des champs, parce que, ici, la terre étant un instrument partout égal à lui-même, toujours complet, le morcellement suffisait à rendre le paysan propriétaire.

Mais elle ne l'a point résolu par rapport aux ouvriers des villes, parce que l'industrie tend à se centraliser au lieu de se diviser; parce que, ici, l'instrument de travail est un tout qu'on ne peut morceler sans le détruire, parce qu'en un mot la solution qui a pu suffire pour la terre ne saurait être appliquée au travail industriel.

Ce second côté du problème, 1789 ne l'a pas même abordé, par la raison que l'industrie était naissante à cette époque, et que la question n'était pas posée. C'est à notre siècle, c'est à nous qu'il appartient de la résoudre.

L'ancien ordre de choses pourra être considéré comme définitivement remplacé par un ordre de choses nouveau le jour où le problème sera résolu.

Alors seulement la Révolution sera terminée; alors seulement notre titre sera caduc.

Nous savons bien que lorsqu'on déclare close l'ère des révolutions, on entend seulement dire que le progrès peut désormais se passer des moyens violents, que le bulletin de vote suffit.

Certes, nous ne voulons point faire appel aux passions, mais aux intelligences; et l'emploi de la force n'est pas notre goût.

Mais jamais le parti républicain n'a fait appel à la violence que lorsque la violence a été la seule arme qu'on lui ait laissée.

Il en a appelé à la violence au 14 juillet 1789 et au 10 août 1792, lorsque la monarchie, unie à la coalition royale et impériale, essayait d'enrayer le mouvement par la force.

Il en a appelé à la violence en 1830, lorsque Charles X mettait en interdit la nation en brisant ses élus; il en a appelé à la violence en 1848 lorsque la bourgeoisie censitaire refusait au peuple, non point seulement le suffrage universel, mais même l'admission des capacités.

Il en a appelé à la violence en 1851, lorsqu'un parjure, commettant le plus grand crime que puisse commettre un homme, chassait, emprisonnait la représentation nationale et rougissait le sol de la France du sang des défenseurs de la loi.

Il en a appelé à la violence le 4 septembre pour dissoudre un Corps législatif issu de la candidature officielle et incapable de sauver l'honneur du pays, lorsque l'Empire s'effondrait sous le poids de ses fautes et de ses crimes.

Il en appellerait à la violence demain si, par impossible, les provocations du passé se reproduisaient, si la République — c'est-à-dire le droit — était supprimée; si le suffrage universel était confisqué, en un mot si la contre-révolution cherchait encore à faire contre nous usage de la force.

Et comme il ne dépend pas de nous de dicter à la réaction le choix de ses moyens, il ne nous est pas permis de dire dès aujourd'hui que la *période des révolutions* est passée.

En le disant, nous affirmerions ce que nous ne savons pas; nous abandonnerions la méthode scientifique, dont nous ne voulons jamais nous écarter.

Et à supposer que désormais la réaction soit pacifique, qu'elle respecte les arrêts du suffrage universel, qu'elle ne nous provoque plus à la violence, — ce qui est peut-être une espérance chimérique, si l'on en juge au ton de ses journaux, — à supposer que la *période des révolutions* soit passée, nous le répétons : *La Révolution* demeure pendante.

Voilà la justification de notre titre.

---

n° du 13 9bre 1876

POLITIQUE D'EFFACEMENT

La politique de modération, d'effacement, d'abandon, que l'on décore aujourd'hui du nom d'opportunisme; cette politique qui consiste à ajourner continuellement toutes les solutions sous le prétexte que le moment n'est point encore venu; cette politique énervante dont la conséquence fatale est d'abaisser les caractères et de dérouter les intelligences les plus robustes à la vue d'hommes capables d'ériger en dogme l'abandon des principes qui sont la raison d'être et la force de leur parti; cette politique néfaste sur laquelle nous aurons à revenir souvent commence à être jugée sainement par le pays.

Ceux toutefois qui ont conservé des doutes n'ont, pour s'éclairer, qu'à lire les journaux de la réaction et à voir jusqu'à quel degré l'opportunisme favorise la tactique de nos adversaires.

Certes, s'il est un parti qui n'ait pas le droit de parler de liberté et de réformes, c'est celui qui, pendant dix-huit ans, a empêché toutes les réformes et s'est opposé à tous les progrès.

Le bonapartisme, revendiquant ce qu'il a outrageusement confisqué, c'est un spectacle auquel, il y a six ans, nous n'aurions guère pu nous attendre, et auquel cependant nous assistons à cette heure. Si un journal impérialiste avait osé dire, il y a six ans, comme le fait aujourd'hui la *Nation :*

« Que ce qui importe, c'est d'obtenir de la République régnante une politique nette, agissante et tangible, des lois de réforme, des économies, des progrès, de l'utilité et de l'honneur..., »

L'indignation aurait été si générale, qu'elle se serait imposée à l'auteur même de l'article et aurait immobilisé sa plume dans sa main.

Pourquoi donc aujourd'hui, l'audace est-elle à ce point revenue aux hommes de décembre, qu'ils osent demander des réformes, eux, les étrangleurs de toute liberté, les contempteurs de tout droit; qu'ils se hasardent à lancer le mot *économies*, eux dont le règne n'a été qu'un long gaspillage; qu'ils ont l'impudence de parler d'honneur et de progrès, eux, dont la domination n'a été que l'enraiement de tout progrès, que la honte de la France?

Cette audace leur est revenue parce que malheureusement les républicains sont sortis de leur voie traditionnelle; parce qu'ils ont abandonné leur programme, parce qu'ils ont déserté leur drapeau et qu'il est dans la logique des partis de se servir des fautes de l'adversaire pour l'écraser.

A cette heure, la tactique des bonapartistes vise à cet unique but : prouver au peuple que les républicains n'ont aucun idéal, aucun programme, qu'ils ne recherchent la possession du pouvoir que pour le pouvoir, qu'ils ne valent pas mieux qu'eux.

Vous demandiez autrefois, nous disent-ils, la liberté de réunion, la liberté d'association, la liberté de la presse.

Pourquoi ne demandez-vous plus aujourd'hui ce que vous réclamiez alors? pourquoi au pouvoir ou près du pouvoir devenez vous autres que vous n'étiez dans l'opposition? Serait-ce parce que vous reconnaîtriez avoir demandé l'impossible et n'avoir agi ainsi qu'en vue d'arriver au gouvernement ?

Ces accusations sont odieuses, venant du camp d'où elle viennent; mais il faut le reconnaître, elles compromettraient gravement la République, si des hommes de principes ne relevaient pas le drapeau que d'autres ont laissé tomber à terre.

Si depuis quatre-vingt-cinq ans, en effet, le peuple lutte pour la République; s'il subit pour cette noble cause l'emprisonnement, l'exil, la déportation, la mort; ce n'est pas pour la satisfaction platonique de remplacer un empereur ou un roi par un monarque temporaire nommé *président*.

C'est parce qu'à ses yeux le mot République résume un ensemble d'améliorations auxquelles il aspire; c'est qu'à ses yeux la République doit le rapprocher chaque jour davantage de l'idéal de justice dont il poursuit la réalisation; c'est parce que la République est l'outil et non le produit, le moyen et non le but.

Eh bien! si l'opportunisme triomphait s'imposait à toutes les fractions de l'opinion républicaine, si nous laissions croire aux populations que ce que nous avons atteint est le but, et qu'il nous suffit aujourd'hui de nous reposer et de conserver, les populations ne tarderaient pas à se détacher de la République comme elles se sont détachées successivement de tous les gouvernements qui l'ont précédée.

Les uns se laisseraient aller à l'indifférence; les autres, entraînés peut-être par les affirmations mensongères du socialisme césarien, croiraient à l'impossibilité de résoudre les problèmes sociaux par la liberté et reviendraient à l'Empire.

La République finirait par sombrer devant le désenchantement universel, et elle tomberait pour ne plus se relever jamais.

La République succombant devant un coup d'Etat, devant l'abus de la force victorieuse, devant un crime de lèse-nation, reste debout quoique sanglante et mutilée, et, après une éclipse plus ou moins prolongée, elle se lève de nouveau radieuse et le crime est à son tour écrasé et vaincu.

Mais si elle périssait d'elle-même pour avoir oublié son programme et menti à son mandat, elle périrait pour ne plus renaître et sa mort entraînerait la mort de la France elle-même, de la France que la République seule peut relever ; ce serait une longue nuit pour l'humanité, à qui cet organe — la France — est indispensable.

Voilà pourquoi il importe que la direction de l'opinion républicaine échappe aux doctrines néfastes dont profiteraient ceux-là seuls qui rêvent le rétablissement de l'Empire. Voilà pourquoi il faut que notre parti reprenne

28

la politique de principes, de revendication, d'énergie, qu'il revienne en un mot à sa voie traditionnelle, à la grande voie que la Révolution française avait ouverte et dans laquelle, s'il veut se développer et vivre, il n'est pour lui que temps de rentrer.

N° du 14 9bre 1876

LA RÉPUBLIQUE EST LE DROIT

Le *Monde*, dans un article que nous avons cité dans notre numéro d'hier, nous reproche d'avoir dit :

« Que le parti républicain en appellerait à la violence demain, si, par impossible, les provocations du passé se reproduisaient, si la République — c'est-à-dire le droit — était supprimée; si le suffrage universel était confisqué; en un mot si la contre-révolution cherchait encore à faire contre nous usage de la force. »

Et la dévote feuille s'écrie :

« Toujours la même doctrine : la République au-dessus de tout, c'est « le droit! » et ces messieurs appellent dédaigneusement les monarchistes « partisans du droit divin ».

Eh bien! oui, n'en déplaise aux pieux rédacteurs du *Monde* et de tous ses pareils en cléricalisme et en légitimité, nous affirmons que la République est le droit, parce qu'il n'y a pas de droit en dehors du suffrage universel, et que le suffrage universel et la République se confondent, étant les deux aspects d'un seul et même principe.

Que le suffrage universel soit la seule base logique du droit; qu'en dehors du suffrage universel il n'y ait plus que la force et ses plus criants abus, cela est incontestable aux yeux de quiconque est sorti du dogme catholique et, d'une manière plus générale, de tous les dogmes, que la science moderne condamne irrévocablement.

Aussi, lorsqu'un gouvernement repose sur le principe de la monarchie absolue ou du suffrage censitaire, les citoyens, qui n'ont point participé à la confection de la loi, qui ne l'ont pas votée, et auxquels on ne laisse d'autre alternative que de la subir ou de s'insurger contre elle, ont-ils le droit permanent de la combattre par la force?

Cela est évident : l'insurrection est de droit partout où le suffrage universel n'existe pas, et si nous pouvons raisonnablement espérer en France d'en avoir fini avec les coups de force, c'est que nous possédons ce puissant élément de civilisation.

Mais ce qui est vrai du suffrage universel est également vrai de la République, parce que celle-ci est la condition d'existence de celui-là; parce que, en dehors de la République, le suffrage universel n'est qu'un leurre, une mystification.

Et qu'on le remarque, nous ne parlons même pas des pressions, des fraudes, des violences, de la corruption dont les électeurs sont presque toujours victimes sous la monarchie ; nous supposons — quoique cette supposition soit démentie par l'expérience — un gouvernement monarchique soucieux du droit, respectueux de la liberté électorale ; et nous affirmons que, même dans ces conditions, la monarchie serait incompatible avec le suffrage universel.

Qu'est-ce en effet que la monarchie ?

C'est une forme politique dans laquelle le chef du pouvoir exécutif est héréditaire et, par conséquent, irrévocable, irresponsable : irresponsable, car il ne saurait exister d'irrévocabilité sans irresponsabilité ; irrévocable, car, il ne saurait y avoir d'hérédité sans irrévocabilité.

Un monarque responsable et révocable au gré du pays ne serait plus un monarque ; ce serait un président d'une espèce particulière, le chef du pouvoir exécutif d'une forme spéciale de République, qui serait détestable, mais qui serait, néanmoins, une forme de République.

L'essence de la monarchie, c'est donc que le chef du pouvoir exécutif soit irresponsable et irrévocable ; c'est que la fonction qu'il exerce soit héréditaire.

Mais alors que devient le suffrage universel ? que devient la nation, obligée de subir le gouvernement d'un homme qui peut devenir criminel ou incapable, obligée d'accepter les descendants de cet homme qui seront peut-être des scélérats ou des fous ?

Dira-t-on qu'on laisse le suffrage universel à la base de la monarchie, que c'est lui seul qui a autorité pour l'établir, mais qu'on ne peut pas lui dénier le droit de choisir la forme de son gouvernement ?

C'est là en effet l'argumentation des monarchistes en général, et plus particulièrement des monarchistes de l'école plébiscitaire des bonapartistes.

Ces messieurs croient-ils donc en imposer au pays lorsque, au nom de la souveraineté nationale, ils proposent à la nation... d'abdiquer ?

Croient-ils que les citoyens se laisseraient encore abuser par ce prétendu droit de choisir la forme de leur gouvernement qui, compris comme ils le comprennent, ne serait que le droit au suicide ?

Disons-le bien haut. Non, le suffrage universel n'a pas le droit de s'ôter à lui-même la faculté de réparer ses erreurs ! Non, surtout, le suffrage universel n'a pas le droit de commettre une usurpation, d'enchaîner les générations futures, de confisquer la liberté d'électeurs qui sont encore à naître, et, au nom de la prétendue souveraineté d'aujourd'hui, de supprimer la souveraineté de demain.

Le peuple, à une heure donnée, est souverain pour établir des gouvernements temporaires, pour faire des lois qu'on puisse toujours modifier ou abroger ; mais il ne peut, sans violation flagrante de la justice, empiéter sur les droits de ceux qui viendront après lui, et engager l'avenir.

Voilà pourquoi toute monarchie étant un engagement de l'avenir, est un contrat nul ; parce que c'est un contrat que ses auteurs n'avaient point qualité pour signer.

Ces considérations nous permettent de répondre, en même temps qu'au *Monde*, à quelques journaux chislehurstiens qui prétendent, en réponse à notre premier article, que les républicains n'avaient pas le droit d'employer la force le 4 septembre 1870, étant en face d'un Corps législatif élu par le suffrage universel.

Nous ne voulons pas tomber dans les redites. Nous ne parlerons ni des candidatures officielles qui faisaient du droit de vote, sous l'empire, une amère plaisanterie, et de la représentation nationale une comédie grotesque. Nous ne rappellerons pas que le 2 Décembre fut un crime qui n'a jamais pu être absous : d'abord, parce que le peuple n'est pas compétent pour absoudre le crime, ensuite parce qu'aucune élection libre, aucun libre plébiscite n'a eu lieu au cours de la période impériale.

Nous préférons nous borner à la discussion de doctrine et dire que le 4 Septembre était légitime, parce que le peuple lui-même ne peut pas s'engager à perpétuité, et que les plébiscites impériaux, eussent-ils été l'expression de la volonté populaire, — ce qu'ils n'étaient pas, — n'en auraient pas moins été nuls au point de vue du droit.

L'empire, il est vrai, avait compris quel était le point faible de sa prétendue doctrine, et il avait essayé de le masquer en déclarant, dans la Constitution de 1852, l'empereur responsable devant le peuple, et par cela même révocable par le suffrage universel.

Mais ce n'était qu'une dérision, comme toute cette législation impériale, dont on rirait ainsi que d'une farce, si elle n'avait été, en même temps que grotesque, sinistre, et si, grâce à nos républicains opportunistes, elle ne pesait point encore sur nous de tout son poids, même six ans après la chute du gouvernement qui la créa.

La Constitution déclarait que le peuple pouvait révoquer l'empereur par voie plébiscitaire, absolument comme il l'avait élu. Mais elle ne reconnaissait qu'à l'empereur seul le droit de convoquer les électeurs à l'effet de se prononcer sur cette grave question.

C'est comme si la justice était obligée d'attendre, pour frapper un coupable, que celui-ci vint se livrer de lui-même et provoquer la décision qui le frappera.

La révocabilité et la responsabilité n'existaient donc que pour la forme dans la Constitution impériale. Les prétendues absolutions de l'empire par la nation n'ont été que des comédies criminelles, des insultes à la justice et au droit; et les plébiscites de 1851, de 1852 et de 1870, loin d'effacer la date sanglante du 2 Décembre, n'ont fait qu'aggraver ce premier crime par des crimes nouveaux.

Voilà pourquoi, au 4 Septembre, la revendication par la force était légitime, et pourquoi elle le sera toutes les fois que la monarchie, sous une forme quelconque, s'imposera ou cherchera à s'imposer. Voilà pourquoi la République, — c'est à dire la souveraineté du peuple, toujours entière, — est « *le droit.* »

---

n° du 1? 9bre 1876

L'AMBASSADEUR

Près le Saint-Siége

Nous appelions, dans notre numéro d'hier, l'attention de nos lecteurs sur l'attitude prise par les opportunistes dans la discussion de l'amendement Tirard, repris par l'extrême gauche. Nous signalions le discours de M. Gambetta et le long article de la *République française* en faveur du maintien de notre ambassadeur près du Saint-Siége.

Ce discours et cet article valent qu'on y revienne : ils dévoilent nettement la politique suivie par le groupe que M. Gambetta dirige, et, pour notre part, loin de nous en offenser, nous nous réjouissons de voir enfin ces derniers lever le masque radical dont ils s'étaient affublés depuis six ans, pour se montrer aux populations ce qu'ils sont véritablement, *conservateurs.*

Il est heureux que le principe de la religion d'État, rétabli en 1815, ait été de nouveau abandonné en 1830; s'il était encore en vigueur, ce n'est certainement pas le président actuel de la

Commission du budget qui en demanderait l'abrogation.

Il semble que, pour l'école politique dont la *République française* est l'organe, le seul but à atteindre soit de conserver la forme républicaine, et que le seul moyen d'y arriver soit non point de lui rallier les populations, en leur montrant les avantages et de la forme républicaine et des institutions qui lui sont adéquates, mais bien de rallier à la République ses anciens adversaires, en leur prouvant que le gouvernement respecte tous les préjugés et tous les priviléges, et qu'il ne vaut pas mieux que la monarchie.

Nous laissons volontiers à M. Gambetta et à ses amis ce triste système, et nous aimerions mieux pour notre part voir la République sombrer une fois de plus en demeurant elle-même, que de la voir se traîner pendant quelque temps, à la condition de se transformer en une monarchie déguisée. Nous le disions hier : si la République sombrait en demeurant elle-même, ce serait pour se relever plus vivante et plus forte à quelque temps de là, parce que la vérité ne meurt pas; tandis que si elle se traînait en respectant les institutions monarchiques, elle finirait fatalement par tomber dans la monarchie, et ne ressusciterait plus.

Que vient-on nous parler de clientèle catholique, de conclave à observer, de grande association cléricale à surveiller?

Cette argumentation a été de tout temps celle du despotisme, et la France, à cette heure, ne demande plus que la liberté.

Vous parlez de rallier à vous les catholiques par des concessions?

Ce sont là, et vous le savez bien, de simples chimères !

Ou vos concessions suffiraient à rallier effectivement les catholiques, — et c'est qu'alors votre République vaudrait moins qu'une monarchie, une monarchie pouvant se permettre, dans l'ordre autoritaire, plus que vous ne pourriez vous-mêmes.

Ou vos concessions n'iraient pas jusque-là, et dans ce cas non-seulement vous ne ramèneriez pas à vous vos adversaires catholiques, mais vous leur fourniriez des armes dont ils se serviraient contre vous.

Nous comprenons la monarchie s'essayant à tenir le clergé en tutelle; c'est conforme à son principe et c'est dans ses moyens. Mais ce n'est ni conforme aux principes ni conforme aux moyens que les républicains peuvent employer.

Avec la monarchie, en effet, si l'on suppose un monarque libre-penseur, aussi affranchi des préjugés religieux que l'était Frédéric II, et plus affranchi que lui des préjugés monarchiques; si l'on suppose un monarque qui veuille combattre autoritairement les empiétements du cléricalisme, la chose est possible et — étant donné un certain état social — elle peut produire des résultats.

Mais la République, on l'oublie trop, est le gouvernement du pays par la majorité des électeurs.

Cela étant, il est impossible d'échapper au dilemme suivant :

Ou le pays sera catholique ;

Dans ce cas, les lois que vous ferez ou que vous maintiendrez en vue de surveiller le cléricalisme ne serviront au contraire qu'à le protéger contre la libre pensée, par l'appui que lui donnera le gouvernement en lui reconnaissant un caractère de gravité et de sainteté incontestées ;

Ou le pays sera assez peu catholique pour que les élus du peuple, et le chef du pouvoir exécutif qui en émane, se servent véritablement contre les empiètements du clergé des armes que la loi leur aura fournies;

Mais, dans ce dernier cas, le seul fait de l'élection qui aura mis le pouvoir en de telles mains, prouvera que les empiètements de l'Eglise ne sont plus à craindre, et que nous pouvons sans danger lui laisser la liberté, aucun gouvernement, que nous sachions, ne faisant de la compression un dogme politique et ne supprimant la liberté par amour de l'art.

Pour nous, ce que nous réclamons, c'est la liberté, la liberté tout entière pour les catholiques, pour les juifs, pour les protestants, pour les musulmans, comme pour nous mêmes. Nous croyons avoir la vérité, et avec l'arme puissante de la libre discussion, la vérité n'a rien à redouter, rien à craindre.

Il fut un temps où l'Eglise avait pour elle le bras séculier, où le bûcher était là menaçant pour quiconque osait mettre en doute ses dogmes, s'élever contre ses décrets.

Cependant, malgré la situation d'infériorité terrible qui était faite à la libre pensée, la vérité scientifique a fini par se faire jour. Et vous voudriez que nous eussions peur des cléricaux alors que nous pourrions les combattre librement, à armes égales!

Allons donc! ce n'est pas sérieux.

Les lois dont on a armé le gouvernement sous le prétexte de surveiller les empiètements du cléricalisme n'ont jamais servi qu'à combattre, à frapper les libre-penseurs.

Une bonne fois pour toutes, essayons donc d'un autre système! essayons de la liberté! Osons proclamer ouvertement que le gouvernement est laïque! qu'il ne subventionne aucun culte, n'accrédite d'ambassadeur auprès d'aucun pontife! osons, en un mot, décréter la séparation complète de l'Eglise et de l'État!

Voilà la vérité des principes! voilà la tradition républicaine, voilà ce que M. Madier de Montjau a bien fait de dire à la tribune, au nom de l'extrême gauche, dans le langage élevé et magistral dont il a seul le secret.

Quant aux sophismes de la *République française*, ne seraient-ce point les arguments de ceux qui ne visent qu'à un seul but : refaire sous la forme républicaine et à leur profit le pouvoir personnel que les républicains ont toujours combattu?

Quoi qu'il en soit, que ceux qui soutiennent une pareille doctrine soient ou non conscients du mal qu'ils font à notre cause, nous ne cesserons, nous, de suivre la voie réelle, la vraie voie révolutionnaire : ligne droite et liberté!

---

n° du 21 novembre 1876

M. DE MARCÈRE

Et la souveraineté du Peuple.

L'incident soulevé par M. Lockroy dans la séance d'avant-hier de la Chambre des députés a permis à M. le ministre de l'intérieur d'exposer à la tribune la théorie gouvernementale des classes dirigeantes.

Il s'agissait, on le sait, d'une réunion projetée, dans laquelle les délégués des chambres syndicales devaient se concerter avec un certain nombre de députés signataires du projet Lockroy, en vue d'arriver à une rédaction qui fût conforme aux vœux de ceux que ce projet intéresse.

Cette réunion venait d'être interdite.

M. de Marcère avait pensé que, permettre aux ouvriers de discuter les termes d'une proposition de loi qui les concerne, c'était le renversement de l'ordre social, ou tout au moins de notre droit constitutionnel. Les députés, une fois élus, ont l'omniscience et l'omnipuissance, et nul ne peut plus être admis à leur donner même des conseils; — excepté peut-être le seul qui devrait s'incliner respectueusement devant la représentation nationale et se borner à faire exécuter les lois, au lieu de mettre constamment sa volonté en opposition avec celle des représentants du pays, excepté M. de Mac Mahon, vis-à-vis de qui nos ministres *constitutionnels* sont moins *intransigeants* qu'ils ne le sont vis-à-vis des électeurs.

Quand à ceux-ci, M. le ministre n'admet pas qu'ils puissent émettre un avis sur un projet de loi. Leur souveraineté se borne à voter une fois tous les quatre ans, pour se donner des maîtres. Cela fait, ils obéiront aveuglément, sans discuter, jusqu'au prochain scrutin.

« On nous dit, s'est écrié M. de Mar» cère, ces réunions ont pour objet » de nous faire connaître des choses » que nous ignorons.

« Je proteste et je dis que, dans cette « Chambre et dans l'autre, *toutes les lu« mières sont réunies.* — Je suis dans la « théorie du droit public. — Je dis que « le suffrage universel sait bien ce qu'il « fait quand il nomme ses représen« tants pour former le parlement; il a « la prétention de connaître ce qu'il « fait, quand il choisit les hommes « qu'il envoie ici pour discuter les inté« rêts du pays, quels qu'ils soient, ceux « des ouvriers comme les autres.

« Il n'y a pas de distinction à faire. « On ne peut pas admettre un seul ins« tant — je parle au point de vue de la « science politique — *qu'il y ait des lu« mières parlementaires, législatives, qu'on « puisse consulter sous forme de Congrès, en « dehors des représentations organisées par « la Constitution.* »

Voilà bien la théorie du mandat libre, du blanc-seing, poussée au delà des limites les plus étendues qu'aient jamais songé à lui assigner ses partisans les plus résolus.

Ce n'est plus seulement la proscription du mandat impératif, du mandat déterminé, défini, d'après lequel le député, simple mandataire du peuple, ne fait qu'exécuter la volonté précise de ses commettants; c'est la proclamation de la souveraineté absolue du mandataire substituée à celle du mandant, et rendu, de par le vote qui lui confère sa fonction, presque aussi infaillible que le pape.

Un député qui demande un conseil aux citoyens sur un projet de loi qui les intéresse directement déroge. Il reconnaît ainsi qu'il ne sait pas tout, qu'il peut encore trouver des lumières en dehors du parlement; il s'amoindrit.

Voilà la théorie ministérielle.

M. Lockroy a eu raison de répondre à M. de Marcère que cette doctrine n'était pas toujours respectée par ceux-là mêmes qui la préconisent; que lui, M. de Marcère, savait transiger lorsqu'il s'agissait de consulter des bourgeois, des commerçants, des armateurs; que ses prédécesseurs avaient su transiger lorsqu'il s'était agi de consulter des évêques; que l'on ne craint pas de laisser se former de vastes associations quand ce sont les chambres syndicales *patronales*, et non les chambres syndicales *ouvrières* qui s'associent; qu'on garde toutes les sévérités abusives de la loi pour les cas où les intéressés qu'il s'agit de consulter sont des ouvriers.

M. Lockroy a eu raison de faire ressortir les deux poids et les deux mesures de la politique du cabinet en ce qui concerne sa façon de comprendre le mandat législatif, absolument comme M. Talandier faisait ressortir quelques minutes après la même inégalité dans la justice distributive du gouvernement en ce qui concerne la presse républicaine, sans cesse traquée par les parquets de M. Dufaure, et la presse bonapartiste, laissée libre de vomir chaque jour des injures contre la République.

Mais il est bon d'aller plus loin encore et de ne pas perdre cette occasion pour confesser une fois de plus notre foi politique et pour affirmer le caractère nécessairement défini et impératif de tout vrai mandat.

Le député n'est qu'un mandataire. Au moment de l'élection, il doit conclure avec ceux qui le nomment un contrat dans lequel il précise quels seront ses actes et ses votes relativement à toutes les questions dès ce moment prévues.

Et toutes les fois qu'une question nouvelle surgit qui n'avait pas été soulevée lors des élections, ou qui, trop complexe, n'avait pas pu être étudiée en détail à ce moment-là, le député doit réunir ceux que cette question intéresse d'une manière directe, et s'éclairer de leurs lumières et de leurs conseils.

Agir autrement, c'est supprimer la représentation nationale et faire du gouvernement prétendu représentatif une espèce de gouvernement absolu à cinq cents ou à huit cents têtes, quelque chose comme une monarchie élective dans laquelle le monarque serait remplacé par sept à huit cents souverains au petit pied.

Qu'y gagnerait le peuple? Que lui rapporterait la révolution qui aurait substitué cette oligarchie à une monarchie véritable? Rien qu'un peu plus de lenteur dans la marche des affaires, un peu plus de difficulté pour réaliser le progrès.

C'est pourquoi nous condamnons la souveraineté de la représentation nationale, comme nous condamnons la souveraineté d'un homme.

C'est pourquoi nous proclamons que la souveraineté réside dans le corps électoral seulement; qu'elle est inaliénable, et que, si les difficultés du gouvernement direct obligent à la déléguer, c'est à la condition que les délégués, les mandataires, les serviteurs ne parviendront jamais à devenir des maîtres.

La théorie de M. de Marcère est souverainement anti-démocratique, souverainement anti-républicaine, souverainement anti-française.

Et lorsqu'on songe que l'homme qui la professe est le même qui parlait si énergiquement de la liberté à Domfront, en indiquant la nécessité de refaire des mœurs politiques à ce pays par l'accession de plus en plus grande de tous à la vie publique, on se prend à rêver, et l'on se demande quel cas il faut faire des paroles de ceux qui président aujourd'hui à nos destinées.

Le discours de Domfront pouvait être signé par le républicain le plus sévère.

Le discours du 17 novembre pourrait être signé indistinctement par M. Buffet, par M. de Broglie ou par M. Rouher.

La seule différence, c'est que, prononcé par M. Rouher ou par M. de Broglie, il aurait eu un résultat heureux : celui de déconsidérer le régime soutenu par ces hommes d'État; tandis que, prononcé par M. de Marcère, il ne peut déconsidérer que le régime politique que M. de Marcère est censé défendre, le régime républicain.

Car, ne l'oublions pas, M. de Marcère est le ministre le plus républicain du Cabinet. Et en l'entendant émettre de pareilles doctrines, on doit se demander ce que sont les autres et ce qu'est le chef du pouvoir exécutif qui les choisit.

Voilà pourtant à quel *résultat* ont abouti les élections du 20 février 1876 ! Voilà ce qui est sorti de ce beau mouvement national qui devait fonder définitivement en France la République démocratique, et dont ceux qui en émanent, ne fondent, sous le nom de République, qu'un orléanisme déguisé.

Et les opportunistes nous disent que nous avons tort d'élever la voix pour revendiquer les principes.

Il n'est que temps, au contraire ; et si les républicains véritables ne se hâtaient bien vite de se désolidariser d'avec les néo-républicains bourgeois dont M. de Marcère est le représentant au gouvernement, et que M. Gambetta représente à la commission du budget, l'idéal républicain s'effaçant, la République ne tarderait pas à s'effacer avec [illegible]

n° du 22 novembre 1876

L'ÉLECTION DE M. DE MÉRODE

Les journaux de la réaction triomphent du succès que vient de remporter un des leurs dans le Doubs. Ils se réjouissent à cette idée qu'un sénateur républicain, M. Monnot-Arbilleur, vient d'être remplacé par un sénateur royaliste, et cela à une majorité de 93 voix ; ils supposent le parti républicain très surpris et désappointé de cet échec.

Ils se trompent sur ce dernier point, au moins en ce qui concerne les républicains avancés, les seuls au nom desquels nous portions la parole.

Nous ne sommes ni surpris ni désappointés de l'échec de l'honorable M. Fernier. Cet échec était dans l'ordre, dans la nature des choses ; on pourrait même dire qu'il est heureux qu'il se soit produit.

Il est une vérité élémentaire, c'est qu'on juge un arbre à son fruit. Peut-être des élections comme celle du Doubs éclaireront-elles les républicains sincères sur le système qui se décore de ce nom : *politique des résultats* et dont les *résultats* sont de cet ordre-ci : faire perdre, dans le corps électoral sénatorial du Doubs, en moins de dix mois, à l'opinion républicaine, près de cent voix sur sept cents.

M. Buffet, M. de Fourtou, M. le duc de Broglie se proposaient de détruire la République et leur système aboutirait à des *élections républicaines*.

M. de Marcère veut, dit-on, fonder la République, son patron M. Gambetta le désire certainement, à la condition que cette République soit aussi bourgeoise que possible, et leur système aboutit à des élections sénatoriales monarchistes.

La politique de MM. Buffet, de Fourtou et de Broglie doit être jugée depuis longtemps par les ennemis de la République. Il est temps que celle du centre gauche — dont M. Gambetta est en somme le leader à cette heure — soit jugée par les républicains.

Les opportunistes sont les défenseurs de la politique des résultats. Répudiant les discussions théoriques, c'est par les faits qui en découlent qu'ils veulent juger les systèmes.

Soit ! Nous consentons volontiers à nous placer sur leur terrain et nous avons alors le droit de leur dire : puisque les faits sont désastreux, c'est que le système est détestable.

Diront-ils que l'élection de M. de Mérode, que l'échec de M. Fernier sont un fait secondaire, sans importance, dont on ne saurait tirer aucune conclusion ?

Certes, nous ne voudrions pas donner à cette élection plus d'importance qu'elle n'en a; mais il n'en reste pas moins établi qu'au 30 janvier 1876, malgré les efforts de l'administration de combat, M. Monnot-Arbilleur, un républicain, avait été élu dans le Doubs, tandis qu'au 19 novembre de la même année, dans le même département, avec les mêmes électeurs sénatoriaux, un monarchiste passe avec une majorité de 93 voix.

Qu'en conclure ?

Deux choses, dont l'une est de nature à nous réjouir et l'autre de nature à nous affliger profondément.

La première, c'est que les électeurs, au premier comme au second degré, s'affranchissent, qu'ils ne subissent plus la pression officielle, qu'ils votent par eux-mêmes sans s'occuper de l'opinion du préfet ou des ministres.

La seconde, c'est que les élections du 30 janvier et du 20 février 1876 ont été pour le peuple une immense déception, et que cette déception a pour conséquence l'indifférence politique.

Au 20 février, comme au 30 janvier 1876, le peuple croyait en avoir fini avec la politique ambiguë dont il souffrait depuis cinq ans.

On n'avait cessé de lui répéter, pendant toute la durée de l'Assemblée nationale, que les concessions, les transactions onéreuses, les abandons de principe étaient de dures nécessités, mais des nécessités auxquelles notre parti était contraint par sa minorité dans l'Assemblée.

Seulement, on se hâtait d'ajouter qu'après la dissolution, lorsqu'on aurait une Chambre de députés républicaine, un Sénat, *ce grand conseil des communes de France*, qui serait le plus solide boulevard de la démocratie future, tout changerait. A ce moment, il deviendrait *opportun* de déployer de nouveau son drapeau, d'affirmer ses idées, de les faire passer dans la législation du pays.

Le peuple français, qu'on représente à tort comme effrayé par le programme démocratique, que l'on dit incapable de se rallier à la République à moins que la République ne ressemble à s'y méprendre à une monarchie; le peuple, qui veut au contraire une République réelle, vota pour des républicains. Les élections directes donnèrent une grande majorité à l'idée républicaine, et, même dans un certain nombre, nombre assez considérable d'élections indirectes, la République fut victorieuse.

En lisant dans les journaux les éclatants succès remportés par les candidats républicains dans la plupart des circonscriptions de France, le pays respira.

Il se dit qu'on allait être enfin débarrassé des administrations de combat; que les préfets, les sous-préfets, les procureurs de la République dus à M. Thiers, à M. Dufaure, à M. de Broglie, à M. de Fourtou, à M. de Chabaud-Latour, à M. Buffet, en un mot à tous les ministères de réaction qui s'étaient succédé depuis les élections du 8 février 1871 jusqu'à celles du 20 février 1876, allaient disparaître et faire place à des républicains.

Il se dit que les hommes de la Restauration, de la monarchie de Juillet et de l'Empire, auxquels le gouvernement du 4 Septembre avait fait des politesses, et que l'Assemblée nationale avait comblé de ses faveurs, allaient enfin rentrer dans le néant.

Il espéra qu'il n'entendrait plus parler de M. de Cissey, de M. Dufaure, de M. le duc Decazes.

Il pensa que les lois politiques de l'Empire allaient être rapportées ; que les journaux républicains ne seraient plus poursuivis ; que les réunions publiques ne seraient plus interdites ; que les associations sortiraient du régime du bon plaisir et de la tolérance; que les milliers de républicains qui meurent dans les geôles de la Nouvelle-Calédonie, seraient rendus à leur patrie et à leur famille; que toutes les libertés allaient fleurir et fructifier; que, sous leur influence bienfaisante, les questions sociales allaient être étudiées et pacifiquement résolues ; qu'en un mot, une ère nouvelle s'ouvrait, ère de progrès, de science, d'harmonie.

Au lieu de cela, qu'a-t-on vu?

M. Dufaure, président du Conseil;

M. le duc Decazes, M. de Cissey, M. Léon Say, ministres;

Presque tous les préfets et les sous-préfets de combat conservés;

Les lois de l'Empire toujours en vigueur;

La presse républicaine frappée comme par le passé;

Comme par le passé, les réunions et les associations interdites;

Les questions sociales toujours traitées de dangereuses utopies;

En un mot, on a vu la monarchie debout avec tous ses abus, tous ses monopoles, tous ses privilèges, tous ses fonctionnaires, et une étiquette seulement de changée.

Encore ce changement d'étiquette datait-il de six ans, et avait-il été imposé par le peuple de Paris aux prétendus républicains qui nous gouvernent, et qui ne voulaient pas plus alors du mot qu'ils ne veulent aujourd'hui de la chose.

Voyant cela, les électeurs se lassent; ils perdent la foi politique; ils ne croient plus à ce que disent les chefs de file; et, trouvant la lutte pénible et les résultats inférieurs à la peine qu'on se donne pour les obtenir, ils désertent le champ de bataille et votent pour ceux qui leur paraissent les plus capables, sous notre régime monarchico-clérical, de défendre leurs intérêts privés.

Voilà comment il se fait qu'à dix mois d'intervalle, et sous un ministère qui se dit républicain, cinquante électeurs sénatoriaux, qui avaient résisté à M. Buffet et avaient donné leurs suffrages à M. Monnot-Arbilleur, se retournent et votent pour M. de Mérode.

Eh bien, il est bon que cet exemple se produise, que le résultat se manifeste au grand jour.

Les maux les plus redoutables sont ceux que l'on ignore. Ici la plaie est manifeste.

Tous les républicains sincères voient à cette heure où les conduit l'opportunisme. Désabusés de la politique d'effacement, ils ne tarderont pas à se grouper derrière l'extrême gauche, à rendre au pays, par une féconde affirmation des principes, l'énergie qui tend à s'éteindre, à reprendre la tradition révolutionnaire, et ils prépareront ainsi pour 1880 un grand mouvement électoral qui, celui-ci, n'aboutira plus à un leurre, ne sera plus une illusion décevante.

La victoire de M. de Bourgoing dans la Nièvre, en montrant aux orléanistes les dangers de leur triste alliance, amena, on se le rappelle, la dislocation de la majorité du 24 mai.

La victoire de M. de Mérode dans le Doubs, en montrant aux républicains les dangers des concessions indéfinies, ramènera ces derniers à la grande voie des principes et hâtera l'heure où l'opportunisme, de plus en plus discrédité, sera abandonné de tous.

De tous, excepté de ceux qui ne sont entrés dans la République que pour l'empêcher de produire ses véritables conséquences !

n° du 25 novembre 1876

LA RECULADE

Le ministère a reculé. On lui demandait compte de la non-exécution de la loi : il a éludé la question en présentant un projet modificatif de la loi.

Si ce projet était venu avant le discours de M. Floquet; si les violations du décret de messidor an XII n'avaient point été un outrage à la conscience publique; si le projet nouveau n'avait point laissé subsister la difficulté qu'il s'agit de résoudre en conservant pour les militaires en activité de service les honneurs funèbres refusés aux légionnaires civils,— le devoir de la gauche eût été de l'accepter en le complétant par une proposition de loi abolitive de l'ordre de la Légion d'honneur.

Rien, en effet, n'est plus puéril, nous le disions hier, que cette intervention de l'armée dans les funérailles des citoyens; rien n'est plus monarchique que cette intervention de l'État dans les enterrements; rien n'est plus antidémocratique que les décorations.

Les décorations, c'est à la fois la corruption de bas en haut et de haut en bas, du gouvernement par les citoyens et des citoyens par le gouvernement.

C'est la corruption du gouvernement par les citoyens, car c'est, pour tous les hommes désireux d'obtenir des distinctions sans les avoir méritées, la faculté de séduire des fonctionnaires et de les détourner de leur devoir.

C'est la corruption des citoyens par le gouvernement; parce que les distinctions honorifiques ne coûtent rien à l'État qui les distribue.

Corrompre à prix d'or n'est pas facile; on ne dispose pas à son gré du budget, on est limité dans son action.

Corrompre par des croix et des rubans est facile, et c'est un procédé dont l'emploi est illimité.

C'est pourquoi tous les peuples républicains ont proscrit les décorations.

Aussi, hier encore, nous aurions voulu voir la question se poser sur ce terrain qui est celui des principes.

Elle s'est posée autrement. Elle s'est posée sous forme d'interpellation à un ministère soi-disant républicain, qui, héritant des plus mauvaises pratiques du gouvernement tombé au 20 février, outrage, je ne dirai pas les libres-penseurs, mais le principe même de la liberté de conscience, en établissant, entre les obsèques de ceux qui refusent toute cérémonie religieuse et les obsèques de ceux qui les acceptent, des différences que la législation actuelle ne comporte pas.

La question étant ainsi posée, elle doit être résolue.

Plus tard, les gauches auront à voir s'il ne convient pas de demander l'abolition de la Légion d'honneur.

Aujourd'hui, il faut que le ministère consente à faire respecter la loi, dont il est le dépositaire, ou qu'il se retire.

Il le faut d'autant plus que, si une transaction avait été possible avant la séance d'hier, elle aurait cessé de l'être après la lecture de l'exposé des motifs de M. de Marcère.

Cet exposé des motifs n'est, en effet, que la justification, sous une forme adoucie, des pratiques que M. Floquet a si énergiquement et si justement dénoncées et condamnées du haut de la tribune.

A cette heure, nous ne voulons plus savoir ce que vaut le décret de messidor ; nous ne voulons plus savoir quelles modifications notre législation doit subir.

Une seule chose peut et doit nous préoccuper :

La loi existante n'a point été exécutée. L'interprétation qui a été donnée du décret de messidor an XII est une interprétation abusive. La loi n'ayant pas d'effet rétroactif, les projets que nous voterions demain ne feraient disparaître, quant au passé, aucune responsabilité.

Il faut donc que le ministère s'explique, qu'il reconnaisse son erreur, qu'il s'engage à exécuter la loi conformément à l'esprit qui a inspiré le législateur, conformément à la jurisprudence suivie jusqu'à ces derniers temps.

Il faut qu'il fasse cela ou qu'il cède la place à un autre.

Quant à la Chambre, elle a assez transigé jusqu'ici pour soutenir des ministres qui n'ont répondu à aucune des légitimes aspirations du pays. Si elle veut reconquérir toutes les sympathies qu'elle possédait au lendemain des élections générales, qu'elle se montre cette fois ferme, résolue, inflexible.

L'occasion est bonne; nous l'engageons à ne pas la laisser échapper.

---

n° du 30 novembre 1875

POISSONS VARIÉS
MÊME SAUCE

Lorsque la bourgeoisie française, après avoir brisé, en 1789, l'aristocratie nobiliaire, eut, en thermidor et en prairial, écrasé le peuple qui revendiquait sa part des conquêtes de la Révolution, elle se trouva seule maîtresse du terrain conquis sur la noblesse et le clergé.

Ce terrain lui fut disputé de nouveau sous la Restauration; cela lui rendit pendant quinze années sa vigueur révolutionnaire.

Mais, définitivement victorieuse en juillet 1830, elle ne songea plus qu'à conserver les avantages de sa nouvelle situation et à en exclure les travailleurs.

C'était là de sa part un calcul mauvais, comme tous les calculs de l'égoïsme.

Si la bourgeoisie, au lieu de s'efforcer d'écraser le peuple, de le maintenir dans la servitude du salariat, avait fait, en vue de son émancipation, la dixième partie des sacrifices qu'elle a faits en vue de son asservissement; si, au lieu de fusiller les classes laborieuses, elle les avait instruites ; si, au lieu de dilapider des milliards, en créant des armements formidables destinés à contenir le peuple et en se lançant dans des guerres non moins formidables destinées à justifier ces armements, elle avait abaissé et égalisé les tarifs de ses chemins de fer, démocratisé le crédit, favorisé les associations; si, au lieu de s'appuyer sur la superstition religieuse pour maintenir sa domination temporelle, elle avait élevé les âmes en faisant pénétrer partout les vraies doctrines philosophiques, les doctrines de la libre-pensée ; si la bourgeoisie avait ainsi compris son rôle, à cette heure l'Europe formerait une seule famille unie, les classes seraient effacées, et la richesse sociale serait si considérable que les problèmes les plus terribles de notre époque se trouveraient résolus sans avoir même été posés.

Au lieu de cela, la bourgeoisie a créé un système d'antagonisme de classes, maintenu par l'antagonisme des nations; elle a diminué la production générale par la création d'immenses armées permanentes, en même temps qu'elle augmentait ainsi le chiffre de nos budgets; elle a multiplié les emprunts et aggravé le impôts pendant qu'elle tarissait par les armements les sources de la richesse publique; elle a indirectement provoqué les guerres civiles de juin 1848 et de mars 1871, en maintenant un organisme social où le plus grand nombre est sacrifié, et pour comprimer ces insurrections, elle a dû renouveler la faute, — j'emploierais un autre mot sans les parquets de M. Dufaure, — de la révocation de l'édit de Nantes: fusiller, déporter, proscrire et augmenter encore par là la misère en diminuant le nombre des producteurs.

Et voilà comment il se fait que la question sociale est à cette heure la seule question palpitante, quoi que puissent en dire les endormeurs de la politique; et voilà comment il se fait que le peuple semble se désintéresser de ce qui l'a passionné si longtemps.

Ce n'est pas qu'il ait raison de se désintéresser de la politique, car la République est à la révolution sociale ce que l'outil est au produit: on ne résoudra jamais la question sociale que sous un régime républicain.

Mais c'est là une conséquence fatale du système employé depuis six ans par ceux qui se disent continuateurs des hommes de 1792 et qui ne continuent, en réalité, que l'œuvre des escamoteurs de 1830 et des usurpateurs de 1851, dont ils flétrissent la mémoire en poursuivant cependant le même but qu'eux.

Les opportunistes poursuivent le même but que les escamoteurs de 1830, que les usurpateurs du 2 Décembre!

C'est une terrible accusation, mais cette accusation est juste, elle est vraie.

En somme, il n'y a en France, il n'y a en Europe que deux partis: le parti des travailleurs et le parti bourgeois.

Les opportunistes appartiennent, comme les bonapartistes, comme les orléanistes, au parti bourgeois, dont on pourrait dire qu'ils sont *la branche cadette*; ils appartiennent à ce parti dont les moyens se modifient suivant les circonstances, mais dont le but est malheureusement invariable.

Après 1830, la classe moyenne soutint le cens électoral. Elle s'assurait ainsi la domination politique, dont la suprématie sociale était la conséquence naturelle. Elle ne voyait pas que, dans les mains de tous ceux à qui elle refusait un bulletin de vote, elle plaçait un fusil. Les journées de Février vinrent interrompre son rêve doré en lui révélant cette terrible réalité qu'elle avait méconnue.

Avec les barricades de Février, le cens électoral avait dit son dernier mot. Il fallait en prendre son parti; il fallait accepter le suffrage universel; il fallait faire la part du feu.

La bourgeoisie fit la part du feu. Elle se soumit au suffrage universel; mais elle combattit la République qui en est l'expression logique, et, en appuyant le coup d'Etat du 2 Décembre, en prêtant la main à ce pouvoir despotique et corrupteur qu'elle devait soutenir dix-huit ans, elle annula en fait ce qu'en droit elle était obligée de concéder.

Comme, cependant, le gouvernement ne pouvait point donner satisfaction à toutes les vanités, à toutes les ambitions bourgeoises, on vit bientôt le gouvernement impérial combattu, le crime de Décembre flétri par une pléïade d'orléanistes, d'opportunistes en herbe, depuis celui qui avait commencé par se déclarer le Spectre du 2 Décembre, et qui devait finir par être le ministre du 2 janvier, jusqu'à tous ceux qui, arrêtés à temps sur cette pente fatale par la révolution du 4 Septembre, sont devenus les chefs de nos gauches actuelles et nient aujourd'hui l'existence de la question sociale.

Le peuple se laissa prendre aux discours de ces enfants terribles de la bourgeoisie. Il ne vit pas que ces semblants de division dans les classes bourgeoises, en multipliant les couches gouvernementales offertes par la bourgeoisie au peuple, n'ont pour but et pour effet, que de tromper celui-ci et de perpétuer la domination de celle-là.

Il prit les Ollivier, les Ferry, les Favre, les Simon, les Gambetta, pour des révolutionnaires, et, sauf pour Olivier, qui s'était compromis trop vite, le 4 Septembre, il les porta au pouvoir.

A peine au pouvoir, les Ferry, les Simon, les Favre et les Gambetta se montrèrent ce qu'ils étaient : DES BOURGEOIS. Ils empruntèrent aux Guizot, aux Thiers, aux Rouher même, jusqu'à leur vocabulaire. Ils défendirent le budget des cultes, ils parlèrent de clientèle catholique, ils déclarèrent que la question sociale n'existait pas.

Peut-être pensaient-ils inconsciemment qu'ils étaient arrivés aux affaires et que par ce seul fait toutes les questions pendantes se trouvaient résolues, sans qu'il fût nécessaire de chercher d'autre solution.

Nous ne voulons rien dire de la terrible insurrection de 1871 et du rôle que jouèrent pendant la Commune ces anciens députés. — Nous avons de bonnes raisons pour n'en pas parler. — Mais si nous ne parlons pas du 18 Mars et des jours qui suivirent, nous pouvons rappeler qu'au lendemain de la chute de la Commune, et sous le prétexte que la République était en péril, on vit les irréconciliables d'hier marcher à la suite du vainqueur de Paris et se fondre insensiblement dans le centre gauche; que l'on put se demander en quoi la fraction de la bourgeoisie, qui consentait à entrer dans la République pour l'empêcher de produire ses conséquences, différait de celle qui continuait à redouter le gouvernement républicain ; en quoi M. Simon et M. Gambetta différaient de M. le duc de Broglie et de M. Buffet.

Le peuple, alors, perdant la confiance qu'il avait eue jusque-là dans ses chefs, se dit à part lui :

POISSONS VARIÉS,
MÊME SAUCE.

Et il commença à se désintéresser des luttes de la tribune et de la presse.

Les opportunistes ont produit en partie, et achèveraient de produire, si on les laissait faire, le même résultat qu'avaient produit les modérés de 1848 et qui rendit le coup d'Etat possible. Le seul moyen de les en empêcher, c'est de sortir enfin de la politique bourgeoise, d'entrer résolument dans la voie du socialisme, et, laissant de côté toutes les fractions de la bourgeoisie, qui, semblables aux agioteurs de la Bourse, ne font semblant de se combattre que pour mieux écraser l'ennemi commun, il faut constituer le véritable parti de l'avenir : *le parti du travailleur, le parti de l'ouvrier, le parti de la Révolution sociale.*

N° 7u 4 décembre 1876

UNE PREUVE

Le dénouement que vient d'avoir la

question des honneurs funèbres prouve combien les républicains de principe ont raison de pousser la Chambre à la fermeté, à l'énergie.

Le ministère Dufaure, obéissant à l'esprit clérical, avait violé, dans l'application des décrets de messidor an XII, les deux principes de la liberté de conscience et de l'égalité de tous les citoyens sans distinction de croyance.

Les opportunistes ne songeaient point à lui en demander compte, la retraite du ministère étant, à leurs yeux, le danger suprême qu'il fallait éviter à tout prix. M. Floquet, pensant au contraire, avec l'extrême gauche, que la Chambre a pour mission de faire respecter les principes généraux de notre droit civil et qu'aucune considération d'opportunité ne saurait légitimer une défaillance de sa part quand la liberté de conscience est en jeu; M. Floquet a porté la question à la tribune.

Le président du conseil a commencé par se dérober ; puis le ministère a cherché à éluder la question en déposant un projet de loi qui n'avait que faire dans la circonstance. Si la politique opportuniste avait prévalu, on aurait déclaré que le rejet du projet ministériel devant avoir pour résultat la chute de M. Marcère, il était nécessair d'accepter ce projet et de clore ainsi au plus vite une discussion intempestive.

C'est de la sorte qu'on avait raisonné dans mille autres occasions.

Mais, cette fois, il s'agissait heureusement d'une des questions qui tiennent le plus à cœur à la majorité républicaine sans distinction de nuances. Il s'agissait de l'égalité des citoyens devant la loi il s'agissait de la laïcité de l'Etat.

La majorité n'a pas cru devoir céder. Elle a laissé de côté la tactique opportuniste, qu'elle suit malheureusement trop souvent, et convaincue que si, consciente de sa force, elle parlait avec la mesure et la fermeté qui conviennent aux représentants du pays, le Gouvernement s'inclinerait, elle a tenu bon.

Qu'est-il advenu?

Ce qui adviendrait toujours, si toujours on suivait la même voie; si toujours on laissait de côté les considérations mesquines d'opportunité pour prendre le droit chemin.

Le gouvernement a cédé.

A la suite d'une discussion dans laquelle cinq ministres ont voté en faveur du retrait du projet de loi, tandis que quatre votaient pour le maintien, le projet a été retiré par un décret portant la signature de M. le président de la République.

A la suite de ce retrait, M. Laussedat, président de la commission chargée de l'examen du projet de loi, a déclaré la commission dessaisie, et, interpellant le gouvernement en son nom personnel, a proposé l'ordre du jour dont nous donnons plus loin le texte, et qui donne gain de cause aux défenseurs de la liberté de conscience. Cet ordre du jour, accepté par le ministère, a été voté par 370 voix contre 23. La droite elle-même s'est, en grande majorité, abstenue, et quelques-uns de ses membres ont voté pour.

Et maintenant que résultera-t-il de ce vote? Le ministère est démissionnaire. En l'état, par qui les ministres actuels seront-ils remplacés?

Nous ne voulons pas le savoir.

Ce qui est acquis, c'est que le projet dont le but avait été d'éluder le débat est retiré par un décret de M. le président de la République lui-même. Ce qui est acquis c'est le vote par la Chambre d'un ordre du jour motivé, accepté par le gouvernement, qui consacre le principe de la liberté de conscience. Ce qui est acquis c'est que, s'il y a effectivement lieu à la formation d'un nouveau cabinet, les ministres nouveaux seront obligés d'appliquer le décret de messidor an XII, conformément à l'esprit général de notre législation.

Pour la première fois que la Chambre a dû faire acte de vigueur, elle n'a donc pas trop mal réussi ; et les *intransigeants* n'ont pas si mauvaise grâce qu'on se plaît à le dire, à conseiller une politique qui vient de faire aujourd'hui ses preuves d'une manière aussi éclatante.

n° du 7 décembre 1875

INCITATIONS CRIMINELLES

A lire les journaux bonapartistes, leurs excitations au mépris de la représentation nationale, les conseils audacieux qu'ils donnent à M. de Mac Mahon, on se croirait revenu à la veille du 2 Décembre, et il semble que M. le président de la République n'ait qu'à pousser du doigt le gouvernement dont il a la garde pour le renverser.

C'est ainsi qu'on lit dans la *Nation* :

> Souscrira-t-il au programme que la *République française* traçait ce matin même au nouveau cabinet? Se résignera-t-il à livrer le personnel administratif et judiciaire, en proie à M. Gambetta? Acceptera-t-il pour ministre de la guerre un général de la gauche?
>
> L'opinion ne se serait pas posée de semblables questions il y a un an : elle aurait cru faire injure au maréchal. Aujourd'hui elles s'imposent.

Il y a un an l'Assemblée nationale vivait encore avec sa majorité monarchico-cléricale; il y a un an les élections du 20 février et du 5 mars n'avaient point encore amené à Versailles une Chambre républicaine; il y a un an la volonté du pays ne s'était point encore manifestée avec éclat.

Mais aujourd'hui, que peut faire le président de la République, si armé qu'il soit par la désastreuse Constitution du 25 février 1875, et quelque appui qu'il trouve dans les élus du suffrage restreint, dans le Sénat?

Il peut répondre au vote de la Chambre en faveur de la liberté de conscience en prenant un ministère dans la droite cléricale du Sénat.

Après?

Si c'est M. le président de la République qui fait les ministères, c'est la Chambre qui les défait.

Combien durerait un ministère de droite?

Quelques jours à peine, et son existence éphémère aurait rendu à la République le service immense de faire sentir aux groupes de gauche la nécessité de se montrer résolus.

Mais le ministère de droite ne se retirerait pas ; il dissoudrait la Chambre!

Nous disons encore : après?

Au 20 février, vous aviez derrière vous trois ans de gouvernement de combat; vous aviez placé à la tête de tous vos départements de dignes émules des plus à poigne des préfets à poigne de l'Empire; la loi du 20 janvier avait mis tous les maires dans vos mains; la pression électorale a été telle que des faits monstrueux comme ceux de Cavaillon, d'Avignon, de Tarascon ont été possibles, telle que si la Chambre avait voulu être, je ne dirai pas rigoureuse, mais simplement juste, elle aurait dû annuler toutes les élections de droite sans exception; — et le résultat du scrutin a été une Chambre républicaine.

Aujourd'hui, votre ministère n'aurait que trois mois pour préparer le terrain électoral; aujourd'hui, le gouvernement ne pouvant pas légiférer sans la Chambre, vous ne disposez plus des municipalités; aujourd'hui vous auriez contre vous l'irritation du peuple entier justement indigné du peu de cas qu'on fait de sa volonté; et vous espéreriez la victoire!

Cela n'est pas sérieux, et les bonapartistes savent comme nous que si M. de Mac Mahon défiait les électeurs en brisant les élus de Février, les électeurs répondraient à ce défi par une nouvelle et éclatante manifestation républicaine.

Le Sénat et M. de Mac Mahon résisteraient-ils encore? Feraient-ils dissolution sur dissolution? Le peuple, à son tour, ferait manifestation républicaine sur manifestation républicaine, et comme à travers toutes ces élections successives, l'heure du renouvellement du Sénat arriverait, que le pays serait d'autant plus hostile aux sénateurs actuels qu'il aurait le droit de leur imputer l'état de trouble qu'on lui aurait systématiquement imposé, l'élection sénatoriale serait un nouveau triomphe pour la République. La République serait d'autant plus solidement assise, désormais, que, dans cette lutte prolongée, elle aurait dû, pour s'assurer la victoire, faire preuve de plus de fermeté, de plus d'énergie, de plus de résolution.

Les bonapartistes de *la Nation* savent cela comme nous; ils savent que la France veut la République et que, sur le terrain constitutionnel, quelque moyen dilatoire que la constitution mette d'ailleurs à la disposition de nos adversaires, c'est la France qui aura toujours le dernier mot.

Lors donc que *la Nation* invite le président à ne pas accepter un ministère de gauche; lorsqu'elle considère presque comme une injure à son adresse le seul fait de dire qu'il peut être loyal et s'incliner devant les décisions des élus du pays; lorsqu'elle parle de la sorte, la feuille bonapartiste montre clairement ce qu'elle désire.

Ce qu'elle désire, ce qu'elle demande au président, c'est un conflit inconstitutionnel, c'est un coup d'Etat, c'est un renouvellement du 2 Décembre.

Malheureusement pour elle et heureusement pour la France, la *Nation* se trompe de date. Si des coups d'Etat ont réussi dans notre pays, dans des moments d'affaissement général, l'heure de ces triomphes du crime est passée.

A cette heure, le peuple français, instruit par les événements, est bien décidé à ne plus remettre le soin de ses destinées au premier malfaiteur couronné qui se présenterait; l'armée, soucieuse de ses devoirs, est décidée aussi à ne plus se déshonorer par un nouvel attentat; et ceux qui tenteraient aujourd'hui un coup de force contre le pays ne feraient que hâter le triomphe de la véritable République en déterminant une révolution qui les balayerait à tout jamais. Nous voyons donc, pour notre part, avec une sérénité extrême les tentatives impuissantes des ennemis de la République.

Mais il est bon de constater ce que veulent nos adversaires; il est bon de montrer que les hommes de décembre, toujours à la hauteur de leur *tradition glorieuse*, sont à la recherche du premier bandit qui voudrait encore une fois se ruer sur le pays et l'assassiner.

Seulement, qu'ils le sachent bien, — nous espérons pour l'honneur de notre pays que ce bandit n'existe pas; — mais s'il existait, malheur à lui, malheur à ceux qui le pousseraient, malheur aux classes dirigeantes qui lui prêteraient

41

leur concours! Sa tentative criminelle serait le signal de la revanche et de l'affranchissement définitif.

n° du 9 décembre 1876

L'ABDICATION

Toutes les fautes, toutes les faiblesses, tous les abandons de principes qui ont signalé la première session de la Chambre des députés actuelle, viennent d'être dépassés.

Le vote qui a eu lieu hier est une véritable abdication après laquelle il ne reste plus aux élus de février qu'à s'effacer complètement devant le pouvoir personnel de M. le président de la République. Ce n'est pas pour cela que les électeurs les avaient envoyés à Versailles.

Le budget des recettes n'est pas voté; les douzièmes provisoires ne peuvent être autorisés que par une loi; toute loi exige le concours des deux Chambres; il est donc évident qu'en ajournant le vote du budget des recettes jusqu'au moment où le ministère serait constitué et en exigeant un ministère nettement républicain, la Chambre était maîtresse du terrain.

Le président de la République était obligé de subir sa loi, de prendre les ministres tous dans la gauche, et, une fois un tel ministère constitué, il n'eût pas été facile aux ennemis de la République d'en avoir raison.

La Chambre a préféré s'en remettre à la longanimité de celui dont les visées à l'autorité personnelle ne sont un secret pour personne, de celui dont l'hostilité systématique pour les institutions républicaines est bien connue de tous.

Elle perd ainsi le bénéfice de ses quelques jours de fermeté.

Le président de la République peut maintenant reprendre le ministère actuel ou tout autre qui lui conviendra.

Si la Chambre le repousse, les chances d'un ministère de droite, d'un ministère de dissolution, se trouvent fortement accrues, puisque la représentation directe du pays se sera volontairement privée de l'arme la plus puissante que lui ait laissée la Constitution du 25 février.

Et cependant, hier c'était M. Ferry qui demandait l'ajournement de toute discussion, ajournement que votait également M. Gambetta. Mais le *ministre républicain par excellence*, M. de Marcère, a parcouru les rangs de la gauche et du centre gauche, et aussitôt, comme par enchantement, les bulletins blancs se sont métamorphosés en bulletins bleus.

Les chefs de l'opportunisme ont pu juger ainsi leur œuvre; ils ont pu voir quel degré de fermeté on est en droit d'espérer d'un groupe d'hommes auxquels on n'a cessé de prêcher le découragement et la faiblesse.

M. Gambetta et M. Ferry, pendant les élections générales, ont partout repoussé les candidatures radicales pour soutenir les candidatures centre gauche.

Après avoir ainsi fait triompher dans le pays une politique de défaillance, ils ont défendu cette même politique dans l'Assemblée; ils se sont livrés aux sauvetages des Ricard, des Marcère et des Dufaure; ils ont élevé la peur de la crise ministérielle à la hauteur d'un principe; ils n'ont cessé de déclarer que la retraite de M. de Marcère serait un mal irréparable. Aujourd'hui, M. de Marcère profite des habitudes prises pour enlever un vote : quoi d'étonnant si les soldats de M. Gambetta et de M. Ferry abandonnent leurs chefs pour se précipiter sous les drapeaux du centre gauche ! Quoi d'étonnant si ceux-là abdiquent, auxquels, pendant huit mois, on n'a cessé de prêcher l'abdication !

Eh bien, nous l'avouons, ce piteux résultat nous plait. Il montre au pays ce que c'est que la politique des *résultats*. Et quand viendra la dissolution, au devant de laquelle voguent à pleines voiles ceux qui font profession de la redouter, le pays, jugeant en dernier ressort cette fausse science, qui depuis six ans s'entoure de tout l'appareil d'une science véritable et qui n'est qu'un trompe-l'œil, le pays donnera sa confiance à ceux qui auront su demeurer dans la grande voie que nos pères avaient tracée et que les pygmées de 1870 n'ont pas osé suivre.

Il est donc bon que l'opportunisme soit battu par ses propres troupes, que lorsqu'il trouve enfin la fermeté opportune on lui réponde, en lui faisant un pied de nez : à opportuniste opportuniste et demi.

On ne tue pas les systèmes politiques; ils se tuent eux-mêmes.

Encore quelques séances comme celle d'hier, et l'opportunisme est mort.

---

n° du 12 Décembre 1876

PLUS DE PRÉSIDENCE !

En 1851, le président de la République, insurgé, dut la victoire au dégoût qu'inspirait dans le pays ce régime parlementaire qui pourrait se résumer en deux mots : *intrigue et stérilité*.

Pendant trente-trois ans, de 1815 à 1848, on avait essayé de l'organisme parlementaire qui consiste dans l'indépendance du pouvoir exécutif et dans la dualité des Chambres. Cet essai, en juillet 1830 et en février 1848, avait abouti à deux révolutions, et l'une de ces révolutions, la dernière, avait reçu un nom que lui conservera l'histoire. On l'avait appelée : *la Révolution du mépris*.

L'Assemblée constituante qui se réunit après les journées de Février, avait reçu du pays une grande mission, la mission d'établir la République, de faire prévaloir, dans toute sa rigueur, le principe de la souveraineté du peuple, d'empêcher à tout jamais le retour de l'oligarchie qui démoralise les nations ou du pouvoir personnel qui les tue. Pour atteindre ce but, il fallait instituer une assemblée unique de laquelle émaneraient directement ou indirectement tous les pouvoirs du pays, et par laquelle le chef du pouvoir exécutif, simple délégué, simple président du conseil des ministres, serait perpétuellement révocable.

Par ce système, on évitait les conflits, les intrigues qui les amènent et les troubles qui en sont la suite.

Dès l'instant où la responsabilité aurait pesé sur le président de la République lui-même, cette haute fonction étant beaucoup moins accessible que celle de président d'un conseil des ministres subordonné, les compétitions auraient été moins nombreuses et les représentants du peuple auraient songé un peu plus aux intérêts du pays et un peu moins aux combinaisons ministérielles, qui sont la principale cause de toutes les révolutions parlementaires.

Un homme, l'honorable président de la Chambre des députés actuelle,

47

M. Grévy, le comprit et déposa un amendement qui subordonnait nettement le pouvoir exécutif au pouvoir législatif.

Malheureusement, le courant de l'opinion portait ailleurs. On crut avoir assez fait pour corriger les vices du parlementarisme en supprimant la dualité des Chambres; on décréta l'institution d'une présidence indépendante et l'on confia au suffrage universel le droit d'élire le président de la République, dont les fonctions devaient durer quatre ans.

On sait ce qui arriva.

Pendant toute la durée de l'Empire, on put croire que l'expérience avait été décisive.

Le parlementarisme, avec indépendance du pouvoir exécutif et dualité des Chambres, avait fait ses preuves sous le Directoire, sous la Restauration et sous la monarchie de Juillet. Le parlementarisme, avec indépendance du pouvoir exécutif et Assemblée législative unique, avait fait ses preuves en 1851.

Il ne restait plus qu'à mettre de côté le vieil organisme politique vanté par Montesquieu, qu'à abandonner la théorie de la pondération des pouvoirs, qu'à adopter le système de l'amendement Grévy.

C'est ce qui serait incontestablement arrivé après le 4 Septembre si l'irréparable faute du gouvernement de la Défense nationale, en retardant de cinq mois la convocation des électeurs, n'avait amené une Assemblée constituante monarchique et cléricale.

Mais, dès l'instant où cette assemblée était élue, il était aisé de prévoir que, si elle ne parvenait pas à restaurer la monarchie, au moins restaurerait-elle un système parlementaire aussi rapproché que possible de l'organisme monarchique constitutionnel.

Ce que l'on ne pouvait prévoir toutefois, c'est que les républicains eux-mêmes, oublieux du passé, se joindraient à leurs adversaires de la veille, et chanteraient avec eux la supériorité du système de la pondération des pouvoirs. Et cependant, c'est là ce qui a eu lieu.

On nous a dit, on nous répète encore, que s'il n'existait pas un président de la République irresponsable, indépendant des Assemblées — sauf dans les cas de haute trahison, — placé en dehors des compétitions des partis, le désordre moral serait inévitable et continuel. Et l'on est allé jusqu'à nous vanter l'excellence du dédoublement du pouvoir législatif, les deux Chambres.

Eh bien ! depuis 1873, l'expérience est venue donner un terrible et cruel démenti à ces théories. Puisse-t-elle, cette fois, être profitable, et, quand sonnera l'heure de la révision, nous conduire au seul système politique qui soit de nature à empêcher à tout jamais le retour du pouvoir personnel.

Avant 1873, le système de l'amendement Grévy était en vigueur. La souveraineté appartenait à une assemblée unique, dont M. Thiers était le simple délégué.

Malgré les luttes politiques qui se produisaient dans l'Assemblée; malgré le désaccord existant entre l'Assemblée et le pays, ce système est si conforme à la logique, si harmonique à notre esprit national, que l'ordre matériel et moral n'a jamais été plus grand en France qu'à cette époque. Le 24 mai est lui-même venu faire la preuve du système. Ce jour-là, bien que la révolution qui s'accomplit fût considérable et passionnât énormément le pays, vingt-quatre heures suffirent à renverser M. Thiers, à le remplacer par M. de Mac Mahon; et quarante-huit heures plus tard un nouveau ministère entrait en fonctions sans que l'expédition des affaires eût subi le moindre temps d'arrêt.

C'est naturel. Il n'y avait alors qu'un seul pouvoir : l'Assemblée, et dès que

48

celle-ci avait prononcé, tout était terminé.

Mais à peine eût-on établi par la loi du 20 novembre un président indépendant, les choses changèrent de face.

Lorsque, à partir de 1874, la coalition du 24 mai se dissolvant, l'Assemblée nationale commença à renverser les ministères de combat, comme elle avait renversé M. Thiers, les tiraillements se produisirent. Ces ministères renversés demeurèrent à l'état de pouvoir occulte auprès de M. de Mac Mahon, et les crises se prolongèrent pendant des semaines, laissant le pays en suspens et donnant carrière à toutes les suppositions, même à celles qui étaient la plus propres à troubler les esprits, même aux bruits de coups d'Etat.

C'est ce qui eut lieu en mai 1874, à la chute de M. de Broglie ; en février 1875, après le vote de la Constitution.

Aujourd'hui, les mêmes inconvénients de notre régime politique se manifestent encore, et cela avec une intensité d'autant plus grande que le président de la République est doublé d'un Sénat.

Si l'Assemblée était unique, et si le chef du pouvoir exécutif en était le simple délégué, d'abord nous n'aurions jamais eu M. Dufaure; et si, par hypothèse, nous l'avions eu, la crise ouverte il y a près de quinze jours par l'interpellation de M. Floquet eût été close le lendemain.

Mais nous avons un président dont l'autorité toute personnelle contrebalance celle des représentants de la nation ; mais nous avons un Sénat issu d'un suffrage restreint qui tient en échec les élus du suffrage universel direct, et voilà comment la crise se prolonge depuis quinze jours au grand détriment des intérêts du pays, sans qu'on puisse prévoir quand elle finira.

Quand donc les républicains, et avec eux tous les amis sincères de la liberté, comprendront-ils que, dans un pays démocratique comme le nôtre, il n'y a que deux modes de gouvernement possible :

Le gouvernement par un homme, le Césarisme; ou le gouvernement par une assemblée.

Quand donc, l'ayant compris, se joindront-ils à nous pour demander la révision du pacte constitutionnel et pour dire :

Plus de Sénat !

Plus de Président !

Articles et Discours

postérieurs à La Révolution

(à dater de 1878 en avril)

Discours prononcé sur la tombe de Raspail le 13 janvier 1878 (Réveil du 15 janvier 1878)

DISCOURS DU CITOYEN ALFRED NAQUET

Citoyens,

Je ne m'attendais guère à prendre la parole sur la tombe du vieillard vénéré qui vient de clore une si longue carrière de travail, de découvertes, de lutte, de dévouement et de sacrifices. Je voulais laisser cette tâche à de plus méritants que moi : parler sur la tombe de Raspail est un honneur qu'avaient le droit de revendiquer les plus grands et les plus purs d'entre nous.

Mais le conseil municipal récemment et librement élu de ma ville natale, qui est aussi celle de Raspail, le conseil municipal de Carpentras m'a spontanément délégué pour dire en son nom l'éternel adieu au grand patriote que nous pleurons, et pour déposer une couronne sur son cercueil. J'ai accepté avec une reconnaissance infinie, et je viens aujourd'hui m'acquitter de ce pieux devoir.

Je n'ai point, vous le comprenez, à vous retracer cette existence si noblement remplie. Louis Blanc l'a fait avant moi avec sa belle éloquence et dans des termes tels, qu'en y revenant, je ne pourrais qu'en affaiblir l'effet.

Carpentras, je vous l'ai dit, a donné le jour à François-Vincent Raspail, mais à une époque où la vieille ville du pape n'était point encore débarrassée de ses préjugés catholiques et monarchiques. Aussi n'eut-elle au début que de la haine et plus tard que des colères et des menaces vis-à-vis de celui qui devait un jour faire son orgueil.

En 1815, Raspail dut fuir. Il était en danger au milieu des assassins de la terreur blanche ; il lui fallut quitter le travail qui le faisait vivre pour venir chercher un refuge à Paris, où il ne trouva pendant bien longtemps que labeur, privations, misère.

Aussi a-t-il toujours conservé le souvenir douloureux de ces heures de deuil, de ces heures de honte que nous voudrions pouvoir effacer de notre histoire nationale.

Mais les serviteurs de l'ancien régime, en expulsant Raspail du département de Vaucluse, ne firent que donner un plus grand théâtre à son ardeur de justice, à sa soif de vérité. Il avait été jusque-là l'enfant de Carpentras. A partir de ce jour, il devint l'homme de la France, de l'humanité, de la science et de la République universelle.

Carpentras cependant — et avec Carpentras le département de Vaucluse, et tout le midi de la France — s'est petit à petit éloigné de la supertition monarchique. L'instruction se développant, il a rejeté le suaire de l'ancien régime, des antiques préjugés et de la vieille ignorance pour s'élancer, ardent et libre, dans les voies de l'émancipation politique et religieuse, dans la République, dans l'avenir.

C'est pourquoi le pays, régi à cette heure par un conseil républicain, rachète son passé en déposant pieusement une couronne sur la tombe de Raspail.

Et si je dis Carpentras, c'est uniquement pour demeurer dans les limites restreintes du mandat que j'ai reçu, car d'un bout à l'autre du département de Vaucluse, l'émotion est profonde, car la ville de l'Ile-sur-Sorgues et le chef-lieu du département, ont aussi fait déposer, par notre ami, l'ancien député d'Avignon, des couronnes, symboles de reconnaissance et de vénération.

Aux yeux des républicains de Vaucluse, depuis longtemps déjà, Raspail apparaissait comme la personnalité dominante de la démocratie française; ils avaient suivi ses travaux, ses souffrances, ses conquêtes, ses deuils; ils personnifiaient en lui la science et la République. Le sentiment que Raspail leur inspirait tenait presque de l'adoration. Ceux qui tentèrent de l'assassiner en 1815, ceux qui ont conservé de nos jours encore les préjugés, les colères, les haines de cette époque, ont dû bien souvent trouver dans le culte des populations pour cet homme, quelque chose comme le châtiment de leurs forfaits.

J'ai parlé des souffrances, des injustices que Raspail a dû supporter. Toutes ne lui sont pas venues de la politique. Raspail était un savant en même temps qu'un héros républicain, et la science a été pour lui comme la politique, un véritable champ de bataille où, comme dans l'autre, il a beaucoup donné et peu reçu.

Dans le domaine de la politique, il est presque admis que les promoteurs d'une idée, ceux qui consacrent leur vie à son éclosion, à sa propagation, à son développement ne sont pas ceux qui sont appelés à la mettre en œuvre. Cette immense joie leur est ordinairement refusée et ils doivent se contenter de la voir acceptée, appliquée, accaparée, allais-je dire, par ses anciens détracteurs.

Dans le domaine de la science, il n'en est pas de même, et le plus souvent, les vérités profitent à qui les découvre. L'exception a eu lieu pour Raspail. Il n'a eu le bonheur de voir ses découvertes acceptées de la science officielle que lorsqu'elles ont pu y entrer sous un autre nom, grâce à quelque plagiat.

Et cependant, que de travaux admirables! Admirables d'une manière absolue, et plus admirables encore quand on songe aux moyens insuffisants de recherche que Raspail avait à sa disposition.

La plupart de nos savants ont de riches cabinets de physique, de luxueux laboratoires, des jardins et des musées. Lui, qu'avait-il? Un misérable microscope qu'il avait ajusté lui-même en montant quelques loupes sur une tige de bois.

Et, avec ces moyens restreints, non-seulement il a découvert des faits nouveaux, mais encore il a ouvert, par l'introduction du microscope, une ère nouvelle.

Dès 1824, il présentait à l'Académie des sciences son premier mémoire sur la formation de l'embryon dans les graminées, fruits de longues et patientes recherches, de plus de huit cents analyses de plantes, sans autre moyen que son microscope imparfait, et que cette patience opiniâtre qui lui permit, à lui, ignorant du dessin, de dessiner lui-même tout ce qu'il voyait, tout ce qu'il devait reproduire.

Il fut mal accueilli des savants. Son esprit novateur ne pouvait plaire à ceux dont le lit était fait, et, à part l'illustre Geoffroy Saint-Hilaire qui sut l'apprécier et le comprendre, l'institut le mit en quarantaine. Aussi bien, joignait-il trop d'indépendance à des vues trop larges, et osait-il attaquer le dieu de l'époque, celui qui, fondateur d'une science, devenue depuis, en d'autres mains, le plus fort argument de la libre-pensée contre la superstition, l'arrangeait alors au mieux de ses propres intérêts, et la mettait complaisamment au service de la Bible. J'ai nommé Cuvier.

Dès lors il fut convenu que le sanctuaire scientifique serait fermé aux découvertes de Raspail.

Après son travail sur la constitution de la fécule il émet le premier l'idée que « la cellule est l'élément primordial de tout système organique. » Cette théorie est rejetée jusqu'aux jours où on peut l'attribuer à l'Allemand Wirchow, qui l'a rééditée sans en citer l'auteur, et il faut que deux savants qui sont en même temps des hommes de liberté et de justice MM. Robin et Broca lui restituent longtemps après la priorité de cette belle conception.

En anatomie, il reconnaît la vraie nature de la membrane dont l'œuf est enveloppé pendant la gestation.

On proteste, et c'est seulement dix ans plus tard, lorsque M. Coste, professeur au Collége de France aura publié son travail sur le même sujet, en rééditant les mêmes preuves que Raspail avait produites, c'est seulement alors, que, pouvant enfin l'attribuer à un autre, on laissera pénétrer la vérité dans l'enseignement officiel. Aujourd'hui encore, on professe dans nos livres et dans nos chaires que M. Coste a le premier découvert la vraie nature de la membrane caduque.

Plus tard Raspail émet cette vue que la plupart de nos maladies sont dues au parasitisme. On pouvait discuter; examiner si dans tous les cas, la cause étant même acceptée, les moyens proposés suffisaient à la combattre. C'eût été une polémique loyale et sérieuse. On préfère simuler une fausse indignation et décréter d'absurdité le système et son auteur. Le parasitisme n'est, dit-on, qu'un accident très rare qui ne mérite presque pas de fixer l'attention des médecins. Et cependant, aujourd'hui, nos premiers médecins et nos plus grands chirurgiens ne rêvent plus que de vibrions et de bactéries, le parasitisme est à l'ordre du jour; on lui attribue le charbon, le choléra, l'infection purulente, on crée des chaires pour l'enseigner; on le combat par des moyens souvent semblables à ceux que conseillait Raspail, — exemple: le pansement des plaies par l'alcool, — mais on se garde bien de citer celui qui, le premier, en a dénoncé la généralité; on glorifie le bonapartiste Pasteur; on laisse dans l'ombre le républicain Raspail. C'est dans l'ordre.

Du reste, il s'inquiétait fort peu de ces plagiats. « Tant mieux si l'on s'approprie mes idées, m'a-t-il dit un jour, au moins ainsi, mes idées pénètrent dans la science et y fructifient. »

Paroles sincères d'un grand et noble cœur! paroles qu'il pouvait prononcer, lui, le dépouillé, lui, le sacrifié; mais que nous ne saurions répéter après lui. Il était assez grand, il avait assez donné pour qu'il ne regardât pas à ce qu'on lui prenait. Notre devoir à nous est de lui restituer la gloire de son œuvre tout entière; A chacun son bien!

Je m'arrête, citoyens, ne pouvant prétendre ici faire l'analyse complète de l'œuvre scientifique de Raspail: elle nécessiterait un volume. Il me suffit d'avoir établi, combien vastes ont été les horizons de son génie, quels services dans l'ordre scientifique Raspail a rendus à l'humanité.

Quant à moi je puis dire qu'en qualité d'homme de science, j'ai médité ses œuvres; qu'en qualité de citoyen, j'ai appris dans ses livres à penser, à comprendre l'humanité, à aimer la République. Raspail est notre maître à tous. Il est deux fois mon maître à moi, et par l'influence qu'il a exercée sur le développement de ma pensée, je puis juger de ce que la France lui doit.

Elle le lui paie en gratitude et en amour, car, s'il y a des misérables et des égoïstes de par le monde, le peuple est bon et donne largement son amour à ceux de qui il se sait aimé.

Enfin Raspail a eu une consolation suprême. « Salut, s'écriait-il, en 1848, toi qui as béni mon berceau et qui béniras désormais ma tombe, République... »

Un moment après la nuit de décembre, il a pu croire que cette prédiction ne s'accomplirait pas. Elle s'est accomplie, ses restes vont reposer en terre républicaine. Et nous en faisons le serment sur son cercueil, nous ne permettrons jamais à la royauté de venir le souiller.

Adieu Raspail, tu as vécu, tu vis, tu vivras dans la reconnaissance des hommes. Adieu, au nom de tous ceux qui t'aiment, de tous ceux qui souffrent, adieu au nom de la démocratie vauclusienne, adieu au nom de la science, adieu au nom de quiconque lutte sur la terre pour le triomphe de la justice et de la liberté!

Adieu ! adieu !

Dépêches qui ont amené le précédent discours

(Le patriote de Carpentras du 13/1/1878)

Voici le télégramme que M. Poujade, maire de Carpentras, a adressé à M. Naquet :

Naquet, 44, rue Moscou, Paris.

Offrez couronne métal 100 francs. — Inscription : *A Raspail, Carpentras, sa ville natale.* Conseil municipal vous délègue pour déposer cette couronne et prononcer discours au nom de la ville de Carpentras.

Voici la réponse :

Poujade, à Carpentras.

Arrive seulement ; merci. Accepte avec enthousiasme délégation de Carpentras.

NAQUET.

Le petit Lyonnais

21 Janvier 1878

CONFÉRENCE DE M. NAQUET

Le divorce

Hier, dimanche, M. Naquet, ancien député de Vaucluse, a donné, au nouvel Alcazar, une conférence *sur le divorce*. Cette conférence, organisée par la *Société des matinées littéraires*, de Lyon, a obtenu un plein succès.

La salle était admirablement garnie, et chose digne de remarque, on voyait aux premiers rangs de l'auditoire un grand nombre de notabilités du monde ultra-conservateur et clérical de Lyon, et même un groupe d'étudiants de la Faculté catholique. Est-ce un signe des temps?

A une heure et demie précise, M. Bonnoit, conseiller général, ouvrait la séance par une courte allocution.

Les assesseurs étaient MM. Lagrange, Chéron, Lucien Saurel, conseillers municipaux, Crè et Tony Loup.

M. Naquet a commencé ainsi :

Si les électeurs de Vaucluse me font l'honneur de me renvoyer de nouveau à la Chambre des députés, je ferai à la tribune de l'Assemblée l'historique des élections de Vaucluse; pour aujourd'hui, mon sujet est le divorce.

Puis, entrant dans son sujet, le célèbre conférencier a, pendant deux heures, tenu tous les auditeurs sous le charme de sa parole vive, imagée, entraînante.

Après avoir passé en revue la loi sur le divorce, dans les divers pays, l'orateur a fait justement remarquer que les pays soumis à la domination française pendant le premier empire, ont, après leur séparation, conservé, avec le code Napoléon, la loi française sur le divorce, de 1803 : « Ainsi, a-t-il ajouté, la Belgique, le canton de Genève, la Prusse rhénane ont conservé le divorce, et, dans les divers changements politiques survenus dans la première moitié de ce siècle, cette loi, passée dans les mœurs, acceptée, éprouvée, a toujours été conservée. »

Des applaudissements répétés de tout un auditoire attentif ont souligné divers passages d'un esprit du meilleur aloi. L'orateur a terminé ainsi :

« Espérons que nos législateurs, s'inspirant de ceux de 1803, tenant compte du nombre sans cesse croissant des séparations de corps et de biens, cherchant à préserver la société du retour de certains scandales trop récents, rétabliront dans notre code la loi sur le divorce. »

Plusieurs salves d'applaudissements ont accueilli ce discours.

Dans l'auditoire, nous avons remarqué un grand nombre de dames venues, sans doute, pour puiser un enseignement utile à leur condition sociale.

Toute la presse lyonnaise était représentée.

Nous espérons que M. Naquet, devant l'accueil empressé que lui a fait notre population, ne voudra pas quitter notre ville sans nous donner une seconde conférence.

Après la conférence, M. Naquet était invité à un dîner intime qui réunissait une vingtaine d'amis de l'honorable conférencier, parmi lesquels plusieurs renrésentants de la presse républicaine de Lyon.

p. 2.

M. Gustave Naquet a fait connaître, dans une causerie pleine de traits heureux et de saillies piquantes, son opinion personnelle sur la situation politique du parti républicain. Nous résumons très-fidèlement, de la manière suivante, le langage qu'il a tenu, langage qui a fait une très-vive et très-heureuse impression sur son auditoire :

Il n'y a pas, à proprement parler, d'intransigeants et d'opportunistes, a dit l'ancien député de Vaucluse. Ces mots n'ont plus aujourd'hui de raison d'être.

Le parti républicain est un ; jusqu'en 1880, il doit marcher complètement uni, n'ayant qu'un seul but : l'affermissement de la République. Après 1880, a-t-il ajouté, les divers groupes du parti républicain pourront reprendre chacun leur entière liberté d'allure et travailler, comme ils l'entendent, et par leurs moyens propres, à la réalisation de leurs idées et de leurs principes.

Le pays, a dit fort justement l'ancien député de Vaucluse, le pays sera toujours avec ceux qui lui offriront le plus de garanties pour l'accomplissement des réformes politiques et sociales que son intérêt réclame.

Notons, pour terminer, que M. Alfred Naquet, parlant de M. Gambetta, a fait le plus grand éloge, non-seulement de l'homme, du patriote et du grand orateur, mais encore de sa conduite politique. Il n'a pas hésité à déclarer qu'aucun homme de notre temps n'a rendu d'aussi signalés services à la République et à la patrie.

Tous ceux qui ont assisté à cette réunion intime en conserveront le meilleur souvenir.

Le petit Lyonnais

Du 22 janvier 1878

M. Alfred Naquet nous adresse la lettre suivante :

Monsieur le rédacteur en chef du *Petit Lyonnais*,
Le compte-rendu que vous donnez de ma conférence d'hier est généralement [illegible] et toujours sympathique. Je vous en remercie.
Il est un point cependant sur lequel je veux revenir un instant, car il risquerait de me mettre en contradiction avec moi-même : c'est celui relatif à M. Gambetta.
J'ai fait l'éloge — comment ne le ferait-on pas? du grand talent tribunitien de l'orateur.
J'ai dit en outre que jusqu'au jour où ceux que l'on a désignés sous le nom d'opportunistes — nom qui n'a pas plus de sens que celui d'intransigeants — seraient au pouvoir, en 1879, nous devions faire trêve à toute division.
Que si alors M. Gambetta et ses amis marchaient dans la voie des réformes que le pays réclame, n'ayant jamais eu en vue, dans nos critiques antérieures, la personne mais la politique, nous serions heureux, nous les intransigeants, de marcher avec eux.
Que si, par contre, les opportunistes maîtres du terrain ne marchaient pas, nous aurions contre eux un admirable terrain d'attaque, car le pays serait alors complètement avec nous.
Quant au passé, je crois toujours que les critiques que mes amis et moi avons adressées en 1875 et en 1876 à la politique dite opportuniste étaient justes, qu'une fermeté plus grande aurait évité la crise, qu'il n'y aurait pas eu de 16 mai si l'on se fut se conduit en 1876 comme on le fait en 1877, mais ce sont là des appréciations historiques dont je n'ai pas eu à parler hier, parce que je me suis occupé non du passé mais de l'avenir.
Je vous serai obligé si vous voulez bien donner place à ces quelques lignes dans votre prochain numéro et je vous prie d'agréer l'assurance de ma parfaite considération.

A. NAQUET.

Le peuple de Marseille

Du 27 janvier 1878

après avoir reproduit la lettre précédente le peuple ajoute.

Cette rectification confirme nos paroles de l'autre jour sur « l'union » républicaine ; elle ne détruit en rien le plus faible de nos arguments en faveur de la politique radicale, méthodique et positive.

Que va répondre l'*Egalité*, qui s'aplatissait naguère aux pieds du groupe dit intransigeant, et se permettait, dans son numéro d'avant-hier, de déclarer du haut de sa grandeur que notre ami Alfred Naquet n'avait pu parler selon notre récit ?

L'*Egalité* contenait l'entrefilets suivant :

Le sens des paroles prononcées par M. Alfred Naquet à Lyon, ayant été dénaturées dans le compte-rendu publié par divers journaux, l'éminent conférencier vient d'envoyer une lettre rectificative au *Peuple Lyonnais*.

Nous la publierons dès qu'elle nous parviendra.

Les tendances politiques de M. A. Naquet n'ont pas varié. Il pense aujourd'hui comme il pensait lors de sa campagne intransigeante. Nous devions ces explications aux nombreux amis politiques que compte à Marseille l'ancien et futur député de Vaucluse.

Pourquoi le moniteur officiel des candidats bordelais n'a-t-il pas publié la lettre rectificative de M. Naquet ?

Sans doute parce qu'elle ne satisfait pas du tout ses prétentions à l'intransigeance, parce qu'elle reconnait loyalement le talent tribunitien hors ligne de Gambetta, parce qu'elle dit que l'opportunisme et l'intransigeance sont des mots vides de sens, interprétés comme ils le sont par le plus grand nombre,

13

parce qu'elle recommande l'union et l'unité d'efforts jusqu'en 1880, et même après, si les prétendus opportunistes et les prétendus intransigeants sont d'accord pour l'application des réformes populaires, une fois la République consolidée, garantie par une majorité républicaine au Sénat !...

Un point est à relever pourtant, dans le dernier paragraphe de la lettre de M. Naquet. Par sa tournure d'esprit favorable au paradoxe et à la contradiction, le savant chimiste s'est fait une réputation de sophiste bien méritée.

A preuve la lettre rectificative envoyée au *Petit Lyonnais*.

M. Naquet commence par mettre la main de l'intransigeance dans la main de l'opportunisme, en s'écriant : « Embrassons-nous, Folleville ! » — et il termine néanmoins par un coup de patte à la politique opportuniste, qu'il accuse bravement d'avoir abouti au 16 Mai.

Puisque M. Alfred Naquet invoque les témoignages de l'histoire, et puisqu'il reproche aux députés de 1877 de n'avoir pas eu la même tactique et le même jeu serré en 1876, faisons appel à ses souvenirs parlementaires.

Existait-il une réunion plénière des gauches en 1876 ? Avait-on institué un comité directeur, composé de membres appartenant aux quatre groupes de la Chambre, avant la chute du ministère Jules Simon ?

Au contraire, ceux qui s'opposèrent avec le plus d'entêtement à cette assemblée plénière, demandée par les prétendus opportunistes, ceux qui refusèrent de mettre leurs forces, leur influence, leurs conseils, au service de l'union républicaine, quoique la France fut toujours menacée par les revenants du 24 Mai, ceux-là, notre ami Alfred Naquet les connaît tous et pas n'est besoin de les nommer ici...

Trêve aux récriminations et aux dissidences inopportunes. Républicons la République, rendons-la inexpugnable, et alors, quand nous serons les maîtres chez nous, nous nous occuperons des réformes possibles, nécessaires, urgentes dans une démocratie comme la nôtre.

J. POLLIO.

La France, 31 Janvier 1878

Paris. — Hier, M. Alfred Naquet parlait, à la salle des Conférences du boulevard des Capucines, sur le système de Darwin.

L'orateur, très-applaudi, venait de lever la séance, quand l'un des auditeurs placés au premier rang se leva, et lui serrant la main, lui dit : — « Quoique je sois votre adversaire politique, permettez-moi de vous féliciter du talent que vous apportez dans la défense de la cause scientifique. »

Cet auditeur enthousiaste n'était autre que M. Silvestre député, élu à Apt (Vaucluse), contre M. Naquet, grâce aux procédés que l'on connaît et qui sera invraisemblablement invalidé cette semaine.

Le Réveil du midi

du 5 avril 1878

Chronique électorale

ARRONDISSEMENT D'APT

M. Alfred Naquet, atteint d'une ophtalmie, ne peut se rendre dans toutes les communes de son arrondissement qui attendent sa visite. Il adresse à ses concitoyens la lettre qu'on va lire et dont on ne saurait trop approuver l'esprit. Si le triomphe de notre ami n'était pas assuré complètement par l'absence de tout adversaire et par l'union des diverses fractions républicaines, nous soulignerions son appel aux électeurs, mais nous le croyons inutile. Nous nous contenterons par conséquent de nous unir à lui pour engager les républicains de l'arrondissement d'Apt à faire leur devoir le 7 avril, comme ils l'ont fait le 14 octobre et de nous montrer que leur protestation contre le 16 mai fut aussi vive que celle du reste de la France ; ils auront à cœur de prouver que sans la fraude, leur ancien député eût écrasé le candidat du maréchal. Nous avons toute confiance en leur patriotisme et nous attendons d'eux, pour dimanche, une imposante manifestation qui ne laisse à nos ennemis aucun espoir de jamais remettre leur pied sur la gorge de ce beau pays.

Pertuis, 1er avril 1878.

Aux électeurs du canton de Pertuis

CITOYENS,

En descendant dans l'arrondissement d'Apt, je comptais visiter toutes les communes du canton de Pertuis et je vous réservais pour la fin, considérant mon séjour parmi vous comme un plaisir et non comme un travail.

Je me trouve tout à coup empêché de donner suite à ce programme par des circonstances indépendantes de ma volonté et que j'ai expliquées dans une réunion publique tenue au chef-lieu de votre canton dimanche dernier. Les républicains composant cette réunion ont accepté à l'unanimité les raisons que j'ai fait valoir et m'ont promis d'être mes interprètes auprès de vous pour vous faire agréer mes excuses. Je compte sur leur bonne volonté et sur votre indulgence. Cela dit, nous pouvons parler politique.

J'ai du reste à cet égard fort peu de choses à vous dire et vous pouvez croire que si le service de la République l'exigeait, je ferais taire tout autre sentiment pour voler au milieu de vous.

La politique actuelle, citoyens, doit se résumer par deux mots : *Union* et *Concorde* de toutes les nuances du parti républicain. La situation n'est plus celle de 1876 et les motifs qui avaient désuni à cette époque les diverses fractions de notre parti n'existent plus.

C'est par l'union que nous avons vaincu. C'est par l'admirable discipline des 363, dont celui qui écrit cette lettre a le premier proclamé la nécessité, que nous avons conjuré les périls qui menaçaient la République ; que nous avons pu remporter la victoire au scrutin, et que nous avons évité le coup d'Etat militaire.

Que l'union ait été la condition nécessaire de notre triomphe électoral, ce ne peut être douteux pour quiconque a vu comment se sont passées les élections du 14 octobre. Si nous avions été divisés, occupés à nous entredéchirer, comme c'est presque toujours le cas lorsqu'il y a des candidatures multiples, la surveillance des urnes eut été impossible et la France entière eut ressemblé à Vaucluse.

Voulez-vous la preuve de ce que j'avance ? voyez-la, dans notre propre arrondissement. Dans quelques communes la fraude a été conjurée ; à Apt, à Lauris, à Cadenet, à La Tour-d'Aigues par exemple. Or, dans ces diverses communes nos adversaires de 1876, M. Pin, M. de Savournin, M. [illegible] ont puissamment contribué à ces résultats. Peut-être privée de leur influence, la population républicaine aurait-elle été impuissante à arrêter dans leurs coupables intentions les maires de l'ordre morall ; peut-être Apt, Lauris et La Tour-d'Aigues, auraient-ils ressemblé à Pertuis, Roussillon et Ménerbes.

Quant au coup d'état militaire, il ne saurait y avoir de doute qu'il en a été question dans les conseils du gouvernement du 16 mai. Et je suis pour ma part convaincu que ce n'est ni le respect du juste qui en a détourné les de Broglie et les Fourtou. Ce qui les en a détournés, c'est la certitude de *n'être pas suivis de l'armée*.

L'armée en effet est à cette heure une armée nationale et non un ramassis des légions prétoriennes ; elle comprend que l'obéissance aux lois prime l'obéissance aux chefs ; elle ne veut plus égorger son pays, en tournant contre lui comme au 2 décembre 1851, les armes qu'il lui a confiées pour qu'elle le défende. Obéissante à la loi, l'armée réprimerait une insurrection illégale ; jamais elle prêterait la main à un coup d'Etat, à un crime, à un égorgement des citoyens. Mais si l'armée a pu résister aux suggestions du pouvoir et demeurer fidèle à la Chambre, à la République, à la loi, c'est qu'en face d'elle il y avait un parti républicain uni sans distinction de nuances ou de personnes, et que ce parti compacte avait le droit de parler au nom de la France pour son *comité des 18*.

Si le parti eût été divisé en fractions, chacune d'elles aurait été sans influence, parce que aucune d'elles n'eut représenté la majorité du pays ; et l'armée ne voyant en face d'elle qu'un parti anarchique au lieu de la volonté nationale fermement manifestée, divisée elle-même, car des officiers républicains appartiennent comme nous à des nuances diverses, l'armée aurait été incapable d'opposer une sérieuse résistance aux hommes du 16 mai, et le coup d'état eût été consommé.

Or, à cette heure le Sénat est encore debout ; M. Mac-Mahon est encore président de la République, et si les causes qui ont fait notre force, qui nous ont valu notre triomphe venaient à cesser, demain nos ennemis recommenceraient la lutte et vaincraient.

Jusqu'à ce que le Sénat soit renouvelé et républicain, jusqu'à ce que la présidence de la République soit passée entre des mains républicaines, nous devons demeurer groupés et unis, car jusque là des dangers nous menacent, car jusque là nous ne naviguons pas dans la mer libre, nous ne sommes pas sortis des écueils et des archipels.

D'ailleurs pourquoi nous diviserions-nous ? Le parti républicain pouvait se diviser en 1876, quand la Chambre ne paraissait pas assez ferme au parti radical. Aujourd'hui la Chambre a adopté une politique de fermeté que nous lui conseillions le 16 mai et qui fait à cette heure sa force. Le parti républicain pourra se diviser à partir de 1880 sur des questions de réformes : actuellement, en face de la majorité rétrograde du Sénat, ces questions ne se posent pas et nous n'avons qu'une chose à faire, faire vivre la République. C'est un point sur lequel toutes les fractions du parti républicain sont d'accord, et, à moins de se diviser sans but sur des questions personnelles, je ne vois guère sur quoi la division porterait.

Après 1880, les hommes du parti avancé demanderont la réalisation des réformes qui constituent le programme républicain. Si ceux qui seront alors au pouvoir les réalisent, nous serons trop heureux de demeurer dans les rangs, de les appuyer et de les suivre ; s'ils ne les réalisent pas, nous nous adresserons au pays qui alors sera bien vite avec les républicains réformistes.

Voilà, citoyens, ce que je vous aurais dit relativement à la politique si j'étais venu dans votre commune. Laissez-moi maintenant, au point de vue vauclusien, vous demander de courir aux urnes dimanche et d'éviter toute abstention. Souvent lorsqu'il n'y a qu'un candidat, les électeurs croient inutile d'aller voter et les abstentions se multiplient.

Cette théorie toujours mauvaise, serait pour nous détestable. M. Silvestre ne se présentant pas, s'il y avait des abstentions (et c'est sur cela qu'il compte), mon chiffre de voix ne dépassant guère celui du 14 octobre, personne ne voudrait plus croire à la fraude en dehors du département. La commission d'enquête fâcheusement impressionnée ferait un rapport défavorable dont le contre-coup pourrait avoir pour effet l'acquittement de ceux qui ont violenté le scrutin. Il faut que la fraude soit établie par le grand chiffre de voix que me donnera l'arrondissement d'Apt ; il faut que la commission d'enquête impressionnée dans le sens de la vérité stigmatise les manœuvres dont nous avons été les victimes ; il faut que le contre-coup de son œuvre soit la révocation des fonctionnaires compromis dans l'aventure du 16 mai et le châtiment des coupables dont la justice instruit les procès. En allant voter, citoyens, vous ne ferez donc pas une œuvre stérile, vous rendrez au département la place qu'il occupait sur le tableau d'honneur des départements républicains, vous rendrez à vos représentants l'influence dont ils ont besoin, pour défendre vos intérêts légitimes, et vous assurerez le cours de la justice.

... donc tous voter et qu'aucune ... qu'aucun mauvais temps, qu'aucun éloignement, qu'aucune affaire pressante ne vous retiennent. ... en masse au scrutin, car si ma candidature n'est ... en danger, l'honneur du département est en jeu ... justice compte sur vous.

Et maintenant, citoyens, pour terminer, permettez-moi de vous remercier de votre vote du 14 octobre, car si la violence et le vol sont parvenus à ... pêcher que je ne fusse proclamé, je n'en ai pas ... été élu. Je suis votre député (député *in partibus* ... vrai) mais je le répète, je suis votre député et ... vote du 7 avril est moins une élection à faire, qu... confirmation d'une élection déjà faite.

Recevez, cher concitoyens, avec l'assurance de mon dévouement, l'expression de mes sentiments fraternels.

Alfred Naquet

Le Réveil du midi
du 12 avril 1878

AUX ÉLECTEURS RÉPUBLICAINS de l'arrondissement d'Apt

Citoyens,

Je ne veux pas m'éloigner sans vous remercier au préalable de la nouvelle et éclatante preuve de confiance que vous m'avez donnée en m'élisant député le 7 avril, et de la nouvelle et non moins éclatante affirmation que vous venez de faire de vos sentiments républicains.

L'élection du 7 avril avait pour nous une importance qui ne vous a pas échappé. Il s'agissait, par le nombre des suffrages accordés au candidat républicain, de rendre évidentes les fraudes du 14 octobre et de relever ainsi l'honneur de notre département, qui aurait été compromis sans cela. Vous l'avez compris, et, au lieu de vous laisser aller à l'apathie si ordinaire lorsqu'il n'y a qu'un seul candidat, vous avez couru aux urnes et vous m'avez donné 8,568 suffrages [illegible] de 6,228 que [illegible] du 14 octobre 1877, soit 2,145 suffrages de plus.

Mais la preuve est plus manifeste encore. On pourrait en effet attribuer le changement du courant qui résulte du changement du ministère.

Eh bien ! la comparaison des chiffres rend cette interprétation impossible.

Partout où l'on n'avait pas falsifié les scrutins au 14 octobre, qu'elle qu'eût été la pression, le chiffre des voix du 14 octobre est à peu près le même que celui du 7 avril, souvent même il est un peu plus élevé. Ainsi à Apt, avec les 169 bulletins indûment annulés que m'a restitués la Chambre, j'ai eu au 14 octobre 867 suffrages ; je n'en ai au 7 avril que 840.

Au Castellet j'ai obtenu 37 suffrages au 14 octobre, je n'en obtiens au 7 avril que 28.

A Lauris j'obtiens au 7 avril 20 et quelques suffrages de plus qu'au 14 octobre, à Mérindol 8 ou dix suffrages de moins... En un mot, on peut établir que là où le 14 octobre le dépouillement du scrutin avait été sincère, et où il n'était arrivé aucune protestation indicative de fraude, la situation s'est maintenue.

Au contraire dans toutes les localités d'où étaient venues des protestations indicatives de fraude matérielle, le chiffre des voix républicaines double et triple.

Ainsi à Lamotte-d'Aigues au lieu de 63 voix que m'attribuaient les scrutateurs du 14 octobre j'en ai aujourd'hui 107.

A Oppède et à Roussillon où les républicains n'avaient pas pu voter le 14 octobre j'obtiens aujourd'hui 183 et 208 voix.

A Ménerbes où les scrutateurs du 14 octobre m'accordaient à peine 130 voix, j'en obtiens aujourd'hui 218.

A Grambois on m'attribuait au 14 octobre [illegible]1 suffrages, le 7 avril m'en donne 148.

A Saint-Saturnin-les-Apt on me donnait [illegible]2 voix, j'en ai eu le 7 avril 204. Et cependant la municipalité est restée la même qu'alors.

A [illegible] le dépouillement [illegible] me donnait 628 suffrages, la population m'en a accordé le 7 avril 1,246.

Inutile d'aller plus loin. La fraude est péremptoirement établie, malgré le soin qn'a pris M. Silvestre, en se dérobant, de ne point laisser apparaitre le second élément de preuves : le chiffre de voix qu'il aurait réunies s'il s'était présenté.

Vous avez fait votre devoir noblement, simplement comme vous le faites toujours, Vous avez affirmé vos sentiments comme vous les avez affirmés toujours, même au 14 octobre — car sans le vol le résultat eut été au 14 octobre ce qu'il a été au 7 avril — A la commission d'enquête, maintenant, de faire son œuvre et de veiller à ce que les coupables ne demeurent pas impunis.

Pour ma part, je ferai, afin que justice soit rendue aux populations indignées, comme j'ai déjà fait, tout ce qui dépendra de moi et je ne doute pas qu'avant peu satisfaction ne vous soit donnée à cet égard.

Recevez citoyens, mes remerciements et l'assurance de mon dévouement à la République ainsi qu'aux intérêts de l'arrondissement que j'ai l'honneur de représenter.

A. NAQUET.

Le Réveil du midi

du 26 avril 1878

Chronique régionale

EXPÉRIENCES
faites pour la destruction du Phylloxera

Pertuis. — On nous écrit :

Le vendredi 19 avril, notre petite commune de Pertuis, arrondissement d'Apt (Vaucluse,) présentait un air de fête. La population de la ville et de nombreux habitants des autres communes du canton, venus tout exprès, étaient très animés par suite des expériences qui étaient annoncées depuis plusieurs [illegible] et qui ont eu lieu [illegible] demie. Ces expériences avaient [illegible] des vignes phylloxérées, et c'est là, où le [illegible] pour les populations du Midi, dont l'agriculture a tant souffert, et surtout pour le département de Vaucluse, dont l'alizarine artificielle et la maladie de la vigne ont tari toutes les sources de richesse, une question vitale.

L'éclat de cette fête était encore rehaussé par la présence à Pertuis de M. Spuller, de M. Alfred Naquet, député de l'arrondissement : de M. le sous-préfet d'Apt, M. Bouchet-Doumencq, et de quelques étrangers au département, qui avaient bien voulu nous honorer de leur visite. Au nombre de ces derniers, citons M. Galtier, sous-préfet d'Aix ; M. Perréal, maire de Béziers, et l'ingénieux inventeur du pal que recommande la commission du P.-L.-M. pour l'emploi du sulfure de carbone, le savant M. Gastine, si compétent sur tout ce qui touche à la question du phylloxera.

La fête s'est ainsi trouvée être à la fois agricole et politique. Et lorsque, après l'expérience, tous nos visiteurs etant réunis à l'hôtel Thomas, où les recevaient la plupart des membres du conseil municipal, la musique municipale est venue leur faire une ovation qui a commencé et s'est terminée par l'air de notre hymne national ; lorsque à la fin de cette ovation, M. le Préfet, M. le sous-préfet d'Apt, M. le maire de Pertuis — l'honorable M. Scipion Nicolas — et M. Alfred Naquet se sont montrés sur le balcon de l'hôtel ; lorsque M. Naquet a remercié en quelques mots les électeurs de Pertuis qui viennent de lui accorder leurs suffrages, qu'il a stigmatisé les manœuvres frauduleuses du 14 octobre et qui a affirmé les progrès de l'idée républicaine, démontrés par sa presence même sur ce balcon, à côté du préfet de Vaucluse, la joie des deux mille personnes réunies sur la place a été extrême et s'est exhalée dans le cri de :

« Vive la République ! »

Mais revenons au phylloxera.

Il ne s'agissait pas d'un nouveau moyen de destruction. Le moyen de destruction est connu ; c'est le sulfure de carbone. Il s'agissait d'expérimenter un nouvel appareil destiné à appliquer cet insecticide.

On sait que la commission instituée par la compagnie P.-L.-M. emploie le sulfure de carbone à l'état liquide. On place pour cela dans la terre des tubes en fer creux que l'on y enfonce, après avoir introduit au préalable dans leur intérieur une tige pleine en fer, plus longue qu'eux, qui les dépasse, qu'on retire dès que les tubes sont enfoncés et qui empêche ceux-ci de s'obturer en pénétrant dans le sol. Cet appareil ressemble à tous égards aux *trois quarts* dont les médecins font usage pour ponctionner les hydropiques.

[illegible] et la [illegible] 10 grammes de sulfure [illegible] ne, on retire le tube, on bouche le trou et l'on recommence de mètre en mètre en employant 100 kilos de sulfure à l'hectare.

Au pied de chaque souche on place ensuite vingt grammes de chlorure de potassium — l'engrais dominant de la vigne — mélangé à du fumier de ferme dans le but de relever la plante en même temps qu'on détruit le parasite.

Ce procédé si simple et si facile présente pourtant une lacune. Le sulfure de carbone employé à l'état liquide se diffuse sans doute dans le sol. Des expériences délicates non encore publiées l'établissent d'une manière incontestable ; mais cette diffusion toujours assez lente, et dans tous les cas proportionnelle à la température, peut se ralentir beaucoup si la température est basse.

M. Monestier s'est proposé de faire disparaître toute cause d'incertitude en remplaçant le sulfure de carbone liquide par le même corps à l'état gazeux ou, plus exactement, par de l'air saturé de sulfure de caabone.

L'appareil de M. Monestier — fort peu coûteux — est construit sur le système des lampes modérateur. C'est un grand cylindre en cuivre supporté par quatre pieds, dans lequel se meut un piston à fermeture hermétique surmonté d'un ressort à boudin.

Dans le bas du cylindre se trouve un récipient rempli de sulfure de carbone. Ce récipient est muni d'un robinet jaugeur qui à chaque double mouvement qu'on exécute, laisse échapper la quantité voulue, soit 10 grammes de sulfure de carbone.

Le sulfure tombe dans un serpentin placé sous le cylindre. Ce serpentin communique d'une part avec l'intérieur du cylindre et de l'autre, par l'intermédiaire d'un tube de caoutchouc, avec l'extérieur.

Les pals étant introduits en terre, comme dans le procédé du Paris-Lyon-Méditerranée, on en ferme hermétiquement la partie supérieure, qui est évasée, par un bouchon de cuivre bien ajusté qui est adapté à l'extrémité du tube en caoutchouc dont il vient d'être parlé.

L'appareil étant ainsi monté, et le liquide parasiticide étant dans le serpentin, on monte le piston ; l'air qui est dans la terre, attiré par le vide qui se fait, pénètre dans le corps de pompe en traversant le serpentin. Son volume, égal naturellement à celui du corps de pompe, est calculé de manière à ce que, même aux basses températures, il entraine à l'état gazeux les 10 grammes de sulfure de carbone.

Le piston une fois arrivé au haut de sa course, il ne reste plus qu'à le laisser retomber pour chasser dans la terre l'air sulfocarboné que l'instrument renferme.

L'opération est alors terminée et l'on n'a qu'à la recommencer un mètre plus loin.

Pas de doute — si les travaux publiés jusqu'à ce jour sont exacts — qu'avec deux opérations semblables par an on ne parvienne à préserver nos vignobles. Et les deux opérations réunies ne coûteront pas audelà de 240 fr. par hectare.

A quatre heures et demie, après l'arrivée de M. le préfet et des autres personnages qui avaient bien voulu nous honorer de leur visite, en présence d'un auditoire nombreux et recueilli, M. Monestier a remercié la population de Pertuis, le propriétaire du vignoble, les honorables visiteurs venus pour le voir opérer, et il a exposé le jeu de son appareil.

M. Naquet a ensuite donné quelques explications nouvelles, indiquant clairement en quoi consiste le problème faisant connaître ce qui est acquis et ce qui reste encore à acquérir.

Puis, l'opération faite, la démonstration terminée, nos visiteurs se sont retirés avec M. Monestier. Ce dernier a déclaré toutefois auparavant que, ne voulant pas se borner à une expérience unique et, par suite, peu décisive, il laissait son appareil à la disposition de la municipalité de Pertuis et de M. le préfet de Vaucluse, afin que les agriculteurs — qui en connaissent à cette heure le maniement — puissent multiplier les expériences et les rendre ainsi complètement concluantes, ce à quoi les agriculteurs ne manqueront pas.

M. Monestier avait été commissionné par M. le ministre de l'agriculture et du commerce pour faire ces expériences, sur la demande qui lui en avait été faite par M. Alfred Naquet et qui avait été appuyée par quelques autres députés du Midi.

Une nouvelle expérience aura lieu à Aix.

Espérons que nous pourrons bientôt vous apprendre que ces expériences ont produit le résultat attendu, et qu'enfin nous sommes en possession d'une méthode facile et sûre pour nous débarrasser du parasite qui détruit nos plantations.

Le petit Lyonnais

Du 29 avril 1878

M. Béretta, l'organisateur à Lyon des Matinées littéraires, nous prie d'insérer la lettre suivante que lui adresse M. Naquet :

Aix-en-Provence, le 23 avril 1878.

Mon cher monsieur Béretta,

Je lis dans le *Progrès* une lettre signée Rudigoz qui me frappe d'étonnement.

Jamais — en ce qui me concerne au moins — je n'ai été appelé à Lyon pour une œuvre de bienfaisance. J'y ai été appelé par une Société, organisant une entreprise de conférences, analogue à celle qui fonctionne depuis des années, boulevard des Capucines, à Paris.

Conformément aux usages de Paris, la *Société des Matinées littéraires* a [illegible] que si une fois par hasard, on peut demander à un conférencier de parler en faveur de telle ou telle œuvre humanitaire, on ne saurait recommencer souvent et baser là-dessus un système général d'enseignement à bon marché par les conférences.

Elle a compris que, pour avoir le droit de les appeler souvent, il fallait indemniser les orateurs de leurs frais de déplacement et de la perte de temps que leur occasionnent les conférences ; elle a compris en d'autres termes que le conférencier devait recevoir, comme à Paris, une portion du bénéfice, et c'est dans ces conditions que je suis venu à Lyon, de même que c'est dans ces conditions que j'irai prochainement dans d'autres villes.

Il est bon, en effet, qu'on cesse de considérer les conférences comme un moyen de prélever un impôt en faveur de telle ou telle œuvre, mais qu'on en fasse, à l'instar du journalisme, ainsi que cela se pratique en Angleterre, une méthode d'éducation.

J'espère, mon cher monsieur, que ces quelques explications feront tomber toutes les attaques et toutes les imputations nées d'une appréciation inexacte de l'œuvre que vous avez entreprise, œuvre excellente, et dans laquelle je vous engage, malgré tout, à persévérer.

Recevez l'expression de mes meilleurs sentiments.

Alfred NAQUET.

Le peuple (de Marseille)

Des 6 et 7 mai 1878

UNE CONFÉRENCE DE M. A. NAQUET

M. Alfred Naquet, député de l'arrondissement d'Apt, a donné une conférence lundi soir à Genève. On lit à ce sujet, dans le *Journal de Genève* :

La séance donnée lundi soir au cirque de Plainpalais par M. Naquet, député à la Chambre française, sur les élections de Vaucluse a obtenu un véritable succès. Le public assez nombreux, que la curiosité avait attiré dans cette vaste salle, est unanime à rendre hommage non seulement à la parole vive, brillante et spirituelle de l'orateur, mais ce à quoi l'on pouvait moins s'attendre à sa modération relative.

M. Naquet a fait l'historique du 16 mai ; il en a recherché les causes, il a montré que cette tentative de réaction à outrance n'a, en définitive, profité qu'à la République, qu'elle a pour sa large part contribué à fonder en France ; il a fait l'éloge de la fermeté du parti républicain, auquel il a recommandé l'union et la discipline, au moins jusqu'au moment où les nouvelles élections du Sénat amèneront dans cette Assemblée une majorité républicaine. Alors seulement les partis reprendront leurs affinités naturelles, la période de transition et de concession [illegible] tion d'amnistie serait de nouveau présentée par l'extrême gauche, à laquelle appartient l'orateur.

Passant ensuite à l'élection de Vaucluse. M. Naquet a intéressé et amusé ses auditeurs en leur racontant la façon dont, dans certaines localités de ce département, l'autorité avait pratiqué la manipulation du suffrage universel.

Il a conclu par une éloquente protestation contre la fraude électorale qu'il a énergiquement flétrie au nom des principes républicains.

A titre de renseignement, nous croyons devoir signaler à nos lecteurs que le journal la *Marseillaise*, attaque vivement M. Alfred Naquet, à propos de la conférence qu'il vient de faire à Genève ; voici ce qu'on lit dans la *Marseillaise* :

« Votre dégringolade morale, monsieur Alfred Naquet, député de Vaucluse, est, nous regrettons de le dire, complète et bien complète. Positiviste d'antan, socialiste avant-hier, intransigeant hier et opportuniste aujourd'hui, c'est vraiment trop pour un Naquet seul. »

Voilà M. Naquet, traître à la République. O intransigeance!

Le Réveil du midi

Du 12 mai 1878

LA CONFÉRENCE DE M. NAQUET à Genève

Nos lecteurs sont, sans doute, au courant d'une campagne entreprise par certains journaux contre M. Naquet. L'honorable député d'Apt a écrit, à ce sujet au *Bien public* la lettre suivante que nous reproduisons ainsi que l'article du *Precurseur*, auquel répond la lettre que M. Naquet adresse au rédacteur du *Réveil du Midi*, et que précèdent les autres documents :

[illegible]

Monsieur le rédacteur du *Bien public* et cher ami,

Retenu au chevet de ma mère malade, je [illegible] les journaux. Il me tombe cependant sous [illegible] un article du *Figaro* en date du dimanche [illegible] qui prétend que j'ai dit dans ma conférence [illegible] nève :

« Nous serons heureux de l'appuyer (la [illegible] quand elle sera demandée par le gouvernem[ent] »

Je n'ai pas prononcé cette phrase et n'ayant [illegible] goût pour adresser des rectifications au *Fi[garo]* [illegible] à vous que je m'adresse pour rétablir la vérité.

Ainsi qu'en fait foi le *Journal de Genève* [illegible] trouve une reproduction dans le *Peuple de* [illegible] des 5 et 7 mai, j'ai dit qu'en 1879, après le re[nouvel]lement du Sénat, tout danger pour la Rép[ublique] étant définitivement écarté, les fractions de la [illegible] reprendraient leurs affinités naturelles ; [illegible] que l'extrême gauche demanderait alors l'[illegible] de toutes les réformes qui constituent le pro[gramme] républicain, et que *notamment elle réclamera[it avec]* *vigueur et énergie* [illegible] L'AMNISTIE.

Il me paraît difficile, après m'être en 1876 [illegible] à la perte de mon mandat pour avoir rempli [mon] devoir en plaidant la cause de l'amnistie, qu[e per]sonne puisse croire que j'abandonne cette cam[pagne] certains journaux *républicains* se faisant un [illegible] d'accueillir avec faveur tout ce qui peut servir [illegible] considérer les serviteurs de la République, il m'a [paru] bon de vous demander, à vous qui êtes tou[jours] disposé à servir la vérité et la justice, l'insertion [de] cette rectification.

Dans l'accomplissement de ce que je crois [être] mon devoir, je ne reculerai pas plus devant les [ré]dacteurs de la *Marseillaise* que je n'ai reculé, en [illegible] devant des adversaires autrement redoutables do[nt je] condamnais la politique. Mais je tiens à ce que [mes] paroles et mes actes ne soient pas dénaturés.

Merci d'avance et tout à vous.

A. NAQUET.

Naquet au Cirque de Genève

Lundi 29 avril nous avons pu assister à un spectacle singulier.

Un ancien chef des députés républicains dits *intransigeants*, transformé en commis-voyageur pour le compte de la grande raison sociale qui répond au nom d'opportunisme, a donné dans l'enceinte du cir[que]

[illegible]
[illegible]honorable député (ils le sont tous) [illegible] tout à fait de ses anciennes velléités [illegible] vis-à-vis du grand-chef Gambetta ; il trouve [illegible] ministère dirigé par M. Dufaure est un ministère aussi libéral que possible. Ce langage a dû [illegible] bien surprenant à la population démocratique socialiste genevoise qui avait entendu, il y a une [illegible] d'années, le même orateur déclamer avec [illegible] contre le système bourgeois qui dirige toutes [illegible] institutions actuelles.

[illegible] loin, et bien loin entre le professeur de chimie des dernières années de l'Empire et la politique [illegible] république opportuniste.

[illegible] aussi le docte et grave *Journal de Genève* est [illegible] content, on n'est pas louis-d'or pour plaire à [illegible] monde. Et encore l'organe des réactionnaires [illegible] n'est pas tout-à-fait satisfait, il ne trouve le [illegible] de M. Naquet que *relativement modéré*. Il est [illegible] difficile à contenter, ce vieux momier.

[illegible] Naquet se déclare l'ami du gouvernement qui [illegible] pas en accusation les gens qui ont tripoté [illegible] les urnes et qui ont empêché son élection au 14 [illegible]bre ; il attend paisiblement jusqu'en 1882 au [illegible] renouvellement du Sénat pour faire du radica[illegible] et il votera avec plaisir l'amnistie si elle [illegible] demandée par le gouvernement ; au cas contraire, [illegible] croit pas qu'il serait opportun de la demander [illegible] l'échéance prophétisée de 1882.

[illegible] un homme peut changer dans l'espace de [illegible] années ! M. Naquet a oublié l'exil qu'il a été [illegible] de subir sous l'empire pour un bouquin qui at[illegible] la famille, la religion et *tutti quanti*. Il est vrai que l'empire laissait aux proscrits leurs droits [illegible]vils et ne mettait pas leurs biens sous le séquestre [illegible] le fait avec une grande désinvolture la répu[illegible] gambettiste.

[illegible] Naquet dit : « Nous savons aujourd'hui faire [illegible] concessions car nous avons un ministère répu[illegible]blicain. »

[illegible]sponsable de qui, de que, de quoi ?

[illegible] député s'ébaubit parce que M. Léon Renault et [illegible] le comte d'Osmoy lui ont dit, dans les couloirs de [illegible]ambre, « qu'en cas d'une nouvelle dissolution, [illegible] opposeraient résistance armée à résistance armée. » [illegible] les poings de leurs électeurs (pas si bêtes que [illegible] les leurs) contre les chassepots des généraux [illegible]partistes, orléanistes, légitimistes ou cléricaux. [illegible] donc, est-ce qu'un homme doué de sa raison [illegible] croire cela ! Puis des éloges à tout le monde. [illegible] pour l'armée : L'armée est décidée à obéir [illegible] chefs soumis à la loi. L'armée est désormais [illegible] point d'appui de la République. »

[illegible]
[illegible] du jour [illegible] général [illegible] commandant la brigade du Jura, à Lons-le-Saulnier, qui ordonnait de s'enquérir avec soin si les officiers proposés pour l'armée territoriale n'étaient pas entachés d'opinions républicaines. On se souvient que le traîneur de sabre traitait les gens, aux trois-quarts assommés par les gardes de Paris, d'*électeurs*. A ce moment, ce monsieur qui remplace la vile multitude de Thiers par les électeurs, était gouverneur de Paris et on l'a envoyé à Lons-le-Saulnier ? Mais vous voyez qu'il continue à bien opérer pour le triomphe de la République.

Après ces douces embrassades à l'armée, voici venir de tendres câlineries à l'adresse de l'administration. « Dans Vaucluse notre préfet et tous nos sous-« préfets sont aussi républicains qu'on peut le dési-« rer. » Mais à quoi donc tient cet excès d'amour pour tout le monde ?

M. Naquet lui-même nous l'apprend. « Ce n'est « qu'en faisant l'union et la conciliation que nous « *conservons les faveurs du pays*. »

Nous y voilà enfin, maître politiqueur ! Vous voulez être député, avoir un semblant de pouvoir, jouir d'une certaine considération ; mais, des intérêts de vos mandants, vous ne voulez pas vous en occuper.

Qu'aviez-vous besoin, M. Naquet, de venir conférencer en Suisse, quand la Chambre dont vous êtes membre est réunie à Versailles ? Pourquoi venir nous corner dans les oreilles les vols électoraux commis au 14 octobre quand vous laissiez les voleurs se gausser de vous ?... On est mal venu à se plaindre des filous quand on ne sait pas les punir.

Les citoyens suisses ne comprennent guère non plus qu'un mandataire d'un peuple souverain ose dire : « Mon arrondissement est tellement républi-« cain que je suis certain d'y être toujours élu, mê-« me au scrutin public. »

Cependant, en Suisse, il y aurait peut-être un homme qui le dirait avec M. Naquet, c'est M. le conseiller national Vuilleret, ce beau produit du cléricalisme fribourgeois, qui, dans d'autres temps, appelait contre son pays les baïonnettes étrangères.

Il est vrai qu'à Versailles M. Paul de Cassagnac affirme que lui et sa famille sont inféodés au département du Gers.

Du reste, le public n'a que très relativement applaudi le conférencier ; les tours de passe-passe opérés par les maires ordremoraliens ont beaucoup fait rire, grâce au discours étudié de l'orateur. Sa parole brillante et imagée a plus charmé l'auditoire que ses principes.

(*Le Précurseur de Genève*,) 4 mai.

61

Aix, 10 [illegible]

Mon cher Béranger,

Les attaques dont j'ai été l'objet de la part de plusieurs journaux qui ont dénaturé les paroles prononcées par moi à Genève m'ont forcé à rétablir les faits. C'est pourquoi je viens d'adresser au *Précurseur de Genève* la lettre suivante dont je vous envoie un double en vous priant de l'insérer dans votre plus prochain numéro, afin que mes électeurs qui ont pu lire l'attaque lisent la défense. Je vous envoie d'ailleurs l'article du *Précurseur* afin que vous le reproduisiez aussi. De cette façon tout le monde pourra juger du degré de loyauté de cette polémique.

—

Monsieur le Rédacteur en chef du *Précurseur de Genève*.

Homme public, je suis justiciable de la presse et je ne me plains pas de ce qu'elle m'attaque, même avec vigueur, pourvu qu'elle m'attaque avec sincérité et ne me prête pas des paroles que je n'ai jamais prononcées. C'est bien le moins, lorsqu'on s'élève contre un orateur, qu'on reproduise fidèlement ses idées.

Or malheureusement, d'un bout à l'autre de votre compte-rendu, vous me prêtez des paroles que je n'ai pas dites, contre lesquelles je proteste et qui, dans la bouche d'un autre m'auraient indigné. Je ne puis donc vous permettre de me les attribuer et je me dois à moi-même de vous demander une rectification.

1° Vous me faites dire que je trouve le ministère actuel « aussi libéral que possible. »

J'ai dit que ce ministère — *qui est loin de répondre à mes aspirations* — est aussi libéral que possible « dans les circonstances actuelles, » ce qui change le sens de la phrase du tout au tout. J'ai d'ailleurs développé ma pensée en ajoutant qu'avec le Sénat actuel, qui rend toute réforme impossible, nous ne pouvions exiger du ministère qu'une chose : la garantie que la République ne sera pas compromise et que le suffrage universel sera pratiqué loyalement, assurés qu'avec cela, avant huit mois nous aurons la majorité dans les deux Assemblées dont notre parlement se compose.

2° Vous prétendez que je ne demande pas de poursuites contre les fraudeurs du 14 octobre ! Qu'en savez-vous ? J'ai déposé 7 plaintes ; l'instruction se poursuit ; quand les affaires seront [illegible] que ces poursuites ne sont pas vaines, [illegible] déjà dans l'arrondissement d'Avignon de[illegible] damnations ont été prononcées.

3° Vous me demandez de qui, de que, de [illegible] le ministère est responsable.

Il est responsable vis-à-vis de la Chambre [illegible] il a cet avantage sur les ministères d'avant le 16 mai d'être indépendant de la camarilla présidentielle.

4° Vous mettez dans ma bouche ces mots : « l'armée est décidée à obéir à ses chefs soumis à la loi. Elle est désormais le seul point d'appui de la République. »

Voici mes paroles :

« L'armée obéira toujours à ceux de ses chefs qui seront soumis à la loi. Mais elle n'obéirait pas à ceux qui lui ordonneraient de violer la Constitution, qui, de ce fait, seraient en état de forfaiture et perdraient par conséquent le droit de lui donner des ordres. Elle comprend que l'obéissance aux lois prime l'obéissance aux chefs. Et l'on peut dire qu'elle est devenue un des appuis les plus fermes de la République. »

Cela change quelque peu le sens du discours et rend passablement inutile votre dissertation sur M. le général Geslin.

5° Vous vous demandez pourquoi je déclare que dans mon département le préfet et les sous-préfets sont républicains.

La réponse est simple : parce qu'ils le sont.

6° Vous vous étonnez que je veuille conserver aux gauches la faveur du pays.

Tant pis pour vous si vous ne comprenez pas que le seul moyen de conserver la République est de suivre une politique qui vaille aux républicains l'appui de l'opinion publique. Quant à moi, je maintiens ici, purement et simplement ma phrase en me bornant à protester contre le sens que vous semblez lui donner et que vous savez bien qu'elle n'a pas.

7° Vous affirmez que j'attends jusqu'au second renouvellement du Sénat, jusqu'en 188[illegible] — et vous ajoutez (sic) — «pour faire du radicalisme». Je n'ai pas dit un mot de cela. J'ai parlé du renouvellement sénatorial de 1879, [illegible]sant que jusque-là nous faisions crédit aux opportunistes, parceque nous ne pourrions les attaquer par des procès de tendance puisque en ce moment, ils n'ont pas le moyen légal de

62

[illegible] toutes ces mesures [illegible] nous réclamerions avec le plus de [illegible] avec le plus d'énergie, avec le plus de [illegible] c'est... L'AMNISTIE. En 1870 entendez-le bien et non en 1882 et ces paroles ont été applaudies.

Vous me faites dire — comme le *Figaro*, [avec] lequel vous partagez l'honneur de cette in[vention] — que « je ne voterai l'amnistie que si [le gou]vernement la demande. »

[C'est] une phrase que vous avez prise dans [votre] imagination ou dans l'imagination des ré[dacteurs] du *Figaro*, mais que certainement vous [n'avez] pas entendue de ma bouche, car je ne [l'ai pas] prononcée — mon passé est là pour en [témoigner]. —

[Ma]intenant, monsieur, à la politique que je [crois] devoir suivre et que je vous reconnais le [droit] de blâmer, pourvu que vous n'en dénatu[riez] pas le caractère, je voudrais bien vous voir [opposer] une autre politique. Mais malheureuse[ment] — à moins que vous ne visiez à une révo[lution] armée, que d'ailleurs vous savez impossi[ble] — je ne vous en vois pas affirmer d'autre [avec] précision, et votre silence sur ce qu'il con[vi]endrait de faire au lieu de ce que vous criti[quez], me confirme, je vous l'avoue, dans ma con[vic]tion.

[J'ai] l'honneur de vous saluer.

A. NAQUET.

P.-S. Encore un mot. Vous trouvez plaisante [cette] phrase :

« Mon arrondissement est tellement républi[cain] que je suis certain d'y être toujours élu [mê]me au scrutin public. »

[Je] plaindrais le lecteur qui ne verrait pas dans [ces m]ots la seule chose qu'ils renferment, l'hom[mage] rendu à la fermeté d'électeurs qui le mé[ritent]. Je plaindrais le lecteur qui ne compren[drait] pas que le *je* sous-entend [illegible] [illegible] adopté comme candidat républi[cain] [illegible]

[Quant] à ce que vous dites à propos de [illegible] [illegible] de mon exil sous l'empire [illegible] [illegible] aux proscrits leurs droits civils. »

[illegible] A. N.

Le progrès de Lyon du 18 mai 1878

LETTRE DE M. NAQUET

Notre collaborateur J. Thauly, relevant une réponse faite par M. A. Naquet à Delescluze, réponse critiquée par la *Marseillaise*, interprètait et développait la pensée de l'honorable député de Vaucluse de la façon suivante :

« Tandis que Delescluze nommé par l'héroïque population de Paris répondait au « vœu de ses électeurs en votant contre la « paix, M. Alfred Naquet, nommé par le dé« partement de Vaucluse, qui voulait la paix, « aurait trahit son mandat en suivant ses « propres inspirations, et en votant la guerre.

« L'un a rempli son devoir en restant fidèle « à ses convictions qui étaient celles de ses « électeurs ; l'autre n'a point failli au sien en « faisant à ses électeurs le sacrifice de sa pen« sée et de ses espérances. Tous deux ont lais« sé dans ce vote mémorable un enseigne« ment dont il serait bon que nos jacobins « voulussent bien faire le sujet de leurs médi« tations.

« Le corps électoral ne donne au député « qu'un mandat, rien qu'un mandat ; le dépu« té n'est pas du tout le représentant de ses « électeurs : il n'est que leur mandataire. Or, « en droit civil, le mandat oblige celui qui l'a « accepté à n'agir que conformément à sa te« neur ; il ne peut la dépasser sans l'autorisa« tion de son mandant. »

M. A. Naquet adresse à ce sujet la lettre suivante à M. Thauly :

Paris, 16 mai, 1878,
44, rue de Moscou.

Mon cher monsieur,

Je viens de lire votre article du *Progrès*, et je ne veux pas tarder une demi-minute à vous en témoigner mes remercîments.

Vous avez admirablement saisi ma pensée, tout comme si vous eussiez assisté à ma conversation avec Delescluze.

En 1871, en province, il fallait : ou se résigner à voir arriver des réactionnaires en proclamant la guerre à outrance avec Gambetta, — ce qu'on a malheureusement fait presque partout, — compromettant ainsi la République elle-même ;

Ou, voulant au moins sauver la République, puisque malheureusement avec l'esprit qui animait les populations l'intégrité territoriale était perdue, promettre la paix et voter la paix.

C'est le parti douloureux, mais nécessaire auquel je me suis résigné, enviant les députés de Paris qui pouvaient concilier leur désir de voir la guerre se continuer, avec leur amour de la République ; mais, faisant mon devoir, et ayant d'autant plus de droit d'être respecté dans ce vote qu'il m'a plus coûté.

Recevez, je vous prie, l'expression de mes sentiments affectueux.

A. NAQUET.

La Correspondance Scientifique du 18 juin 1878

LE PROCÉDÉ MONESTIER

POUR LA

Destruction du Phylloxera.

Ce n'est pas un insecticide nouveau que M. Monestier propose aujourd'hui. L'insecticide est connu, c'est le sulfure de carbone, et l'on peut dire que M. Monestier a été le premier à l'appliquer systématiquement à Montpellier, il y a plus de quatre ans.

A cette heure, il est hors de doute que le sulfure de carbone détruit le Phylloxera ; de nombreuses expériences l'ont établi d'une manière irréfutable, et notamment celles qui ont été poursuivies avec une si admirable méthode par la commission qu'a instituée à Marseille la Compagnie des Chemins de fer de Paris à Lyon et à la Méditerranée.

Seulement, de quelle manière est-il le plus économique d'employer l'agent destructeur, et à quelle dose faut-il l'employer? Telles sont les questions qui restent à résoudre.

Disons, en passant, qu'il est fâcheux que la Chambre des députés n'ait pas voté l'autre jour le crédit de 500,000 francs qu'on lui demandait pour instituer une commission centrale laquelle aurait définitivement résolu le problème.

La Compagnie P. L. M. emploie le sulfure de carbone à l'état liquide. Elle se sert pour introduire ce corps dans la terre d'un appareil des plus ingénieux dû au génie inventif de M. Gastine, et dont nous ne pouvons pas donner ici la description.

La diffusion du liquide se fait avec une rapidité qui est proportionnelle à la température; elle s'arrête à peu près complètement pendant la nuit. La commission de Marseille en a étudié les lois avec une précision absolument scientifique.

Les vapeurs de sulfure de carbone arrivent ainsi sur les radicelles atteintes et détruisent le parasite dont elles sont couvertes.

La commission de Marseille fait deux applications par an de sulfure de carbone aux vignes phylloxérées, et emploie à chaque opération 15 grammes de ce corps par mètre carré, soit 150 kilogrammes par hectare. Le sulfure de carbone, livré à prix de revient par la Compagnie, qui fait pour la destruction du Phylloxera des efforts dignes des plus grands éloges, revient à 50 fr. les 100 kilog. C'est donc 75 francs par hectare à chaque application, et 150 francs par an que coûte le traitement total, sans tenir compte de la main-d'œuvre.

A ces frais il faut ajouter 200 kilogrammes de chlorure de potassium, coûtant 25 fr. les 100 kilog., soit pour les 200 kil. 50 francs, que la commission recommande à juste titre de répandre en terre, à raison de 20 grammes au pied de chaque vigne, mêlé avec du fumier de ferme. Ce sel a pour effet de reconstituer la vigne malade et de lui rendre sa vigueur, en même temps que l'insecticide fait disparaître la cause du mal.

Mais le coût du chlorure de potassium et du fumier de ferme ne doit pas être considéré comme augmentant les frais du traitement. C'est là, en effet, un engrais dont l'emploi amène un excédant de produit et dont le prix se retrouve sur la récolte.

M. Monestier a conçu l'idée de remplacer le sulfure de carbone liquide par le même corps à l'état gazeux, ou, plus exactement, par de l'air saturé de sulfure de carbone.

L'appareil de M. Monestier — fort peu coûteux — est construit sur le système des lampes modérateur. C'est un grand cylindre en cuivre supporté par quatre pieds, dans lequel se meut un piston à fermeture hermétique surmonté d'un ressort à boudin.

Dans le bas du cylindre se trouve un récipient rempli de sulfure de carbone. Ce récipient est muni d'un robinet jaugeur qui, à chaque double mouvement qu'on exécute, laisse échapper la quantité voulue, soit 10 gr. de sulfure de carbone.

Le sulfure tombe dans un serpentin placé sous le cylindre. Ce serpentin communique d'une part avec l'intérieur du cylindre, et de l'autre, par l'intermédiaire d'un tube de caoutchouc, avec l'extérieur.

Des tubes creux en métal étant introduits en terre, on en ferme hermétiquement la partie supérieure, qui est évasée, par un bouchon de cuivre bien ajusté qui est adapté à l'extrémité du tube en caoutchouc dont il vient d'être parlé.

L'appareil étant ainsi monté, et le liquide parasiticide étant dans le serpentin, on monte le piston; l'air qui est dans la terre, attiré par le vide qui tend à se faire, pénètre dans le corps de pompe en traversant le serpentin. Son volume, égal naturellement à celui du corps de pompe, est calculé de manière à ce que mêmes aux basses températures, il entraîne à l'état gazeux les 10 grammes de sulfure de carbone.

Le piston une fois arrivé au haut de sa course, il ne reste plus qu'à le laisser retomber pour chasser dans la terre l'air sulfocarboné que l'instrument renferme.

L'opération est alors terminée, et l'on n'a plus qu'à la recommencer un mètre plus loin.

Les tubes creux dont il vient d'être question sont de tous points semblables aux trois quarts dont se servent les chirurgiens pour ponctionner les hydropiques. On les enfonce dans la terre, après avoir au préalable introduit dans leur intérieur une tige pleine plus longue qu'eux, qui les remplit exactement et les dépasse par en bas. On retire cette tige dès que les tubes sont placés. Elle empêche ceux-ci de s'obturer en pénétrant dans le sol.

L'appareil de M. Monestier n'a du reste rien de définitif. Ce à quoi l'inventeur tient surtout, c'est au principe de l'emploi du sulfure de carbone gazeux; quant à l'appareil en lui-même, il est susceptible de recevoir de nombreuses améliorations.

La méthode de M. Monestier est-elle supérieure à celle que préconise le P. L. M. et qu'elle viendrait compléter? Est-elle au contraire inférieure?

Il est difficile de le dire dès aujourd'hui.

Il est incontestable que la diffusion du sulfure de carbone doit être plus rapide suivant le procédé de M. Monestier que suivant le procédé du P. L. M.; mais, d'un autre côté, le sulfure introduit dans le sol à l'état gazeux doit y demeurer moins longtemps.

Si le temps est un élément secondaire, que le poison agisse d'une manière rapide et que l'important soit de faire arriver d'un seul coup sur chaque radicelle la quantité nécessaire du toxique, la méthode de M. Monestier est préférable; elle réalisera une économie sur la proportion du sulfure de carbone.

Si, au contraire, le temps est un élément important; s'il faut songer moins à soumettre d'un seul coup l'insecte à l'action d'une quantité donnée de toxique qu'à le soumettre à l'influence prolongée d'une dose moins forte peut-être, mais agissant pendant plus longtemps, la méthode de la Compagnie P. L. M. est meilleure.

Des expériences seules peuvent trancher cette question.

J'ai eu le plaisir d'assister à un commencement d'expérimentation qui a été fait par M. Monestier à Pertuis (Vaucluse), et à Aix (Bouches-du-Rhône) en présence des autorités, et en présence de M. Gastine qui représentait là la commission de Marseille.

Mais, par suite des ressources insuffisantes mises à la disposition de M. Monestier, ces expériences demeureront forcément sans résultat décisif, et nous ne pouvons — c'est par là que nous terminerons — émettre qu'un souhait : celui de voir le gouvernement nommer une commission compétente et mettre à la disposition de cette commission des ressources qui suffisent à l'étude comparative complète et définitive des méthodes proposées.

L'état de nos vignobles rend le sacrifice nécessaire; il n'est que temps de s'y mettre résolument si l'on ne veut pas que le désastre se généralise.

Alfred Naquet.

Le peuple de Marseille
20 7bre 1878

LETTRE D'ALFRED NAQUET

Aix (B.-d.-R.), 16 septembre 1878.

Monsieur,

Je suis on ne peut plus touché de l'honneur que vous me faites en m'invitant à votre réunion et à votre banquet; mais c'est malheureusement un honneur que les devoirs de famille, devoirs sacrés, m'obligent à décliner.

Ma vieille mère est paralysée, infirme; elle ne peut se passer des soins permanents de ses enfants, et nous considérons, mon frère et moi, comme une obligation impérieuse de ne jamais l'abandonner, ne fût-ce qu'une demi-journée, à des étrangers qui, pour si dévoués qu'ils puissent être, ne sauraient avoir pour elle les attentions et les prévenances que nous avons et qui lui sont si nécessaires.

Dans le courant de l'année, c'est mon frère qui reste auprès d'elle, mais mon frère, obligé de s'absenter pendant deux mois, m'a prié de le remplacer ici pendant les mois de septembre et d'octobre.

Je me suis en conséquence établi au chevet de ma bonne mère, et je suis si résolu de ne pas m'en éloigner, que j'ai refusé déjà, malgré la proximité, de me rendre dimanche prochain à un banquet par lequel les républicains de Marseille doivent fêter le grand anniversaire de la proclamation de la République en

1792. Et cependant j'aurai pu être de retour de Marseille le soir même. Je suis donc tout excusé certainement de ne pouvoir venir à Romans, car vous comprenez la triste fatalité qui me retient à Aix.

Je le regrette, je vous l'avoue, bien vivement, d'abord parce que j'aurais désiré connaître la vaillante population de Romans qui a donné tant de preuves de son inaltérable dévoûment à la République, et dont mon collègue et ami Madier-Montjau m'a si souvent parlé en termes chaleureux, — et ensuite parce que j'aurais été heureux de me rencontrer dans ce banquet avec M. Gambetta.

C'eût été la première fois, depuis le mois de février 1876, que je me serais trouvé avec lui dans une réunion publique, mais dans des conditions bien différentes, cette fois...

En 1876, nous nous rencontrions, M. Gambetta et moi, dans une réunion électorale, luttant l'un contre l'autre avec la courtoisie qui sied entre républicains, mais avec une certaine vivacité.

La lutte qui avait éclaté entre nous portait sur une question de tactique bien plus que sur une question de but à atteindre. Le but que nous poursuivions était le même, au moins immédiatement, car depuis 1870, laissant chacun de côté nos aspirations particulières, nous n'avons eu qu'un objectif : c'est la consolidation, l'établissement définitif de la République, et cet objectif était aussi bien celui des hommes politiques que l'on avait alors nommés opportunistes que de ceux qu'on avait appelés des intransigeants.

Seulement les luttes qui portent sur les voies et moyens sont peut-être plus vives que celles qui partent sur les principes mêmes. On se pardonne assez facilement d'avoir des aspirations différentes ; mais lorsque le but est commun, on ne se pardonne pas de le compromettre par des actes inconsidérés, quelle que soit la bonne foi avec laquelle on agit et la pureté des sentiments par lesquels on est guidé de part et d'autre.

Il était donc naturel que je combattisse même avec une certaine acrimonie les hommes qui, avec des intentions pures, me paraissaient compromettre la République, et il était naturel aussi, en tenant compte de la distance qui sépare un homme ordinaire du plus grand orateur que nous ayons, que M. Gambetta me le rendit.

Je craignais à cette époque, époque funeste où malgré les sages avis de M. Casimir Périer, les ministres s'étaient contentés d'un pouvoir apparent, tout en étant conduits par la Camarilla présidentielle, époque pleine de périls où, en faisant des concessions on ne pouvait pas en connaître le terme,

Je craignais qu'un moment arrivât où la Chambre serait obligée de renverser malgré elle le ministère et je frémissais aux résultats qui pourraient en découler.

Mes prévisions ne tardèrent pas à se réaliser en partie, M. Dufaure fut mis en minorité par la Chambre, et il ne s'en fallut pas de beaucoup que M. Jules Simon ne subit un échec plus considérable encore le 4 mai 1877.

Supposez que M. Jules Simon eut été renversé deux mois plus tard après le vote du budget, supposez que M. Gambetta et M. Louis Blanc successivement appelés par le maréchal eussent refusé de constituer un cabinet ce qui, vu les circonstances dans lesquelles le cabinet aurait dû fonctionner eut été immanquable. Quelle magnifique situation pour les ennemis de la République !

« J'ai été admirablement constitutionnel aurait dit M. de Mac-Mahon, et M. Jules Simon a témoigné à la tribune de l'admiration que mon respect pour la Constitution lui imposait.

« Or, j'ai vainement cherché dans les quatres fractions de la majorité républicaine un ministère viable. M. Dufaure a été renversé, M. Jules Simon n'a pas été plus heureux, M. Gambetta et Louis Blanc n'ont pas même osé de constituer un cabinet ; il nous faut cependant une majorité pour gouverner, et comme je n'en ai pas, je dissous la Chambre et je fais appel au pays. »

Supposez de plus que le maréchal au lieu d'accorder sa confiance à des hommes exérés de la France entière eut pris les doublures de ces hommes, qu'il eut choisi des candidats officiels tout

67

aussi hostiles à la République que les Cassagnac et les de Mun, mais moins connus ; supposez enfin que la coalition monarchico-cléricale se fut trouvée en possession d'un budget voté jusqu'en janvier 1879, et dites-moi si nous n'aurions pas couru les plus grands périls.

Sans doute tous les complots réactionnaires se seraient brsiés contre le bon sens des populations, bien décidées, quoiqu'il arrive à ne pas laisser périr la République ; mais nul ne peut dire quelles crises nous aurions traversées et si nous n'aurions pas été contraints de recourir à cet *ultima ratio* de la force matérielle dont nous avons pu nous passer à la gloire éternelle de notre pays.

C'est parce que nous apercevions le danger que nous luttions ; il nous semblait qu'une politique énergique pourrait empêcher la crise en intimidant nos ennemis, et que, dans tous les cas, en supposant la crise inévitable, mieux valait la précipiter que de permettre à nos ennemis de choisir leur heure et de préparer le terrain.

La coalition dite conservatrice nous a tous réunis, tous groupés par sa tentative aussi criminelle que ridicule.

Après le 16 mai, il ne peut plus y avoir deux politiques en présence, l'heure de la conciliation était passée, puisque nos ennemis la repoussaient hautement. Ceux-là mêmes qui avaient le plus de confiance dans la modération, dans le système des concessions étaient d'autant plus décidés à se montrer fermes que leurs anciens moyens n'avaient pas réussi.

Quant à nous, nous n'avions jamais eu d'autres désirs que de pousser en avant les chefs reconnus des gauches et dès le moment où les circonstances faisaient ce que nous n'aurions probablement pas réussi à faire, nous étions trop heureux de nous effacer devant des hommes qui s'imposaient par le talent aussi bien que par la confiance que leur accordait le pays.

L'union du parti républicain dans toutes ses nuances était la condition *sinè quà non* du triomphe ; le parti républicain l'a compris, il a été uni et ferme et il a triomphé. Depuis lors, l'union a persisté parce qui avait été nécessaire pour vaincre continuait — d'être nécessaire pour conserver les avantages acquis, aussi jusqu'au jour où le Sénat, étant renouvelé, la République sera hors de danger, n'avez-vous pas à redouter que le faisceau ne se rompe, nous demeurerons unis, alors même que le gouvernement ne nous donnerait pas, ce qui est malheureusement le cas, toutes les satisfactions que, dans la situation actuelle, et en tenant compte de la difficulté et des obstacles, nous pourrions raisonnablement désirer.

Mais me disent quelques hommes qui ne comprennent pas la différence des temps et des situations, « pourquoi ne fait-on pas la guerre à l'opportunisme comme avant le 16 mai ? »

— Parce que la situation est autre.

En 1876, le Sénat avait devant lui trois ans d'existence, trois ans pour ourdir des complots contre la République. Aujourd'hui il lui reste quatre mois.

Si le malheur voulait que des temps néfastes revinssent, ils ne pourraient êtres reculés de plus de deux mois. A ce moment là, l'heure de l'énergie sonnerait d'elle-même sans que nous eussions eu le moindre besoin de la préconiser ; elle sonnerait d'autant mieux que, n'en ayant pas parlé inopportunement, nous n'aurions pas compromis le faisceau des forces républicaines. Quant aux dangers que nous courions en 1876 et que j'ai signalés plus haut, il leur faut un temps assez long pour devenir effectifs, et ce temps, nos ennemis, n'en disposent plus.

Si d'autre part, comme nous en avons le ferme espoir, nous atteignons sans encombre l'heure des élections sénatoriales, nous serions coupables de jeter dans notre parti des brandons de discorde qui pourraient diminuer l'importance de la victoire électorale sur laquelle nous comptons.

Donc, jusqu'au prochain renouvellement triennal du Sénat, l'union s'impose et, quoique je n'ai pas reçu mandat de parler au nom de l'extrême gauche, je crois ne pas être démenti par mes collègues en disant que, jusque là, elle ne sera pas troublée.

Est-ce à dire qu'au lendemain de ces élections l'union doive être rompue ?

Il est difficile de prévoir l'avenir, mais je puis dire pour ma part que ce n'est ni mon désir ni mon espérance.

68

Je considère que la République implique la réalisation d'un certain nombre de réformes, l'existance d'un certain nombre d'institutions, que nos pères et nous avons combattu pour ces réformes et ces institutions, confondues par nous avec la forme républicaine tout autant et même plus que pour l'étiquette de République.

Je pense que c'est aussi l'opinion de ceux de qui nous étions séparés hier sur les voies et moyens, mais avec qui, je l'espère, nous sommes d'accord sur le but. S'il en est ainsi, si les hommes qui nous dirigent, et la majorité qui les suit, réalisent sinon toutes ces réformes que nous désirons, du moins celles de ces réformes qui sont les plus urgentes, sauf à la législature suivante à achever l'œuvre, nous continuerons avec joie de les appuyer, nous nous rappellerons le conseil que nous donnait M. Gambetta à Bordeaux, lorsqu'il disait « qu'il est plus beau de pousser, d'aider et d'appuyer ceux qui font ce que l'on désire, que de le faire soi même ; » nous demeurerons dans les rangs, heureux et fiers de pouvoir marcher derrière des chefs aimés du pays et dignes de l'être.

Si, au contraire, les directeurs du parti républicain refusaient au pays les satisfactions que le pays attend de la République ; si, de crainte d'indisposer des adversaires que l'on peut battre, mais jamais rallier, ils faisaient de la République un espèce d'orléanisme sans roi, nous nous séparerions d'eux, et entre eux et nous nous prendrions le suffrage universel pour juge. Mais cette séparation nous serait cruelle, car nous n'ignorons pas que l'union fait la force, et si jamais elle devenait malheureusement nécessaire, au moins voudrions-nous pouvoir nous rendre à nous-mêmes cette justice que nous aurions tout fait pour l'éviter.

Espérons qu'il n'en sera point ainsi et qu'après comme avant les élections sénatoriales, nous pourrons marcher à la conquête des progrès par lesquels la République légitimera l'enthousiasme et l'amour qu'elle inspirere aux populations de la France.

Voilà, Messieurs, ce que j'aurais dit à votre réunion publique ou à votre banquet si j'avais eu le bonheur de pouvoir y assister, j'espère que ma lettre suppléera ma parole et que vos concitoyens connaissant ainsi ma pensée tout entière, me pardonneront plus facilement encore de n'être pas venu.

Du reste, ils auront parmi eux l'homme qui de nos jours, je le dis hautement, quelques luttes qui aient pu exister autrefois entre nous, incarne aujourd'hui au plus au degrès dans notre pays le genre oratoire et ils n'auront pas à remarquer beaucoup mon absence.

Recevez, cher monsieur, avec mes remerciements et mes regrets, l'assurance de mon profond dévouement à la République et par conséquent à tout ce qui peut en hater le triomphe définitif.

A. NAQUET.

Réveil du midi du 22 7bre 1878

LETTRE A MES COMMETTANTS

Aix, le 20 septembre 1878.

Mes chers concitoyens,

Empêché cette annee par les motifs que vous connaissez, de me rendre dans l'arrondissement d'Apt comme j'ai tous les ans l'habitude de le faire ; ne pouvant aller présider votre banquet, je tiens, au moins par une lettre qui tienne la place d'un discours, à vous rendre compte de ma conduite politique depuis le jour où vous m'avez élu, et à vous écrire ce que je vous aurais dit si j'avais pu venir.

Mon principal souci une fois élu — et même avant que je le fusse — a été, vous le savez, de vous venger des indignes manœuvres dont vous aviez été les victimes dans la journée du 14 octobre 1877.

Jamais fraudes plus odieuses ne s'étaient pratiquées dans aucun pays ! L'élection du 14 octobre 1877 à Apt, — il est maintenant permis de le dire preuves en mains, — a été un véritable brigandage. Violences, intimidations, évacuations sans motifs des salles de vote, urnes à double compartiment, substitution de paquets de bulletins, rien n'y a manqué si ce n'est..... l'honnêteté.

L'élection du 14 octobre à Apt — et dans le département de Vaucluse en général — a été le 16 mai réussi. C'était là ce que nos adversaires se proposaient d'exécuter partout et ce qui a échoué ailleurs, grâce à l'impossibilité où ils se sont trouvés de rencontrer partout un personnel disposé à tout faire.

Si, comme je l'espère, les grands coupables, les ministres du 16 mai sont mis en accusation lorsque la commission d'enquête aura terminé son œuvre, les infâmies de Vaucluse, en dévoilant leur pensée toute entière, pensée qui a reçu un commencement d'exécution, sera là plus forte charge contre ces hommes qui, impuissants à étrangler le pays comme Bonaparte, voulaient avec une apparence de légalité, en sophistiquer le vote et en piper les libertés.

Ne pouvant saisir tous les coupables, tant ils étaient nombreux, et ne me souciant d'ailleurs de frapper que ceux qui avaient une responsabilité réelle, j'ai déposé des plaintes contre les personnes qui avaient dirigé les opérations électorales du 14 octobre dans les communes de Villars, de Ménerbes, d'Oppèdes, de Murs, de St-Martin-de-Castillon, de Roussillon, de Grambois et de Pertuis.

J'ai été assez heureux pour obtenir qu'une instruction fut ouverte. De plus, dans celui de ces procès qui est venu le premier je me suis, à mes risques et périls, porté partie civile, voulant ajouter au réquisitoire du ministère public un plaidoyer qui fut la flétrissure des procédés des amis de M. Silvestre par un avocat de mon choix — c'est-à-dire par moi-même.

Cinq de ces procès sont déjà jugés (je suis sans nouvelle des 3 autres), ceux du Villars, d'Oppèdes, de Ménerbes, de Grambois et de Pertuis.

Tous cinq se sont terminés par des condamnations.

Dans deux cas, trouvant ces condamnations trop peu rigoureuses, j'ai demandé à M. le garde des sceaux, et j'ai été assez heureux pour obtenir de sa justice qu'un appel à minima fut interjeté par le ministère public. A la suite de cet appel les condamnations ont été aggravées par la Cour.

Enfin, M. le marquis d'Allen, ex-président de la commission municipale imposée à la ville de Pertuis, a été convaincu d'avoir fait usage d'une urne à double compartiment pour opérer la substitution de 1,400 bulletins et il a été condamné à un emprisonnement de six mois.

Ce n'était point assez.

Les procès des maires de Grambois et de Pertuis ont révélé que la fraude avait été organisée en haut et que les plus grands coupables n'avaient point encore été traduits devant la justice. J'ai aussitôt intenté une action civile à M. Silvestre et à M. Montagne, ancien sous-préfet d'Apt, et j'ai obtenu de M. le garde-des-sceaux qu'une nouvelle instruction fût ouverte. Cette instruction se poursuit; l'affaire est pendante; il ne m'appartient pas, par conséquent, de préjuger les décisions de la justice et d'en dire davantage sur ce point.

J'ai donc fait tout ce qui était humainement possible pour satisfaire la conscience des électeurs de l'arrondissement d'Apt, et pour déraciner des habitudes qui, si elles se propageaient, ruineraient de fond en comble le suffrage universel.

Je me suis en même temps occupé, dans la limite où il est permis à un député de le faire, du personnel administratif de notre arrondissement et j'ai, grâce au concours toujours empressé de M. le préfet Spuller, obtenu la nomination de quelques fonctionnaires dont les populations ont lieu de se féliciter.

Voilà pour ce que j'appellerai mes devoirs locaux; je crois les avoir remplis d'une manière complète.

Passons maintenant à la politique générale.

A peine rentré à la Chambre, j'y ai reproduit les propositions de loi en faveur du divorce, du droit de réunion et du droit d'association que j'avais présentées à l'ancienne assemblée et qui avaient disparu avec cette assemblée elle-même, à la suite de la dissolution. J'ai toutefois modifié le texte de ces propositions.

En 1876, j'étais parti de cette idée qu'un homme d'avant-garde doit présenter non point des propositions conçues en des termes tels qu'elles répondent à l'esprit de l'assemblée qui doit les juger et puissent être acceptées par elle, mais des propositions aussi larges qu'il les conçoit et les appliquerait s'il disposait à son gré de la majorité législative.

Je pensais que les commissions d'initiative devaient prendre en considération ces propositions dès qu'elles reconnaissent l'importance de la réforme projetée et encore bien que la rédaction spéciale qui leur serait soumise leur parût trop large, sauf à la Chambre à les amender ensuite et à n'en accepter que ce qui serait conforme à l'opinion de la majorité. Cette méthode avait l'avantage de donner tout le possible actuel et de réserver en même temps l'avenir.

L'Assemblée de 1876 ne l'a pas jugé ainsi. Les commissions d'initiative, s'érigeant pour ainsi dire en commissions spéciales, ont repoussé par une espèce de question préalable toute proposition présentant un caractère d'absolu contraire aux idées qui animaient la gauche modérée. Il en résultait que mes propositions étaient toutes repoussées sans examen, n'avaient que les honneurs d'une discussion sommaire, insuffisante à faire l'éducation du pays, et ne produisaient aucune des réformes visées par moi, alors même que la Chambre aurait été décidée à en accepter une partie si elles lui eussent été présentées autrement.

Je regrette ce mode de procéder des commissions d'initiative. Je l'ai dit assez souvent à la tribune pour ne pas avoir à le répéter ici. Mais cette jurisprudence est établie, et je ne puis rien contre elle, l'assemblée n'ayant pas été sensiblement modifiée dans sa composition par les événements qui ont suivi le 16 mai.

Cela étant, devais-je continuer à présenter des propositions conçues suivant l'absolu de mes principes de liberté, et prendre texte de chacune de ces propositions pour protester contre la jurisprudence de la Chambre, mais en renonçant à rien obtenir en fait ?

Ne devais-je pas plutôt, me pliant à la nécessité et expliquant les motifs de ce changement, affirmer encore dans un exposé des motifs ma fidélité aux principes, mais me borner dans le dispositif de chacune de mes propositions, à demander à la Chambre des réformes relatives en harmonie avec son caractère et qu'elle puisse m'accorder ?

J'ai pensé que cette seconde ligne de conduite était la seule logique, la seule pratique. Aussi, au lieu de proposer le rétablissement du divorce par une loi aussi large que celle qu'avaient édictée nos pères en 1792, me suis-je borné à demander le rétablissement de l'ancien titre VI de notre code civil tel qu'il existait sous le premier empire, avec quelques légers amendements ; aussi, au lieu de proposer la suppression pure et simple de toutes les lois qui réglementent le droit de réunion, me suis-je arrêté à la présentation d'une loi nouvelle qui a le défaut, je le reconnais, d'établir, elle aussi, une réglementation; mais qui est assez large pour répondre à tous les besoins.

Cette méthode est d'autant meilleure que rien n'empêche l'auteur d'une proposition, au moment où on la discute, de l'amender lui-même dans le sens où il l'aurait présentée si la procédure de la Chambre ne lui eût point imposé la nécessité d'agir comme il l'a fait. On a ainsi le double avantage de faire l'éducation du pays tout comme en présentant dès l'abord des propositions absolues, et d'obtenir des réformes qui, pour être relatives, n'en sont pas moins fécondes et nous acheminent vers un avenir plus parfait.

Tous mes amis n'ont pas pensé de même et plusieurs de mes collègues ont voulu proposer de nouveau à la Chambre la suppression de toutes les lois restrictives du droit de réunion, en reprenant purement et simplement le texte de la proposition présentée par moi en 1876.

Je l'ai signée sans qu'on puisse m'accuser de contradiction.

Cette proposition répond en effet à mes idées bien mieux que l'autre et je serais heureux que, revenant de sa jurisprudence antérieure, la Chambre l'adoptât.

Mon autre proposition n'est qu'un encas destiné à obtenir la liberté de réunion — car c'est encore la liberté de réunion très réelle — si la Chambre persiste à ne pas vouloir abroger toute réglementation, ce qui est malheureusement probable.

Je ne me suis pas plus contredit là que ne s'était contredit, dans l'ancienne chambre, M. Lockroy signant la proposition générale qui tendait au droit absolu d'association, et présentant en dehors une proposition spéciale qui tendait à la reconnaissance et à la réglementation des *Chambres syndicales*.

En dehors de ce que j'ai *fait* je dois vous dire aussi ce que je n'ai pas fait, car je vous dois l'exposé de ma conduite tout entière. Je me suis élevé contre l'idée de déposer une demande d'amnistie avant le renouvellement du Sénat.

Pourquoi ? Mon devoir est de m'expliquer sur ce point, car il est dans la destinée des hommes politiques d'être attaqués pour ce qu'ils font aussi bien que pour ce qu'ils ne font pas ; car après les attaques violentes dont j'ai été l'objet, en 1875, pour avoir, avec Esquiros, Madier de Montjau, Bouchet et Ordinaire, déposé une demande d'amnistie, je suis à cette heure attaqué avec une violence égale, d'un autre côté, pour avoir pensé qu'il fallait différer toute demande nouvelle.

Suis-je donc moins partisan de l'amnistie aujourd'hui que je ne l'étais en 1871, lorsque je signais la proposition de l'union républicaine, que je ne l'étais en 1875, lorsque je déposais la proposition dont je viens de parler, ou en 1876, lorsque je signais la proposition Raspail ?

Nullement. Je pense toujours — et sur ce point il y a entente parfaite dans l'extrême gauche — que l'amnistie est la première de toutes les mesures que doit prendre le parti républicain, et je ne différerais pas d'une seconde si je croyais pouvoir l'obtenir.

Mais l'obtenir tant que le Sénat n'est pas renouvelé, est, on en conviendra, impossible, alors même que la Chambre des députés la voterait. Cela étant, la question se résout à ceci : fallait-il, pour affirmer à nouveau des principes que nous n'avons cessé d'affirmer depuis sept ans et auxquels notre fidélité est connue, faire une nouvelle démonstration éclatante ou devions-nous, nous reposant sur nos manifestations antérieures, nous borner à préparer le terrain parlementaire et attendre l'heure où l'amnistie pourrait être votée ?

A mon sens la réponse n'était pas douteuse.

S'il s'agissait de préparer le pays à une mesure dont il ne voulût pas, ou d'établir une ligne nette de démarcation entre les divers groupes de la gauche au risque de reculer l'amnistie...

21

la manifestation éclatante serait le seul parti à prendre.

Mais si, comme nous en sommes convaincus, le pays désire l'amnistie, et si notre seul but en la réclamant est de l'obtenir aussi complète et aussi prompte que possible, l'abstention momentanée et l'attente étaient ce qu'il y avait de plus sage.

Il eût été difficile au ministère de ne point se prononcer sur une telle question. On lui en aurait imposé l'obligation au Sénat, et il aurait été forcé ou de repousser l'amnistie ou de se résigner à être mis en minorité dans la Chambre Haute.

Disons-le tous de suite : cette conséquence ne nous eut pas effrayé. Nous nous sommes toujours élevé contre la politique de compromission et de faiblesse et nous pensons aujourd'hui comme hier que lorsqu'on a le pays derrière soi la fermeté est le meilleur moyen de déjouer les complots de ses ennemis. Le 16 mai, le 14 octobre et le 12 décembre l'ont prouvé.

Les représentants de la nation ont déployé de la fermeté à ces dates mémorables et c'est grâce à cette fermeté qu'ils ont vaincu.

Mais il ne s'agit pas de ce que je pense. Il s'agit de ce que pense la Chambre.

Or, bien que la Chambre, profondément éclairée par le 16 mai et les événements qui l'ont suivi, n'en soit plus où elle en était sous le ministère J Simon, elle n'en est point encore arrivée à faire, comme on disait à la Convention, un pacte avec la mort, et à repousser, forte de l'appui des électeurs, toute espèce de transaction avec les ennemis de la République.

Elle veut éviter tout remaniement ministériel avant le renouvellement du Sénat, et, il faut bien le dire, comme ce renouvellement est proche et que nous ne vivons plus, comme à l'époque qui précéda le 16 mai, sous un ministère conduit par la camarilla présidentielle et obligé chaque jour de nous demander une concession nouvelle sans qu'on connût le terme de ces concessions, l'opinion de la majorité actuelle peut être sérieusement défendue.

Quoiqu'il en soit d'ailleurs, et quelle que soit l'opinion que l'on se fasse de cette politique, cette politique est celle de la majorité, contre laquelle rien ne saurait prévaloir.

Cela étant, que serait-il arrivé si nous avions demandé l'amnistie avant les vacances ?

Nous aurions eu le chiffre de voix de 1876. Mais une grande partie des républicains modérés qui, à cette heure acceptent l'amnistie se seraient crus obligés, dans l'intérêt du ministère, à voter contre nous, tandis qu'après le renouvellement du Sénat, ces mêmes hommes voteront avec nous.

En votant contre nous, placés entre ce qu'ils auraient considéré comme deux devoirs contradictoires, ils nous auraient su mauvais gré de la situation dans laquelle nous les aurions placés vis-à-vis de leurs électeurs et vis-à-vis de leur conscience; une division profonde s'en serait suivie entre les diverses fractions de la gauche, et, par suite, après avoir repoussé l'amnistie en 1878 les fractions modérées l'auraient repoussée en 1879. En temporisant au contraire nous nous sommes attiré, nous avons attiré à notre cause, les sympathies de ces collègues qu'une proposition hâtive eut exaspérés et, évitant une démonstration platonique, nous avons fait faire un grand pas à l'amnistie au lieu de la reculer.

« Mais alors, » me dira-t-on peut-être, « pourquoi avez-vous en 1875 porté une proposition d'amnistie à la tribune de l'assemblée nationale, sachant quel sort lui était réservé? »

En 1875 la situation était bien différente de ce qu'elle est aujourd'hui.

Au lieu de deux assemblées dont une seule à renouveler, il y avait une assemblée unique, qui allait définitivement disparaître pour faire place à deux assemblées nouvelles. Peu importait l'effet que j'allais produire sur ces députés *in extremis*. La seule chose qui importât, c'était de créer dans le pays un courant favorable à l'amnistie pour que ce courant s'imposât aux nouveaux élus.

Or quel meilleur moyen de faire naître ce courant, si j'avais été soutenu, que de dévoiler les souffrances auxquelles étaient soumis les malheureux déportés de la nouvelle Calédonie. C'était d'ailleurs à l'assemblée qui avait vaincu la Commune, qu'incombait l'honneur, après le vote de la Constitetion, de proclamer l'amnistie, et d'imiter en cela l'immortelle Convention laquelle fit suivre d'une amnistie générale le vote de la Constitution de l'an III.

Je savais qu'elle n'était pas capable de suivre ce noble exemple: mais la mettre en demeure, et lui imposer au moins la responsabilité de son caractère impitoyable était un devoir. D'ailleurs des faits monstrueux avaient été portés à la connaissance des principaux républicains ; les journaux soumis à l'état de siége n'osaient les publier. Seuls les députes inviolables le pouvaient et le devaient. Mais comment faire ces révélations à la tribune ? le droit d'interpellation n'était pas réglé comme aujourd'hui. On pouvait — et l'on n'y aurait pas manqué en cette circonstance — renvoyer l'interpellation à 6 mois, c'est-à-dire à une époque où l'assemblée n'existerait plus. Le seul moyen de parler malgré la majorité était de proposer l'amnistie, de réclamer en faveur de cette proposition la déclaration d'urgence et de dire ce que l'on avait à dire en développant les motifs de la déclaration d'urgence.

C'est ce que je fis. On le voit, il n'y a rien de commun entre cette proposition et celle dont il a été question en mai dernier. Celui qui avait pris l'initiative de la première pouvait raisonnablement se refuser à l'autre.

Mais ce refus n'était qu'un ajournement, et je serai des premiers à demander qu'on dépose une proposition d'amnistie et qu'on la soutienne virilement dès que le Sénat sera renouvelé. Je considérerais comme une honte pour mon parti qu'une fois en majorité dans les deux Chambres, il se refusât à ce grand acte d'humanité, d'apaisement, de réconciliation générale.

Tant qu'il y aura au-dehors des proscrits, au-dedans des familles qui souffriront de cette proscription, il n'y aura pas d'apaisement possible.

D'ailleurs les actes commis au cours d'une guerre civile ne ressemblent en rien aux crimes ordinaires; ils doivent leur criminalité à la défaite de leurs auteurs dont le triomphe eût fait des héros, comme en 1830 et 1848. On ne saurait donc les assimiler aux crimes de droit commun par l'inflexibilité de la peine. Qu'un gouvernement se défende contre une insurrection, c'est son droit; mais quand cette insurrection est vaincue, lorsque les souvenirs en sont effacés et ne subsistent que grâce aux traces vivantes qu'en laisse la proscription, ne pas décréter l'amnistie est aussi contraire à l'esprit d'équité et de justice que le serait l'acte d'une nation qui, après une guerre internationale, et la paix étant conclue, se refuserait à rendre les prisonniers de guerre.

Nous demanderons l'amnistie, une fois le Sénat renouvelé, et j'estime trop mes collègues pour ne pas espérer que nous l'obtiendrons. C'est donc la cause de l'amnistie elle-même, aussi bien que celle de l'union de toutes les fractions des gauches, que nous avons plaidée en ajournant le dépôt immédiat de cette proposition.

J'ai parlé de l'union des gauches. Cette union a été féconde. C'est par elle que nous avons évité le coup d'Etat électoral et le coup d'Etat militaire et cette union féconde doit être continuée jusqu'au jour où tout danger aura disparu. Je n'ai pas besoin de développer cette pensée. Je l'ai fait à la veille du 14 octobre; je l'ai fait à la veille de l'élection du 7 avril; je ne pourrais ici que me répéter.

Je veux cependant vous présenter une observation.

Le parti radical a respecté l'union depuis le 16 mai et n'a pas manqué une minute à ce grand devoir. Quoiqu'il advienne, il n'y manquera pas. Il ne voudrait pas, avant les élections sénatoriales, compromettre la situation par des actes intempestifs qui le sépareraient du reste des gauches. Il est trop ardemment républicain pour cela et ce n'est pas quelques mois d'attente et de patience qui l'effrayeront.

Mais l'union sera une chose utile — si elle peut être conservée — après comme avant les élections sénatoriales et il serait fâcheux que le gouvernement, que la fraction modérée du parti commissent des actes de nature à rendre cette union future impossible.

Or le gouvernement vient de commettre à cet égard une faute grave en interdisant le congrès ouvrier, en violant le droit de réunion privée, et en arrêtant les citoyens qui croyaient pouvoir se réunir sous la protection des lois.

Les congrès ouvriers antérieurs, soit à Paris soit à Lyon, n'avaient troublé en rien l'ordre public et s'étaient bornés à discuter certaines questions économiques avec un calme et une sagesse qui avaient été remarqués.

De quel droit d'ailleurs reprocherons-nous aux hommes du 24 et du 16 mai de forcer nos réunions et de violer ainsi la loi, si les chefs d'un gouvernement républicain se rendent coupables des mêmes violences vis-à-vis d'autres républicains parce qu'ils appartiennent à une nuance plus avancée? Comment d'autre part les modérés pourront-ils nous recommander l'union s'ils la pratiquent si peu? Qu'ils le sachent bien! Nous voulons être unis, mais nous ne voulons pas abdiquer et, une fois le Sénat renouvelé, si l'on persistait à ne nous rien donner de ce que nous attendons de la République, ni la réforme de la magistrature, ni la réforme du conseil d'état, ni la liberté de la presse, ni le droit de réunion, ni le droit d'association……, nous nous verrions obligés, à notre corps défendant, de nous séparer de ceux qui comprendraient ainsi les devoirs d'un gouvernement républicain et, entre eux et nous d'en appeler au pays.

Cette interdiction du congrès ouvrier, et les mesures qui l'ont accompagnée, est une faute qui acquiert une gravité toute particulière en face de ce qui se passe en Allemagne.

Là, la lutte électorale vient d'être engagée entre la réaction autoritaire d'une part et tous les libéraux coalisés d'autre part, sur un projet de loi d'exception contre les socialistes, contre *une opinion*.

Tous les amis de la liberté dans le monde ont applaudi aux efforts qu'a faits dans cette lutte le parti libéral pour défendre l'indépendance de la pensée humaine. Voudriez-vous donc justifier M. de Bismarck proposant des lois draconiennes, par l'exemple d'actes de rigueurs exercés par un gouvernement républicain contre les socialistes?

Et d'ailleurs, pourquoi proscrire une opinion, même quand on la repousse? Est-ce que jamais les persécutions ont empêché une idée juste de se répandre? Est-ce que jamais la liberté a permis à une idée fausse de conquérir la majorité des esprits?

On ne persécute que les idées que l'on croit juste, tout en les redoutant par des motifs intéressés. Ce n'est pas là j'en suis convaincu le cas de notre gouvernement, et c'est pourquoi en interdisant le Congrès ouvrier, et en arrêtant les citoyens qui voulaient le transformer en réunion privée, il a commis une grande faute politique et sociale.

Je dis sociale parce que les ouvriers, en précisant les réformes que réclament les travailleurs, tendent à remplacer les mots vagues par des programmes définis, et que si les mots vagues sont quelquefois dangereux en ce sens qu'on ne sait comment combattre les idées fausses qu'ils cachent, rien n'est plus utile au contraire que le programme définis. On sait alors ce que demandent les auteurs de ces programmes; on fait droit à leurs réclamations si on les trouve fondées; dans le cas contraire on peut les discuter point par point. De cette discussion naissent une lumière et une entente fécondes, et là où les interdictions, la contrainte, les poursuites eussent engendré les haines entre les diverses classes de citoyens, haines dont les guerres civiles sont le fruit le plus certain, la liberté engendre l'union, l'ordre et la paix d'où découlent la prospérité générale et le bonheur de tous.

Que nos gouvernants s'inspirent de cette pensée ; qu'ils cessent de faire la guerre aux idées, ainsi que la *République Française* le reprochait l'autre jour dans un excellent article au chancelier de l'empire d'Allemagne ; qu'ils respectent la liberté de la discussion par les réunions et par la presse ; qu'ils ne s'opposent pas aux réformes nécessaires, et ce ne sera pas nous qui romprons l'union inaugurée au 16 mai.

Gambetta disait en 1871 « qu'il était plus beau de faire faire ce qu'on juge utile par ceux qui gouvernent que de gouverner soi-même. »

Imbus du même sentiment, dépourvus d'ambition personnelle, nous appuierons les fractions modérées qui gouvernent aussi longtemps qu'elles gouverneront le pays comme il a la volonté d'être gouverné.

Mais une fois le Sénat renouvelé, et la république hors de tout danger, nous ne saurions nous prêter à une politique où seuls les ennemis de la république trouveraient leur compte, et, je le répète, respectant toujours les personnes, nous nous verrions obligés de revendiquer énergiquement l'application des idées qui sont les nôtres, assurés que dans cette œuvre l'appui du pays ne nous manquerait pas.

Voilà, mes chers électeurs, ma pensée toute entière. Voilà ce que je vous aurais dit si j'eusse été parmi vous. Si quelque chose me console de n'y pas être c'est ma conviction que cette pensée est la vôtre, la vôtre à tous, aussi bien à ceux qui

3

étiez avec moi en 1876, qu'à ceux qui, séparés de nous par une question de tactique, non de programme, étiez alors contre nous.

Dans notre bel et patriotique arrondissement, l'union faite au 16 mai a été une union réelle, parce qu'un moment divisés sur le meilleur moyen de les atteindre, nous voulons cependant tous énergiquement les mêmes choses. Puisse cette union être partout aussi sincère et aussi profonde, et les progrès féconds que nous attendons de la République ne tarderont pas à se réaliser.

En attendant croyez bien qu'en ce qui me concerne je demeurerai toujours ferme à mon poste et, en toute circonstance, comptez sur moi comme je compte sur vous.

A. NAQUET.

L'égalité de Marseille
23 et 24 7bre 1878

LE BANQUET DU 21 SEPTEMBRE

A MARSEILLE

Ainsi que l'avaient décidé tous les cercles radicaux de Marseille, un grand banquet a eu lieu, rue Ferrari, chez M. Jarjaye, samedi soir, 21 septembre.

Plus de 750 personnes étaient présentes.

La salle présentait un coup d'œil magnifique. Cinq grandes rangées de table avaient été disposées pour les convives.

L'estrade était surmontée d'un buste de la République émergeant d'au milieu de fleurs. A côté un immense cône tronqué, également en fleurs, avec ces mots « République » tressés en œillets rouges sur œillets blancs.

Ce bouquet était un cadeau du citoyen Mancip, auquel l'assistance a voté des remerciements chaleureux.

La table des invités était devant l'estrade. M. Bouquet, président, avait à sa gauche M. Alfred Naquet, député de Vaucluse.

On remarquait dans l'assistance, disséminés sur plusieurs points de la salle, MM. Fauré, conseiller général; Charles Mout..., conseiller général du Var, rédacteur en chef de l'ÉGALITÉ; Gibassier, Durand, Clovis Hugues et Pierre Roux, conseillers d'arrondissement

dissement; Bonini, Carcassonne, Peytral, Granier, Bénistant, Castan, Susini, Brémond, Léonce Jean, etc., conseillers municipaux; Gilly la Palud, Monges, Théophile Fabre, anciens conseillers municipaux; Nicolas, président du cercle Bellevue; Mouraille, président du cercle des Chartreux; Coulomb, président du cercle de l'Amitié; Borély, président du cercle des Catalans; Auzol, président du cercle de l'Horizon, et autres présidents des cercles radicaux de Mazargues, de la Capelette, de la porte d'Aix, de Saint Louis, etc., etc., Royannez, ancien rédacteur en chef du PROGRÈS DU VAR et Rostagni, délégués de Toulon; Chazot, ex-gérant du RÉVEIL d'Alger, délégué de l'Algérie; Pignol, adjoint au maire de Gémenos, délégué de cette commune et un grand nombre d'autres délégués du département et des départements voisins Giraud, secrétaire du Conseil général; MM. Rancurel, Avrizani, Lombard, Blanc, Matheron, Montel, Blanc, Champetier, Icard, etc.

Au dessert, M. Bouquet, président du banquet, a pris la parole, au milieu d'unanimes applaudissements, pour souhaiter la bienvenue aux invités qui avaient bien voulu se rendre à l'appel de la Commission.

« Je remercie surtout mon collègue et ami Alfred Naquet, dit l'orateur, dont le zèle et le dévouement à la cause radicale sont si connus, d'être venu apporter le concours de son talent à cette fête qui rappelle un mémorable anniversaire. »

Les délégués étrangers ne sont pas oubliés non plus, ainsi que les radicaux marseillais, qui ont répondu avec un empressement digne d'éloges, à l'invitation qui leur avait été adressée.

« C'est là la meilleure preuve, ajoute M. Bouquet, de la force vitale de notre démocratie militante » (Bravos prolongés).

M. le Président cède ensuite la parole à son honorable collègue M. Alfred Naquet.

Discours « in-extenso » de M. Alfred Naquet

L'apparition à la tribune du savant député de Vaucluse est saluée de cris chaleureux de : Vive la République ! Vive Naquet !

Quand l'enthousiasme est calmé, M. Alfred Naquet prononce le discours suivant, un moment interrompu par la « Lyre provençale », qui exécute avec un entrain remarquable « La Marseillaise », entonnée par un millier de voix répondant aux mâles accords de la musique.

C'est M. Farnier, chef de musique, qui dirige avec un talent remarquable cette fanfare, organisée par M. Malet.

Ce spectacle est vraiment grandiose. Une indicible émotion s'empare des assistants et les cris de : Vive la République ! se répercutent de la salle au dehors.

Voici le discours intégral prononcé par l'éminent député d'Apt :

Mes chers concitoyens,

J'étais bien décidé à ne point venir à Marseille, par les motifs développés dans la lettre de moi que vous avez pu lire jeudi dans le PEUPLE. Mais vous m'appelez avec tant d'insistance que j'ai cru cette fois encore devoir mettre mes devoirs de citoyen au-dessus de mes devoirs de famille et je suis venu.

Je ne saurais guère vous répéter ici que ce que j'ai dit dans ma lettre aux habitants de Romans, que ce que je répète aujourd'hui même dans ma lettre à mes électeurs d'Apt, lettre que reproduira in-extenso le RÉVEIL DU MIDI, dont le NATIONAL D'AIX doit publier demain la partie qui touche à la politique générale et que publie l'ÉGALITÉ d'aujourd'hui.

Dans les affaires publiques, comme dans les affaires privées, les récriminations sont inutiles. Les événements passés sont passés; nous ne devons nous y arrêter que pour y puiser des enseignements; mais ce n'est jamais vers le passé que nous devons fixer nos regards, c'est vers l'avenir.

Je suis profondément convaincu que j'étais dans le vrai en 1875 et en 1876 lorsque je vous parlais de la nécessité d'être fermes et énergiques. Je crois qu'en ne l'étant pas, la Chambre, à cette époque, nous a exposés à de grands périls que je rappelais dans ma dernière lettre publique, et dont l'impéritie seule de nos adversaires nous a sauvés.

Mais ces périls sont passés et comme en somme, si nous ne sommes pas tous d'accord dans le parti républicain sur le programme des réformes à opérer, nous sommes tous d'accord pour vouloir l'établissement définitif de la République; comme le centre gauche et la gauche, qui étaient au gouvernement avant le 16 mai, avaient un intérêt au moins égal au nôtre à n'en être pas précipités, il faut bien admettre qu'ils étaient de bonne foi dans la tactique qu'ils avaient cru devoir suivre et qui nous paraissait à nous, très-mauvaise. Ils croyaient à la possibilité de ramener par la douceur des ennemis irréconciliables et ne se rendaient pas suffisamment compte de cette éternelle loi qui fait qu'entre deux adversaires, quand l'un recule l'autre avance, d'où il résulte que le seul moyen d'empêcher ceux qu'on redoute d'avancer, c'est d'avancer soi même (Bravos)

Les fractions modérées de la gauche, méconnaissant cette vérité, s'épuisaient en concessions dont elles ne pouvaient deviner le terme. Mais elles croyaient, en agissant ainsi, assurer leur pouvoir au lieu de le compromettre, et, comme il arrive presque toujours, elles s'irritaient contre ceux qui venaient les troubler dans leur quiétude en jetant le cri d'alarme. Je l'ai déjà dit, il n'y avait là entre eux et nous qu'une différence de tactique, car les questions de réformes étaient par la force des choses ajournées au moment où nous serions les maîtres ; cette différence de vue sur les voies et moyens amenait toutefois des discussions souvent irritantes et si, en haut, ces discussions demeuraient courtoises, en bas, grossies par la violence des passions, elles dégénéraient souvent en accusations basses et calomnieuses.

Heureusement le 16 mai est venu mettre un terme à ces divisions et à ces attaques, et nous a permis de marcher tous unis à la conservation de la République remise en question. (Applaudissements.)

Dès le 16 mai, depuis le plus modéré jusqu'au plus radical ; depuis M. Savary et M. Léon Renault jusqu'à Louis Blanc et à celui là même qui vous parle, tout le monde a compris que, pour résister au faisceau des forces réactionnaires qui s'étaient étroitement groupées, sauf, si elles eussent triomphé, à se diviser après la victoire, il fallait leur opposer les forces républicaines groupées en un faisceau non moins serré et non moins compacte.

Supposez un instant que nous eussions voulu, comme dans une période de calme et de liberté, nous faire entre nous une guerre de nuances, nous aurions été irrémédiablement vaincus aux élections du 14 octobre, et nous n'en serions pas à nous demander à cette heure si la Chambre républicaine montre ou non assez de fermeté, car il n'y aurait plus de Chambre républicaine.

Quiconque a vu une élection au 14 octobre dans une circonscription rurale, quiconque s'est rendu compte de l'influence que pouvaient y exercer les calomnies répandues à dessein contre les candidats républicains, de l'effet que pouvaient y produire les menaces et les violences perpétuelles de l'autorité ; quiconque a pu apprécier à sa juste valeur le courage qu'ont dû déployer nos braves et intelligentes populations des campagnes pour résister aux tracasseries de toutes sortes dont les accablaient leurs tyranneaux de village et à la perspective de celles dont elles ne manqueraient pas d'être les victimes si les ennemis de la République venaient à triompher — courage mille fois plus grand que celui qui est nécessaire pour prendre les armes dans un jour de péril et d'indignation — ; quiconque a vu cela restera à jamais convaincu de la nécessité où nous étions de nous unir pour vaincre. Aussi lorsque tous les chefs autorisés du parti républicain ont déclaré qu'il fallait réélire les 363, c'est à peine si l'on a entendu quelques voix dissidentes. Le peuple a suivi avec décision et ensemble la voix de ses chefs. Des modérés, presque orléanistes la veille ont voté sans murmurer pour Madier de Montjau ou Raspail, et les plus énergiques d'entre les radicaux et les socialistes ont donné leurs voix à des hommes que la veille encore ils auraient volontiers accusés de trahison. Les uns et les autres en ont été récompensés par l'éclatant triomphe du 14 octobre 1877. (Bravos enthousiastes.)

Et c'est le lendemain de cette victoire, plus encore que la veille, que l'on a pu voir toute l'utilité de cette union.

Le ministère, connaissant la faiblesse dont la Chambre avait donné tant de preuves de 1876 à 1877, comptait l'intimider avec des menaces; il espérait obtenir d'elle le vote du budget et procéder ensuite à une dissolution nouvelle.

Il se trompait. Il s'est heurté à l'inébranlable résolution de nos élus de remplir courageusement le mandat qui leur avait été confié. Et quand il a vu que, malgré leur peu de goût de cette méthode — comme ils disaient alors — les hommes du centre gauche le moins avancé étaient comme ceux de l'extrême gauche décidés à tout, même à une prise d'armes, pour empêcher la France de retomber sous le joug de ce césarisme qu'il y a 8 ans elle a vomi avec dégoût ; quand il a vu cela le ministère de combat a compris que la partie était perdue pour lui et il a donné l'exemple de la plus ridicule et de la plus piteuse reculade qu'on eût encore vue. — applaudissements prolongés.

Mais pourquoi a-t-il ainsi reculé ? Croyez-vous que ce soit par des scrupules légaux? Croyez-vous que les hommes qui organisaient les élections avec des urnes à double compartiment se seraient arrêtés devant un Deux Décembre, s'ils avaient cru pouvoir le réussir ? Vous ne le croyez pas et je ne le crois pas davantage.

S'ils n'ont pas essayé du coup d'État c'est qu'ils ne croyaient pas pouvoir en sortir victorieux et qu'ils y jouaient leurs têtes.

Pourquoi donc ne pouvaient-ils pas en sortir victorieux ?

Parce que l'armée ne leur appartenait pas. Depuis les désastres de 1870, et même avant — car il ne faut pas oublier son vote au dernier plébiscite impérial l'armée est devenue véritablement nationale. Elle a compris que la première des disciplines est l'obéissance à la loi ; elle a compris qu'un chef qui commande un crime, déchu par cela même, perd le droit de commander, et que dès lors on ne lui doit plus obéissance, elle a compris qu'elle ne doit pas plus suivre un général commandant de violer la Constitution et d'égorger la France, qu'elle ne devrait suivre un général commandant un assassinat privé ; elle a compris que la France qui s'impose pour l'armée tous les sacrifices possibles lui a donné des armes non pour être asservie mais pour être défendue ; elle a compris qu'elle est la servante de la loi, rien que de la loi, et qu'elle doit résister à toutes les violations de la légalité d'où qu'elles viennent.

C'est devant cette fière, noble et patriotique attitude de l'armée jointe à la mâle décision des citoyens que les conspirateurs monarchistes ont reculé. — Bravos.

Eh bien ! dites-moi ! Supposez qu'à la chambre, les députés républicains eussent été divisés en fractions ennemies les unes des autres, croyez-vous que l'armée aurait été aussi compacte dans sa résistance à des projets criminels ? Croyez-vous que le peuple aurait été aussi ferme et aussi résolu ? Il est impossible de l'admettre.

M. Louis Blanc, parlant au nom de l'extrême gauche, M. Gambetta parlant au nom de l'union républicaine, M. Ferry parlant au nom de la gauche, M. Léon Renault parlant au nom du centre gauche n'aurait pu se dire le représentant du pays, puisque chacun aurait parlé au nom d'une fraction de la représentation nationale, au nom d'une minorité.

Il y aurait eu anarchie dans le commandement ; chacun aurait compris la lutte à sa manière ; les citoyens n'auraient su derrière quels chefs se grouper ; l'armée n'aurait su à quelle majorité obéir, ne voyant de majorité nulle part ; et ceux-là seuls qui auraient eu l'unité du commandement et d'action, c'est-à-dire le gouvernement, auraient eu la force. La France, qui avait su vaincre sur le terrain électoral, n'aurait pas su profiter de sa victoire ; les ennemis de la République et de la société moderne l'auraient emporté. — Assentiments.

C'est donc à l'union que nous devons notre triomphe. C'est parce qu'il y a eu un comité des 18, réunissant en lui des éléments pris dans les 4 groupes de la majorité républicaine, et parlant souverainement au nom du pays que nous avons vaincu.

Sur ce point pas de doute possible.

Mais depuis ?

Depuis, l'union est demeurée indispensable pour conserver les avantages acquis. Les monarchistes n'ont pas désarmé. Embusqués dans leur citadelle du Sénat, ils continuent d'y tramer des complots contre la République. Vous savez qu'ils guettent, vous savez qu'ils conspirent, vous savez qu'à la première occasion propice ils recommenceraient.

Qu'est-ce qui peut les empêcher de recommencer ? la certitude d'échouer encore ; et, s'ils recommençaient malgré tout, qu'est-ce qui peut nous permettre de les écraser définitivement ? Notre union qui nous a permis de vaincre une première fois, notre union qui les terrifie, notre union qui nous rend inexpugnables.

Voilà pourquoi je suis inébranlable sur ce point : la résistance absolue à tout projet de scission parmi nous jusqu'après les élections sénatoriales.

Vous me direz peut-être que je ne parlais pas ainsi en 1875 et 1876. Relisez ma dernière lettre et vous en comprendrez les motifs. En 1876 je voyais s'ouvrir devant nous une période de trois ans. C'était plus qu'il n'en fallait pour que les ministères, conduits par un pouvoir occulte à des concessions dont eux-mêmes ne pouvaient prévoir le terme, fussent tous successivement renversés par la chambre, malgré la tendance de celle-ci à tout concéder. C'était plus qu'il n'en fallait pour que le pouvoir présidentiel, s'appuyant sur le trompe-l'œil de ces chûtes successives de ministères, pût égarer le pays et livrer la bataille dans des conditions qui nous auraient été désavantageuses. Maladroitement conseillé, il ne l'a pas fait ; mais il pouvait le faire, et, prévoyant un conflit désastreux, je voulais ou l'écarter en intimidant nos adversaires par la fermeté de notre attitude, ou au moins le faire naître dans des conditions telles que la victoire nous fût facile. Je voulais en un mot ne pas laisser à l'ennemi la faculté de choisir son heure et de nous amener sur le terrain où il lui plairait de combattre. (Assentiments.)

Les circonstances sont-elles pareilles ? Non !

D'abord le ministère est autrement indépendant que celui qui a précédé le 16 mai. Mais supposons-le, à notre insu, conduit lui aussi par un pouvoir occulte.

Après ?

Quatre mois nous séparent du renouvellement triennal du Sénat et un mois de la rentrée des Chambres. Si un nouveau conflit devait éclater ce ne pourrait être que d'ici au milieu de novembre. D'ici là nous ne risquons pas que la Chambre ait renversé de ses propres mains plusieurs ministères, et ce péril si grand du pays trompé sur les actes de ses représentants, ce péril redoutable qui se dressait devant nous en 1876 et 1877 n'existe plus. Nous n'avons pas à craindre non plus comme alors que la Chambre ne se dessaisisse du budget avant les élections sénatoriales. Elle se rappelle que c'est en demeurant inébranlable sur ce point qu'elle a vaincu en 1877 et elle a profité de cette expérience.

Si du reste je me trompais, si elle voulait céder cette arme suprême avant le renouvellement du Sénat, le moment serait venu alors de protester énergiquement contre ce projet et de l'arrêter sur cette pente funeste. Mais il est mauvais de faire aux hommes des procès de tendance et nous en ferions un aux gauches modérées en les accusant sans preuves de vouloir commettre cette faute que selon toute apparence elles ne commettront pas. (Bravos).

Si maintenant dans deux mois un nouveau conflit se produisait, la fermeté dont on a fait preuve en 1877 vous est un sûr garant de celle dont on ferait preuve en 1878. Je dirai même que cette fermeté serait plus grande encore aujourd'hui qu'en 1877 en vertu de cette loi de progression qui rend l'énergie de la résistance toujours proportionnée à la fréquence de l'attaque.

Mais elle serait certainement d'autant plus grande que nous n'aurions pas d'ici-là ébranlé par des attaques stériles la confiance que nous nous inspirions mutuellement.

Si au contraire aucun conflit ne se produit, pourquoi voulez-vous que nous compromettions le succès des élections sénatoriales par des divisions intempestives, alors surtout que dans certains départements ce succès tient à un très-petit nombre de voix ? Ce serait imprudent, presque criminel !

Certes, ce n'est pas que nous ayons à nous féliciter de tous les actes du ministère. (Bravos).

Non que je lui reproche de ne pas proposer des mesures législatives qui le mettraient en minorité au Sénat. Mais, dans l'ordre des choses qui sont du domaine du pouvoir exécutif seul, je serais heureux qu'il eût des allures plus résolues. — Je ne voudrais pas le voir frapper un sous-préfet parce que celui-ci a résisté aux empiètements des cléricaux. Je regrette surtout de l'avoir vu dissoudre une réunion privée dans laquelle des ouvriers voulaient discuter avec calme les questions économiques qui les intéressent

Les Congrès ouvriers antérieurs avaient montré assez de sagesse pour qu'aucune bonne raison n'existât ni d'interdire ce nouveau Congrès sous forme de réunion publique, ni d'empêcher des citoyens paisibles de se réunir chez l'un d'entre eux sous le bénéfice de l'inviolabilité légale du domicile. (Applaudissements prolongés.)

Dissoudre une réunion privée est chose grave. De quel droit, si nous commettons de tels actes reprocherons nous aux hommes du 16 mai le jour prochain de leur mise en accusation. — Car nous les y mettrons ; et je vous jure que sur ce point si l'unanimité n'existait pas dans la Chambre, pas un membre de l'Extrême Gauche ne reculerait devant ce devoir. (Tonnerre d'applaudissements.)

Le citoyen Frétigny. — Dans quarante ans ?

Le citoyen Naquet. — Si nous les avions mis en accusation plus tôt — avant le renouvellement du Sénat — à cette heure, acquittés par un Sénat réactionnaire, ils nargueraient la population. (Bravos prolongés.)

M. Dufaure prétend qu'il a fait exécuter la loi dans cette circonstance. C'est un avis que je lui laisse. Mais à supposer qu'après l'interdiction du Congrès, les faits regrettables qui se sont passés fussent légaux — ce qui est fort contestable — rien n'obligeait le Gouvernement qui avait autorisé les Congrès antérieurs à interdire celui-ci et, sur ce point, sa responsabilité demeure entière.

Faire la guerre aux idées sera toujours une mauvaise chose. La persécution n'empêche jamais le triomphe d'une idée juste ; mais la persécution permet quelquefois à des idées fausses de se développer et de grandir, ce qui n'a jamais lieu lorsque l'on laisse les esprits s'éclairer par une discussion libre. (C'est vrai.)

Quoiqu'on pense des revendications ouvrières, il était donc sage de faire comme nos voisins les Anglais d'en autoriser le discussion publique, et surtout de ne pas donner un argument favorable à M. de Bismark, s'essayant à étouffer la liberté en Allemagne et s'appuyant pour cela sur la sanglante répression de Paris en 1871. Il était bon que les libéraux allemands pussent répondre au chancelier impérial que si une assemblée monarchiste avait été impitoyable devant une insurrection armée, à cette heure, sous un régime régulier, le gouvernement républicain laissait discuter librement toutes les questions économiques, se reposant sur la liberté du soin de les trancher dans le sens de la vérité et de la justice. (Bravos frénétiques.)

Et surtout qu'on ne nous parle pas de réunion internationaliste, lorsque, en même temps qu'on interdit le Congrès ouvrier de Paris, on autorise le Congrès catholique de Chartres; lorsqu'on permet ainsi aux ennemis de la République de se réunir pour saper les institutions de la société moderne, tandis qu'on refuse ce droit à ceux qui ne le demandent qu'en vue d'améliorer, de perfectionner, de compléter ces institutions.

Mais je vous l'avoue, ces faits ne me paraissent pas avoir une grande portée, car le ministère actuel n'est qu'un ministère d'intérim, car dans quatre mois nous pourrons exiger sans danger que les principes républicains soient respectés. Seulement ils m'affligent en ce sens que si la politique qui a prévalu dans cette circonstance devait prévaloir encore après les élections sénatoriales, elle rendrait impossible dans l'avenir une union qui ne cessera cependant pas alors d'être désirable.

Je dis qu'après les élections sénatoriales, il est à désirer que l'union persiste entre toutes les nuances de la gauche. Et, en effet, elle ne peut persister que sur le terrain des réformes nécessaires. Or, si les réformes sont acceptées de toutes les fractions du parti, nous les obtiendrons plus vite que s'il faut les conquérir par une longue agitation et des élections nouvelles. Mais il est bien clair que si les fractions modérées voulaient les ajourner indéfiniment sous le vain prétexte de ne pas effrayer un pays qui ne s'effraye que de la permanence des mauvaises institutions, nous serions obligés de reprendre notre poste d'avant-garde. (Assentiment).

Certes! nous savons que tout ne se fait pas à la fois, et nous sommes prêts à nous déclarer satisfaits, si nous voyons nos amis s'engager sur le terrain des réformes, sauf à les réaliser l'une après l'autre dans un temps donné. Mais il faut qu'ils s'y engagent nettement, qu'ils aient un programme défini, et que nous sachions qu'elles doivent être en fin de compte les modifications que notre législation doit subir.

Le parti républicain veut l'amnistie plénière. (Cris répétés de : Vive l'amnistie).

Il veut la révision de la Constitution le retour du Gouvernement et des Chambres à Paris, la suppression de la présidence, ou, à défaut, la diminution de la durée des pouvoirs présidentiels; la suppression du Sénat, ou, à défaut, l'élection des sénateurs par le suffrage direct et universel.

Il veut que le pouvoir exécutif, même uni au Sénat, si le Sénat subsiste, ne puisse dans aucun cas dissoudre la Chambre des députés.

Il veut le droit de réunion ; il veut le droit d'association ; il veut la liberté de la presse ; il veut une large décentralisation administrative. (Bravos enthousiastes.)

Il veut que le principe de l'inamovibilité de la magistrature qui lie les mains du pouvoir, sans donner aucune indépendance aux magistrats, aussi longtemps qu'il n'est pas comme en Angleterre combiné avec l'impossibilité pour eux d'avancer, soit supprimé. Il n'existe pas dans nos colonies et la justice n'y est pas plus mauvaise qu'ailleurs.

Il veut que le service militaire soit réduit à trois ans afin qu'il devienne véritablement obligatoire pour tous et que le volontariat d'un an qui est un privilége soit aboli.

Il veut que l'instruction soit au premier degré gratuite, obligatoire et laïque ; et par ces mots, laïque, il entend non-seulement le changement du personnel enseignant, mais la refonte des programmes. (Bravos.)

Il veut que la collation des grades soit rendue à nos facultés, que la déplorable loi sur l'enseignement secondaire de 1850 soit abrogée, et que les jésuites, en inondant de leurs créatures le génie civil, l'armée, la marine, le barreau, le corps médical, ne crée pas deux nations dans la nation et ne nous prépare pas une effroyable guerre civile. (Assentiment.)

Il veut bien d'autres choses encore dans le domaine des questions économiques et sociales, telles que le rétablissement du divorce, l'abrogation de toutes les lois qui consacrent l'infériorité civile de la femme, le rachat de la banque, du Crédit foncier, des mines, des canaux, des chemins de fer, mesures dont l'effet sera de briser cette féodalité financière qui, maîtresse des voies de transport et dispensatrice du crédit public, dispose de la fortune des citoyens.

Mais le parti avancé, je le répète, n'exige pas que tout se fasse à la fois. Dans l'ordre des transformations économiques dont je viens de parler en dernier lieu, il se présente des difficultés budgétaires, difficultés redoutables qu'on ne peut surmonter qu'en prenant son temps et en combinant ses efforts. Il le sait et ne demande pas qu'il en soit autrement.

Dans le programme purement politique, il consent même à discuter avec les fractions modérées des gauches ses projets de réforme, et à ajourner à plus tard ce que ces projets pourraient avoir de trop absolu, pourvu qu'il puisse se mettre d'accord avec ses alliés sur ce qui est immédiatement indispensable : l'amnistie, la révision de la Constitution, les droits de réunion et d'association, la liberté de la presse, la loi Laisant, la guerre au cléricalisme, et des modifications profondes apportées à la magistrature. (Adhésions unanimes.)

A ces conditions la paix, l'union, — dans tous les cas indiscutables jusqu'après le renouvellement du Sénat, — persistera après les élections sénatoriales. Ce ne sera que plus tard, après avoir épuisé le programme commun des réformes, que le parti avancé, s'appuyant sur un terrain solide, usera du droit qui lui appartient et du devoir qui lui incombe de marcher à la conquête des progrès qui sont à ses yeux nécessaires quoique repoussés par les modérés du parti.

Mais alors la République sera solidement assise et les nuancements, — comme je disais en 1876, — condition indispensable de tout parti qui évolue, n'auront rien que de fécond et de bienfaisant.

Et maintenant un dernier mot à ceux qui m'accusent de faire de l'opportunisme et de me séparer des principes que je défendais il y a deux ans.

Il ne m'appartient pas de scruter les intentions des chefs en qui la démocratie française a mis sa confiance, et je dois, jusqu'à preuve du contraire, croire que si nous avons été divisés avec eux sur les voies et moyens, leurs intentions ont été aussi pures que les nôtres, et leur but identique à celui que nous nous proposions.

Mais — et c'est en cela que réside la supériorité de l'honnêteté politique, — s'il en était autrement la méthode que je vous recommande serait encore la meilleure.

Admettez — ce qui est loin de ma pensée — mais ce que je puis supposer, puisque dans la discussion théorique toutes les hypothèses sont permises — que ceux que l'on désigne sous le nom d'opportunistes ne veuillent rien de ce que nous voulons et n'aspirent qu'à fonder un orléanisme sans roi. Quel serait alors le meilleur moyen de les démasquer et de les réduire à l'impuissance? Quel serait le meilleur moyen de les séparer de la masse de leurs adhérents radicaux, qui les suivent parce qu'ils ont confiance dans la droiture de leurs intentions, mais qui sont avec nous par le but, et qui, lorsqu'ils nous combattaient il y a un an à peine, y étaient poussés par une erreur, nous croyant animés de désirs personnels et de basses convoitises?

Ce moyen c'est de dire avec franchise : « nous n'aspirons pas au pouvoir, mais « nous voulons des réformes. Que nos adversaires d'hier, nos alliés d'aujourd'hui « — et de demain s'ils le veulent — réalisent ces réformes ! Dénués d'ambition « personnelle, nous nous engageons, alors « même après le renouvellement du Sénat, « à demeurer dans les rangs, à nous effacer « devant eux, à les aider, à les servir. Nous « sommes résolus à ne rentrer en lice contre eux que s'ils trompent les espérances « du parti républicain. » (Bravos ! bravos !)

Croyez-vous que ce langage franc, honnête, sincère et désintéressé n'aura pas le double avantage : d'amener sans secousse, les réformes nécessaires à la conquête desquelles nous marcherons fraternellement unis, si toutes les fractions républicaines les acceptent ; ou, s'il en est parmi nous qui les repoussent, de détacher d'eux, pour les ramener à nous, tous ceux de leurs partisans qui sont véritablement progressistes.

Pour moi telle est ma conviction profonde, et voilà pourquoi, dans l'intérêt de l'existence de la République et de la création des institutions républicaines que je désire voir instaurées le plus tôt possible, je suis pour l'union, coûte que coûte, jusqu'au renouvellement sénatorial, et pour l'union conditionnelle après ce renouvellement, ne désirant qu'une chose c'est que pour rendre cette union durable, tous soient aussi décidés que nous à faire tous les sacrifices compatibles avec l'intégrité des principes et la dignité des individus.

(Applaudissements enthousiastes, tout le monde est debout et crie Vive la République ! Vive l'Amnistie !)

Lecture des lettres d'excuse :

M. Théophile Fabre, ex-conseiller municipal, remplace M. A. Naquet à la tribune et donne lecture de diverses lettres de regret [illegible] ne pouvoir assister au banquet.

Lettre du colonel de Buski

Pélines, 20 septembre 1878.

Monsieur le rédacteur en chef du journal l'ÉGALITÉ,

Merci de l'aimable invitation qui m'a été faite à Marseille, à mon arrivée de Constantinople par la démocratie de la ville, à assister à un banquet qui a été organisé pour fêter l'anniversaire de cette révolution qui a affranchi la France et lui a permis de revendiquer ses droits jusqu'alors méconnus et ses libertés.

Je pense que ma lettre arrivera assez tôt pour que vous puissiez la communiquer à l'Assemblée et lui témoigner toute ma reconnaissance. Soyez mon interprète auprès des citoyens Marseillais pour leur dire que je m'associe à eux dans la haine qu'ils ont de l'infâme gouvernement qui nous a tenu vingt ans sous le joug et à leur satisfaction d'en être délivrés.

Il m'est bien pénible de ne pouvoir aller moi-même au milieu de vous tous, vous dire toutes mes sympathies pour la République et les institutions démocratiques dont je voudrais la voir doter, afin de lui assurer un règne éternel et paisible; mais des devoirs impérieux m'obligent pour quelque temps à ne pas m'absenter de Pélines (Drôme).

Je vous assure de la sincérité de mes regrets.

Portez, en mon nom, un toast à la République et à la vaillante démocratie de Marseille.

Je suis avec tous pour le cri de : Vive la République!

Agréez, monsieur, mes salutations fraternelles.

Joseph de Buski.

M. T. Fabre donne ensuite communication d'autres lettres adressées par les citoyens : Desservy, faisant fonction de maire de Marseille ; Jules Nadal, au nom du cercle des Travailleurs d'Alais; Pignol, premier adjoint au maire de Gémenos; Badelon, maire de la Ciotat; Argaliher, conseiller municipal de Marseille et d'un télégramme du citoyen Pierre Baragnon, conseiller général des Bouches-du-Rhône.

Les lettres des citoyens Desservy, Jules Nadal, Pignol et Badelon provoquent de chaleureux bravos.

[illegible]

Lecture est faite d'une adresse résumant les aspirations véritables de la démocratie radicale. La politique de principes y est supérieurement affirmée, celle d'atermoiement flagellée sans merci.

Les radicaux Marseillais, dit ce manifeste, repoussent énergiment tout système de compromission, ils veulent la prompte réalisation du programme démocratique et social dont on parle toujours sans en voir l'adoption progressive.

Plus de discours, mais des actes ; des réformes et non des promesses ; voilà le sens réel de cette adresse, applaudie à outrance par toute la réunion.

Réponse d'Alfred Naquet

Le manifeste de la démocratie radicale Marseillaise, cité ci-dessus, contenant un blâme indirect au groupe de l'extrême-gauche M. Alfred Naquet déclare nettement : que l'extrême-gauche, n'a jamais démérité de la confiance des électeurs républicains. Que ce groupe, en toutes circonstances, a toujours fait son devoir, comme il est prêt à le faire encore, à toute heure et n'importe dans quel moment. (Vifs applaudissements.)

Souvenir au tombeau d'Esquiros.

M. Bouquet, après ce court incident, terminé à la satisfaction générale, remercie vivement le citoyen Mancip, qui a offert les arbustes qui décorent la tribune, ainsi que le magnifique bouquet, haut de plus d'un mètre cinquante centimètres, où l'inscription de : Vive la République ! ressort en fleurs rouges sur un fond cendré. L'effet en est ravissant.

« C'est sur la tombe du regretté Alphonse Esquiros, que ces arbustes et ces fleurs, s'écrie M. Bouquet, devront être portés dès demain par une délégation spéciale, choisie dans cette assemblée. » (Applaudissements frénétiques. — Cris répétés de : Vive Esquiros !)

La « Lyre Provençale » joue ensuite le « Chant du Départ », que répète l'assistance électrisée. L'enthousiasme est immense.

M. Léonce Jean prononce un discours qu'on a pu lire in-extenso dans le NOUVELLISTE MARSEILLAIS.

M. Clovis Hugues porte un toast à la fusion des radicaux et des socialistes. Il blâme l'interdiction du Congrès ouvrier, il n'y a, dit-il, que deux sortes de républicains, ceux de 1830, qui se contentent des libertés de cette époque et ceux de 1870 qui veulent la République, toute la République.

Dans la Chambre des députés, tous ceux qui ont profité de la République sont opportunistes, tous ceux qui ont souffert pour la République sont radicaux. (Applaudissements.)

M. Gilly la Palud dit qu'en 1792 comme en 1870, la République fut une nécessité nationale. Elle a sauvé la France en 1793. Elle a sauvé l'honneur de la patrie en 1870. (Bravos.)

M. Susini prononce un discours sur l'amnistie qui est chaudement accueilli par l'auditoire.

M. Gibassier applaudit à la célébration des grands anniversaires de la République. Il rappelle la grande séance où fut renversée la royauté et cite la phrase mémorable de l'abbé Grégoire : Les rois sont dans l'ordre moral ce que les monstres sont dans l'ordre physique. Leur histoire est le martyrologe des nations. (Applaudissements enthousiastes.)

A deux heures du matin, la séance est levée aux cris répétés de : Vive la République !

On ne saurait trop se féliciter de l'ordre qui n'a cessé de régner. Des compliments doivent être adressés aux commissaires qui ont fait leur service avec un tact exquis, une urbanité qui a été très remarquée.

L'indépendant du midi

24 octobre 1877

Après le banquet que la Démocratie et la presse républicaine de l'Hérault lui avaient offert, M. Alfred Naquet s'est rendu au Cercle du Jeu-de-Paume où l'attendait une foule compacte, heureuse d'entendre le populaire député de Vaucluse. Après les acclamations les plus enthousiastes, M. le président du Cercle a pris la parole dans les termes suivants :

Monsieur le député,

Le Cercle républicain du Jeu-de-Paume est heureux d'être le premier à vous recevoir dans le département de l'Hérault, et je suis son interprète fidèle en vous souhaitant la bienvenue. Vous n'êtes pas, d'ailleurs, nouveau parmi nous, dans cette ville où vous comptez des relations de famille et d'amitié. Nous nous rappelons la mission utile que vous avez remplie sous le gouvernement de la Défense nationale, à Tours et à Bordeaux, où, secondant les hommes de guerre, vous teniez les hommes de la science : vous étonniez la preuve vivante de l'union, du patriotisme et du savoir ; vous étiez le collaborateur de M. Gambetta et à ce titre vous êtes de ceux qui, n'ayant pas désespéré de la patrie, ont sauvé la France. Nous n'ignorons pas, monsieur le député, les sentiments de concorde et d'union qui vous animent et dont vous avez donné récemment un précieux exemple à l'occasion du discours de Romans.

Excusez mon inexpérience de la parole ; j'ai peu l'habitude de parler en public, mais je suis sûr d'être l'interprète de tous ceux qui nous écoutent en vous disant que cette fête est un beau jour pour la démocratie de l'Hérault. C'est un beau jour parce qu'il marque l'union nécessaire, indispensable entre toutes les fractions du parti républicain au moment des élections sénatoriales. Cette union, dans des circonstances aussi solennelles, assure désormais l'avenir de la République.

La parole est à M. Naquet.

M. Naquet se lève au milieu d'applaudissements frénétiques et prononce le discours suivant :

DISCOURS DE M. NAQUET

Citoyens,

Je remercie votre président des paroles flatteuses qu'il vient de prononcer et je vous remercie de l'accueil sympathique que vous voulez bien me faire. Je vois que je suis dans un cercle républicain; je l'ai reconnu dès mon entrée dans cette salle au cri qui sortait de toutes les poitrines : « Vive l'amnistie ». Je suis, vous le savez, un des plus chauds partisans de l'amnistie; et, en ce moment, en présence des arrestations récentes dont les journaux de Paris nous apportent la pénible nouvelle, cette question s'impose plus urgente que jamais. Si on peut s'expliquer dans une certaine mesure les actes d'odieuse barbarie qui se commettent dans la mêlée, dans le feu de la guerre civile, une fois que le calme est revenu, que les passions sont apaisées, un gouvernement qui a conscience de ses devoirs n'a aucune raison pour prolonger la lutte. D'ailleurs, comme le disait Victor Hugo : la question de l'amnistie ne cessera que lorsqu'elle sera résolue. Je suis donc pour l'amnistie. — Vifs applaudissements.

La deuxième raison qui me prouvait dès mon entrée que vous êtes des républicains, c'est que vous avez acclamé non pas l'homme, mais les principes qu'il représente ; vous avez crié non pas « vive Naquet » mais « vive la République », et je vous en remercie; car s'il est un mal dans une nation c'est qu'elle se crée des idoles; les idoles sont incompatibles avec une démocratie elles sont un danger et un symptôme de dégénérescence de la nation. Pour ma part, je suis un serviteur dévoué de la République, et je lutterai pour elle de toutes mes forces. Mais il ne faut jamais s'inféoder à un homme; ainsi, quelque confiance que vous ayez en moi, je ne voudrais pas que le jour où il m'arriverait de proclamer une doctrine mauvaise, je ne voudrais pas qu'on m'écoutât.

Il est exact que je suis résolument pour l'union entre toutes les nuances du parti républicain, car c'est la seule façon d'avoir la victoire. Et à ce sujet, permettez-moi de vous donner quelques explications qui vous feront comprendre l'utilité immédiate de cette union. Avant le 16 mai, il y avait dans le parti républicain, non pas des divisions, mais des nuancements. A cette époque nous poursuivions tous le même but; nous songions aux réformes à obtenir et à l'établissement de la République, et, permettez-moi cette comparaison, puisque j'ai le bonheur de voir des soldats dans la salle, nous étions comme des généraux ayant des vues différentes, n'étant peut-être pas d'accord sur la marche à suivre, mais ayant le même but, à atteindre: la victoire. A cette époque je voyais à côté du gouvernement régulier un gouvernement occulte qui était le véritable gouvernement, un Sénat qui avait encore trois années de pouvoir à exercer, je me disais que M. Dufaure s'était retiré devant un vote, que M. Jules Simon serait renversé à son tour; que Mac-Mahon pourrait bien offrir le ministère à Gambetta qui l'aurait refusé, puis à Louis Blanc qui ne l'aurait pas accepté davantage.

Et alors Mac-Mahon se serait adressé au pays et lui aurait dit : J'ai été un président très correct, extrêmement constitutionnel; mais je n'ai pas pu trouver de majorité à la Chambre.

Et alors s'il avait été habile, il aurait pris pour ministre, non pas des de Broglie et des Fourtou, qui étaient trop compromis, mais leurs doublures. Le danger dans ce cas-là était très grand. Mais heureusement l'inhabileté des ennemis de la République nous a sauvés de ce péril.

Voilà pourquoi j'étais très énergique et très ferme, voilà pourquoi je combattais de toutes mes forces cette politique; car il y a une loi générale, une loi que j'appellerai une loi de nature, qui fait que lorsqu'on se trouve en face d'un adversaire, si vous avez l'air de reculer il avance sur vous; que si, au contraire, vous marchez sur lui vous le faites reculer. Mais en résumé ce n'était qu'une question de tactique.

Au lendemain du 16 mai la situation était tout autre; une union complète, indissoluble était dictée chez les 363 si on voulait arriver à la victoire; sans cette union c'étaient les adversaires de la République qui l'emportaient.

Au lendemain du 14 octobre les dangers étaient les mêmes, sinon plus grands. En dépit de l'arrêt signifié par la nation, le ministère restait; durant deux mois nous eûmes devant nous pour ainsi dire le spectre de la guerre civile qui se levait menaçant: les bruits de coup d'état circulaient de bouche en bouche. La République était en péril.

Ce jour-là un crime contre la nation fut empêché, non pas par les scrupules des de Broglie ou des de Fourtou (les gens qui font les élections à double fond et à doubles compartiments que vous savez, n'ont pas ces sortes de scrupules) mais parce qu'ils ont trouvé en face d'eux un parti républicain fortement discipliné, et, pour exécuter les volontés de ce parti républicain, le comité des Dix-huit. Car, grâce à cette discipline, les hommes du 16 mai ne se trouvaient plus soit en présence de Louis Blanc qui représentait un groupe d'une trentaine d'hommes politiques, ou de Gambetta qui en représentait 80, ou Léon Renault qui en représentait 100; mais en présence de 18 députés, fermes et résolus, représentant toutes les forces coalisées du parti républicain.

La nation se serait certainement soulevée devant un coup de force, devant un crime; et c'est parce que MM. de Broglie et de Fourtou la savaient capable d'énergie qu'ils ont reculé. Et puis l'armée de 1878 n'était point l'armée de 1851. La première est désormais nationale, l'autre était césarienne.

L'armée depuis et même avant les événements de Sedan (car il ne faut pas oublier qu'au plébiscite de mai 1870 l'armée vota mieux que la nation) l'armée comprit qu'elle était vraiment nationale, et c'est devant sa fière attitude que le gouvernement a capitulé.

Mais, si elle n'avait pas vu un parti républicain compacte, uni, fort, ayant pour expression suprême ce comité des Dix-huit, l'armée n'aurait pas été aussi dévouée à la République. S'il n'y avait pas eu cette cohésion dans le parti républicain, s'il y avait eu malheureusement anarchie, le gouvernement était vainqueur.

Le 14 décembre on a donc triomphé. Mais après il n'y avait aucune raison pour se nuancer; le ministère était plus indépendant, il avait plus de liberté d'action, le Sénat n'avait plus qu'un an à vivre; en définitive les dangers n'étaient plus les mêmes.

Quant aux programmes des lois à présenter ou des réformes à obtenir, ils étaient complètement inutiles, étant donnée la composition du Sénat. Prenez par exemple la proposition d'amnistie. Je suis certes très-partisan de cette proposition, puisqu'à l'Assemblée nationale j'ai été l'un des premiers à la formuler et à la déposer, et même une deuxième fois je l'ai déposée dans des circonstances qui ont failli me coûter mon mandat; eh bien j'ai tenu à mes collègues de l'extrême gauche le raisonnement suivant:

Si vous demandez l'amnistie c'est pour l'obtenir; pour l'obtenir il faut l'ajourner jusqu'après le renouvellement du Sénat.

Car supposez que la Chambre des députés consente à la voter, la question est trop grave pour que le ministère s'en désintéresse et ne donne pas son avis. Si le ministère, en communion d'idées avec la Chambre, vote pour, il sera renversé par le Sénat, et s'il vote contre il sera renversé par la Chambre. Dans tous les cas c'était la dislocation du ministère; bien des députés d'ailleurs plus timorés ou plus modérés n'auraient pas voté l'amnistie qui serait par conséquent restée à l'état de manifestation platonique.

Aujourd'hui au contraire après ces récentes arrestations qui viennent d'émouvoir et d'indigner Paris et la France entière, l'amnistie est proche ; car dans la conscience de chacun c'est un devoir de la demander et de la voter.

Je ne peux certes considérer le ministère actuel que comme un ministère de transition un ministère d'intérieur; M. Dufaure va régulièrement à la messe et le général Borel est très éloigné de nos opinions, mais avec ce Sénat un bon ministère est impossible. Attendons par conséquent avec patience le renouvellement sénatorial. Mais à ce moment là, lorsque le Sénat sera renouvelé nous ne transigerons pas. Je viens de prononcer une phrase, qui rappelle à votre esprit l'expression d'intransigeants en opposition à celle d'opportunistes. J'ai protesté déjà plusieurs fois contre ces appellations parce que j'ai remarqué qu'elles sont toujours données par les adversaires de ceux à qui on les applique. Ainsi, par exemple, les Gueux de Hollande ne se sont pas appelés ainsi eux-mêmes, mais comme ils acceptaient patriotiquement leurs misères ils ont accepté de même ce surnom. On pourrait en dire autant des sans-culottes de 93.

De ce que dans certaines circonstances nous n'avons pas voulu accepter certaines transactions, on en a conclu que nous ne voulions jamais transiger et on nous a appelés intransigeants. Mais les opportunistes ont été aussi intransigeants que nous en certaines occasions et nous avons été aussi opportunistes qu'eux dans d'autres. Ainsi par exemple lorsque, seul parmi les députés du 8 février 1871, à Bordeaux, j'ai voté la paix, j'étais opportuniste.

Ces mots d'intransigeant ou d'opportunistes et bien d'autres sont vides de sens. Pour ma part j'aime les programmes définis, clairs, précis, où chacun marque sa ligne et connait son drapeau. C'est pour cette raison que moi qui crois aux bienfaits de l'association, qui crois que l'association du travail peut porter des fruits analogues à ceux de l'association du capital, moi qui suis de cœur avec les socialistes je n'aime pas le mot de socialisme.

Je ne l'aime pas parce qu'il est vague et qu'il ne définit rien ; aussi deux socialistes qui se rencontreraient et qui croiraient pouvoir s'entendre parce qu'ils appartiendraient à l'École de Proudhon, de Cabet ou de tout autre, ne seraient que des adversaires, car chacun de ces grands hommes avait sa théorie propre.

Je veux une politique honnête et droite. Je crains que des hommes appartenant aux anciens partis, anciens orléanistes ou anciens bonapartistes, n'entrent dans la République pour la gouverner. Ainsi un prêtre républicain (il n'y en a pas beaucoup, mais enfin il y en a) me rapportait, il y a quelques jours, la conversation qu'il avait eue avec un autre prêtre, lequel lui disait : que la République se fasse baptiser et nous l'accepterons.

Ce n'est pas seulement pour avoir le mot, l'étiquette de la République que nous avons lutté; nous avons lutté pour obtenir un ensemble de réformes ; car si la République ne devait pas nous donner ces réformes nécessaires, indispensables, sans lesquelles elle n'est rien : le droit d'association, le droit de réunion, la liberté de la presse, etc., etc. elle serait la plus mauvaise des monarchies. Et en effet, sous les monarchies, comme il est convenu que le monarque est éternel, tous les hommes ayant le sentiment de la liberté luttent jusqu'à ce qu'ils aient renversé celui qui s'oppose au progrès et à l'avènement de la liberté ; sous les monarchies les tentatives de révolution sont à l'état permanent, puisque ce n'est que par des révolutions qu'on peut obtenir des réformes. Tandis que sous la République toute tentative de révolution est détruite, toute révolution est inutile ; sous la République le président n'est pas éternel, on sait qu'à des périodes déterminées on peut le changer s'il n'est pas ce qu'il devrait être ; de même les citoyens savent qu'ils ont entre les mains un bulletin de vote qui leur permet de ne plus avoir pour mandataires ceux qui ne sont pas en communion d'idées avec eux. Et c'est là le côté vraiment grand du suffrage universel, qui est l'expression pacifique, sans révolution de la souveraineté nationale.

Nous voulons des réformes. Mais comment les obtenir ? Je ne connais pas de plus grande joie dans le monde que celle qui consiste à soutenir un gouvernement ami qui réalise les réformes utiles à son pays. Ces réformes, nous ne les demanderons que lorsque nous pourrons les obtenir, c'est-à-dire lorsque le Sénat, renouvelé, ayant une majorité républicaine, ne s'opposera plus de parti pris aux lois favorables, au développement de la République.

Citoyens, je me résume : L'union est absolument nécessaire jusqu'après le renouvellement sénatorial.

Après ce renouvellement, notre désir, notre vœu est que l'union persiste, que tous les groupes, constituant le grand parti républicain, veuillent réaliser et réalisent les réformes les plus urgentes, qu'ils débarrassent l'armée, qu'ils nous débarrassent des généraux de l'empire qui, s'il y avait une nouvelle guerre, ne pourraient nous conduire qu'à de nouveaux désastres ; qu'on nous débarrasse de ces magistrats inamovibles qui, pendant la période du 16 mai, ont donné la mesure de leur servitude et de leur abaissement ; qu'en un mot, sur tous les points du territoire, la République soit servie par des fonctionnaires dont on connaisse le dévouement et la fidélité.

Nous serons alors tous réunis sur un même terrain, le terrain du progrès, de la marche en avant ; telle est ma politique.

Un dernier mot, citoyens ; lorsque la République sera consolidée, il est bon qu'il y ait des nuancements ; car c'est une loi de nature ; tout parti vivant doit progresser ; s'il demeure stationnaire, il meurt. Ainsi lorsqu'une idée, un progrès, germe dans l'esprit d'un législateur, celui-ci la transmet à un autre ; de proche en proche cette idée fait son chemin dans un groupe ; si elle est mauvaise, le groupe l'abandonne ; si elle est bonne, le groupe augmente, il devient nuance, et puis enfin Nation.

En 1874, j'étais à Nice. M. Thiers y était aussi et j'eus l'honneur de le voir ; c'était peu de jours après la nomination de Madier-Montjau. M. Thiers me disait que cette élection était regrettable, qu'elle effrayerait la bourgeoisie et que la bourgeoisie effrayée retournerait à l'orléanisme. Ce à quoi je répondis que dans la Nation il n'y avait pas seulement la bourgeoisie, qu'il y avait aussi la classe ouvrière et que si on ne lui accordait pas les satisfactions qu'elle est en droit d'exiger elle retournerait au gouvernement qui avait affiché une fausse sollicitude pour les travailleurs, elle retournerait à l'empire. D'ailleurs, ajoutai-je, vous ne rassurez pas assez la bourgeoisie, vous avez besoin de nous qui vous servons de boucliers, nous sommes la classe des éclaireurs, des tirailleurs : vous avez deux couches à opposer aux timorés, Gambetta et nous. Les groupes d'extrême gauche sont utiles, ils ont l'utilité des troupes d'avant-garde. Les groupes ressemblent aux vagues de la mer qui à mesure qu'elles viennent se coucher sur la plage sont remplacées par d'autres vagues plus puissantes. Ainsi des groupes politiques.

M. Thiers, que je revoyais encore quinze jours avant sa mort, car quelque divergence qu'il y eut entre nous j'avais un profond respect pour son talent, M. Thiers me recommandait d'être sage ; puis se ravisant il me dit : « Je me rappelle votre théorie des vagues et des éclaireurs ; il faut, en effet, des hommes d'avant-garde. »

Ce qui est certain, c'est que pour gouverner en France il faut être centre gauche. Comment arriver à être centre gauche ? Il y a plusieurs moyens ; l'un d'entre eux, par exemple, consiste à aller tout simplement s'inscrire à la réunion du centre gauche, comme fit Clément Laurier quand il s'inscrivit au centre droit. Un autre moyen est d'être dépassé par des gens qui demandent plus que vous, et cela parce que le progrès est incessant. Toutes les fois qu'un parti est en progrès, ceux qui sont en rétrogradation font le contraire. Ainsi prenons l'histoire de 89, 91, 92, que voyons-nous ? Les Girondins dépassés par les Montagnards, les Montagnards par les Hébertistes. Prenons au contraire 1848, et nous trouvons le mouvement tout inverse. Les ennemis de la République se mettent le 24 février sous l'égide d'un républicain très-avancé, afin de n'être pas soupçonnés, ils crient : « vive Barbès » et « A bas Blanqui ! » quand ils ont démoli Blanqui, ils crient : « Vive Ledru-Rollin et à bas Barbès », quand ils ont démoli Barbès ils démolissent ainsi Ledru-Rollin, puis Raspail, déshonorent ainsi tous les grands noms de la République, et tombent ainsi par échelons de Ledru-Rollin en Cavaignac, de Cavaignac en Louis-Napoléon Bonaparte, et le tour est fait.

Donc ne détruisons jamais les groupes d'avant-garde, ce sont des groupes protecteurs ; et pour ma part je continuerai à lutter, à servir de bouclier, très désireux d'être dépassé et de devenir de la sorte centre gauche. On m'a appelé « Vil opportuniste ». Ce que je demande c'est d'être vite dépassé.

Encore quelques mots, citoyens, et je finis. Après la tactique à suivre pour atteindre notre but républicain, la question qui différencie le groupe de l'extrême gauche des autres groupes est une question de réformes que j'appellerai les réformes d'ordre constitutionnel.

Nous ne désirons ni Sénat ni Président de République. Les monarchies s'appuient sur un Sénat, nommé par elles. Les Républiques n'ont aucunement besoin de ces complications du rouage gouvernemental. Que si on nous objecte la Constitution américaine, nous répondrons qu'aux Etats-Unis, qui est une République fédérative, le Sénat est la représentation pour ainsi dire géographique des intérêts de chaque Etat.

En France, en présence de la centralisation qui nous régit, nous n'avons plus ces mêmes intérêts à faire représenter. Une Chambre unique, élue par le suffrage universel, est le seul pouvoir législatif nécessaire et suffisant. Quant à la présidence de la République, elle est souvent un danger, et dans tous les cas elle est une cause de perturbation dans la tranquillité publique à la fin du mandat présidentiel, soit que le président veuille se faire réélire, et alors il emploie la pression, soit qu'il ne veuille pas lâcher le pouvoir et alors il songe à faire un coup d'Etat. Ces institutions de la présidence et du Sénat sont donc vicieuses et on arriverait à avoir une bonne constitution républicaine en introduisant l'amendement Grévy ou quelque chose d'approchant, une Chambre unique renouvelable par tiers tous les deux ans, avec un président nommé par elle et perpétuellement révocable.

Citoyens, je suis venu ici en ami, non point pour faire un discours que je n'avais pas préparé, mais simplement pour causer; je me suis laissé un peu entraîner sur le terrain soit de la tactique à suivre, soit des réformes à obtenir ; je suis heureux de votre accueil sympathique ; je vous en remercie et vous assure en échange de mon dévoûment constant à la République.

Le petit méridional du 25 octobre 1878

M. ALFRED NAQUET
A Cette

Comme nous l'avons annoncé hier, M. Alfred Naquet, député de Vaucluse, est allé à Cette après avoir fait une magnifique conférence à Béziers.

M. Naquet est arrivé à Cette hier jeudi dans l'après-midi. Un de nos collaborateurs spécialement envoyé à Cette nous adresse par dépêche télégraphique les détails suivants :

Cette, 24 octobre, 11 h. 30 soir.

M. Naquet, accompagné par quelques membres du comité et un grand nombre d'amis, a quitté Béziers ce matin à midi.

En traversant les allées Paul Riquet pour se rendre à la gare, il a été salué par une salve d'artillerie et par les cris de *Vive la République !* par la foule qui s'était portée sur son passage.

A deux heures, M. Naquet débarquait à Cette, où il a été reçu par des délégués des cercles républicains, à la tête desquels se trouvait M. Euzet, conseiller municipal. M. Perréal, conseiller général l'accompagnait. Plusieurs centaines d'ouvriers s'étaient également rendus à la gare et lui ont fait cortège jusqu'au café Glacier où il a pris un peu de repos.

Vers quatre heures, accompagné de quelques amis, il est allé faire une promenade jusqu'au phare dont il a visité l'organisation avec un intérêt tout particulier; sur son passage tous les citoyens ne cessaient de se découvrir pour saluer en lui un des plus sincères représentants de leurs idées démocratiques.

Vers cinq heures, M. Naquet s'est retiré dans les appartements qui lui avaient été préparés pour faire quelques correspondances.

A ce moment, dans la Grand'Rue et dans les principaux quartiers de la ville les fenêtres étaient pavoisées. Les cafés surtout étaient décorés à profusion avec des drapeaux aux couleurs nationales.

La nuit se faisait, les ouvriers et les employés quittaient leur travail quotidien et se massaient déjà aux environs du café Glacier ; mais six heures ont marqué l'instant du banquet.

Ce banquet, composé d'une trentaine de personnes, a été d'une intimité toute charmante. Les citoyens Boudon, Ode, Blanchet, Euzet, conseiller municipal, Perréal, conseiller général, Taxil, du *Frondeur*, Duranc, de la *République du Midi*,, Cabrol et Bernard de l'*Indépendant du Midi*, Rodolphe Edwars du *Journal commercial*, Féronld du *Petit Languedoc*, et Lacroix, du *Petit Méridional*, ont successivement porté des toasts, M. Naquet en a clos la série par un toast à l'amnistie en faisant l'historique des guerres civile et internationale de 1870-1871.

A 8 heures et demie on s'est mis en route pour le local où devait avoir lieu la réunion. Là, plus de 3,000 personnes attendaient l'arrivée de M. Naquet qui dans sa conférence a eu un succès extraordinaire.

M. Naquet a dû être intérieurement satisfait de se voir si justement apprécié.

Une tribune était spécialement réservée aux dames. Cette tribune était complètement occupée et elle n'a pas été la dernière à applaudir les bonnes paroles du député de Vaucluse.

Voici en quels termes s'est exprimé le vaillant député de Vaucluse :

La question sociale

« Citoyens,

» Ainsi que vous en avez été prévenu, je viens vous entretenir de cette question si difficile, si mal comprise et si mal définie jusqu'à aujourd'hui et qui a nom *question sociale*.

» La question sociale est le problème qu'ont à résoudre toutes les sociétés pour garantir leur existence et assurer leur développement. Ce problème redoutable s'est de tout temps imposé à tous les peuples et sa solution favorable ou défectueuse a fatalement décidé de leur prospérité ou de leur effacement. La Rome antique avait à résoudre un formidable problème social : celui de l'esclavage ; elle ne l'a point résolu et malgré la puissance de ses institutions politiques elle a péri. Dans des temps plus rapprochés, les Etats-Unis se sont trouvés étreints eux aussi par ce grand problème : ce n'est qu'au prix des plus dangereuses luttes qu'il a été résolu, mais il l'a été, et sa résolution a décidé de l'avenir de ces peuples.

Cependant, il est utile de dire que la solution sociale quelle qu'elle soit n'est jamais définitive, et que par le fait des besoins nouveaux qui naissent au sein des sociétés, par les modifications incessantes que ces sociétés apportent dans leurs rapports intérieurs, par l'éclosion constante d'intérêts imprévus, le problème résolu ne disparait que pour faire place à des problèmes nouveaux, et c'est ainsi que se continue la marche opiniâtre du progrès.

» A l'heure actuelle, la question sociale peut, je pense, se présenter sous deux formes également tangibles : 1° le rôle du travail par rapport au capital et réciproquement celui du capital par

[illegible]

Nous allons tout-à-l'heure nous livrer à l'examen de la première de ces deux propositions, le temps ne devant pas nous permettre d'aborder l'autre aujourd'hui.

Mais avant d'aller plus loin, citoyens, laissez-moi vous prévenir de n'avoir pas à compter sur l'exposé d'un système complet au moyen duquel la transformation sociale serait aussi radicalement accomplie. Mettons-nous d'abord exactement d'accord sur l'expression vraie du mot socialisme.

Je suis d'avis que la transformation d'une société n'est pas une chose de nature à être exécutée dans un jour, ni d'une conception si aisée qu'elle puisse sortir entièrement élaborée d'un seul cerveau.

Je vous déclarerai donc qu'au milieu des divers systèmes socialistes de Fourrier, Proud'hon, Cabet, Babeuf, Louis Blanc, Bakounine, je demeure absolument indépendant, me réservant d'emprunter à chacun de ces systèmes ce que j'y trouverai de bon, sans me vouer exclusivement à l'application d'aucun d'eux.

Et remarquez avec moi combien ces diverses écoles, indistinctement classées sous le titre d'écoles socialistes, sont différentes dans leurs procédés, leur forme et leurs résultats sinon dans leur origine.

L'une agit par voie de centralisation absolue et fait de l'État seul le grand régulateur de la société. L'œuvre procède par décentralisation exclusive et aboutit à l'anarchie, dans le sens vrai du mot, c'est-à-dire à l'absence de tout gouvernement. Les autres écoles ont également entre elles des différences capitales et profondes. Or, toutes ces écoles, disais-je, sont cependant dénommées du même titre de socialistes. Pourquoi cette anomalie, et ne serait-il pas bon de faire cesser la confusion qui s'établit sur ce mot? Confusion d'autant plus fâcheuse et regrettable, que l'obscurité de ce mot en a fait une sorte d'épouvantail qui a servi souvent de prétexte à de terribles représailles. Faut-il que l'arme à deux tranchants d'un malentendu jette le désordre, le trouble et quelquefois la mort au milieu d'hommes faits pour la vie paisible et fraternelle de la société, et devons-nous encore nous entre-déchirer à propos d'un terme vague ou d'une définition incomplète? — Applaudissements.

Non, citoyens; il faut enfin s'entendre sur les mots si nous voulons arriver à nous entendre sur les choses.

A mon sens, le socialisme n'exprime ni un programme ni une série d'idées, mais répond plutôt à un sentiment de générosité, de justice, ayant pour objet l'amélioration du sort des travailleurs, le relèvement matériel et moral du prolétaire.

Comme toutes les sciences humaines, le socialisme aura dû passer par la période conjecturale avant de pouvoir entrer dans celle de l'application et des faits. Toutes choses marchent ainsi.

L'astronomie, science aujourd'hui mathématique, a été autrefois l'astrologie science abstraite; la chimie moderne procède de la vieille alchimie et c'est de la religion que nous est venue la philosophie. C'est donc à cette loi générale qu'a dû obéir le socialisme pour nous arriver et il dépend de nous maintenant de donner à ce mot une signification positive, en le faisant entrer dans le domaine des faits.

[illegible] jusqu'aujourd'hui et qui par leur caractère trop absolu, doivent nous tenir en défiance, car ces systèmes forcément abstraits ne sont ordinairement que l'œuvre d'une intelligence unique et nous ne devons pas plus admettre le socialisme comme la production d'un seul métaphysicien que nous n'admettons la religion comme la loi immuable d'un seul homme, fût-il prophète, prétendît-il être dieu.

» Il faut donc nous éloigner de ces systèmes non pour nous soustraire à leur lumière, souvent utile, mais afin de ne pas nous laisser éblouir par elle jusqu'à perdre de vue les faits au milieu desquels nous marchons et les conditions de notre existence sociale actuelle.

« Une société est en grand ce qu'un homme est en petit, et il est aussi fou de songer à changer radicalement et par substitution les conditions de la vie des sociétés, qu'il serait fou d'entreprendre la transformation du corps humain tout entier.

» La thérapeutique, la chirurgie et les autres branches de la médecine peuvent bien, à l'aide du temps et par de lents progrès, modifier la machine humaine dans son fonctionnement et dans sa forme même, mais toutes ces sciences réunies n'arriveraient pas à introduire dans cette machine des changements que la nature repousserait, n'étant pas préparée à les recevoir. En un mot, il ne faut pas songer à fonder l'avenir sur un autre terrain que le présent, et ce qui doit être demain ne saurait être étranger à ce qui est aujourd'hui.

» Dans l'état actuel de notre société, deux classes antagonistes sont en présence : l'ouvrier et le capitaliste. Ces deux forces luttent en ce moment l'une contre l'autre dans un but d'absorption plutôt que dans un but d'équilibre, et arrivent souvent à s'annihiler mutuellement alors qu'elles ont pour destinée de s'unir et de se confondre.

« La partie du problème social relative aux rapports du travail et du capital et qui peut se résumer dans ces deux formules : La terre au paysan, l'usine à l'ouvrier, se trouve aujourd'hui à moitié résolue.

» Il n'est pas sans intérêt de savoir comment elle l'a été, c'est-à-dire comment la terre a été rendue au paysan.

» Notre grande révolution de 89, à qui nous devons ce bienfait inappréciable, a procédé d'une manière violente, il est vrai, et c'est avec une vigueur admirable qu'elle a conduit la confiscation des biens du clergé et des nobles émigrés, confiscation que, entre parenthèse, nous ne ferions pas mal de renouveler. — Applaudissements.

Mais faut-il attribuer exclusivement à cette mesure révolutionnaire et violente le bienfait de la répartition des terres entre les paysans? Ma réponse sera non, car avec le discrédit des assignats et la possibilité laissée aux émigrés et au clergé de ravoir, pour une poignée papier, les domaines dont ils avaient été dépossédés, la propriété terrienne pouvait redevenir au lendemain de la Révolution ce qu'elle avait été la veille.

« Comment donc s'y sont pris nos illustres devanciers pour rendre leur œuvre durable et mettre d'une manière effective la terre aux mains du paysan?

« Pour cette étude il est nécessaire de jeter un coup d'œil sur le mécanisme économique de l'ancienne société, de la société aristocratique et féodale.

[illegible] le vilain, le pauvre [illegible] ne pouvait pas acquérir. Accablé sous le poids de toutes les charges, taillable et corvéable à merci, le peuple pressuré, écrasé, rampait dans une misère dont rien ne pouvait le faire sortir, et son économie, disparaissant sans réserve entre les mains des agents du fisc, il lui était de toute impossibilité d'acquérir.

« Cependant l'aristocratie ne se trouvait pas ainsi suffisamment préservée. Dans l'esprit féodal, il fallait non seulement que le pauvre ne pût pas acquérir, mais encore que le riche ne pût pas perdre.

« C'est dans ce but qu'avaient été fondées ces institutions qui s'appellent le droit d'aînesse, destiné à empêcher la division des propriétés, des fortunes par l'héritage ; la loi des substitutions qui prévenait leur dilapidation et leur partage.

» Par le droit d'aînesse la propriété se perpétuait dans une intégralité entre les mains d'un seul et allait du père au fils aîné sans se diviser entre les autres enfants qui n'y avaient aucun droit et qu'on faisait soldats ou prêtres, dames de cour ou nonnes.

» Par la loi des substitutions, la propriété se trouvait garantie des dilapidations du propriétaire même qui, sous la menace de la dépossession était condamné à ne jouir de sa propriété que comme usufruitier.

« Les effets d'une pareille organisation sociale demeurèrent toujours à peu près les mêmes tant que dura la féodalité.

Le XIVme siècle entre autres, avec sa misère toujours armée et rebelle, toujours terrassée et toujours vaincue, avec ses luttes affamées, offre un tableau cruel et saisissant de la société féodale.

» La Révolution se trouva donc en présence d'une propriété aussi indivisible et presque aussi indivisée qu'aux premiers jours de la féodalité.

» La confiscation des biens ne suffisait pas et la propriété aurait continué à courir le même danger du monopole s'il n'y avait pas été porté remède au moyen de changements apportés au mode de transmission.

» L'Assemblée décréta donc l'abolition du droit d'aînesse, des substitutions et des impôts indirects, vota le morcellement des biens nationaux et après avoir ainsi établi la divison de la fortune et rendu la propriété accessible à tous, elle mit l'économie à la portée du pauvre par l'institution d'impôts proportionnels.

» La terre se trouvait rendue au paysan, et dès ce jour le paysan fut satisfait.

» Et ce fait est tellement vrai, citoyens, qu'il ne nous faut pas regarder bien loin derrière nous pour en trouver les preuves. Si nous réveillons les souvenirs ensanglantés de 1848, nous trouvons le paysan tellement renfermé dans le bien-être relatif dont il jouit, tellement resserré dans l'égoïsme d'une situation qui lui suffit, qu'il reste sourd à l'appel de l'ouvrier des villes mourant sur la barricade pour la défense de ses droits.

» Il n'en est plus ainsi aujourd'hui, je me hâte de le dire, et le paysan, satisfait de son sort, ne se bouche plus les oreilles quand la voix de la solidarité lui parle de son devoir vis-à-vis de ses frères des villes. Ces campagnes, pendant longtemps hostiles à la liberté, sont aujourd'hui devenues le plus ferme appui, le plus solide rempart de la République. — Applaudissements.

» Mais pourquoi la Révolution de 89, qui s'est montrée si prévoyante à l'endroit du paysan, a-t-elle si peu préservé les intérêts des ouvriers des villes ? . . . .

[illegible] la Révolution, l'ouvrier des villes n'existait pas ou presque pas, et l'industrie, aujourd'hui si merveilleusement développée ne tenait alors qu'une place à peine marquée dans l'économie.

» Partout de petits industriels, de petits patrons, mais nulle part des ouvriers si nous établissons une comparaison entre cette époque et la nôtre.

» Il ne faut donc pas faire un crime aux hommes de 89 de n'avoir pas porté leur sollicitude sur des besoins qu'ils ne connaissaient pas.

» Mais ce que nos devanciers n'avaient pas à faire, c'est à nous de l'accomplir, car les besoins sont nés depuis, ont grandi et se dressent plus impérieux que jamais.

» La génération qui nous a précédés a rendu la terre au paysan. C'est à la nôtre qu'il appartient de rendre l'usine à l'ouvrier. — Applaudissements.

» Quel sera notre moyen ? Je vais vous le dire : ce moyen sera l'association.

« Pourquoi donc ne pouvons-nous pas employer ici le même moyen dont on s'est servi pour satisfaire les intérêts ruraux ? Pourquoi après avoir procédé par morcellement, par division, allons-nous maintenant procéder par groupement, par association ?

» C'est que l'industrie par sa nature même est l'ennemie du morcellement. Dans l'industrie l'amélioration, le perfectionnement, le bon marché ne sont possibles que par le groupement des forces, des intelligences, des capitaux. L'ouvrier ne peut pas faire isolément ce qu'il fera réuni à d'autres ouvriers.

» Tandis que la terre est entre les mains du paysan un instrument d'une valeur intrinsèque, qui lui est propre, l'outil n'est entre les mains d'un ouvrier qu'un instrument d'une valeur relative.

Le paysan peut, sans aide et sans secours, labourer sa terre, semer son champ, récolter et vendre sa moisson. L'ouvrier ne peut pas à la fois extraire le métal du sol, le fondre, le forger et diriger l'exploitation commerciale. Il faut, pour qu'il puisse satisfaire aux besoins de perfectionnement ou de simple production de l'industrie, qu'il s'unisse à d'autres ouvriers ; les uns extrairont le métal, d'autres le mettront en fusion, ceux-ci le forgeront, ceux-là le poliront et joindront les pièces, les derniers enfin s'occuperont de l'écoulement des objets fabriqués. L'usine marchera, fonctionnera, produira, faisant obéir ces bras à une seule tête.

» Je sais, travailleurs qui m'écoutez, que le tableau que je vous fais là ne vous paraît guère plus qu'un rêve. Je sais que bien des essais ont échoué et que parmi vous peut-être il s'en trouve qui, rebutés par des insuccès, se demandent s'il ne faut pas chercher ailleurs la solution du problème social.

» A ceux-là je répondrai : Ma conviction est que la solution cherchée est là. De ce que le moyen n'a pas réussi partout, s'ensuit-il qu'il soit mauvais ? Non, et il me suffit d'avoir sous les yeux quelques exemples de réussite pour que ma démonstration soit faite. Les insuccès ne sont dus en grande partie qu'à l'insuffisance des hommes et non pas à celle des moyens.

» Les causes qui entravent l'association ouvrière sont de deux sortes : 1° l'ignorance dans laquelle se trouve l'ouvrier en général, de l'exploitation commerciale ; 2° la défectuosité des lois coopératives.

» Le remède à l'ignorance n'a pas besoin d'être indiqué et nous l'aurons, j'espère, à notre disposition dans un avenir assez prochain.

81 L'Égalité (de Marseille) 22 9bre 1878

[illegible] pas que la [illegible] longue et difficile, car il m'est impossible de ne pas voir en face du peuple des travailleurs la foule dorée des grands seigneurs de la féodalité encore redoutable, contre laquelle il ne faut pas se heurter mais qu'il faut [illegible] qu'il ne convient pas d'abattre mais à la hauteur de laquelle il faut chercher à s'élever. Cependant je ne désespère pas du bon sens et de la générosité de la bourgeoisie. Je me plais à croire que sa conviction se fera sur la nécessité des réformes sociales que nous attendons et dont nous poursuivons la réalisation. Elle comprendra peut-être que les résistances sont inutiles contre la logique des faits, et se décidera à faire vers le travail les pas que celui-ci est bien décidé à faire vers elle.

En attendant je voudrais que l'Etat qui subventionne avec tant de libéralité les compagnies de chemin de fer, de mines, de bateaux à vapeur, fût conduit à répartir plus équitablement les fonds dont il est le dépositaire et n'oubliât pas systématiquement les associations ouvrières toutes livrées à elles-mêmes.

Je n'insisterai pas cependant sur ces subventions car je ne les admets que comme pis-aller. Mais je voudrais au moins qu'il fût permis à l'ouvrier de lutter avec le capital, par la création d'un capital à lui. Je voudrais qu'il lui fût permis de se constituer ce capital à sa guise, en organisant s'il le faut une espèce de denier de Saint-Pierre démocratique (rires) qui ne nourrirait pas un pape, mais mettrait beaucoup de braves et honnêtes gens à l'abri de la faim. — (Vifs applaudissements.

Citoyens, ce que je viens de vous dire sur l'association me conduit à vous exposer mes idées sur certains monopoles que je reconnais utiles parce que je les considère comme inévitables. Tels sont les monopoles des chemins de fer, des exploitations de mines, de la Banque du Crédit foncier.

Mais j'ajoute alors que l'association ne pouvant rien pour les différentes industries que représentent ces monopoles, je ne veux pas les abandonner au privilège, les vendre ou les affermer à tels ou tels groupes particuliers appelés seuls à jouir des bénéfices souvent considérables qu'ils procurent ; je veux que le monopole soit alors entre les mains de l'État seul, dont chacun des membres a ainsi sa part dans les résultats de l'exploitation.

Je termine ici ma conférence, citoyens, et je désire que mes paroles puissent apporter quelque clarté sur cette question si difficile, obscurcie par tant d'esprits malintentionnés, et que le résultat arrive d'élucider enfin. » — (Acclamations. — Cris : Vive la République).

A 10 heures et demie tout était terminé et la salle s'est lentement écoulée en bon ordre après avoir acclamé à diverses reprises l'orateur aux cris de : « *Vive Naquet ! Vive la République.* »

Une quête dont je ne connais pas encore le produit a été faite à la sortie. — L.

En terminant notre compte-rendu du magnifique voyage accompli pendant ces trois jours par M. Naquet à Montpellier, à Béziers et à Cette, nous ne saurions trop remercier les organisateurs des réunions de Cette et de Béziers des égards qu'ils ont eu pour les représentants du *Petit Méridional* et de la bienveillance avec laquelle ils ont facilité notre

---

TRIBUNE ÉLECTORALE

Nous recevons la lettre suivante de M. Alfred Naquet :

Monsieur le rédacteur en chef de l'ÉGALITÉ.

Vers la fin du mois dernier un groupe de républicains avancés de Marseille m'écrivit pour m'offrir la candidature sénatoriale.

Ils pensaient qu'il fallait relever les idées radicales en faisant le choix d'un candidat dont la signification fût très-accentuée.

Ils pensaient que, Marseille étant la capitale du Midi, il était important d'affermir son influence salutaire sur toute la région sud-est par une candidature non pas locale mais régionale.

Ils auraient même préféré un de ces noms qui sont universels comme celui de Louis Blanc ; mais Louis Blanc avait refusé, ainsi que Madier de Montjau.

Dans ces conditions ils faisaient appel à mon dévouement et je n'avais pas cru pouvoir me soustraire à ce qu'on me présentait, à ce que je considérais moi-même comme un devoir.

D'ailleurs, je suis un adversaire résolu de la division du parlement en deux Chambres, un ennemi du Sénat en tant qu'institution, et je considère comme important d'introduire au Sénat le plus grand nombre possible d'ennemis au Sénat. C'est le seul moyen d'arriver à sa suppression puisque nous ne pouvons réviser le pacte constitutionnel sans son acquiescement.

Ce sont ces considérations qui m'avaient déterminé à dire oui ! malgré mon peu de goût pour les Chambres-Hautes.

Mais je ne pouvais dire oui, je ne l'ai dit que sous réserve du consentement de mes électeurs.

Un député ne s'appartient pas ; il existe entre lui et ceux qui l'ont élu un contrat qui ne peut être honnêtement rompu que [illegible]

89

[illegible] partie de mes électeurs, ceux qui habitent le versant nord du Luberon ont compris les grandes raisons qui m'avaient poussé à accepter la candidature, et, tout en me témoignant le regret qu'ils éprouvaient à l'idée de se séparer de leur représentant, regret que leur représentant partageait du reste, ils m'ont laissé libre de faire ce que je croirais le plus utile à la République.

Mais il n'en a pas été de même sur le versant sud du Luberon, dans la vallée de la Durance. Des cantons de Cadenet et de Pertuis j'ai reçu des réponses très-catégoriques exprimant le mécontentement très-vif qu'éprouveraient mes électeurs de ces cantons si, malgré eux, je me présentais au Sénat dans les Bouches-du-Rhône.

Dans ces conditions, je ne me crois pas libre de passer outre et, à mon grand regret — car je crois que nous faisions une campagne utile — je suis obligé de revenir sur mon acceptation et de décliner toute candidature sénatoriale.

Veuillez, je vous prie, insérer cette lettre dans votre plus prochain numéro.

Croyez à la peine que je ressens à l'idée de ne pouvoir lutter avec vous et recevez mes salutations fraternelles.

A. NAQUET.

Nous ne pouvons que regretter la détermination prise par l'honorable M. Alfred Naquet.

Ses électeurs n'ont pas compris le rôle important que pouvait remplir au Sénat, l'éminent député de Vaucluse.

L'entrée de M. Alfred Naquet dans la Chambre Haute devenait un événement politique, car le nouveau sénateur aurait sans cesse revendiqué la dissolution de cette assemblée, appelée grand-conseil des communes par M. Gambetta et que M. Victor Hugo juge lui-même nécessaire !

Puissent les résolutions de nos amis de Cadenet, de Pertuis, d'Apt et de Bonnieux ne pas être définitives. Il est des circonstances, en politique, où l'intérêt privé doit céder le pas à l'intérêt général.

[illegible] vénérable Alphonse Esquiros, il fallait au parti radical une sommité politique, ayant des attaches dans le Midi, afin de ne pas délaisser le département, comme n'ont cessé de le faire MM. Challemel-Lacour et Pelletan.

La famille de M. Alfred Naquet résidant à Aix, on ne pouvait donc mieux choisir. On connu le talent et les services rendus à la cause démocratique par ce savant, devenu un homme politique des plus actifs et des plus remarqués de notre époque.

Par tous ces motifs, nous ne pouvons approuver les résolutions d'une partie des électeurs de l'arrondissement d'Apt, puisque M. Alfred Naquet au Sénat, aurait, en raison même de son mandat, contribué bien plus largement qu'à la Chambre des députés, au triomphe de la République républicaine qui ne veut ni de Sénat, ni de tutelle gouvernementale dans les départements et les communes.

Aussi, espérons-nous que ces décisions ne seront pas définitives.

Quoi qu'il en soit, ainsi que nous le disions hier, le découragement ne doit pas s'emparer du corps électoral.

C'est à nous tous à chercher un candidat digne de briguer la succession du vénéré Alphonse Esquiros.

Plus que jamais, nous attendons les sections et les cantons à l'œuvre [illegible]

L'Egalité (de Marseille)
26 9bre 1878

Hier, à deux heures, notre collaborateur M. Pierre Roux, recevait d'Aix le télégramme suivant :

« Notre mère est morte cette nuit. L'enterrement aura lieu demain à 10 heures. Faites-en part à nos amis. — Signé : Alfred Naquet. »

Cette douloureuse nouvelle fut bientôt propagée et des délégations s'organisèrent pour assister aux funérailles de la mère de l'éminent député de Vaucluse...

10

Mme Naquet [illegible] qui la clouait depuis de longs mois sur un lit de souffrances.

C'était une simple et digne femme, adorant ses enfants et toujours prête à venir en aide aux déshérités de la fortune.

Elle est morte dans la maison habitée par le plus jeune de ses fils, M. Eliacin Naquet, le savant professeur de l'Ecole de Droit à Aix, membre du Conseil municipal de cette ville.

Nous partageons la douleur d'une famille si cruellement éprouvée. Un de nos rédacteurs assiste aux obsèques de cette femme de bien.

Sont partis ce matin, par le train de 6 heures 45 m., pour assister au funèbre convoi, un grand nombre de citoyens délégués par les Cercles radicaux de Marseille. Les Cercles Bellevue et des Chartreux entre autres, ont chargé leur délégué de déposer des couronnes d'immortelles sur le tombeau de celle qui fut à la fois une excellente mère et une citoyenne dévouée.

L'Egalité (de Marseille)

9.8 9bre 1878

CHRONIQUE DU MIDI

Correspondance spéciale de l'*Egalité*

AIX.

Comme vous l'annonçait ma dépêche, les obsèques de Mme Naquet ont eu lieu hier, au milieu d'une affluence considérable de personnes accourues pour rendre le dernier devoir à la mère du sympathique député de Vaucluse.

Les corps électifs, les cercles républicains, la Faculté de Droit étaient représentés.

On remarquait aussi la présence de l'ex-lieutenant-colonel du 112e de ligne, nouvellement promu au grade de colonel.

Le Conseil municipal de Pertuis avait envoyé un de ses membres, le citoyen Astors; celui de Cadenet, le citoyen Roy, pour assister à ces funérailles.

Un grand nombre de démocrates militants de la ville de Pertuis, entre autres les citoyens Thomas Alfred et Barbier suivaient le funèbre convoi, ainsi que le délégué de la ville de Carpentras.

Les couronnes d'immortelles offertes par les cercles de Belle-Vue, des Chartreux et de l'Horizon de Marseille, étaient placées sur le corbillard.

Les délégués de ces cercles, les représentants de la presse républicaine et de plusieurs sociétés ouvrières prenaient place dans les rangs du cortége derrière les membres de la famille.

MM. Alfred Naquet et Eliacin Naquet se tenant par le bras accompagnaient, en pleurant, les dépouilles de leur mère chérie.

Respectant les vœux de la mourante, voulant être enterrée selon le rite israélite, MM. Alfred et Eliacin Naquet, malgré leurs convictions anti-religieuses, avaient invité deux ministres du culte judaïque à prêter le secours de leur sacerdoce à la défunte.

Ils ont ainsi prouvé que les libres-penseurs, que les matérialistes, loin de vouloir opprimer la conscience d'autrui, savaient au contraire, se conformer aux volontés exprimées à un lit de mort.

C'est là un exemple que devraient suivre les catholiques.

Au cimetière, l'un des deux rabbins a retracé la vie de madame Naquet.

Vie pleine de tendresses maternelles et d'affections constantes envers tous les membres de sa famille.

Esquissant un rapide tableau des persécutions endurées par les enfants d'Israël, ce rabbin a fait l'éloge de la Révolution de 89 qui a proclamé égaux devant la loi, les adeptes des diverses religions professées en France.

C'est grâce à cette égalité, a-t-il dit, que l'aîné des enfants de la pauvre morte a pu parvenir à la plus haute fonction que puisse remplir un citoyen : Celle de représentant du peuple; et que l'autre M. Eliacin Naquet est devenu un professeur de droit, alors qu'avant 1789, le droit n'existait pas pour la race Juive. Il n'y avait pour

[illegible]
famille.

Après ce discours, qui a profondément impressionné toutes les personnes présentes, M. Pierre Roux, rédacteur de l'ÉGALITÉ, a prononcé d'une voix émue les paroles suivantes :

Citoyens,

La plus grande douleur qui puisse atteindre un homme, c'est la mort d'une mère, surtout d'une mère dont la vie entière n'a été qu'un long dévouement, un amour sans bornes pour tous ses enfants.

Sur le bord de cette tombe, on comprend mieux encore la perte irréparable que viennent d'éprouver les dignes fils de celle qui n'est plus.

Compatriote de la défunte, j'ai vu de près les actes inépuisables de sa sollicitude envers les malheureux.

Carpentras en gardera une éternelle reconnaissance.

Dans certains milieux, on ne craint pas de dire que les républicains sont les ennemis de la famille. Et pourtant, tous ceux qui ont pu pénétrer dans le foyer de madame Naquet savent de quels soins, de quelles prévenances, de quel respect filial elle était entourée.

Atteinte d'une maladie qui ne pardonne pas, la mère de l'éminent député de Vaucluse et du savant professeur que la démocratie aixoise a honoré du mandat de conseiller municipal, a été l'objet de toutes les tendresses d'une famille éplorée.

Marseille a voulu s'associer à ce deuil qui frappe le Représentant du Peuple dont tout le Midi connaît les ardentes et les nobles aspirations démocratiques.

Presque tous les corps élus, la presse républicaine, les cercles radicaux et diverses associations ouvrières ont tenu à honneur de se faire représenter aux obsèques d'une femme qui a légué à ses enfants les principes rigides du devoir et de l'élévation des pensées vers le sublime idéal entrevu par les penseurs du 19me siècle.

Puissent ces témoignages d'estime, de sympathie et de vénération, adoucir les inconsolables regrets de la famille assemblée devant ce cercueil qui renferme les dépouilles d'une mère adorée et d'une femme digne du titre de citoyenne !

La foule s'est ensuite écoulée triste et silencieuse.

MM. Alfred et Eliacin Naquet ont été très-

91

touchés des hommages rendus à la mémoire de leur mère par les délégations de Marseille, de Carpentras, de Pertuis et de Cadenet.

Le savant député de Vaucluse restera quelque temps encore à Aix. Il viendra ensuite passer un jour ou deux à Marseille et se rendra de là dans l'arrondissement d'Apt pour opérer une tournée électorale.

Après les élections sénatoriales, il reprendra son poste de combat et d'honneur à Versailles.

L'Evénement

2 xbre 1878

M. Alfred Naquet adresse au rédacteur en chef de l'*Evénement* la lettre suivante :

Aix, 28 novembre 1878.

Mon cher Magnier,

Le numéro de l'*Evénement* du 17 courant renferme un article de notre ami Scholl qui prouve que notre ami n'a pas lu la proposition de loi sur la presse que j'ai présentée à la Chambre des députés.

Il dit, en effet, que la meilleure loi devrait être formulée ainsi :

« Telle loi de 1815 est abrogée; telle loi de » 1819 est abrogée; ... »

Or, c'est précisément ainsi qu'est formulée ma proposition.

Ce n'est pas une nouvelle loi que je propose, mais bien l'abrogation de la plupart des lois existantes, y compris celle qui établit le cautionnement. C'est-à-dire que j'ai fait ce que demande notre ami Scholl, qui certainement m'aurait approuvé s'il m'avait lu, au lieu de me critiquer.

Veuillez, je vous prie, insérer cette rectification dans votre plus prochain numéro, et croyez à mes meilleurs sentiments.

A. NAQUET.

L'Egalité (de Marseille)

9-10 xbre 1878

M. ALFRED NAQUET

ET LA SITUATION POLITIQUE GÉNÉRALE

On connaît l'opinion de M. Alfred Naquet,

92

[illegible] d'élever [illegible] digne de succéder au très-regretté [illegible] Esquiros.

[illegible] que l'Evénement n'a cessé de pré-[illegible]

En conséquence, nous ne reviendrons pas [illegible] sujet ; mais nous pensons être agréables à nos lecteurs en leur faisant connaître [illegible] de M. Alfred Naquet sur la situation actuelle, au point de vue politique.

C'est au cercle Belle-Vue que notre honorable ami a formulé devant une nombreuse assistance, les réflexions suivantes :

Le scrutin du 5 janvier donnera la victoire au parti républicain. Une majorité de 15 à [illegible] voix se formera dans le Sénat. Aucune opposition ne sera plus à craindre. Comme forme de gouvernement, la République deviendra indiscutable.

S'en suivra-t-il de là que les réformes, réclamées depuis de longues années, s'accompliront ?

M. A. Naquet, ne le pense pas. Nous partageons pleinement sa manière de voir, en cette occurrence.

Il est incontestable que la Chambre dite haute, nous ne savons trop pourquoi, repoussera tous les projets de loi adoptés par la Chambre Basse, lorsque ces projets seront favorables à l'émancipation des travailleurs ou devront apporter de notables améliorations dans le système gouvernemental.

Voici même ce qui peut arriver. Craignant d'entrer en conflit avec le Sénat, les chefs influents de la majorité parlementaire de la Chambre des députés useront probablement de leur autorité pour empêcher la discussion, la présentation des réformes politiques, administratives et économiques, que nous ne cessons de revendiquer.

Ce serait là un immense danger. Aussi, faut-il de toute nécessité de faire entrer au Sénat, des hommes résolus à soutenir les

[illegible] Constitution [illegible] Suppression de la présidence de la République et du Sénat, nomination d'une Assemblée unique au scrutin de liste proportionnellement à la population des départements, large décentralisation, abolition de l'inamovibilité de la magistrature, liberté absolue de la presse, du droit de réunion, d'association ; séparation de l'Eglise avec l'Etat, etc.

Malheureusement, il ne faut se faire aucune illusion. Dans le Sénat, c'est à peine si l'on compte deux sénateurs disposés à voter contre cette institution nuisible à la marche du progrès, à l'affermissement du régime républicain. C'est dire que lors de la révision, la Chambre élue du suffrage restreint sera maintenue, ainsi que la présidence de la République et que les réformes vitales seront hautement repoussées.

C'est aussi notre conviction.

M. Alfred Naquet croit à la prise en considération d'un projet d'amnistie intégrale. Nous souhaitons ardemment qu'il en soit ainsi.

Consulté sur le vote budgétaire, le savant député de Vaucluse énumère les raisons qui ont fait accélérer ce vote. S'il y avait eu danger à agir ainsi, les gauches n'auraient pas hâté l'adoption du budget pour l'année 1879.

L'impuissance des pères conscrits est désormais notoire.

M. A. Naquet, dont nous partageons le pessimisme, en ce qui concerne les grandes innovations à introduire dans notre système gouvernemental, désirerait l'arrivée au pouvoir de M. Gambetta et n'a pas caché ses répugnances pour un ministère Jules Simon qui s'agite dans les coulisses parlementaires.

On verrait alors si le programme de Romans, quoique incomplet serait pris en considération par son auteur. On ne peut, en effet, laisser nos administrations aux maires de la réaction [illegible]

[illegible]
[illegible]
après les élections sénatoriales, M. Dufaure, comme président du conseil des ministres.

L'honorable député d'Apt conclut à ce que le suffrage universel fasse, en toute circonstance, connaître sa volonté. Ce n'est que par ce moyen, c'est-à-dire en poussant sans cesse les élus que l'on pourra obtenir les améliorations reconnues indispensables au bon fonctionnement de la République.

Tel peuple, tel gouvernement. On ne saurait trop le répéter. Que les masses réfléchissent sur cet axiome.

PIERRE ROUX.

Table analytique du tome II des Naquet-Varia

18 août 1875 — 10 Xbre 1878

5° — A. Naquet — Discours programme qu'il devait prononcer à Marseille et qu'Espivent de la Villeboisnet avait interdit de par l'état de siège — Théorie de la division qui est la loi du progrès — Citation des modérés notamment du Courrier de France reconnaissant l'utilité des radicaux — La politique d'abandon entraîne le découragement du peuple — Nécessité d'un programme — La division ne doit pas se continuer au deuxième tour de scrutin — extrême gauche indispensable à la résistance — programme : Révision — assemblée unique — président responsable — referendum — Décentralisation — liberté de la presse, des réunions, des associations — Séparation des Eglises et de l'Etat — l'instruction gratuite, obligatoire et laïque. — l'Egalité du service militaire — Rachat des monopoles : banques, chemins de fer, mines — impôt sur le revenu — Divorce — droits civils de la Femme. — l'évènement du 9 septembre 1875 16

6° Bulletin politique de l'évènement montrant que, ainsi que l'a écrit Louis Blanc, personne ne professe la doctrine du tout ou rien. Lettre de M. Madier de Montjau approuvant la campagne de A. Naquet. — l'évènement du 14 9bre 1875 24

7° appréciations de Junca sur l'adhésion de Lurigny et sur l'aigreur manifestée au contraire par Marcou dans la Fraternité de Carcassonne — lettre d'adhésion de Lurigny à la campagne de A. Naquet. — l'évènement du 16 9bre 1875 . . . 26

8° appréciations de l'évènement sous la signature Junca — Discours contradictoires de Bouchet et de Naquet dans une réunion privée tenue — à

Marseille le 10 septembre 1875 – réunion où Bouchet a approuvé le programme publié le 9 7bre 1875 – programme qu'il trouve incomplet. — l'Événement du 19 7bre 1875 28

9° un article de l'Événement sur une lettre de Bouchet qui, tout en maintenant ses déclarations du 10 septembre, continue à déclarer inopportun le programme Naquet et refuse de se séparer de Gambetta – et cette lettre. — l'Événement du 21 septembre 1875 .... 31.

10° Lettre d'adhésion de M. Daumas député du Var à M. Naquet. — l'Événement du 26 7bre 1875 34

11° Discours de Naquet au Luc. – Il commence en se défendant les vers de Victor Hugo « il allait vers le nord, il avait tort ; il va vers le sud, il a tort. » on l'accuse d'avoir un programme après l'avoir accusé de n'en point avoir. Il oppose à Gambetta sa propre conduite et son programme de 1869. Il cite le discours que lui Naquet prononça à la rue de la Sourdière en faveur du vote de la Constitution et l'explique – les chefs avaient trompé le parti et il avait foi en eux. — l'Événement du 9 octobre 1875 45

12° Lettre de M. Naquet dénonçant l'intolérance de la réunion d'Aix qui, convoquée pour entendre Lockroy a refusé de l'entendre lui – intolérance dont Lockroy est innocent. — l'Événement du 29 octobre 1875 45

13° Article de Saint-Martin rétorquant Alphonse Gent qui voyait une contradiction dans le fait que lui et Naquet recommandaient, quoiqu'intransigeants, les candidatures sénatoriales de MM. Gent & Dim. — l'Événement du 13 octobre 1875 44

14°. Discours prononcé par A. Naquet le 31 octobre 1875 à Bordeaux sous la présidence de M. Laterrade – Critique serrée du discours d'Aix de Lockroy qui fait remonter la politique transactionnelle à l'attitude de Louis Blanc vis-à-vis de la Commune. Ce n'est pas là son origine. C'est au 9 août 1870 qu'il faut remonter lorsque Gambetta refusa de se mettre à la tête du peuple pour renverser l'Empire; C'est au discours qu'il prononça contre Eudes dénoncé par lui comme espion qu'elle commence. D'ailleurs, Gambetta en a usé vis-à-vis de J. Simon comme les intransigeants à son égard. notre droit est le même. – Critique mordante des actes de la délégation de Tours et de Bordeaux – du décret in extremis du décret d'inéligibilité, de la proclamation de guerre à outrance – Les lois constitutionnelles de Thiers n'auraient pas été votées; protestation de Peyrat contre le projet de Thiers, erreur du vote constitutionnel. — —. Réponse de Steeg qui défend Gambetta et repousse l'idée d'un Groupe propulseur – réplique de A. Naquet. – l'Événement du [illegible] 9bre 1875 .. 47

15°. A. Naquet Lettres démocratiques dans le journal l'Événement :

I – choix du titre, classification des Républicains – répudiation de l'intransigeance – la démocratie est au socialisme ce que l'outil [illegible] produit. – Événement du 15 novembre 1875 54

II – Mandat impératif. – l'Événement du 18 novembre 1875 56

III – Attaque à Dufaure – Défense de la liberté de la presse – citation de Ledru Rollin et de l'Amérique – Les nations Européennes doivent résoudre la question du prolétariat ou périr – l'Événement du 22 novembre 1875 . . . 58

premier cahier
pages

premier cahier
pages

17° Lettre de Naquet au Rappel qui avait critiqué sa proposition d'amnistie combattue par Langlois et réponse du Rappel. — Rappel du 25 décembre 1875 72

18° Une lettre de Francisque Ordinaire protestant contre les injures qui ont accueilli la demande d'amnistie signée par lui, Esquiros, Bouchet, Madier de Montjau et Naquet, et contre le mot manœuvre électorale prononcé par le pasteur Pressensé — l'Événement du 25 8bre 1875 73

19° Lettre de A. Naquet du 10 mars 1876 remerciant les électeurs de Marseille qui avaient voté pour lui au 1er tour, & ceux d'Apt du 1er et du 2me tour. — À Marseille le résultat est atteint par la seule affirmation de la candidature radicale. Il ne s'agissait pas d'éliminer Gambetta, mais de le mettre à sa place. Il y est. — politique de principes n'est pas politique d'aventure — Journal du midi du 12 mars 1876 75

20° Réponse de Naquet par lettre du 18 mars 1876 à des accusations de commérage portées contre lui par le « Républicain de Vaucluse ». — Journal du midi du 18, ou du 19 ou du 20 mars 1876 76

21° Lettre de A. Naquet relatant l'arrestation illégale de sa bonne Élisa de la Chaussée par la police des mœurs et note du journal à ce propos. — Droits de l'homme du douze mai 1876 0

2me cahier
pages

22° A. Naquet — Compte rendu de mandat au 22 août 1876. — Il a voté l'amnistie proposée par Victor Hugo, l'autonomie municipale, proposé la liberté de la presse, le droit de réunion, une réforme du jury, le divorce – ensuite et plus tard la séparation des Églises et de l'État – Condamnation de la politique modérée, le ministère Ricard-Dufaure a produit l'élection Buffet. Journal du Midi du 15 août 1875 26

23e Discours d'Alfred Naquet à Marseille pour l'anniversaire de la [illegible] République – subordination du militaire au civil et de l'exécutif au législatif. – Divorce – indemnités pour les personnes injustement accusées, tout cela opportun en 1792 ne le serait-il plus ? Politique des résultats ! soit ! mais pas celui-là – tout se tient : réforme fiscale, enseignement, révision. On nous avait dit en créant deux assemblées que la chambre aurait le rôle initiateur. Qu'elle initie donc ! Sous l'Assemblée nationale nous nous faisions petits pour obtenir la dissolution. Allons-nous maintenant nous faire petits pour l'éviter ? C'est l'énergie seule qui empêcherait la dissolution ou qui, si elle avait lieu, assurerait la victoire – Exemple de 1830 – mesures obtenues – Critique de la politique pratiquiste – L'Égalité de Marseille du [illegible] 7bre 1875 – 28

24e Lettre de A. Naquet au banquet d'Avignon du 22 7bre – république réformatrice – Critique de l'opportunisme – les réformes non mûres doivent être proposées, pour mûrir – chambre d'initiative qu'elle initie donc. – Journal du Midi du 23 septembre 1875 ... 32

25e Discours de A. Naquet au Cercle de Bellevue de Marseille : – intransigeance et opportunisme, avec réserve sur les mots – Discussion de la division, nécessaire ou funeste selon la façon dont on la pratique. Une idée ne naissant pas dans tous les cerveaux à la fois, tout progrès a commencé par une division. Mais elle ne doit pas sous peine de ruine empêcher l'unité e pluribus unum. Centralisation et unité – Défense de la politique d'avant-garde le bouclier – arrêt égale recul. Encouragement de Madier pour tuer Naquet. L'Égalité du 28 [illegible] 1875

Premier cahier
pages

31° Article d'Alfred Naquet « Les politiques » contenant un violent réquisitoire contre Gambetta et J. Simon. Ils font toutes les concessions chacun pour évincer l'autre dans l'esprit du Maréchal et se perdent en perdant la République. — [illegible] 2

32° — L'élection d'Avignon. — Article de A. Naquet — Vote du Congrès — Lettre de F. V. Raspail en faveur de Saint-Martin — Les droits de l'homme du 30 janvier 1877 4

33° Lettre de A. Naquet contre les idoles et pour les principes, autographiée dans un n° exceptionnel du Censeur de Lyon du 4 janvier 1877 et reproduite pour être opposée à son auteur au cours du Boulangisme dans La Justice (Clemenceau) du 12 mai 1888 .. n° 3051 .... 6 bis

34° Article de A. Naquet « La presse et le président du Conseil » écrit contre Jules Simon qui fait des procès de presse après avoir été partisan de la liberté absolue de la presse sous l'Empire. — Les droits de l'homme du 1er février 1877 .... 6 ter

35° A. Naquet lettre sur l'élection d'Avignon appuyant le maintien de la candidature St-Martin malgré le Congrès : Gambetta à Marseille d'abord, puis Delord a ayant fait de même — et Raspail concurrent de St-Martin aussi et en 1871 alors que, les deux tours de scrutin n'existant pas c'était criminel. — Lettre de F. V. Raspail à Saint-Martin soutenant celui-ci contre son neveu. — Les droits de l'homme du 5 février 1877 - n° 361 - 6 quat.

36° Lettre de A. Naquet au Radical pour le féliciter de son article sur l'extrême Gauche. — Le Radical du 28 mars 1877 7

37° Lettre de A. Naquet du 30 mars 1877 soutenant la candidature à Constantine de M. Fawtier contre celle de Thomson soutenue par Gambetta. — La Tribune Algérienne du 5 avril 1877 ....

2me cahier pages

38° Lettre de A. Naquet du 21 avril 1877 à M. G. La Palud indiquant la nécessité de faire, par des propositions de lois, le programme des élections législatives de 1880 (La dissolution du 16 mai en devança la date et en modifia les conditions) L'Égalité, de Marseille, du 24 avril 1877 .... 8 ter

39° A. Naquet et Yves Guyot — Conférence de Troyes — Discours de A. Naquet résumé de sa Campagne depuis 1875 et des arguments déjà fournis — Le Radical du 2 avril 1877. 10

40° Alfred Naquet, lettre dans laquelle pour la première fois après le 16 ~~mai~~ a été soutenue la thèse de l'étroite union des 363 — Cette lettre fut l'objet d'un commencement de poursuites. elle était datée du 19 mai 1877 — L'Égalité, de Marseille, du 23 mai 1877. 17

Les mots incriminés étaient : « Le président insulte, soufflette, bafoue le pays » — —

41° Lettre d'un député signé X (A. Naquet) prévoyant ce qu'il adviendra selon que le Sénat acceptera ou non la dissolution. — L'Égalité de Marseille du 27 mai 1877 18

42° Lettre d'Alfred Naquet préconisant l'union au centre gauche comme à la chambre et posant la candidature de son frère à Bonnieux tandis que de Savournin demeurerait à Cadenet. — Journal du Midi du 29 mai 1877 19

43° Article non signé du Radical (en réalité A. Naquet) constatant que A. Naquet ne peut être poursuivi pour sa lettre à l'Égalité celle-ci ayant été publiée contre son gré. — Le Radical du premier juin 1877 19

44° Lettre d'A. Naquet expliquant pourquoi il a fait enlever le buste du roi des Belges de la salle où il a fait une conférence et réponse du journal. — La chronique de Bruxelles. — La lettre est datée de Paris du 25 juillet 1877 20

45° Lettre de A. Naquet à Bellondy (Béranger) pour dénoncer le journal du midi —

qui s'est vendu et pour affirmer l'union. — Le Réveil du Midi du 12 août 1877 20

La direction du parti Républicain — Article d'Alfred Naquet offrant cette direction à Grévy après la mort de Thiers par opposition à Gambetta. — L'Égalité de Marseille du 9 8bre 1877 21

Alfred Naquet — remerciement à ses électeurs après sa défaite par la fraude au 14 octobre 1877 et promesse de poursuites contre les fraudeurs. L'[illegible] du 31 8bre 1877 . . . 23

Articles de la Révolution d'Alfred Naquet

I. **La Révolution.** Terre aux paysans, usine aux ouvriers. Nous ignorons si l'ère des révolutions est passée — La Révolution demeure pendante. — La Révolution du 12 novembre 1875 . . . 24

II. — **Politique d'effacement.** — Les Bonapartistes ont l'audace de reprendre l'offensive en nous accusant de manquer à nos programmes. C'est l'opportunisme qui nous vaut cette recrudescence d'énergie chez l'ennemi. — La Révolution du 13 novembre 1875 26

III — **La République est le Droit** — République adéquate au suffrage universel, ironie de la prétendue responsabilité impériale. — La Révolution du 14 novembre 1875 . . 3[illegible]

IV — **L'ambassadeur auprès du Saint-Siège.** — La Révolution du 15 novembre 1875 3[illegible]

V. — **M. de Marcère et la souveraineté du peuple.** — Le ministre du maréchal avait interdit aux ouvriers une réunion destinée à la discussion d'un projet de loi les concernant, sous le prétexte constitutionnel, et avait prononcé cette phrase monumentale : « Dans cette chambre et dans l'autre toutes les lumières sont réunies » — réponses de Lockroy et de Talandier — mandat impératif — contradiction avec le discours de Marcère à Domfront. — La Révolution du vingt-un novembre mil huit cent soixante-seize . . . . 3[illegible]

VI. — **L'élection de M. de Merode.** — Elle juge l'opportunisme. — La Révolution du 22 9bre 1876

Alfred Naquet — Conférence sur le Divorce à l'Alcazar de Lyon — prétendu éloge fait par le conférencier de Gambetta — Le petit Lyonnais du 21 janvier 1878 51

A. Naquet — réponse à cet article — mise au point — Naquet s'est réconcilié avec Gambetta mais n'a rien renié de ses attaques passées. — Le petit Lyonnais du 22 janvier 1878 51

Pollio — article interprétant la précédente réponse et appuyant A. Naquet et la politique d'avant le 16 mai. — L'égalité de Marseille du 27 janvier 1878 ... 52

Salutations et félicitations de Silvestre, ex-opposant et remplaçant intérimaire de Naquet à la chambre — à la suite d'une conférence sur le Darwinisme faite par Naquet à la salle du Bd des Capucines. — La France du 31 janvier 1878 53

Adresse d'A. Naquet aux électeurs de Pertuis où une ophtalmie l'empêche d'aller au cours de la période électorale de 1878. — politique d'union et de concorde — conditions de 1876 changées. — L'union s'impose au moins jusqu'au renouvellement du sénat et à l'élimination de Mac-Mahon. — D'ailleurs la politique de fermeté préconisée par les prétendus intransigeants en 1876 a prévalu à la chambre. — Réveil du midi du .. avril 1878. 5[illegible]

Remerciements d'Alfred Naquet aux électeurs d'Apt. — Réveil du midi du 17 avril 1878. 5[illegible]

Expériences contre le phylloxéra faites à Pertuis par Naquet en présence du préfet Spuller, du savant Gastine ... &c, &c. — Le Réveil du midi du 26 avril 1878 56

Lettre de A. Naquet affirmant en principe la rétribution des conférenciers. — petit Lyonnais du vingt-neuf avril 1878 58

Naquet — protestation en réponse à la Marseillaise il n'a pas dit qu'il voterait l'amnistie lorsqu'elle serait réclamée par le gvt, mais que cette mesure s'impose entre toutes et que l'extrême gauche la réclamera avec vigueur. — Le Réveil du midi du douze mai 1878 .... 5[illegible]

Naquet critiqué dans un article du précurseur de Genève et l'accusant de compromission à propos de sa Conférence de Genève — n° du 4 mai 1878 — Réponse de Naquet à cet article — à un article du peuple de Marseille des 6 et 7 mai 1878, reproduisant le journal de Genève — envoyée d'Aix (7 mai) au bien public et reproduite ainsi que l'article du précurseur sous le titre « La Conférence de M. Naquet à Genève. — dans le Réveil du mardi du 12 mai 1878 .. 5

L'article du peuple de Marseille est des 6 et 7 mai 1878 et la réponse dans le recueil 5

Naulz — article en réponse à la Marseillaise qui reprochait à M. Alfred Naquet d'avoir voté la paix en 1871 alors que Delescluse votait la Guerre. Lettre de remerciement de Naquet à J. Naulz. — Le progrès de Lyon du 18 mai 1878 ... 6

Article d'Alfred Naquet sur « Le procédé Monestier pour la destruction du phylloxéra. » — La Correspondance scientifique du 18 juin 1878 ... 6

Lettre d'Alfred Naquet datée d'Aix 16 7bre 1878. — retenu par la maladie de sa mère il ne peut se rendre ni au banquet du 22 7bre à Marseille, ni à celui de Romans où il était invité avec Gambetta. Jadis séparé de celui-ci sur une question de voies et moyens, il s'en est rapproché après la victoire du 14 octobre 1877. L'union sera-t-elle rompue après le renouvellement du sénat en 1879? Cela dépendra des chefs. — Le peuple de Marseille du 20 7bre 1878 6

A. Naquet — Lettre à mes Commettants. — Condamnation des fraudeurs du 14 octobre 1877 — exposé de ses propositions de loi — Divorce — Droits de réunion et d'association, projets appropriés à la pratique de la chambre c'est-à-dire ramenés à une forme que celle-ci puisse accepter tous modifications — son refus de déposer une demande d'amnistie avant le renouvellement du Sénat, pour éviter de le compromettre en divisant la majorité. — La situation n'est plus celle de la chambre issue des élections de 1875 — union utile — gravité des fautes qui la compromettraient — Et cependant on a interdit le Congrès ouvrier. au moment où toute l'Allemagne libérale combat la loi contre les socialistes, et au moment où les ouvriers en arrivent à un programme défini. Après le renouvellement du Sénat, nous ne prêterions pas la main, si elle se continuait à une telle politique. — Le Réveil du midi du 22 7bre 1878 68

Naquet — discours au banquet du 22 7bre à Marseille où cédant à l'instance des sollicitations, il est venu. Il ne peut que développer à nouveau ce qu'il a exposé dans la lettre aux électeurs de Romans et dans celle à ses commettants. — On lit au banquet un manifeste radical blâmant l'extrême gauche. — Naquet proteste — Visite au tombeau d'Esquiros. — L'Égalité de Marseille des 23 et 24 7bre 1878 73

Alfred Naquet. — Discours prononcé au cercle du jeu de paume de Montpellier — justification de la politique d'avant 1877 et de sa politique d'union actuelle — Il n'aime pas le mot de socialisme parce qu'il est vague. — Que la République se fasse baptiser! nécessité de l'union pour des mouvements. —

www.ingramcontent.com/pod-product-compliance
Lightning Source LLC
Chambersburg PA
CBHW061016280326
41935CB00009B/984